U0894661

# 中国史速读

## 皇权相权

台海出版社

**图书在版编目（CIP）数据**

中国史速读 . 皇权相权 / 覃仕勇著 . -- 北京：台海出版社，2020.10

ISBN 978-7-5168-2717-8

Ⅰ . ①中… Ⅱ . ①覃… Ⅲ . ①中国历史—通俗读物 Ⅳ . ① K209

中国版本图书馆 CIP 数据核字（2020）第 169379 号

## 中国史速读. 皇权相权

著　　者：覃仕勇

出 版 人：蔡　旭　　　封面设计：末末美书

责任编辑：俞滟荣

出版发行：台海出版社

地　　址：北京市东城区景山东街 20 号　　邮政编码：100009

电　　话：010-64041652（发行，邮购）

传　　真：010-84045799（总编室）

网　　址：www.taimeng.org.cn/thcbs/default.htm

E-mail：thcbs@126.com

经　　销：全国各地新华书店

印　　刷：天津旭非印刷有限公司

本书如有破损、缺页、装订错误，请与本社联系调换

开　　本：710 毫米 × 1000 毫米　　1/16

字　　数：350 千字　　印　张：25.5

版　　次：2020 年 10 月 第 1 版　　印　次：2020 年 10 月 第 1 次印刷

书　　号：ISBN 978-7-5168-2717-8

定　　价：70.00 元

**版权所有　　翻印必究**

王权没有永恒，城墙终将破裂。

# 前言

说起来有点难为情，我能与史学和文学结缘，并且乐于其中而不知疲，最先是与一套连环画有关。

这事儿得从那个遥远的夏天说起。

喏，是这样，父亲是我们镇上高中的语文老师。

那年夏天，父亲被安排到县城改试卷——大概是改中考试卷，我那时年纪小，并不是很关心这方面的东西。

也因为年纪小，家里正忙着收割稻谷，然后是割蔗叶、拔花生等一系列农活，母亲无暇照顾，父亲干脆带着我一起到县城了。

家离县城并不远，也就十多公里路，但对当时的我来说，上一趟县城等于过一次节，那种欢乐是难以描述的。

那天父亲挑着一大担蔗叶从甘蔗地里回来，浑身大汗，他匆匆冲洗了一下，换了衣服，然后找了几件他和我的换洗衣服放铝桶里让我提着，推出自行车，等我爬上车的后座就出发了。

父亲改试卷的地点是在县第一重点高中，食宿也在校园里。

因为放暑假，偌大的校园静悄悄的。

差不多到了傍晚，各乡镇中学前来参加改试卷的老师陆续前来报到，寂静的校园才有了点生气。

食堂里的晚饭是按份分好快餐式的，每位参加改卷的老师只能领一份，我父子两人在别人异样的目光中共用一份。

和家里一天到晚吃的咸菜相比，食堂里的豆芽炒肉丝实在是难得的美味，我吃得津津有味，也顾不上父亲饿不饿，大口大口地往嘴里扒拉。

父亲不吃，在一旁用慈爱的目光看着我，等我摸摸肚子说“饱了”，他才接过筷子，把我吃剩下的饭菜一扫而光。

父亲在县城改卷的日子大概有四五日，这四五日的每一餐都是如此。

我猜，父亲在这四五日的时间里，应该没吃过一餐饱饭。

现在想起那时候的情景，眼泪总是止不住地流。

父爱如山，这辈子是报答不完的。

吃了晚饭，父亲拖着我的小手上街市瞎逛，看各种新奇的事物——其实，别的不说，单是县城夜市的热闹，就让生活在乡下的我惊叹不已了。

和父亲在一起的时光是快乐的。

第二天一早，吃过早餐，父亲去改卷了，宿舍里就剩下了我孤零零的一个人。

静。不但整个宿舍楼静，整个校园都静。我在校园里游来荡去，罕有人的影迹。

在一个荷塘边，我遇上了一群年纪和我相仿的小孩。

他们在钓鱼，远远见了我，欺生，朝我扔石子，嘴里发出了类似驱猪赶狗的怪叫声。

他们从衣着上就判断出了我是一个乡下来的野孩子，不许我跟他们合群。

既然这样，就回宿舍睡觉吧，但睡不着，愈加无聊透顶。

双眼瞪着头顶的蚊帐发愣，想象着母亲带着仅仅比我大两岁和四岁的两个姐姐在田里劳作的情形，心想：“还不如在家里和她们在一起呢。”

好不容易，到了午饭时间，父亲回来了。

吃过午饭，其他同来改卷的老师准备午睡了，父亲也准备午睡，已经憋闷坏的我不依不饶，吵着闹着要父亲陪我上街。

同住一间宿舍的几位老师，都来自不同乡镇的不同学校，互相不认识。父亲也不好意思因为我的吵闹而影响到他们的休息，只好强打起精神陪我逛街。

这次逛街父亲多了个心眼儿，他带我到新华书店买了好几本连环画。

这几本连环画是上海美术出版社出版的《三国演义》系列，全套有四十八册。

当时书店只有《桃园结义》《走马荐诸葛》《三顾茅庐》《长坂坡》《赤壁大战》《反西凉》这几册在卖，父亲一股脑儿全买了。

有了这几本连环画为伴，我不再吵闹也不怎么出门，一天到晚就像个傻子一样，躲在宿舍里的床上来回反复地翻看。

同宿舍的那几位老师，渐渐和父亲熟悉了，开起了玩笑："你这个儿子是不是有些问题？是普通的孤僻还是严重的自闭？也不出门，要不要找心理医生看下？"

父亲笑而不答。

父亲每次改试卷回来，都会带回些稿纸，还有圆珠笔芯儿，红的。

我不但反复咂摸翻看那几本连环画，还把书本上的画儿放大临摹。父亲的改卷工作结束后，我小心翼翼地收藏好那几本连环画，和衣服一起放进桶里，把那些临摹的画儿散落了一床。

回家之后，那几本连环画仍是我心爱之物，但只得这几册，故事残缺意不能尽，于是每到放学，我都会到镇上的书店去搜索一番。

现在书店里的书，都一本本竖放在林立的书架上，供顾客任意翻看。那个年代书店是国营的，书的销售量与营业员的收入不挂钩，书都被高置在靠墙的书架上，封面向外，让顾客辨识，但书架前都用安装了玻璃罩保护着的书柜隔开，书柜前又安装了铁栏栅，既保护了玻璃柜，又不能让顾客够着书。

这个格局，除了那道铁栏栅，大致跟今天珠宝商店相似。

那些热门书籍以及小孩喜欢的连环画，都像珠宝一样被放置在玻璃柜里静静地躺着。

因为年纪小，个子矮，又隔着铁栏栅，我根本看不清玻璃柜里的书。

没办法，只好和其他小朋友一样，攀上铁栏栅，目光不断打量和浏览里面各样书籍的封面，一旦看中了自己喜欢的，就连跑带跳地回家央求大人来买。

这样我不但集齐了《三国演义》连环画系列，还集了《水浒传》《红楼梦》《西游记》《说岳全传》《东周列国志》等连环画系列。

时间过了一两年。

有一天，父亲从学校回来，严肃地对我说："你现在识字不少了，不要再看连环画了，要看大人书了。"说完，从他的挎包里掏出了罗贯中的《三国演义》原著和施耐庵的《水浒传》原著，递给我。

因连环画对书里面的情节已交代清楚，我阅读这两部书并不费力。

读书是个非常愉悦的过程。

不知不觉，我已与文学有染。

我从文学移情到史学，是被清代学者章学诚评价《三国演义》说的"七分史实，三分虚构"这句话勾引起的。

三国故事中，哪些是"史实"，哪些是"虚构"呢？

我找来了陈寿的《三国志》，对比着罗贯中的《三国演义》来读，乐趣更多，兴头更足。

文学史学的书籍读多了，不免就有了表达的欲望。

这些年来，我写的通俗史学书籍，不知不觉已经有三十多种了。

在读书写书过程中，我发现了很多有趣好玩的历史人物和历史事件，现在把它们收集起来结成册，于是有了《中国史速读：皇权相权》和《中国史速读：至尊红颜》，是为序。

覃仕勇

2020年4月25日

# 目录

## 第一卷　帝王篇


秦二世　杀光所有兄弟姐妹，为何却留下了扶苏的儿子没有杀？　/ 002

项　羽　未必是自刎而死　/ 004

汉宣帝　继位后，为何不追认爷爷为帝并给他定了个恶谥？　/ 005

曹　操　为什么要嫁三个女儿给汉献帝，嫁一个不行吗？　/ 007

本姓真是夏侯吗？　/ 009

“曹操屠吕伯奢全家案”是《三国演义》虚构的吗？　/ 014

当年杀华佗真的是因为多疑吗？　/ 019

刘　备　是不是汉献帝的叔叔呢？　/ 023

斩蔡阳的人不是关羽，而是刘备　/ 025

夷陵之战开打前，孙权请求和议并退还土地了？　/ 027

司马懿　“司马懿漏杀一人，致使司马天下丢失”的流言是怎么来的？　/ 029

梁武帝　前后表现判若两人，终落得饿死下场　/ 031

陈后主　陈后主到底有多荒唐？　/ 036

唐太宗　玄武门之变过后，为何要“跪而吮上乳”？　/ 038

放四百名死囚回家探亲是真的吗？　/ 040

唐太宗李世民为何在五十一岁时突然暴毙？　/ 042

唐太宗的长子李承乾很荒唐吗？　/ 045

安禄山　为何惨遭儿子安庆绪的毒手？　/ 051

钱　镠　不经意写出千古佳句　/ 053

宋太祖　落魄时遭王彦超冷遇，登帝位后是如何实施报复的？　/ 058

在位十六年，为什么始终没有立赵德昭为太子？　/ 060

宋仁宗　真的是一位仁君吗？　/ 062

宋高宗　赵构是怎么从靖康之难中逃出东京的？　/ 064

享年八十一岁，为何五十六岁就传位给赵匡胤一脉？　/ 066

明太祖　铁腕反腐，开创洪武盛世　/ 067

倭寇之祸在洪武年间就有了，为何没对日本挥起惩罚之剑？　/ 069

为什么会出现“自从出了个朱皇帝，十年倒有九年荒”的凤阳花鼓唱词？　/ 073

小明王之死是怎么回事？　/ 078

喜欢舞文弄墨，以一副对联选取人才　/ 080

最忌讳别人说的不是当和尚，而是这个　/ 084

因为卖弄文采，写信时打了个不妥的比方“兵连祸结”　/ 088

幼年时给地主刘德放过牛，当上皇帝以后怎么对待刘德的？　/ 091

共有二十六子，为何没人敢和朱标争太子位？　/ 093

明初“南北榜案”的南榜状元被下令处死了？　/ 095

侍卫脱衣服去救溺水的朱标，结果被杀掉了？　/ 098

靠郭子兴发家，明朝建立后郭子兴的后人待遇如何？　/ 099

明成祖　解缙被朱元璋视若亲子，明成祖为何将他埋入雪堆冻死？　/ 102

通过朱元璋殿试的四百七十二人，全被明成祖给否了？　/ 106

几乎失传的《毓庆勋懿集》，揭示出明成祖篡改史册的拙劣手法　/ 108

为何赐郑和姓“郑”而不赐他姓“朱”？　/ 111

庙号为什么是成祖而不是太宗？　/ 113

明仁宗　朱高燧诬陷太子并图谋毒死明成祖，为何最终得以善终？　/ 116

明英宗　在“夺门之变”后，如何对待弟弟明代宗？　/ 118

明孝宗　能称为“千古一帝”吗？　/ 121
崇祯帝　后来厚葬了魏忠贤遗骸？　/ 123
明朝灭亡时，内帑还有几千万两银子藏着？　/ 128
崇祯为什么不愿意封李自成为王，来帮自己平定叛乱？　/ 130
康　熙　既然是科学发烧友，那清朝科技为何发展不起来呢？　/ 132
历史上的“毙鹰事件”真相到底如何？　/ 136
长子为什么不能做太子？　/ 138
太子胤礽真的烂泥扶不上墙吗？　/ 141
雍　正　康熙皇帝驾崩当晚，立刻处死随侍康熙六十年的心腹？　/ 144
雍正继位真的是康熙的旨意吗？　/ 147
康熙遗诏，到底是“传位十四子”，还是“传位于四子”？　/ 149
雍正为何痛下决心杀九弟胤禟？　/ 151
其他儿子都是弘字辈，唯独年氏的儿子是福字辈？　/ 153
在乾隆大婚之日含泪赐死儿子？　/ 156
乾　隆　一生作诗四万首，只有一首选入小学语文课本，你怎么看？　/ 158
洪秀全　《天父诗》代表了洪秀全的创作水平，还是洪秀全的创作能力倒退了？　/ 160
为什么说洪秀全是道貌岸然的伪君子？　/ 163
光　绪　为什么不靴中藏刀手刃慈禧？　/ 166
光绪帝是怎么死的？　/ 168

## 第二卷　将相篇

苏　武　苏武为什么会到北海牧羊？　/ 172
匡　衡　凿壁借光的匡衡后来怎样了？　/ 176
潘　安　中国古代第一美男为何被灭三族？　/ 177
诸葛亮　历史上的诸葛亮真的有那么厉害吗？　/ 179
“隆中对”里两路分兵的策略真的好？为何后世罕有人效仿？　/ 182

陈　寿　写《三国志》时是否有徇私行为？　/ 187
周　顗　“我不杀伯仁，伯仁因我而死”来自哪个典故？　/ 190
江　淹　“江郎才尽”的“江郎”是谁？　/ 191
张柬之　发动“神龙政变”之后下场如何？　/ 194
苏东坡　“乌台诗案”中的肇事诗流传下来了吗？　/ 197
寇　准　北宋名相寇准的下场有多凄惨？　/ 201
文天祥　曾向忽必烈提过一个投降条件？　/ 203
刘伯温　刘伯温是怎么死的？　/ 207
周颠仙　朱元璋曾嫌此人太聒噪，后奉之为仙，亲自为之立传　/ 209
朱　檀　朱元璋最不成器的儿子，专家却认为是个人才　/ 215
朱　椿　朱元璋最贤良的儿子，有“贤王”之誉　/ 219
朱　橚　朱元璋最有爱心的儿子，以一己之念造福后世　/ 221
明初诸王中最具问鼎之心之人，但他的表现出乎大家意料　/ 225
朱　权　朱元璋最有才的儿子，有不朽作品传世　/ 229
杨　慎　“滚滚长江东逝水”这首诗词的作者是谁？　/ 232
唐伯虎　历史上真实的唐伯虎是一个怎么样的人？　/ 235
王世贞　倾情为一羽化飞升女道士作传　/ 237
阮大铖　文学成就极高，却臭名昭著以人废言　/ 240
金圣叹　为何被清廷处决？　/ 244
刘统勋　刘墉之父刘统勋到底有多牛？　/ 246
刘　墉　刘罗锅到底做没做过宰相？　/ 248
李　卫　真的是一个大字不识的皇家家奴吗？　/ 251
纪晓岚　真的很好色？到底有几个老婆？　/ 253
张廷玉　为何被乾隆打击得体无完肤？　/ 255
和　珅　为什么得乾隆那么喜欢？　/ 260
林则徐　后期鼓励种鸦片？　/ 262
彭玉麟　因不能迎娶姨妈，以画为妻，孤独终老　/ 264

左宗棠　屡试不第，写一妙联得结良友一飞冲天　/ 268
胡雪岩　为何娶那么多姨太太，这些姨太太又是如何对待他的？　/ 272
李鸿章　为什么要害死清朝首富胡雪岩？　/ 274
为何在《辛丑条约》上签“肃”而不签本名？　/ 278
欺小夫人年幼半夜爬墙去偷腥，却因一张小纸条从此消停　/ 280
张之洞　慈禧出上联状元和榜眼还在想，他已对出从此官运亨通　/ 283
康有为　流亡海外，拿巨资购买一岛命名为“康有为”？　/ 287
徐致靖　戊戌变法八人被捕先后斩了七人，剩下的他却嫌自己命太长　/ 289
谭嗣同　曾经怀疑甚至否定过自己的民族　/ 293
姜子牙　三个儿子分别改为姜、吕、邱三姓？　/ 296
周亚夫　一代名将，为何被汉景帝逼死？　/ 298
董　卓　不为人知的另一面：文武双全，豪迈爽直，机敏善断　/ 302
关　羽　能力被夸大？在这场大战中怎么看都是一尊战神！　/ 308
为什么打个樊城就能威震华夏？　/ 312
庞　德　“陇西有将军庙，世传奉祀李广”，专家纠错　/ 314
张士贵　正史上的张士贵是怎么样的一个人呢？　/ 317
张　巡　到底是千古名将还是衣冠禽兽呢？　/ 319
王继勋　这个吃人恶魔，仗着是赵匡胤的小舅子逍遥法外　/ 320
潘仁美　真是迫害杨家将的奸贼吗？　/ 323
杨家将　在历史上是真实存在的吗？他们分别叫什么名字？　/ 329
金兀术　留遗书要立宋钦宗为傀儡皇帝？　/ 332
一辈子几乎都在打败仗，为何还被称为名将？　/ 336
岳　飞　也有惨戴“绿帽子”的经历，来看看他是怎么处理的！　/ 337
蓝　玉　死得冤不冤？　/ 339
被“剥皮实草”了吗？　/ 341
常　茂　在“蓝玉案”发生前一年以“诈死计”避祸？　/ 345
邵　荣　位居徐达、常遇春之前，因反叛战功被雪藏　/ 350

张士德是谁擒获的？　/ 354
徐　达　一场会战因为徐达的失常表现而流产　/ 359
傅友德　“手杀二子，横剑自尽”的故事可能是假的　/ 361
左良玉　称得上是忠臣吗？　/ 363
代　善　为何放弃皇位之争？　/ 365
阿　敏　被皇太极幽禁至死的深层原因是什么？　/ 367
袁崇焕　两场彪炳史册的大捷，成就了袁崇焕的敢战之名，过程却扑朔迷离　/ 369
满　桂　被误认为蒙古人，为国捐躯死法壮烈　/ 377
毛文龙　明朝属国对毛文龙的评价前后竟有天渊之别　/ 382
郑成功　海上王国的主宰　/ 388

**参考文献**　/ 392

# 第一卷

「帝王篇」

## 秦二世

## 杀光所有兄弟姐妹，为何却留下了扶苏的儿子没有杀？

很多人以为，秦子婴是扶苏的儿子。

但所有的正史资料，没有任何一本说到子婴是扶苏的儿子！

我大胆预测，很多人因为看到了子婴名字里的“婴”字望文生义，认为子婴是个稚气未脱的小屁孩。

这也难怪，让小学生用“婴”字组词，他组成的词估计就是婴儿、婴孩、弃婴、溺婴，指的都是小孩子。

而且西汉的亡国之君刘婴，在被王莽拿捏时，也的的确确是个蹒跚学步、牙牙学语的婴孩。

但是不要忘了，就因为刘婴还是个婴孩，所以被王莽呼为“孺子”，史书也因此称其为“孺子婴”。

而且，历史上取名为婴的名人也大有人在，如晏婴、嬴子婴、郑子婴、仲婴齐、太子婴、闾丘婴、程婴、灌婴、窦婴、夏侯婴等。

所以不要一看到“子婴”这两个字就神经过敏，认为人家是个小屁孩，而且脑洞大开咬定他是扶苏的儿子。

实际上子婴的年纪比扶苏大多了，很有可能他是秦始皇的弟弟、扶苏的叔叔。

有什么依据呢？

《史记·李斯列传》里面有记载：赵高知天命不属于自己，群臣不可能支持自己，“乃召始皇弟”，将玉玺转交给他。就这么着子婴即位了。子婴非常忌惮赵高称病不出，与宦官韩谈以及自己的儿子密谋除掉赵高。最终，趁赵高前来探病时将之诛杀，并夷其三族。

看，这里明确写有“始皇弟”三字，即子婴就是秦始皇的弟弟、扶苏的叔叔。

而从子婴和他的儿子密谋铲除赵高这一行动看，他的儿子一定已经成年——若是未成年，子婴没有跟他密谋的必要吧?

子婴的儿子既然已经成年，那么子婴本人的年纪肯定也不会小了。

《史记·蒙恬列传》记载，秦二世胡亥上位后，准备杀蒙恬、蒙毅兄弟二人。子婴以赵王、燕王、齐王三个亡国之君的结局来劝胡亥行善积德。虽然胡亥没听进去，但从子婴劝谏的话来看，分明是长辈对晚辈说的话。很难想象，子婴如果是胡亥的后辈，敢用亡国之君的下场来劝谏，那是分分钟找死的节奏啊。另外胡亥虽然没听进去，却也没对子婴怎么着，应该是内心还是有几分尊重这位叔叔的。

《史记·秦始皇本纪》写子婴除赵高的情节中有提到“立二世之兄子公子婴为秦王”。

事实上，这句话歧义很大。

有人认为子婴是秦二世之兄，有人则认为子婴是秦二世兄长的儿子。

但子婴既不可能是秦二世之兄，也不可能是秦二世兄长的儿子。

因为秦二世胡亥是秦始皇最小的儿子，而他继位后已将自己的兄长悉数除尽了，所以子婴不可能是秦二世之兄。

因为秦始皇死时年仅五十岁，如果子婴是秦二世兄长的儿子，而子婴的儿子又是成年人——很可能子婴的儿子已经结婚生子了，那就意味着五十岁时的秦始皇已五世同堂了，这可能吗?五十岁的人要有五世同堂的场面出现，必须是十岁就要生育下一代才达到，根本不科学，所以子婴应该是秦始皇的弟弟、扶苏的叔叔。

## 项羽

## 未必是自刎而死

真实的历史上，项羽未必是自杀。

“项羽自杀”之说，最先出自司马迁一家之言。

司马迁“抑刘扬项”，他内心厌恶刘邦，就憋足了劲儿来赞美项羽。

但项羽终究是个失败者，怎么赞美一个失败者呢？

根本难不倒一代文豪司马迁。

他把项羽的失败归咎于天，归咎于时运不济。

所以，他把项羽的死写得特别悲壮。当然，也写得破绽百出。

比如说，刘项在荥阳鏖战连年，明明刘邦已经占据了绝对的优势，汉军已经迂回包抄并占据了项羽的大后方，项羽后路已绝粮运不继灭亡在即。

司马迁笔锋一转，却把粮运不继的困境写到刘邦头上，说刘邦向项羽跪地求饶，项羽因此以鸿沟为界。

说不通啊，说不通。

只能说，以鸿沟为界的协议根本不存在。

如果存在，也只是项羽向刘邦求饶，而刘邦为了麻痹他签订下来的。

还有，说刘邦用“四面楚歌”的伎俩来瓦解项羽的军心。

“楚歌”怎么会瓦解到项羽的军心呢？

项羽的军是楚军，听到乡音，应该士气更加高昂才对呀。

另外，几十万人一起唱楚歌，听得出这是楚歌吗？

最不可思议的是，项羽明明还有十万之众，只因为听到了“楚歌”，他做了可耻的逃兵，带着八百骑兵偷溜了。

让人瞠目结舌的是，司马迁挥起如椽巨笔，通过“楚歌夜警”“虞兮悲唱”“阴陵失道”“东城快战”“拒渡赠马”“赐头故人”等一系列情节，把项羽的逃兵之举写得无比壮烈。

因此，与其说《项羽本纪》是一篇史传，还不如说它是一篇小说！

司马迁似乎也知道自己这篇“小说”写得太过花团锦簇、太过目眩神迷了，另外在《高祖本纪》和《樊郦滕灌列传》中透露出了项羽的另一种死法：项羽在垓下大败，他带着十万大军且败且走，一直败退到东城，项羽被斩，楚军八万被歼。

《樊郦滕灌列传》还提到一个细节：灌婴手下五名骑将共斩项羽。

注意，东城古城遗址位于现在的安徽定远东南，与乌江之间约距二百四十华里。

从这两个地方的记载来看：

一、项羽不是死于乌江，而是死于东城！

二、项羽是他杀而不是自杀！

## 汉宣帝
## 继位后，为何不追认爷爷为帝并给他定了个恶谥？

很多人奇怪，汉宣帝继位后，为何不追认爷爷为帝并给他定了个恶谥呢？

显然，他们是被宋朝和明朝的两场“大礼议事件”带节奏了。

不妨来看一下这两件“大礼议事件”的来龙去脉。

（一）宋朝“大礼议事件”

宋仁宗有过三个儿子，但都没有长大就夭折了，仁宗晚年不得不过继了堂兄濮王赵允让的儿子为嗣子，这个人就是宋英宗。宋英宗登基的时候，濮王已经死了，他想追封濮王，打算用“皇考”二字。以司马光和王圭为首的一帮学士和御史，包括侍御史知杂事吕诲、侍御史范纯仁、吕大防等人都纷纷上书制止，坚持他必须以“皇伯考”三字。他们依照儒家的宗法观念，认为英宗是以“小宗”入继“大宗”，应以大宗为主。对于大宗“法定父亲”的堂兄，就要称为伯父。同知谏院蔡伉觐见英宗时，跪下来号啕痛哭，说如何称呼濮王，关系到国家兴亡。御史中丞贾黯临死前特地留下遗书，要英宗一定要称其生父为伯父。不过，当权的宰相韩琦和副宰相欧阳修认为不应该用这样的虚礼来约束皇上，有了这两个人的大力支持，宋英宗后来把事儿弄成了。

（二）明朝“大礼议事件”

明武宗朱厚照没有儿子，在内阁首辅杨廷和主持操作下，选取了武宗的堂弟朱厚熜继统，朱厚熜是兴献王朱祐杬次子，兴献王死于正德十四年（公元1519年），朱厚熜登位后，是为明世宗。他下令群臣议定明武宗的谥号及生父的主祀和封号。以内阁首辅杨廷和为首的朝中大臣援引汉哀帝生父定陶恭王刘康和宋英宗生父濮王赵允让的先例，认为嘉靖帝既然是由小宗入继大宗，就应该尊奉正统，以堂兄明武宗的父亲明孝宗为皇考，称兴献王为“皇叔考兴献大王”。明世宗不干，与群臣展开了为时三年的“大礼议之争”，最终在张熜等人的支持下获胜，高高兴兴地给父亲上尊号“皇考恭穆献皇帝”，改称明孝宗敬皇帝为“皇伯考”。

老实说，这两场大礼议之争都闹得很大，给朝廷造成了极大内耗，算是伤筋动骨。

想想看，如果在汉朝汉宣帝时期，汉宣帝追自己的爷爷、父亲为帝，动静无疑会闹得更大。

那么很可能后世出现类似宋、明朝的“大礼议之争”就不止这两件，毕竟有先例在前了嘛。

话又说回来。

宋、明朝出现“大礼议之争”的主角宋英宗和明世宗，都是非常任性的主儿，尤其是明世宗性格乖戾特行独立，和汉宣帝明显不是同一种类型的人。

汉宣帝是汉武帝的嫡长子刘据之孙，刘据六岁时就被立为了太子，但因遭到江充等人的构陷，不得不起兵相抗。

显而易见，刘据的行为已经构成了谋反大罪。

汉宣帝能当上皇帝，是因为汉昭帝无后才继承了汉昭帝的统系。

因此他不但不敢追封刘据为帝，连给刘据上个美谥都不可能，否则他就是站在了“谋反”的路线上，与自己已有的统治地位形成对立。

不过汉宣帝给祖父刘据议定谥号“戾”虽属恶谥，但“戾”字里也隐含有冤屈待申之意。由此可见，他并没有怨恨祖父刘据。

## 曹操
## 为什么要嫁三个女儿给汉献帝，嫁一个不行吗？

曹操之所以把三个女儿一次性嫁给汉献帝，显然就是觉得单单嫁一个不够。

曹操的意图，就是要把刘家天下变成曹家天下。

而要做到这一点，最基本的是要牢牢控制住汉献帝，不能让他在自己背后搞任何小动作。

汉献帝已是曹操掌握中的笼中鸟池中鱼，被禁锢在小小的皇宫之中，表面上荣华富贵，实际上暗无天日。

他与外界的讯息交流之路，已经完全被掐死。所能做的最后挣扎，就是通过后宫女人的亲属，也就是外戚帮自己一把。

这之前有董贵人哥哥董承的“衣带诏”闹剧，以及伏皇后父亲伏完的传密信行动。

其实这些小伎俩曹操都瞧在眼里，只是他正在忙于征战，没有贸然发难而已。

建安十八年（公元213年），曹操放弃南征，开始着手巩固内政。

他将三女同时嫁给汉献帝，就是要让曹家人包围汉献帝，完全把控住后宫地位。

想想看，如果是单嫁一女，肯定达不到这个效果。

而且曹操嫁女时，伏皇后还在，还是名义上的后宫之主，单单一个曹家女儿未免势单力薄。

再者说了，汉献帝的后宫女人也不多，也就伏皇后、宋贵人和已经死去十多年的董贵人而已。

如果曹操单嫁一女，汉献帝的后宫仍是空虚，还可以再纳贵妃，一定还会出现其他外戚，这是曹操不希望看到的。

事实上，曹操一共有七个女儿，他恨不得把这七个女儿一股脑儿都嫁给汉献帝，只是后面四个女儿的年龄实在太小未嫁成而已。

后来曹操处死伏皇后时为绝后患，把伏皇后所生子女也一并处死了。

剩下一个低调、默默无闻的宋贵人直接可以忽略，如此汉献帝的后宫就成了曹家人的了。

另外还有一个很现实的问题，曹操是不打算在有生之年篡位称帝的，他把“刘变曹”的一切工作做好根基扎稳，以后儿子曹丕稳取一个瓜熟蒂落的结果，那是最好不过。

当然，他还有一个最坏的打算，万分之一的可能出现了变数，即儿子曹丕没有篡位成功，那汉献帝的儿子全是曹家女儿生育的，也算得上是曹家窃去刘家一半天下了。

另外，刘家皇族的身上都流淌着曹家的血，万一打起来应该也不会对曹家下狠手。

所以说，曹操这一步棋可谓老谋深算，阴狠毒辣。

再补充一下，连嫁几个女儿给皇帝，也不是什么不合礼法的事儿，尧帝就曾经一次性地嫁两个女儿给了舜嘛。

## 本姓真是夏侯吗？

《三国演义》写人有“三绝”：智绝、义绝和奸绝。

这其中的“奸绝”就是曹操。

在书中，曹操奸诈狡猾，让人读之恨不能手刃其人。

为什么作者能把曹操刻画得这么“奸”？

这就不得不佩服作者的奇思妙想和再创作才能了。

首先，《三国演义》并不是简单地复述三国的历史人物和历史事实，而是作者根据自己的爱憎喜好来取舍材料，有意识地突出或删去某些方面，甚至不惜移花接木把这个人的事迹转嫁到那个人的头上，再经过艺术加工进行夸大和渲染，最后人物形象不但成功树立，还都栩栩如生，让人印象深刻过目不忘。

《三国演义》的主旨是“扬刘抑曹”，不但极力宣扬刘备的“仁”，也近乎不择手段地抹黑和丑化曹操的“奸”。

于是，书中的许多东西真真假假混淆在一起，有时候会让人无所适从。

这里，专门说一个大家都熟知的事——曹操的身世。

《三国演义》开篇第一回对曹操的介绍就有交代：“为首闪出一将：身长七尺，细眼长髯；官拜骑都尉；沛国谯郡人也，姓曹，名操，字孟德。操父曹嵩，本姓夏侯氏；因为中常侍曹腾之养子，故冒姓曹。”

哈，这么一写，曹操的身世和刘备正好形成鲜明的对比。

刘备原本是汉景帝之后，根正苗红，绝对的龙枝凤脉，但到他这一辈，已经沦落到了平民的身份，靠卖草鞋为生，让人叹息。

曹操父亲是阉竖曹腾的养子，故他本人虽然跻身社会上层身为骑都尉，却是来自妖孽人家赘阉遗丑，十足一枚“乱臣贼子”的坏胚子。

凡是读过《三国演义》者，对曹操“本姓夏侯氏”“冒姓曹”的印象都会根深蒂固。

这让无数自称“曹操后人”的人情何以堪?

如果说这只是《三国演义》毫无根据的抹黑和丑化，那也容易批辩和驳斥。问题是《三国演义》这么写，却是有史学依据的。

陈寿《三国志·武帝纪》对曹操出身情况的描述是：“太祖武皇帝，沛国谯人也，姓曹，讳操，字孟德，汉相国参之后。桓帝世，曹腾为中常侍大长秋，封费亭侯。养子嵩嗣官至太尉，莫能审其生出本末。嵩生太祖。”

这段文字是含混不清、自相矛盾的。

他先是说曹操是西汉相国曹参的后人，后来又说曹操的父亲曹嵩只是曹腾的养子，至于曹嵩的来历——“莫能审其生出本末”，谁也说不出他是从哪里抱来的。

按陈寿的说法，曹嵩其实是个不知来源的野种。

那么，罗贯中凭啥说曹操“本姓夏侯氏”？

原来，陈寿《三国志·武帝纪》裴松之注：“吴人作《曹瞒传》及郭颁《世语》并云：（曹）嵩，夏侯氏之子，夏侯惇之叔父。”

即《曹瞒传》和郭颁《魏晋世语》都说：曹嵩是从夏侯家过继而来的，曹嵩是夏侯惇的叔父。

陈寿说曹嵩曹操父子的来历——“莫能审其生出本末”，但他在编著《三国志》时，却把诸曹和夏侯氏放一起，写了《三国志》卷九《诸夏侯曹传》。

似乎是有什么难言之隐，不得不通过这一方式来暗示：诸曹和夏侯氏本来就是一家人。

因此，清代考据学家潘眉在其著作《三国志考证》中就说：“陈《志》于《武帝纪》云‘莫能审其生出本末’，于列传则以诸夏侯曹为一卷，显以夏侯氏为宗室矣。”

对潘眉这一说法，有人表示不服。他们根据《三国志·诸夏侯曹传》中“（夏侯）渊妻，太祖（曹操）内妹”，“太祖（曹操）以女妻（夏侯）楙，即清河公主也”等语提出反驳：曹操如果本姓夏侯，他怎么会把自己的妹妹和女儿嫁入夏侯家呢？难道他不知道同姓结婚近亲结婚是违背伦常要遭天谴的吗？

这不，清代学者何焯在《义门读书笔记》里就提出：“夏侯惇之子楙尚清河公主，渊子衡亦娶曹氏，则谓‘嵩，夏侯氏之子’者，敌国传闻，盖不足信。”

何焯直接把“嵩，夏侯氏之子”斥为敌国传闻，一口否定了其可信度。

但著名三国学者吴金华在《三国志校诂》一书中提出：《三国志·吴主传》注引《魏略》载有孙权与浩周书曰“今子当入侍，而未有妃耦，昔君念之，以为可上连缀宗室若夏侯氏”之语。

须知，《魏略》系魏郎中鱼豢所撰，可不能说它是“敌国传闻”了。

这里说的是，孙权称臣于魏，魏臣浩周认为孙权之子“可上连缀宗室若夏侯氏”——可见，曹氏与夏侯氏就是同宗同室。

另外，另一清代学者姚范在其《援鹑堂笔记》（卷三十《三国志》）中也对何焯的说法给予了批驳：“余按陈氏以夏侯及诸曹同列一卷，毋亦有是疑乎？又按陈矫刘氏子，而婚于刘颂，则未得以吴人作传而遂以为妄也。”

姚范这里说的是，《三国志·陈矫传》裴松之注引《魏氏春秋》：“矫本刘氏子，出嗣舅氏而婚于本族。”即陈矫本来出自刘氏，被舅舅养为嗣子后，也娶了本族刘姓人的女儿。

稍后的清代学者周寿昌也在其《三国志注证遗》里支持了姚范的观点："陈矫本刘氏子，出养于姑（应作舅），改姓陈氏，后娶刘颂女。"

周寿昌最后的结论是："殆以同姓为婚。禁人议即以便己私也。"即曹操嫁妹、嫁女给夏侯氏，就是想撇清自己的"曹"出自"夏侯"的关系，堵住天下人的嘴。

实际上，注意一下《三国志·武帝纪》和《三国志·陈矫传》对曹嵩和陈矫过继给他人的表述，一个是"养子嵩嗣"，另一个是"出嗣舅氏"，在"嗣"字前面加了"养"字和"出"字，这就说明曹嵩原本不姓曹，陈矫原本不姓陈了。

因为古人极为重视礼法，如果曹嵩本来就姓曹陈矫本来就姓陈，那么就应该表述为"嗣子嵩""嗣舅氏"了。

另外，我们看，曹操除了信任曹仁、曹洪等人外，对夏侯家族也极为信任，这还不能说明问题吗？

但许多"曹操后人"还是不甘心，他们深入考证后认为：曹腾的父亲曹萌有四个儿子：伯兴、仲兴、叔兴、季兴。

其中的叔兴名叫曹褒，季兴名叫曹腾，哥俩感情特别好。

曹腾后来入宫做了太监发达了，但生育工具已被没收没有儿子，一大笔财富无法传承。

曹褒生有三个儿子：曹炽、曹嵩、曹胤。为了不让弟弟的财富因为断后而充公，就把次子曹嵩过继给了曹腾。

曹嵩后来生了曹操。

这么说，曹操本来就是曹腾的父亲曹萌的孙子，一直都姓曹，说来说去，还是妥妥的曹家后人，西汉名相曹参之后，耶！

但是，《三国志·文帝纪》载延康元年"夏侯惇薨"，裴注引《魏书》曰

“王（曹丕）素服幸邺东城门发哀”，又引孙盛之评曰“在礼，天子哭同姓于宗庙门之外。哭于城门，失其所也”。

孙盛直接把曹丕和夏侯惇称为“同姓”，这说明曹嵩出自夏侯家是魏晋时人所共知的事儿。

还有，20世纪70年代在安徽亳州城南出土的曹氏墓砖，上面赫然刻有“夏侯右”的字样，可谓铁证如山。

即曹嵩应该就是出自夏侯氏。

时间来到21世纪，有人认为科技发达了，可以再掀波澜。

2013年11月11日，复旦大学历史学和人类学联合课题组发布关于曹操家族DNA研究最新成果，自称“首次100%确定曹操家族DNA，推翻了曹操为夏侯氏抱养而来的说法”。

不用说，DNA鉴定是最科学最权威的了，但他们这个鉴定过程有点搞笑。

一、虽然早在2009年12月27日，相关部门就正式公布河南省安阳县安丰乡西高穴村西高穴墓被确认为曹操高陵墓。河南省文物局等部门也运用多种方式证明该墓就是曹操墓，但质疑声却一直不断。

二、在“曹操墓”存在质疑的前提下，认定20世纪70年代从安徽亳州曹氏宗族墓“元宝坑一号墓”出土的两颗牙齿来源于曹操叔祖父——河间相曹鼎。

三、2010年1月22日，面向全国各地征集了79个曹姓家族的280名男性和446个包括夏侯、曹等姓氏男性志愿者的静脉血样本进行研究。

就在这三个过程的研究后，得出了上述结论。

高科技的东西，咱也看不懂，咱也不敢问。

但我心中还是觉得蹊跷：“曹操墓”既然存疑；曹鼎的出身又厘不清（一方面，《魏书》和《三国志》说他是曹洪的伯父、曹休的祖父，即曹腾的子侄辈；另一方面，《后汉书》又说他是曹腾的弟弟，可能本来和曹操就没有血缘关系）；再加上在各地征集到的79个曹姓家族280名男性也只是自称“曹操后人”（他们的依据都是些近代创作的族谱），而那446个夏侯、曹等姓氏也不能保证他们是当年夏侯惇家族的后人，怎么就证明出了“100%确定曹操家族DNA，推翻了曹操为夏侯氏抱养而来的说法”？

左看右看，还是觉得古人的记载靠谱些——曹操本来就姓夏侯。

## “曹操屠吕伯奢全家案”是《三国演义》虚构的吗？

凡读过《三国演义》者，应该对书里面描写的“曹操屠吕伯奢全家案”不会感到陌生。

一方面，曹操“狗咬吕洞宾，不识好人心”恩将仇报，把好心招待他的吕伯奢全家杀了个精光，心狠手辣阴冷残酷，让人不寒而栗印象深刻。

另一方面，曹操那句遗臭万年的“名言”——“宁教我负天下人，休教天下人负我”也出自这个情节。

不过，陈寿的《三国志》里并没有相关记载，其只在《武帝纪》中提了一句：“太祖（曹操）乃变易姓名，间行东归。出关，过中牟，为亭长所疑，执诣县，邑中或窃识之，为请得解。”

说曹操不满董卓持政，抓了个现行，间行偷偷逃跑，在东归经过中牟县时，被亭长抓获送到了县里，然后又被释放了。

《武帝纪》裴注引《魏晋世语》里的一段记载对此事加以补充：“中牟疑（曹操）是亡人，见拘于县。时掾亦已被（董）卓书；唯功曹心知是太祖，以世方乱，不宜拘天下雄儁，因白令释之。”

说中牟县已经收到了朝廷的通缉令，而县功曹知道被捕之人就是曹操，并认为天下即将大乱，不应拘禁曹操这类豪杰式的人物，向县令求情，把曹操释放了。

注意，这里并没有指明中牟县县令是谁，但罗贯中在著作《三国演义》时脑洞大开，不但把曹操不满董卓的情绪夸张放大，说曹操拿七宝刀去行刺董卓，还把这个中牟县县官设定为后来吕布帐下的首席谋士陈宫，说陈宫认定曹操是“天下忠义之士”，甘愿弃官追随，与曹操共往沛国谯郡，“发矫诏，召天下诸侯兴兵共诛董卓”。

书中写：“是夜，陈宫收拾盘费，与曹操更衣易服，各背剑一口，乘马投故乡来。行了三日，至成皋地方，天色向晚。”

这么写，就出问题了。

按照《三国志·武帝纪》的记载，曹操从雒阳出奔，向东逃亡，是经中牟县到陈留郡，在己吾县（今河南宁陵县西南三十九里已吾城）起兵的，而不是他的家乡沛国谯郡。

但结合地图一看，从洛阳向东，应该先经过成皋县，再到中牟县，然后才是陈留郡。

而按照《三国演义》的写法，那是到了中牟县，又掉头向西，重新走回成皋县杀人来了。

很不合常理嘛。

所以，很多人认为，“曹操屠吕伯奢全家案”是子虚乌有的事儿，纯属罗贯中虚构。

但陈寿《三国志·武帝纪》的记载简略疑点很多，有些话欲说还休，似乎在掩饰着什么。

为什么这么说呢?

因为，曹操谋刺董卓的事儿是不存在的，没有任何史料记载曹操和董卓起过正面冲突，不但没有行刺，也没有口角没有争吵，甚至连脸也未红过。

曹操东奔的性质仅仅是不满董卓持政。

“不满”只是一种情绪一种态度，最多只是腹诽，算不上犯罪，曹操没有什么必要“变易姓名”，也不必要“间行”。

所以说曹操“变易姓名，间行东归”，根本说不通。

合理的解释是曹操在离开洛阳后，在未到中牟县之前犯下大案，成了《魏晋世语》中所说的“亡人”，从而“见拘于县”。

曹操离开洛阳后，未到中牟县之前，要经过的就是成皋县。

那么，发生在成皋县的“曹操屠吕伯奢全家案”就非常有可能是真的。

事实上，《武帝纪》裴注引《魏晋世语》是记载有这个案件的：“太祖（曹操）过（吕）伯奢。伯奢出行，五子皆在，备宾主礼。太祖自以背卓命，疑其图己，手剑夜杀八人而去。”

《武帝纪》裴注引王沈所著《魏书》也有记载：“（曹操）从数骑过故人成皋吕伯奢；伯奢不在，其子与宾客共劫太祖，取马及物，太祖手刃击杀数人。”

《武帝纪》裴注引孙盛《杂记》也记：“太祖（曹操）闻其食器声，以为图己，遂夜杀之。既而凄怆曰‘宁我负人，毋人负我！’遂行。”

这三段记载，一段比一段详细，一段比一段更清晰地交代了事件的经过。

首先，《魏书》是曹魏政府官修史料，其大大方方地提及此事，即“曹操屠吕伯奢全家案”是真实存在的。

问题是，曹操为何突施杀手，将人家一家老少尽屠呢？

《魏书》的解释是：“伯奢不在，其子与宾客共劫太祖，取马及物。”

即吕伯奢的儿子与宾客见财起意，要谋财害命。

那么，曹操是被迫杀人，属正当防卫，杀的都是坏人，杀人杀得好。

但这个解释是经不起推敲的。

一、《魏书》既然说吕伯奢是曹操的“故人”，双方是老朋友，彼此知根知底，则他的儿子怎么会产生谋害父亲老朋友性命而劫取财物的主意？

二、吕伯奢既是曹操的“故人”，结合东汉时期门阀制度的背景来看，吕、曹两家的门第应该相当，而且吕家还养有“宾客”——这不是偶然登门做客的客人，而是类似于孟尝君家的门客，吕家是有一定社会地位的大户人家，远非孙二娘十字坡那样的黑店，即谋财害命之说极不合理。

三、曹操从洛阳出来，并非孤身一人，而是“从数骑”，要打劫，恐怕不是那么容易的，就算真是绿林大盗，动手前还要掂量掂量，吕家没有必要铤而走险，自取灭亡。

四、曹操一行，在路上行色匆匆，甚至来不及通知在洛阳的家属，想必也不会携带多少贵重财物，远不会达到让吕伯奢之子见财起意的程度。

所以，说曹操“被迫杀人”“正当防卫”，极可能是《魏书》为曹操的罪恶行径找借口打圆场。

曹操杀人的真正动机，应该是《魏晋世语》所说的“自以背卓命，疑其图己”和孙盛《杂记》中说的“以为图己”——吕家人并没有加害的意思，是曹操自己多疑，疑神疑鬼，他自己不满董卓，以为董卓在满天下搜捕自己，听到隔壁传来些“食器声”，就草木皆兵，以为是人家要怎么样自己，先下手为强，连施杀招，人家连解释的机会也没有，就斩瓜切菜一样，把人家满门杀了个精光。

孙盛《杂记》用“凄怆”二字来表现曹操杀人后的心情，即曹操是已经发觉自己杀错人了。

所以“曹操屠吕伯奢全家案”不仅是历史事实，而且绝对是冤杀、错杀。

而也因曹操在成皋做下了这惨绝人寰的滔天命案，才会遭到官府的追捕，才会在中牟县发生被缉拿之事。

不过即便“曹操屠吕伯奢全家案”是历史事实，里面还是有些细节耐人寻味。

曹操一行杀人手段干净利落，不但不留一个活口，而且快得人家连解释的机会也没有。这说明，跟随曹操杀人的“从数骑”绝对不是简单的角色。

那这“从数骑”都有谁呢？史料中有无蛛丝马迹可寻？

答案是：有。

建安七子之一王粲作有《汉末英雄记》，里面记载有：“灵帝末年，备尝在京师，后与曹公俱还沛国，募召合众。”

这里说的“备”，就是刘备。

即曹操回老家沛国谯郡“募召合众”时，刘备“与曹公俱还”，他是和曹操在一起的。

《三国志·关羽传》里有记，刘备与关羽、张飞“寝则同床，恩若兄弟”，关、张“随先主周旋，不避艰险”，即曹操在行凶杀吕伯奢一家时，刘、关、张应该就在那“从数骑”之中。

补充一下，王粲曾担任刘表的秘书，在刘备投荆州时和刘备有过交往，后又随刘表的儿子刘琮归附曹操，与曹氏父子也来往密切。所以，王粲的记载，可信度非常高。

《三国志·后妃传》还记：“及董卓为乱，太祖微服东出避难。袁术传太祖凶问，时太祖左右至洛者皆欲归，后止之曰：‘曹君吉凶未可知，今日还家，明日若在，何面目复相见也？正使祸至，共死何苦！’遂从后言。”

这段文字说的是，曹操“东出避难”，袁术把“凶问”传回给在洛阳的曹家家属，当时曹家上下都准备回谯郡，是曹操的妻子卞氏制止住了他：“夫君的吉凶尚未可知，这么急忙忙地赶回谯郡，如果夫君还在，有何面目相见？”

由此可以推测，袁术可能也是“曹操屠吕伯奢全家案”参与者之一。

要知道，曹操被抓却很快又被释放了，则曹操被执之事，犹如雨过天晴了无痕迹。如果袁术不是当事人，当他得知曹操被抓，还没来得及向外传播，而曹操已经获释了，整件事就等于没发生过一样了，就没什么好传播的了。

袁术能在曹操被释放之前传出消息，说明他是曹操被抓的第一知情人之一，而他向洛阳传“凶问”，是他认为曹操在拒捕过程中已经被当场击毙，说明他应该是当事人之一。

那么参与“曹操屠吕伯奢全家案”的，既然还有刘、关、张以及袁术，何以《魏书》《魏晋世语》和孙盛《杂记》等书只记曹操而不记他们呢？

原因也很简单，被抓的只有曹操一人，所以杀人的罪恶全被曹操背了。

这，才是“曹操屠吕伯奢全家案”的全部真相。

## 当年杀华佗真的是因为多疑吗？

华佗是个妇孺皆知的历史名人。

就算农村里没读过书的老一辈人，都知道中国历史上有华佗这个人，知道他是个古代神医，能妙手回春起死回生。

读过书的人更应该知道华佗这个人，因为中学历史课本里明确记载有华佗的生平事迹，说他是东汉末年著名的医学家，熟练地掌握了养生、方药、针灸和手术等治疗手段，他所配制的“麻沸散”是世界上最早的麻醉剂，而他就是世界上最先施行全身麻醉手术的外科医生。另外，华佗还创编了一套模仿猿、鹿、熊、虎等五种禽兽姿态的健身操——“五禽戏”，也可称之为中国古代医疗体育的创始人之一。

当然，大家也知道，华佗后来被曹操处死了。

曹操为什么要处死华佗呢？

无论读过书没读过书的人，都会毫不犹豫地指出：华佗给曹操治头痛病，华佗提出了用斧子砍开曹操脑袋，以清除里面的病根，引起了曹操的怀疑。曹操最后认为华佗是受人指派，前来谋害自己的，把华佗给砍了。

为什么大家的认识如此一致呢？

因为这种说法源自四大名著之一的《三国演义》。

只能说，《三国演义》对人们的影响太深了。

《三国演义》第七十八回《治风疾神医身死，传遗命奸雄数终》是这么写的：孙吴集团设计偷袭荆州，擒杀了关羽后，为了拖曹操下水，把关羽首级送给了曹操。曹操见了关羽的首级后，被吓惊倒地，头痛病复发，疼痛欲裂，赶紧派人寻访良医治疗。

在之前不久，华佗曾给关羽刮骨疗毒，名动天下，被曹操手下找到，延请到了许都。

华佗见了曹操，一番望闻问切过后，大大咧咧地说："大王头脑疼痛，因患风而起。病根在脑袋中，风涎不能出，枉服汤药，不可治疗。某有一法：先饮麻肺汤，然后用利斧砍开脑袋，取出风涎，方可除根。"

必须强调一下，华佗和曹操并不熟，素昧平生，这初次见面，就撂下如此狠话，曹操不吓一跳才怪。

用利斧砍开脑袋，不说是曹操生活的时代，就是搁现在也没人敢相信这种操作能治病，不把人弄死就不错了。

就算是搁现在，病人脑袋长瘤了要施行手术，还得有严格的消毒灭菌手术室作为保证，依靠过硬的医学技术，运用精密先进的手术工具，在众多护士协助下完成。

谁像华佗这样，一上来就提出了骇人听闻的"利斧"方案，这是砍柴呀还是砍脑袋？

在没有成功医治案例的前提下，谁敢接受？

曹操认为，华佗这个糟老头子坏得很，我才不信！

话说回来，华佗所说的"风涎"，医学发展了几千年，到现在还没有见过这玩意，谁也不知道它长什么样是什么东西。

天知道是不是华佗信口瞎编的？！

所以不难理解，从曹操那个角度说，他是全天下人人喊杀的奸雄，他必须怀疑华佗的动机，毕竟天下要图谋他性命的人太多了。

他质问华佗说："汝要杀孤耶！"

华佗一点也不害怕，还自鸣得意地说："大王曾闻关公中毒箭，伤其右臂，某刮骨疗毒，关公略无惧色；今大王小可之疾，何多疑焉？"

华佗不提关公还好，一提关公，曹操的疑心更重了，他说："臂痛可刮，脑袋安可砍开？汝必与关公情熟，乘此机会，欲报仇耳！"

曹操说得也很有道理，怎么能拿手臂和脑袋相提并论？人断了一条手臂，还可以存活；而只要脑细胞和脑神经稍有损伤，就小命不保。

另外，《三国演义》里还写有一个名叫吉平的太医，曾策划借给曹操治头痛病之机刺杀曹操，但因事泄身亡了。

所以，曹操怀疑华佗就是第二个吉平，把华佗一刀给咔嚓掉了。

大家读了《三国演义》无不义愤填膺，齐声唾骂曹操奸雄之心以小人之心度君子之腹，杀了华佗造成了中国古代医学界的重大损失。

事实上，曹操处死华佗是不假，但杀华佗的原因并非《三国演义》所写，而是华佗太作做事忒不地道。

我们来看看真实历史上的华佗是怎么作死的吧。

历史上的华佗被杀于公元208年，关羽被杀的时间是公元220年。很难考证到相同的生活轨迹，华佗很可能没有为关羽刮骨疗毒，他和关羽没什么交情没见过关羽，为关羽报仇之说是不存在的。

关于华佗这个人，集历史学家、古典文学家、语言学家于一身的传奇大师陈寅恪曾著有《三国志曹冲华佗传与佛教故事》一文，文中断然指出："华佗是印度人，而非中国人。"

陈寅恪大师的考证属不属实，且不去管它。

我们来说说中国史书对华佗的记载和评价。

华佗医术是很高明，但史家对他的品行很不认同。

《后汉书》说他“为人性恶”，即本性险恶。

《三国志》说得含蓄一些，只说他“以医见业，意常自悔”，即虽然以行医为生，却后悔入错了行，不想做医生，不喜欢治病救人。言下之意，就是想当官。

华佗积极跑官，但效果都不理想。

原本他是可以轻松医治好曹操的偏头痛病的，但为了引起曹操对自己的重视，故意治标不治本，挟医自重，想以此来控制曹操。

华佗“挟医自重”的恶行是有先例的。

史书记载：东城太守陈登喜欢吃海鲜，以至于肚子里长有寄生虫，经常肚痛。华佗用药驱虫帮陈登缓解了病情，却不肯彻底治疗，故意卖弄说：“您这病三年后还得发作，到时再说了！”

不用说，华佗是想借这个勒索陈登一把的，但过了三年，他事儿多，忘了。可怜的陈登，肠烂肚痛，流血而死。

华佗来给曹操治病，仍然在玩这套把戏。他哄骗曹操说：“您这病不能急，得慢慢调理，您放心，我会陪伴在您的身边，一直帮您调理好为止。”

如果曹操能窥穿华佗那点小心思，给华佗弄个大大的官职做，估计华佗最后会给曹操治好偏头痛病。

关键是曹操生活的时代，奉行的是九品中正制，华佗的医生职业是和巫道神棍并列的，曹操没往这方面想。

华佗那边久久没谋得一个官职，就怨恨上曹操了，他以妻子有病为由请假回老家了。

走之前，华佗还装出很认真的样子，有模有样地和曹操约定了回来的时间。

曹操信以为真，傻痴痴地等他。

约定的时间到了，华佗的影儿迟迟没有出现。

曹操派人去请。

华佗以妻子的病尚没好为由，不肯动身。

曹操可不是一次派人去请，而是多次。但华佗不管曹操怎么请，就是不肯动窝。

曹操心里犯嘀咕了，派人去调查，叮嘱说："华佗的妻子真久病不愈，就送他家四十斛小豆；要是他耍奸弄滑，就不要客气了！"

使者暗中调查，发现华佗称"妻子有病"云云，完全是在骗曹操耍曹操。那就不客气了，把他绑了起来，押去见曹操。

曹操经过详加审问，弄清楚了华佗这是"恃能厌事"，愤愤然说，这是"小人养吾病，欲以自重"，把华佗关到了狱中。

在狱中的华佗一时想不开，自行服毒，结束了自己的生命。

## 刘备
## 是不是汉献帝的叔叔呢？

刘备的帝胄身份可能性很大，是汉献帝叔叔的可能性很小。

怎么说呢？

《三国志》中明确提到："先主姓刘，讳备，字玄德，涿郡涿县人，汉景帝子中山靖王胜之后也。胜子贞，元狩六年封涿县陆城亭侯。"

这是陈寿根据蜀汉帝国对刘备族系官方宣传材料进行记载的，即刘备出自"汉景帝→中山靖王刘胜→陆城侯刘贞"一支，但往下却没有记载。

裴松之因此在作注时大为遗憾地说：先主自己说是汉景帝后裔，但是"昭穆难明"，以至于立国延续汉祚时，竟然"不知以何帝为元祖以立亲庙"！

据此可知，其他史书也都没有刘备祖先谱系的记载。

首先，刘备自称出自中山靖王刘胜这一支，而中山靖王刘胜的封地在古中山国，即今天的河北地区，考古学家就于1968年在河北省保定市的满城县发掘出了中山王墓。而刘备的出生地为涿州，即现在的河北省涿州市，两地相距并不远嘛。

其次，中山靖王刘胜是历史上著名的生育大王，他一共生了一百二十多个儿子。这一百二十多个儿子落地生花开枝散叶，经过三百多年的繁衍生息，到了东汉末年，怎么着也得有十多万后裔吧。而刘备作为这十万分之一，又有什么奇怪的?

再次，刘备的祖父和父亲是有记载的，“祖雄，父弘，世仕州郡。雄举孝廉，官至东郡范令”，即祖父为刘雄，官至东郡范县令，父亲刘弘，无具体官职记载，但从“世仕州郡”来看，怎么着也是当地一名官员。结合刘备受教育的情况看，他的老师是东汉名臣、九江太守卢植，和他一起在卢植门下为同学的有公孙瓒和刘德然——刘德然确系中山王之后，他的父亲刘元起认刘备为同宗，经常资助刘备读书。可见，刘备作为皇室后裔应该是没有问题的。

最后，三国时期曹魏国郎中、著名史学家鱼豢在《典略》也提到，刘备的先祖系光武帝（即景帝之子长沙王刘发）的哥哥刘演的孙子刘复的后人，刘复被分封为临邑侯。他这个说法和刘备的爷爷刘雄当东郡范县县令的身份比较相符，因为范县县令治所就在临邑。当然，支持这个说法就会推翻陈寿《三国志》中刘备为“汉景帝子中山靖王胜之后也”的记载。但不管怎么说，刘备也都属汉景帝后裔。

至于说刘备是汉献帝叔叔，其实是罗贯中在《三国演义》的编排，目的是要以“刘皇叔”的身份来突出刘备“仁厚长君”的形象。

为了自圆其说，罗贯中还煞费苦心地编出了一个完整的继承谱系。

但是，我们拿有史可考的汉献帝刘协的谱系与罗贯中的编排比较一下，就不难发现，刘备是汉景帝的第十九代孙，而汉献帝刘协是第十四代孙，这得是哪一辈的皇叔呀？

所以，刘备绝不是汉献帝的叔叔。

## 斩蔡阳的人不是关羽，而是刘备

在三国历史上，蔡阳只是个过客，在历史大舞台上露脸不多，没有单独的个人传记，其事迹仅见于《武帝纪》和《先主传》。

在《武帝纪》中，蔡阳被写成了“蔡扬”，由此可见，这的的确确是个小人物，他的名字可以被随意篡改。该传写道：“袁绍派刘备前往攻略汝南，汝南人龚都举兵响应。曹操遣蔡扬攻击龚都，不利，反被龚都所击破。”

龚都是黄巾余党，势力很弱，蔡阳却是龚都手下败将，可知其更弱。

《先主传》写的应该是同一件事，不过对事件的结局，并不仅仅停留在蔡阳被龚都所败之上，还明确交代蔡阳“为先主（刘备）所杀”。

由此可见，蔡阳是历史上的“弱鸡”一枚，且他被关羽所斩杀之事是并不存在的。

实际上，不但关羽斩蔡阳之事不存在，人们平时所津津乐道的“过五关斩六将”之事也都是不存在的。

我们来看一看被斩的“六将”都是些什么人：孔秀、韩福、孟坦、卞喜、王植、秦琪。

这六个人，都是虚构人物，都不存在。

实际上，稍微有地理知识的人都知道，按照《三国演义》所写，关羽过五关所走的路线根本就不合理。

当然，最不合理的是关羽闯关的情节。

关羽基本属于单枪匹马闯关，五关守将都有几千上万人马不等。一对几千，这仗怎么打?

而且，对于守关者来说，我都不用打，你来了，我紧闭关门，只管在关上射箭，就让你无路可走了。

所以，《三国演义》写关羽过五关斩六将，写关羽擂鼓三通斩蔡阳，都是为了迎合读者口味，图个热闹，看看就好，不必深究。

那么，《三国演义》中的蔡阳，武功有多高呢?

不得不说，罗贯中信手写的一个小情节吊足了读者的胃口。

即关羽刚离开曹营时，一众曹将喊打喊杀，其中的蔡阳表现得非常抢眼，他不服不忿，吆吆喝喝着向曹操请缨，自称带领3000骑兵就可以追杀关羽，但被曹操制止住了。

一般人读到这儿，兴趣都会被勾起，觉得这个蔡阳敢向已经威名远扬的关羽叫板，肯定是个绝世高手。

后来，蔡阳听说外甥秦琪被关羽杀后，利用去汝南攻打刘辟的机会，改道去追杀关羽。

按说，您追杀就追杀吧，如果是单枪匹马前去追杀，绝对彰显出绝世高手的风范，但他带了几万人一起追杀。如果这几万人一拥而上，关羽肯定得挂。但这几万人的任务，只是给蔡阳壮胆的，到了现场，袖手旁观，只当观众。

蔡阳呢，在张飞敲打的一通鼓时间内，就被关羽斩杀了，从而贻笑千古。

不得不说，《三国演义》的魅力是巨大的，现在古城北门三里外有一个大冢子，被当地人言之凿凿地说成是“蔡阳坟”，一个名叫“跑马坡”小土坡，被说成是关羽斩蔡阳的古战场。

很多人都深信不疑。

遗憾他们没在那儿摆个大鼓，就说是当年张飞敲打的那一个。

# 夷陵之战开打前，孙权请求和议并退还土地了？

夷陵之战开打之前，孙权向刘备求和了吗？

查《三国志·吴志·吴主传》，并没有提到。

《三国志·蜀书·先帝传》里面倒是有讲了："孙权遣书请和，先主盛怒不许。"即刘备恼怒孙权偷袭关羽，准备兴师东征，于章武元年（公元221年）秋七月，亲自统兵伐吴。

《三国志·吴志·诸葛瑾传》也有此说，可作为印证。诸葛瑾跟随吕蒙征讨关羽建功，封宣城侯，以绥南将军的职位代替吕蒙领南郡太守，镇守在公安。"刘备东伐吴，吴王求和"，吴王孙权的求和信就是由诸葛瑾执笔写的。信中大意是说：关羽与先帝（汉献帝）相比，您觉得谁更重要？荆州与天下相比，您觉得哪个更重要？当务之急是先替先帝报仇呢还是先替关羽报仇？当务之要是放眼于天下呢还是着眼于荆州？分清其中的轻重缓急，事情就好办了。信写得大义凛然，不卑不亢。

刘备对诸葛瑾这封信置若罔闻，根本不听。

不管如何，战前孙权向刘备求和之事是有的，但压根儿没提到退还土地！

"孙权退还土地求和"之说是从哪儿来的呢？

来源于《三国演义》第八十二回。

在《三国志·吴志·诸葛瑾传》的记载中，诸葛瑾只是奉孙权之命给刘备写了封求和信，没有亲见刘备。

《三国演义》为使情节富于戏剧化，写诸葛瑾专程出使蜀汉，拜见了刘备，和颜悦色，口中颂称："今吴侯令臣为使，愿送归夫人，缚还降将，并将荆州仍旧交还，永结盟好。"刘备断然拒绝，恶声恶气地说："杀吾弟之仇，不共戴天！欲朕罢兵，除死方休！不看丞相之面，先斩汝首！"

不难看出，《三国演义》是在《三国志》的基础上夸大了孙权为求和而让出的利益，目的是衬托刘备与关羽桃园结义的手足之情。

但这不是事实。

我觉得，孙权如果真肯交还荆州，刘备很可能是会接受求和的。

但想想看，孙权处心积虑终于占有荆州，绝对是百分之一千一万不肯再吐出来给刘备的——真心不想和您刘备打仗，但您坚持要打，也可以奉陪。

所以，查《三国志·吴志·吴主传》，压根儿就没有孙权在战前向刘备求和的记载，我们看到的只有他安排陆逊部将军宋谦等先攻蜀五屯，然后蜀军分据险地，前后五十多营，陆逊随轻重以兵应拒，再接着是“大破之”，临阵所斩杀及俘获的蜀兵有数万人，刘备仓皇奔走，仅以身免。

有意思的是战后。

《三国志·蜀书·先帝传》里记：孙权听说刘备狼狈不堪地逃到了白帝城，“甚惧，遣使请和”，这次刘备答应了，“许之，遣太中大夫宗玮报命”。

《三国志·吴志·吴主传》这次也有记载相与呼应：“十二月，权使太中大夫郑泉聘刘备于白帝，始复通也。”

但比较一下二传的异同：《三国志·蜀书·先帝传》是说孙权对驻军在白帝城的刘备非常害怕，主动遣使求和，显得卑躬屈膝；《三国志·吴志·吴主传》只是说孙权派太中大夫郑泉为使者去白帝城拜见刘备，恢复双方之间的来往，不卑不亢。在这儿，裴松之注引西晋人虞溥所著的《江表传》做了补充：孙权派太中大夫郑泉为使者，到白帝城中面见刘备，当时孙权称，近日得到了刘备的书信，信中刘备检讨了自己的错误，因此东吴与蜀汉就此重归于好。很明显，孙权肯派出使者和刘备通好，是因为刘备先写了检讨书认错。

那么，问题来了。

夷陵之战后，到底是孙权先提出的讲和，还是刘备先提出的讲和？

我觉得是后者比较合理。

实际上，裴松之注引晋人张勃所撰《吴录》也有提到：刘备夷陵战败后，听闻曹魏大举兴兵，就修书恐吓陆逊，说魏军已到江陵，自己将再次兴兵伐吴。陆逊的回答简洁有力：只怕你刘备有命来攻，没命逃回。另外，郑泉出使蜀汉时，刘备曾小心翼翼地询问郑泉："孙权为何不给自己回信？是否是认为自己得名不正？"郑泉没有好声气地答："你刘备作为汉室宗亲，应该发兵攻打篡汉自立的曹魏，而不是讨伐东吴。"面对郑泉抛出来的软钉子，刘备没有半点脾气，还是和和气气地同意了两家修复联盟关系。

可见，战前"孙权退还土地求和"之举是不存在的；战后求和也是刘备低下身子先提出来的，别太过相信《三国演义》里写的东西。

## 司马懿

## "司马懿漏杀一人，致使司马天下丢失"的流言是怎么来的？

自从田余庆先生考证出"东晋大枭雄桓温是三国名士桓范后人"这一结果后，网上就出现了许多诸如"夺司马天下之人，就是司马懿漏杀之人的后代"，"司马懿杀了他全家，他的后代灭了司马家的天下"，"司马懿发动政变诛杀此人三族，有一人侥幸逃脱，他的子孙亲手灭晋"之类神神道道的文章。这，应该是田余庆先生始料未及的吧？

但稍微懂点魏晋南北朝历史的人都知道，灭司马晋者，汉高祖刘邦之弟刘交后人刘裕也！怎能生扯到是桓范后人的身上了呢？

再者说了，桓温的儿子桓玄的确是威逼晋安帝禅位给了他，但他的桓楚政权所能控制的势力范围仅为江陵以东的长江中下游一带，面积小得可怜，除了这一块“自留地”，都没有谁肯听命于他，这也算是“夺司马天下”？

而且，桓玄自己称帝的时间是公元404年1月1日，而他本人身死名灭的时间就在同年5月，前后时间不过短短四五个月！

桓玄一死，其堂兄弟桓谦就把国玺奉还给了晋安帝。

看看，还真不能说桓玄灭了司马晋，更不能说夺了“司马天下”。

还有一个问题特别要说的是，桓玄真是桓范的后代吗？

这只是田庆余先生的猜测之言而已，并非定论。

田庆余先生猜测的依据，其实很简单。

他是发现桓玄称帝后，只追尊其父桓温为“宣武皇帝”，太庙都只供奉桓温，没有追尊祖父桓彝或以上的祖宗。因此认为：桓玄的祖上很可能就是三国时被司马懿诛三族的桓范，桓范漏网之子孙桓楷、桓颢等人到风头过后，才出仕晋朝，桓玄代晋之后，不愿揭示桓氏家族历史的真相，尊不及祖，讳莫如深。这种依据其实是很薄弱的。

我也来说说我的依据。

桓玄的才能，与他的父亲桓温比较起来，实不及他父亲桓温的一个小指头。

桓温此人，恩怨分明、有仇必报。

桓温的父亲桓彝在南渡后名气极高，跻身江左八达之列，但在苏峻之乱中被叛军杀害。

十五岁的桓温知道泾县县令江播为幕后策划者，枕戈泣血，誓报父仇。

可惜江播命短，等不到桓温动手，就自然死亡了。

桓温不依不饶，把仇恨撒在江播儿子的身上。

江播共有三个儿子，他们在为父守丧时，料定桓温会来寻仇，预先在丧庐内备好了兵器。

但没有用，桓温就像古龙武侠小说里的侠客，说来就来，先手刃了江播长子江彪，后来又追杀另外二子，血债血偿，报了父仇，方才心满意足。

而在桓温权势熏天的时候，他要取代司马晋政权，其实是易如反掌的。但他一直踌躇未定、犹豫不决，以至拖到了第三次北伐失败、名气大跌——不过，即使在这个时候，他还是有能力篡位自立的，但他仍然瞻前顾后、患得患失，终使司马晋躲过了一劫。

想想看，如果桓范真是桓温先祖，那司马晋可是负有桓温家的血海深仇，以桓温这种有仇必报的性格，只会记着司马家的仇、不会记着司马家的好，早就动手干大事了，还犹豫什么呢？

有些人为了炒作，故意用“宿命论”的调子来吸人眼球，说司马家诛桓，桓又灭司马氏。这种说法，实在牵强。

但还是有人死活要往“宿命论”上套，眼珠子一转，说：“司马晋灭了刘邦后代刘备建立的蜀汉，然后刘邦兄弟的后代刘裕又灭了司马晋，这算不算轮回？”

好吧，我认输。

## 梁武帝
## 前后表现判若两人，终落得饿死下场

徐志摩是近代很有才华的大诗人，因乘坐飞机失事死了。

他的一生就像夜空划过的流星，虽然璀璨夺目，但只是短短的一瞬就匆匆消失了。

然而，就在人们众口一词的悲伤、惋惜和嗟叹声中，有人说出了不同的声音：“志摩的死，就志摩本人而言，是身体的不幸，却是精神上的大幸。”

说这话的人，是徐志摩亦师亦友的胡适。

胡适的话虽然残忍了一点，但也道出了一定的道理：徐志摩早期的诗才情盖世，可是后期已呈现颓废之态，有江郎才尽的迹象。徐志摩意外死亡了，即他的生命是残缺的，但作品是完美的——至少，不会有后期可能出现的“劣作”累及，破坏个中完美。

当然，徐志摩中年老年的后半生并没有出现，那到底会是怎么一种情况，谁也说不上。胡适所说，也不过是一种推测，有失妥当。但如果用胡适的话来评价历史上的一个毁誉参半的帝王，却恰如其分。

这个帝王，就是南北朝时的梁武帝萧衍。

萧衍的前半生论文论武，都称得上是世之翘楚；可是他的后半生却无比昏庸，智商倒退，崇佛信佞，识人不明，终于国灭身死，令人不胜唏嘘感叹。

萧衍是南兰陵中都里人，即现在的江苏省常州市武进区。他的父亲萧顺之是齐高帝萧道成的族弟，而萧道成据说是汉初名相萧何的后人。也就是说，萧衍也是萧何的后人。

萧衍自小聪颖，博学多才，和沈约、谢朓、范云等人并称为“竟陵八友”。

沈约是后来《晋书》《宋书》《齐纪》等书的编著者，在史上有所谓“江东之豪，莫强周、沈”的说法；谢朓的诗名很高，是唐朝诗仙李白、诗圣杜甫的崇拜偶像。清人王士稹说李白“一生低首谢宣城”。的确，读李白的“解道澄江静如练，令人长忆谢玄晖”，“三山怀谢朓，水澹望长安”，“我吟谢朓诗上语，朔风飒飒吹飞雨”，“蓬莱文章建安骨，中间小谢又清发”等诗，就可以想象得到谢朓在李白心中的地位。

萧衍与这些人齐名，说明他的学识不在这些人之下。

近代文学评论家郑振铎先生曾宣称：“萧衍新乐府辞最为娇艳可爱。”

且让我们来读一首萧衍的新乐府辞《襄阳蹋铜蹄歌》：

草树非一香，花叶百种色。

寄语故情人，知我心相忆。

诗句清新，意味隽永，而且通俗易懂，是首好诗。

本来，萧衍在文学和诗作上还可以有更大的发展，但一场突如其来的巨大政治旋涡把他卷入了残酷的政治搏杀之中，不幸脱离了文学，万幸地登上了帝王之位。

即使做了皇帝，萧衍仍然着力研究经学、史学，撰有《周易讲疏》《春秋答问》《孔子正言》等二百余卷。他曾对《汉书》等断代史的写法极为不满，亲自主持编撰了六百卷的《通史》，自称："我造《通史》，此书若成，众史可废。"

萧衍的文才如此出众，武略也极其了得。

北魏孝文帝率领三十万军队攻打南齐的义阳城。齐明帝萧鸾派遣萧衍和平北将军王广之领兵前往救援。王广之畏缩不前，萧衍慨然请行，与义阳城中的齐军北魏军展开内外夹攻，最终打败了北魏军，赢得了这场战役。

此战结束，萧衍升任太子中庶子（太子侍从）。

该年秋天，北魏军再次南下，接连攻下了新野、南阳，直逼雍州（今湖北襄阳市）。萧衍率军增援，虽然不能取胜，却巩固了樊城一线，开辟了属于自己的根据地，为日后的发展奠定了基础。

南齐东昏侯萧宝卷乱政，许多大臣惨遭杀戮，其中就包括萧衍的哥哥萧懿。

萧衍时为雍州刺史，驻守襄阳，眼看大祸就要降临到自己身上，没有一丝犹豫，当机立断，以武王伐纣的气概遍发布檄文，列数萧宝卷之恶，自称以有道讨伐无道，悍然起兵，建立了南梁政权。

登上了帝位的萧衍励精图治，每天五更起床，即使是冬天也不例外，批改公文奏章。据说，因冬天起床太早，在批改公文时，手都被冻裂了。

勤于政务的同时，萧衍也很注意节俭，史书上称他"一冠三年，一被二载"，不追求穿衣打扮，穿的是布衣木棉，盖布被，垫莞席，足蹬草履，头戴葛巾。不讲究吃食，每天用餐以蔬菜和豆类为主，有时忙开了，就草草喝点稀粥了事。

萧衍对吃穿享乐是这样的淡薄，对人才的任用和对官吏的选拔却极其重视和讲究，他常常亲自召见在基层工作的官员，训导他们遵守为国为民之道。

为了广泛地纳谏，最大限度地用好人才，萧衍还别出心裁地在殿门设立两个盒子，其一称谤木函，另一称肺石函。

萧衍说了，如果功臣和有才之人认为自己被埋没了，可以往肺石函里投书信；如果是一般的百姓，有意给国家提些什么批评或建议，可以往谤木函里投书。

这个时候的萧衍，无论从哪个角度看，都称得上是个明君。

可是，当帝位已经巩固，世道河清海晏，萧衍开始发昏一样地爱上了佛教、信奉佛教，而且一发不可收拾，越陷越深，不能自拔。

萧衍把信奉佛教作为国策，立佛教为国教，要求王公贵戚乃至平民百姓都要信佛，在全国大建寺庙，广收僧人。

在萧衍身体力行的倡导下，南梁国内寺塔林立僧人遍地。唐代诗人杜牧的名句“南朝四百八十寺，多少楼台烟雨中”就是有感于此而作。

据统计，南梁时的佛寺达2846座，僧尼有82700人。

即使这样，萧衍还嫌佛寺不够多，要继续修。但资金不够了，怎么办？他想了个主意：自己到寺院“舍身”出家。由此，大臣要找皇帝处理国事，只好到寺院花钱“赎”。

梁武帝先后四次入寺舍身，群臣为了“赎”他还俗，捐了一亿万钱。

靠这个办法，梁武帝狠赚了一笔。

可以说，大修佛寺浪掷了南梁无数财力，造成国力大幅度衰退。

此外，佛教的慈悲戒杀理论对南梁的社会、政治生活也造成了极大影响。

萧衍将佛教的慈悲戒杀理论和儒家“君子之于禽兽也，见其生，不忍见其死；闻其声，不忍食其肉”的仁恕思想结合起来，不仅自己不食肉，还要求国家祭祀也要戒杀，用蔬菜果品代替原来的猪牛羊等。

实际上，在当时的佛教律典中，是找不到出家人必须食素的任何根据的，就因为萧衍的倡导和严令禁止，南梁境内僧众从此不再饮酒食肉。此例又被后来的北齐、隋唐所秉承，中国的佛教僧侣从此告别了酒肉。

以上种种举措，使萧衍赢得了“皇帝菩萨”“佛心天子”的称号。

“皇帝菩萨”“佛心天子”把这种不杀生的理念应用在动物身上，害处还不是很多，但在对待法律问题上，如果还以“菩萨心肠”“佛心仁人”来处理，国家不乱才怪。

可是，萧衍偏偏脑袋进水了一样，对那些奸佞之徒法外开恩，最终姑息养奸，极大程度地祸害了国家和民众。

比如说，萧衍的弟弟萧宏骄横奢侈暴敛无厌，敛收钱物三亿万，萧衍虽然心知肚明，却只是仰天默诵几遍“南无阿弥陀佛”就此拉倒。而萧宏一看没事胆儿更肥了，竟然践踏伦理道德与萧衍的女儿大行通奸之事。

还有，萧衍的侄儿萧正德明明已经投降了北魏，在北魏混不下去了，又回到了南梁。萧衍“慈悲为怀”赦免了他，封他为临贺王。最后呢，这个萧正德勾结了外人侯景，把侯景带进了南梁的都城建康，给南梁帝国捅上了窝心一刀。

所以说萧正德所勾结的侯景，也是被萧衍这个所谓的“皇帝菩萨”一点点养成心腹之患的。

寓言故事里的东郭先生是怎么死的？被狼咬死的。

萧衍就是东郭先生，侯景就是那头狼。

狼被猎人追得走投无路，东郭先生“见义勇为”，打开自己用来装书的口袋，让狼钻进去，躲过了猎人的围捕。

侯景要趁乱世起兵争霸，可是既抗击不住东魏的高澄，又惹毛了西魏的宇文泰，在东西两大枭雄的夹击下，日暮途穷走投无路，萧衍大动“菩萨心肠”将之迎到自己身边，最终用自己的生命和南梁帝国的国运对“引狼入室”四个字做出了血淋淋的诠释。

南梁帝国也从此陷入分崩离析的大动乱当中，国内百姓尸横遍野血流成河。

这，就是信佛不肯杀生的梁武帝萧衍所造的孽！

再补一句，以“皇帝菩萨”“佛心天子”自诩的萧衍，为了与北魏争夺战略要塞寿阳，他本着避免战争大量流血的慈悲原则，想出了一个绝妙的办法“筑建浮山堰”，准备通过水淹寿阳城来达到“不战而屈人之兵”，从而顺利收取寿阳。

可是，这个浮山堰是在哪儿修建的呢？

在经过寿阳的淮河的下游！

萧衍的设想是：在下游打坝修堰，先拦住淮河水，等淮河水位上涨的时候，水就可以淹没寿阳城了。

对此，我们只能说，萧衍的智商已经没救了。

最终寿阳城没被淹到，而被拦截近半年的淮河水突然冲垮了河堰，大坝上的数万梁朝军民转眼就丧生在滔天的洪水之中。这还不算，浮山大坝下游的平原全部成为泽国，数十万无辜百姓和他们的家园一起全部被洪水所吞噬。

这，也是信佛不肯杀生的梁武帝萧衍所造的孽！

## 陈后主

## 陈后主到底有多荒唐？

陈叔宝有多荒唐呢？别的不用多说，只说一件事，就足以彰显这个人荒唐到了什么地步。

大将萧摩诃可以说是南陈最后一根擎天大柱。

而且，陈叔宝能登上帝位，萧摩诃功不可没。

当年陈宣帝陈顼病重时，陈叔宝和二弟始兴王陈叔陵、四弟长沙王陈叔坚一起入宫侍疾。

始兴王陈叔陵早就看荒唐无耻的陈叔宝不顺眼了，他阴怀异志，在宣帝咽气之后，看见陈叔宝跪伏在宣帝遗体旁干号，就拔刀朝陈叔宝后颈猛砍一刀。

陈叔宝吃此一刀，闷绝于地。

幸好长沙王陈叔坚在后面夺了陈叔陵的刀，没有让他接着砍第二刀。

不过，陈叔陵也没和陈叔坚过多纠缠，他溜回到自己居住的东府城，尽释东城囚犯以充战士，浩浩荡荡杀回宫城。

关键时刻，是萧摩诃进京平乱，擒杀了陈叔陵。

再补充一下萧摩诃的生平。

萧摩诃堪称南朝末期第一猛人，史称其十三岁就单骑出战，“军中莫有当者”。

萧摩诃强悍的代表作出现在陈朝大将吴明彻北伐北齐那会儿。

当时，北齐遣大将尉破胡、长孙洪略率众十万来战。这十万之众的前部，有“苍头”“犀角”“大力”等称号，部中将士皆身长八尺，膂力绝伦，其锋甚锐。部中又有西域胡将，妙于弓矢，弦无虚发。

吴明彻非常担心，前思后想，觉得只有萧摩诃能克制这个胡将，于是敬酒给萧摩诃壮行。

萧摩诃不负所托，单骑驰入齐军战阵，斩下该胡将脑袋，全身而返。

所谓百万军中取上将首级，不过如此。

萧摩诃十三岁投军作战，百战沙场，强横半世，晚年丧妻后新娶了一个小娘子，让她侍奉左右。

让人不可思议的是，陈叔宝宫中有成百上千姿色漂亮的宫女，更有张丽华、孔贵妃等绝代佳人献媚争宠，他竟然吃着碗里的望着盘里的，看中了萧摩诃的一个小娘子，总是借故派萧摩诃外出处理军务，让人把萧摩诃的小娘子接入宫中厮混。

这不是直接给萧摩诃戴绿帽子吗？

而且，隋朝大军已从采石突击到了南京城外，陈叔宝还如此肆无忌惮地作践和污辱萧摩诃，让萧摩诃领兵去抵挡隋军，自己抓紧时间和萧摩诃的小娘子鬼混。

这个情节，我最初是在蔡东藩先生著作的《南北朝演义》看到的，以为是小说家的虚构。

但后来查了《陈书》《南史》《资治通鉴》，里面都记有这个情节，才知道蔡先生诚不我欺也。

陈叔宝，太荒唐了。

南陈被他玩没了，一点也不奇怪。

另外，明朝人许仲琳在写《封神演义》时，非常同情萧摩诃的遭遇，把这一情节安排在商纣王和黄飞虎身上。

不过，黄飞虎的表现，比萧摩诃有骨气多了。

他听说自己的妻子被污，一气反出五关。

经过这么一写，许仲琳才算是替萧摩诃出了口恶气。

## 唐太宗
## 玄武门之变过后，为何要“跪而吮上乳”？

李世民“跪而吮上乳”之说，是司马光在编写《资治通鉴》时的临时起意、借题发挥。

后人读史，请保持清醒理智，不要盲从。

凭什么这么说呢？

因为这个情节，查《旧唐书》和《新唐书》并无此一说。

由此可知，“跪而吮上乳”就是司马光脑洞大开的手笔。

可笑李宗侗、夏德仪在《资治通鉴今注》时，竟然自作聪明地注释说：“跪而舐上之乳房，以示为孺子时无间之态。”

想想看，已经是成年的李世民拭擦掉刀锋上的血迹，一见到父亲就膝行跪前，急吼吼地解开父亲的衣服，张嘴吐舌，舐之吮之，这画面简直不要太美……

可能吗？

有可能吗？

真要像李宗侗、夏德仪等辈强不知以为知，强行解释，那是尽信书还不如无书。

司马光的借题发挥是借谁的“题”呢？

原来《新唐书·高祖本纪》的开篇写有“仁公生高祖于长安，体有三乳”。

唐高祖既然天赋异禀，而且这“体有三乳”只在《新唐书·高祖本纪》的开篇不经意地提了一下，再无下文，真是太说不过去了。

于是，司马光在编写《资治通鉴》里“玄武门事变”这一段时，灵光一闪，信手拈来，用它来化解玄武门之变后父子间剑拔弩张的紧张关系，可谓妙手偶得，浑然天成。

补充一下，“体有三乳”无论是男人还是女人，都是怪胎。

这样的怪胎，如果出生在普通民家，可能会被视为妖怪弃之荒野，让野狼叼走或被自然饿死。

但富贵人家，可能会认为是神人投胎、星宿下凡，养着供着。

当然，最大的可能是，人家根本就是一个正常人，只因他成了开国帝王，史家就神神道道，胡诌一通。

史书上的舜帝生有两个眼瞳、刘邦脚底有七十二颗痣等，莫不如此。

而且，说“唐高祖体有三乳”也是有渊源的。

《史记·周本纪》就记：“文王龙颜虎肩，身长十尺，胸有四乳。”

看，周文王是王中圣贤，“胸有四乳”；唐高祖“体有三乳”又有什么好奇怪的了？

岂不知，《北史·魏本纪》写北魏太祖拓跋珪的先祖什翼犍“立发委地，卧则乳垂至席”，更加骇人听闻。

所以，无论是“唐高祖体有三乳”，还是李世民“跪而吮上乳”，都是一派胡话、鬼话，万不可信。

话说回来，南宋宁宗和光宗关系不好，朱熹曾经劝宁宗去看望退位寂寞的父亲光宗，叮嘱他“见太上皇帝，即当流涕伏地，抱膝吮乳，以伸负罪引慝之诚”。

那么，朱熹的意思真是要宋宁宗去抱着宋光宗的膝头“吮乳”吗？

显然不是，这只是一个比喻手法罢了。

《梁书·始兴王萧憺传》中记，梁朝始兴王萧憺有德政造福一方，被调离还朝时，当地百姓作歌谣相送，最后一句是：“何时复来哺乳我？”

这里的“哺乳”，是施恩造福的意思，可不是真的喂奶。

今人读古书，可真得悠着点。

## 放四百名死囚回家探亲是真的吗？

“唐太宗纵囚”事件，《资治通鉴》和《新唐书》都有记载。

该事件讲的是：唐太宗爱民如子，一生提倡慎用刑罚。贞观六年（公元

633年）冬，大理寺卿上奏，说狱中有三百九十名死囚将在来年秋后问斩，但这些人牵挂家中父母和弱妻幼子没有着落，日夜啼哭，怎么劝都劝不止。因此，相关官员建议提前用刑，还大狱一个安宁。唐太宗思索片刻，下旨将这些死囚们全部释放回家，以一个月为期，等他们处理好后事之后再自动回来受刑。不用说，这个做法很疯狂，朝野震骇。大家既为皇帝的仁慈而感动，又都担心这些死囚一去不回危害社会。但到了次年元宵节，死囚回来报到之日，这三百九十名死囚一个都不少地回到了监狱。唐太宗看见他们全都诚实守约，是可以转变的良民，又下诏免去他们的死罪，改为流放。

单就这件事来说，唐太宗以仁义感化囚犯功德无量。

但自古以来趋生避死是人们的本能，这些死囚从监狱逃出生天，却又全都视死如归，自觉返回狱中领死，感觉里面定有蹊跷。

欧阳修编撰《新唐书》时，虽然也记录了此事，但他怀疑此事是一场“政治秀”，专门写了一篇《纵囚论》，推测其中内幕。

欧阳修说：君子可以施予信义，小人只能施予刑戮。判定为死刑的人必定是罪大恶极之流，是小人中的小人。君子都明白应该死于大义，不应苟活于屈辱，但要他们为大义而做到视死如归，还是不可能的事。作为小人中之小人的死囚，却轻轻松松地视死如归，太违背情理了。

欧阳修再从“感化”的角度反证：有人说死囚虽然是小人中的小人，但被唐太宗的恩德感化，都变成了诚实守约的君子。但这恩德感化人的深度和速度让人难以置信。

最后，欧阳修的结论是：这个事件的真实情况就是唐太宗有意作秀，与囚犯达成默契：“释放了，就一定要回来，回来了，就一定会赦免罪行。”最终，上唱下和，共欺世人。唐太宗因此得贤君之大名；囚犯则重获新生，双方皆大欢喜，一拍即合。这里面，并无恩德诚信可言。

欧阳修因此叹息说：“太宗之为此，所以求此名也。”

清代大儒王夫之对欧阳修的分析非常赞同，并做了补充：死囚其实是逃无可逃，必须回归监狱。他说，唐太宗之世，法令严密，乡民之间，什伍连坐相保，宗族亲戚比邻而处，囚犯逃得了一时，逃不了一世，逃得了和尚，逃不了庙。

王夫之坚信：古所未有者，必有妄也；人所争夸者，必其诈也。

即“纵囚”事件有伪有诈，并不值得过多赞誉。

唐太宗有治国大才，确称得上千古一帝，但他好名已是史家尽知之事——因担心身后名声受损，曾专门向褚遂良、房玄龄等人索要国史书稿，为千古丑闻。

## 唐太宗李世民为何在五十一岁时突然暴毙？

一个人的寿数，不一定由年轻时的身体状况决定的。

举个例子，我国著名的“汉语拼音之父”周有光先生，幼时体弱多病，少年患上肺结核，青年患上抑郁症，医生猜测说他活不过三十五岁。但他是在2017年1月14日去世的，享年一百一十二岁，可谓高寿！

而看长寿界中超过百岁以上的寿星，几乎很少看到有过职业运动员生涯的人。

也无怪乎民间有这样一条怪谚：“兔子乱跑白费劲，乌龟不动活千年。”

迷信和遵奉这条怪论的人，会说“生命在于静养，在于不动；快动、猛动，会过早消费了生命，减短了寿数”。

人和乌龟不是同一物种，二者没有可比性，人真的不动或少动，也不见得一定长寿。

李世民年轻时身体的确是很棒，但像赵匡胤、皇太极等人，年轻时身体条件也不比他差，也同样死得很早。

有人说，赵匡胤可能是他的弟弟赵光义杀的，他短命与寿命无关。

赵匡胤年轻时在周世宗手下为将，打仗很猛，经常有单骑闯阵、阵前捉将的壮举，他死时才四十九岁，就算真的是他弟弟在“斧影烛光”中将他杀害，也证明他是病得很严重了，否则断不至于这样毫无还手之力被人杀害。

接替努尔哈赤汗位的是他的第八子皇太极。至于皇太极，相关史书记载，他比努尔哈赤长得更高大、更魁梧，能披重甲、开硬弓，臂力过人，武勇出众，纵马驰射，从不疲倦。

清代雍正年间进士阮葵生所著《茶余客话》卷一《清帝甲弓》记载，沈阳实胜寺收藏有一张皇太极用过的弓，矢长四尺余，世间罕有人能开弓，而皇太极当年却驰骑于马上运用自如。

皇太极在一次围猎中，就用这张弓连续发矢，多有矢箭洞贯两只黄羊，臂力惊人。

就是这样一位身躯魁梧体魄雄壮的超级猛人，一生基本无病无灾，却在五十一岁的年纪上突然暴崩。

相对皇太极来说，李世民在四十八岁的时候，就开始饱受疾病折磨了。

为了医治风疾，他甚至不得不搁下政事，跑到终南山里养病，后来又住进了骊山温泉。

这还不是最要命的，直接让他提前去向阎罗王报到的是他迷上了长生不老之术，大量服食丹药，身体中毒日深，最终暴亡。

从这一点上说，李世民与北魏道武帝拓跋珪颇为相似。

拓跋珪也是一代开国之君，年轻时的身体素质可能比李世民还要好，但中年就迷上了服食丹药，最终在三十八岁暴毙。

当然也有人说，李世民的短寿，可能跟他年轻时太拼积劳成疾有关。

但比较一下汉高祖刘邦、光武帝刘秀、宋武帝刘裕、明太祖朱元璋这些人，打仗又何尝不拼？尤其是明太祖朱元璋，当了皇帝，还十几年如一日地宵衣旰食，都是在透支自己的生命，但都获得了正常人的寿命。

所以说，长寿的奥秘，不是一两句话能说得清的。

唐太宗李世民五十一岁突然暴毙，其实并不是什么历史谜案，原因清清楚楚明明白白，是他自己瞎听妖人妄语乱服剧毒丹药，最终毒死了自己。

人生于世绝大部分畏死贪生，这是情理之中的事，无可厚非。

但要评选最“畏死群体”，当属帝王无误！

道理很简单，拥有的东西越多，越担心失去。

生无可恋者，往往都是一无所有之人。

帝王富有四海俯视苍生，要风得风要雨得雨，权、钱、色、气、酒样样为其所有，剩下的唯一愿望就是希望这一处境可以永远永远，万古不变。

但是时光匆匆，脚步永远不会停留。

在红了樱桃绿了芭蕉中，但屈指西风几时来，又不道流年暗中偷换。

不知不觉中，头发变白，皮肤变皱，身子变得佝偻，死神开始招手……

现实无比残酷：时光是我们人类的最大敌人。

长生不老，成了历代封建帝王的最大追求！

秦始皇就是历史上追求长生不死最著名的皇帝了，他大力赞助卢生去仙境求药，又派徐福出海访仙，但他最终只活了四十九岁。

汉武帝也是追求长生不死帝王队伍中的佼佼者，他甚至比秦始皇嬴政还疯狂。《史记·武帝本纪》中，几乎有一半的篇幅都在讲他如何宠信方士，如何劳师动众追求仙药。

和秦皇、汉武一样，唐太宗也是千古一帝，也是历史上有名的明君，也一样痴迷长生不老。

贞观二十三年（公元649年），从天竺国来了一个名叫罗迩娑婆的妖僧，此人诡称自己会炼制长生不老仙丹。

唐太宗大喜过望，让妖僧为自己炼制。

没承想，“神丹”炼成之日，就是太宗皇帝毙命之时。

他喜滋滋地服下丹药，很快毒发身亡，终年五十一岁。

历史上像唐太宗这样，为追求长生不老，暴食丹药的帝王可不少。

如晋哀帝司马丕，此人迷信黄老之术，常服长生不老之药，服食过量而死，时年二十五岁。

又如唐穆宗李恒，渴求长生不老，服药过量而死，时年三十岁。

唐武宗李炎，信奉道教，吃丹药身亡，时年三十三岁。

唐宣宗李忱，为求长生吃丹药被毒死，时年五十岁。

南唐烈祖李昪，常服丹药，中毒身死，时年五十六岁。

清朝的雍正，也是吃丹药中毒致死的……

## 唐太宗的长子李承乾很荒唐吗？

唐太宗李世民的长子李承乾八岁之时被立为太子，二十五岁被废。

到底是因为荒唐而被废，还是因为被废而被涂抹上荒唐的色彩？这是个值得思考的问题。

毕竟，为了维护千古一帝唐太宗李世民的英武神明形象，必要的艺术加工是不可少的。

不管怎么样，我们还是先来看看史书上几条关于李承乾“荒唐”事迹的记载吧。

一、“私幸太常乐童称心，与同卧起”，即李承乾有龙阳之癖，喜娈童；

二、向往突厥人的生活，在宫中“辫发羊裘而牧羊，作五狼头纛及幡旗，设穹庐”，“敛羊而烹之，抽佩刀割肉相啖”。甚至模仿突厥部落争夺牧场的场景，“布陈大呼交战，击刺流血，以为娱乐”。

三、不听师长劝谏，扬言“我作天子，当肆吾欲，有谏者，我杀之，杀五百人，岂不定”。

……

别的不多说，单说第三条，自己身为储君，竟然扬言日后成了天子就要怎么怎么样，这种话，颇似三岁孩童赌气时的口吻，根本就不像是史书记载里“性聪敏”“特敏惠”“丰姿峻嶷、仁孝纯深”的太子李承乾，更不像是十二岁就在尚书省听讼，十五岁就独立处理政务，并在李世民外出时便居守监国的太子李承乾。

至于说，反感中原文明、向往突厥野蛮生活以及娈童等怪行，那是想怎么抹黑就怎么抹黑了。

有人说，李承乾本来是神童，是后来被逼疯了，才出现了如此怪诞行为的。

《剑桥中国隋唐史》也是这么说的：“承乾的行为显得在某些方面不正常和有失体统，他很可能是精神失常。”

那么，李承乾是怎么被逼“疯”的呢?

他们说，主要是李世民对他要求太严格了，李世民本身是千古一帝，一心希望自己的继承者青出于蓝更胜自己，不但是高要求、高规格地对太子进行训练，有时候还严酷到了变态的地步，远远超过李承乾的承受力，终于招致李承乾精神崩溃成了个失心疯。

这个说法有点问题。

如果李承乾真是个疯子，那么其说话必然乱七八糟，行事必然颠三倒四，甚至所说所做正常人根本无法理解得了。

但是我们看，李承乾所做的最“疯狂”的事儿，无非是联合侯君集等人叛乱，意欲拉李世民下台。

这件事虽然以失败告终，但从酝酿、谋划到行动，全都环环相扣、有条不紊，全看不出李承乾是疯子精神病的迹象。

而且仔细想一下，侯君集等人全是久经沙场饱经风浪的人物，如果李承乾真是个思维混乱的疯子，他们还会跟着干吗？

所以说，李承乾密谋造反之事虽然“疯狂”，但没有任何证据说明他是属于缺失了基本辨识能力，对自己行为不能负法律责任的精神病患者。

对比一下清康熙帝的废太子胤礽，情况也很类似。雍亲王胤禛即位后，也有抹黑过胤礽的行为。

所以，史书上所载李承乾在东宫搞出的一系列荒唐事，有可能是史家的故意编排。

话说回来，李承乾已经早早册封为太子成了帝国继承人，为什么还要铤而走险去做谋反之事呢？

其实在这一点上，清胤礽比李承乾更“疯狂”，他是废而又立，立而又废，两立两废，且两次被废都是意行“大不逆”之事。

现在，很多人都骂李承乾和胤礽傻，在以卵击石、自毁前程、自取灭亡。

实际上，那是屁股决定脑袋，不，准确地说，那是屁股所坐的位置决定了脑袋的思维方式。

李承乾、胤礽坐在太子那个位置上，所面临的险情使他们不得不那么做——胤礽接连两次做相同的事儿，就很能说明问题了。

胤礽当时处于“九龙夺嫡”的斗争中心，为求自保，不得不拼死奋起做最后一搏。

李承乾所遭遇的杀气虽然没有“九龙夺嫡”那么沉重凌厉，但也足以让他窒息。

苏轼说过：“古之立大事者，不惟有超世之才，亦必有坚忍不拔之志。”

李承乾原本只是一朵培植在温室里的水仙，经不起风见不了雨。

下面先说说李世民是怎么培植他这枝水仙的吧。

李承乾出生于武德二年（公元619年），这一年，是李世民生命中极为繁忙、极为紧张、极为危险，同时也是极为精彩的一年。由于刘武周图谋晋阳（今山西太原西南），向南争夺天下。李世民不得不亲自带兵从龙门渡过黄河，在柏壁与刘武周相争。从而引出了后来“大破宋金刚”“收降尉迟敬德”“东征洛阳”“虎牢关擒窦建德”“迫降王世充”等一系列重大事件。

李承乾是秦王妃长孙氏为李世民诞下的嫡长子，取名“承乾”，后世史家有人分析说，这是寄寓意于承继皇业、总领乾坤之意。这样分析是不对的。当时，李渊心目中的帝国接班人是太子李建成，李世民只是一个藩王而已。

不过，武德九年（公元626年），李世民通过玄武门事变当上了皇帝，没有任何犹豫，迅速将年仅八岁的李承乾册立为太子。

并且对李承乾这个太子，李世民疼爱非常，捧在手上怕摔着，含在嘴里怕化了，爱得不得了。

贞观五年（公元631年），李承乾生病，从来不信佛也不信道的李世民赶紧请了道士秦英来为儿子祈福，后来又召度三千人出家，并特地修建了西华观和普光寺，还大赦狱中的囚犯，以此为李承乾祈福。

贞观七年（公元633年），李承乾再次生病。李世民又请天竺高僧波颇为儿子祈福，并重赏了波颇。

贞观八年（公元634年）二月乙巳，太子李承乾加元服，李世民大赦囚犯，大宴群臣，赐帛各有差，并命天下大酺三日，以示庆祝。

贞观十二年（公元638年）三月丙子，李承乾的嫡长子李厥出生，李世民又诏令天下见禁囚徒都降罪一等，天下大酺五日。

……

另外，在选定李承乾为储君这条路上，李世民也一如既往地坚定。

在李承乾十二岁时，李世民就开始让他帮自己处理国政；十四岁时，李世民开始命他在京城监国；十六岁时，李世民就给了他监国权，让他正式下诏书。

话说，唐太宗李世民和长孙皇后除了生下长子李承乾之外，武德三年（公元620年），又生下了次子李泰。

这李泰“聪敏绝伦”，智商似乎超过李承乾，故得唐太宗李世民“特所宠异”。

而在贞观十三年（公元639年），李承乾患了足疾，成了个跛子，心情坏透了，性格也开始变得疑神疑鬼起来。

他总怀疑，因为自己走路一瘸一拐，全无人君之范，这个太子一定保不住了。

尽管在贞观十七年（公元643年），他通过左屯卫中郎将李安俨向李世民试口风，李世民一再强调：“太子虽患脚疾，可依然是嫡长子，绝不可能舍弃嫡子而立庶子的。”李承乾还是不放心。

他看着父亲对胞弟李泰极其宠爱，就不自觉地想起隋朝太子杨勇被废之事，以及玄武门事变中伯父李建成被杀的惨剧，他主动对号入座，把自己想象成了杨勇和李建成。

那边的李泰不但得李世民深爱，也得高祖李渊所喜。李泰出生满月，就被高祖李渊册封为宜都王，次年进封卫王，授上柱国。

注意，李泰所封为正一品卫王，而不是从一品的嗣卫王，地位与当年李元霸同。

李世民登基后，更是变着花样地恩宠和加封李泰。

贞观二年（公元628年），李世民改封年仅九岁的李泰为越王，再封扬州大都督与越州都督，督十六州军事扬州刺史，后又再加督越、婺、泉、建、台、括六州，共二十二州。

贞观八年（公元634年），李世民让李泰兼领左武侯大将军，再授予雍州牧之职。

当时的雍州即是京兆府，大唐王都所辖之地，所以李泰又顺理成章地兼任了掌管西京长安的长官。

贞观十年（公元636年），李世民改封李泰为魏王，遥领相州都督，督相、卫、黎、魏、洺、邢、贝七州军事，余官如故。

也在贞观十年，李世民“以泰好士爱文学，特令就府别置文学馆，任自引召学士”。

“就府别置文学馆”是李世民在秦王时代所做的最引为自豪的事儿，他如此安排李泰，不禁让人浮想联翩。

最最过分的是，贞观十六年（公元642年），朝廷每月对魏王府的料物供给超过了东宫。李世民还下诏让李泰逾制徙居武德殿，好与自己朝夕相处。

武德殿紧靠东宫，李泰一旦搬入，就隐然形成了威逼东宫之势。

所以，魏征极力谏止了此事。

魏征谏止得了李泰不搬入武德殿，却无法阻止得了李世民对李泰的爱。

李世民对李泰万般宠爱，经常带着他四处游幸，只要一天不见，就要派自己养的一只名为“将军”的白鹘互传书信互诉衷肠。

李世民对李泰的爱已超乎寻常，用褚遂良的话来说，那是“爱之逾嫡，嫡庶不分”。

李世民甚至还当众说出了“人生寿夭难期，万一太子不幸，安知诸王他日不为公辈之主”之类的话。

《旧唐书·韦挺传》记：“时泰有宠，太子承乾多过失，太宗微有废立之意。”

李世民既然是这样一种表现，李泰和李承乾都不是傻子，都会做出本能的反应。

李泰野心勃勃，不断谗害李承乾，以为只要把李承乾搞垮，大唐帝国的万里江山就是自己的了。

李承乾惶惶不可终日，先是试图暗杀李泰，不成，便密结汉王李元昌、城阳公主的驸马都尉杜荷、大将侯君集等人谋反。

后来的结局，大家都知道了。

唐太宗李世民的地位本来就牢不可破，而在人望、能力等诸方面，自幼长在深宫之中的李承乾，又如何与身经千锤百炼的李世民相比？

谋反事败，各种抹黑就纷至沓来，跳进黄河也洗不清了。

李承乾，是个可怜人。

## 安禄山
## 为何惨遭儿子安庆绪的毒手？

安庆绪之所以杀安禄山，主要原因当然是冲着帝位去的了。

另外，处在他那个位置，除了帝位的巨大诱惑，还有一部分身不由己。

因为，安禄山后期宠幸小老婆段夫人，基本对其千依百顺。

段夫人生有儿子安庆恩。

安禄山既然对自己言听计从，段夫人又不是傻子，她当然希望继承安禄山帝位的是自己的骨肉安庆恩喽。所以她不断在安禄山耳边吹枕头风，要他立安庆恩为太子。

安庆绪自己长得不帅，能力也不出众，语言表达能力又差，他仅有的优势，不过年纪比安庆恩大，母亲康氏是安禄山的原配妻子，仅此而已。既然安庆恩加入了帝位继承人的竞逐之列，那他的存在岂不就是安庆绪的最大威胁了？

政治斗争，从来都是有你无我，有我无你的。

当安庆绪手上尚有竞逐的资本就不能退出，一旦退出，很可能到时候连自己是怎么死的都不知道。

为了占据主动，他必须抢先出手，让老爸安禄山死。

安庆绪的最大支持者是严庄。

严庄是安禄山的第一谋士，在安禄山鞍前马后出谋划策，功劳巨大。

安禄山自在洛阳称帝后，身患重病，视力逐渐失明，情绪暴躁，经常虐待臣下。

这严庄靠得安禄山最近，所受虐待也最重，因此对安禄山愤恨不已，一天到晚鼓动安庆绪把这老头子剁了。

谋杀安禄山的行动，就是由严庄一手策划的。

严庄和安庆绪的意见是统一的：必须在安禄山熟睡时让他停止呼吸。

但他俩都不敢亲自动手，他俩找到了李猪儿。

李猪儿原本是个聪明活泼的小跟班儿，对安禄山很忠诚。

但安禄山为了让他死心塌地跟随自己，竟然愚不可及地切除了李猪儿的命根。

安禄山以为，自己这是挥慧剑、斩凡根，替李猪儿清除掉人间的烦恼根。而自己也可以放心让李猪儿自由进入自己的内室，完全摒除掉其污染自己妻妾的可能，再无后顾之忧。

但是，他这一刀下去，埋下了仇恨的种子。

当严庄和安庆绪找到李猪儿，给他提供了亲手报仇的机会，没有一丝丝犹豫，没有一丝丝顾虑，李猪儿欢呼着答应了。

最终，烂醉如泥且双目失明的安禄山，就稀里糊涂地死在了李猪儿的刀下。

## 钱镠

## 不经意写出千古佳句

五代十国时期吴越国的创建者钱镠是个老大粗，幼时喜欢舞刀弄棍，稍大喜欢和一大帮无赖浪荡子混在一起，打架、酗酒、赌博等恶行齐全，还曾置严酷的大唐律令于不顾，加入黑道组织贩卖私盐。

在唐末，贩卖私盐的大头子是黄巢。

贩卖私盐虽然可以牟得暴利，但在黄巢眼中不过是小打小闹。

黄巢渴望的是建功名、干大事，封荫妻子。

然而，黄巢落第了，三次，很受伤后，再也按捺不住，扯起嗓子，亮出大板刀，反了!

黄巢反得很猛，一下子把大唐王朝掀了个底朝天，可是他并没能笑到最后，悲壮地死了。

对黄巢而言，钱镠只是一个小字辈。

但钱镠比黄巢聪明。

钱镠吸取了黄巢失败的教训，借力打力，打着政府军的名义一点点把自己的事业做大，最终建立了属于自己的吴越国。

衣锦还乡的当日，基本接近于文盲的钱镠向自己的偶像汉高祖刘邦学习，沿袭汉高祖《大风歌》的风格作了一首《还乡歌》，歌云：

三节还乡兮挂锦衣，碧天朗朗兮爱日晖。

功成道上兮列旌旗，父老远来兮相追随。

家山乡眷兮会时稀，今朝设宴兮觥散飞。

斗牛无孛兮民无欺，吴越一王兮驷马归。

老实说，这首《还乡歌》比汉高祖的《大风歌》差多了。

《大风歌》只有三句：大风起兮云飞扬，威加海内兮归故乡，安得猛士兮守四方！

《大风歌》虽然只有三句，但气势全出来了，风、云、海内、猛士、四方，这些字眼磅礴得很，而且通俗易懂，一听全明白是什么意思了。

和钱镠一样，刘邦也是个无赖出身，没读过什么书，唐朝诗人章碣就写诗说："竹帛烟销帝业虚，关河空锁祖龙居。坑灰未冷山东乱，刘项原来不读书。"直言刘邦和项羽都没读过什么书。

可是，刘邦就偏偏写出了这么惊世骇俗的诗句，牛啊！

钱镠一看自己的作品得不到父老的认同，急了，赶紧把刚才唱的歌词推翻，重来，用吴音再唱一曲，这回的歌词是：

你辈见侬底欢喜，别是一般滋味子。

长在我侬心子里，我侬断不忘记你。

因为是乡音土语，父老们听明白了，一时间，"叫笑振席，欢感闾里"，人人举杯狂欢。

事实上，刘邦读书是少，但还是颇有诗才的。

诚如严羽在《沧浪诗话·诗辨》里所说："夫诗有别材，非关书也；诗有别趣，非关理也。"

做诗是讲究天分的，与读过多少书没多大关系；做诗是要别具情趣的，这里面没有多少道理可讲。

刘邦除了《大风歌》之外，史书上还记载了他写的另一首《鸿鹄歌》。

《鸿鹄歌》的写作背景是这样的：刘邦当上了皇帝，就冷落了黄脸婆吕雉，与戚夫人打得火热。时间一久，就想改立戚夫人的儿子刘如意为太子。吕雉当然不肯束手待毙，找来张良，要张良想办法保住自己儿子刘盈（后为汉惠帝）的太子位。张良的确算得上汉初的第一聪明人，什么也没说，为刘盈找来了东园公、甪里先生、绮里季和夏黄公这四个世外高人，让这四个世外高人做刘盈的老师。

这四个世外高人是引领社会舆论的风向标，刘邦看见他们已经成了太子的老师，知道没戏了。刘邦悲哀沮丧地对戚夫人说：“我是想让咱们的宝贝儿子做太子，但现在有四个老头儿在帮刘盈，根基已稳，真动不了了。”

戚夫人一听，急得直流泪。

刘邦看在眼里，一颗心百炼钢化为绕指柔温言相劝道：“爱妃，你也别光顾着哭了，来为我跳一支舞，我为你创作一首歌排忧解困，驱走这心头上的忧愁。”

戚夫人听了，赶紧擦拭眼泪，在泪光中盈盈起舞。

刘邦若有所思，悠悠吟唱道：“鸿鹄高飞，一举千里。羽翮已就，横绝四海。横绝四海，当可奈何？虽有矰缴，尚安所施？”

这首歌的大意是：大雁展翅高飞，一飞就是几千里。它的羽毛已经丰满，展翅就可以漂洋过海，我能有什么办法呢？就算拥有利箭，又能把它怎样呢？

听刘邦用天空大雁比喻太子刘盈，戚夫人哭得更厉害了。

当晚，这一对老夫嫩妻不欢而散。

后来刘邦死了，吕后三下五除二就把戚夫人收拾了，她毒死刘如意后，砍了戚夫人双手双脚，挖眼熏耳，并扔到茅房里，称为“人彘”。

平心而论，刘邦这首作于困境之中的《鸿鹄歌》不逊于项羽那首绝命诗《垓下歌》“力拔山兮气盖世。时不利兮骓不逝。骓不逝兮可奈何！虞兮虞兮奈若何！”

刘邦这首诗符合诗歌的赋、比、兴三特点，而且情感表达充分直抒胸臆，不像项羽那样怨天尤人、啰唆重复、绵软无力。

这首作品虽然没有《大风歌》出名，但同样是一首好诗。

说了这么多，显然钱镠诗才不能和刘邦比，那钱镠是不是没有机会超越刘邦了呢？

不是的。

钱镠写诗不行，但他写过一个句子，看似漫不经心，却尽得风流传颂千古。

苏东坡甚至为钱镠这一佳句所服绝。

且说，钱镠的原配夫人姓戴，是横溪郎碧村的一个农家姑娘。戴妃恋家，年年春天都要回娘家住上一段时间，看望并侍奉双亲。钱镠至情至性，虽然已经大富大贵，却深爱这个糟糠结发之妻。戴氏回家住的日子稍长，钱镠便遏止不了地时时思念，不断写情信，或是思念或是问候，其中隐含催促之意。

有一年，戴妃又回了娘家。钱镠遥望宫门外的凤凰山脚、西湖堤岸，只见一片桃红柳绿、莺歌燕舞。念及心上人不在身边，钱镠长吁短叹，又提笔写起情书来。

老大粗写的情书从来都只是三言两语。

可是这一次，三言两语写出了水平，其中夹了这么一句："陌上花开，可缓缓归矣。"

这一句平凡普通，却情真意切，温馨萦绕，又满满的关怀备至，实在是妙手偶得的天然佳句！

戴妃读到了这一句立刻被征服了，珠泪滚滚马不停蹄地赶回了杭州。

清代学者王士祯因此称赞说："'陌上花开，可缓缓归矣'，二语艳称千古。"

这一句话，后来被里人编成山歌，就名《陌上花》，在吴越一带广为传唱。

北宋熙宁年间，苏东坡任杭州通判，听到里人吟唱的《陌上花》如遭雷震，恨句不出于自己，吟咏再三，专门写下了三首《陌上花》诗。

诗的前面，特别注明：游九仙山，闻里中儿歌《陌上花》。父老云：吴越王妃每岁春必归临安，王以书遗妃曰："陌上花开，可缓缓归矣。"吴人用其语为歌，所含情思婉转动人，听之凄然。

苏轼《陌上花三首》：

（一）

陌上花开蝴蝶飞，江山犹似昔人非。

遗民几度垂垂老，游女长歌缓缓归。

（二）

陌上山花无数开，路人争看翠軿来。

若为留得堂堂去，且更从教缓缓回。

（三）

生前富贵草头露，身后风流陌上花。

已作迟迟君去鲁，犹教缓缓妾还家。

后来，苏东坡的学生晁补之又作了《陌上花八首》：

（一）

郊外金軿步帐随，道边游女看王妃。

内官走马传书报，陌上花开缓缓归。

（二）

朝云暮雨山头宅，暖日晴风陌上花。

绛幕何妨行缓缓，送春归尽妾还家。

（三）

娘子歌传乐府悲，当年陌上看芳菲。

曼声更缓何妨缓，莫似东风火急归。

（四）

荆王梦罢已春归，陌上花随暮雨飞。

却唤江船人不识，杜秋红泪满罗衣。

（五）

吴歌白纻怨芳菲，肠断怀王去不归。

陌上如今小花伴，山前山后白鹇飞。

（六）

临安城郭半池台，曾是香尘扑面来。

不见当时翠辀女，今年陌上又花开。

（七）

云母蛮笺作信来，佳人陌上看花回。

妾行不似东风急，为报花须缓缓开。

（八）

陌上偷来为看花，饶声鹦鹉莫夭斜。

犊车缓缓随芳草，不去桃源阿母家。

## 宋太祖

## 落魄时遭王彦超冷遇，登帝位后是如何实施报复的？

王彦超是个老军阀，为人很会要滑头。他本来是河北大名临清（今河北临西）人，投军在后唐魏王李继岌麾下，在凤翔府（今陕西凤翔县）工作，此后历仕后晋、后汉、后周三朝，最后进入北宋加中书令，历任永兴军节度使、凤翔节度使、右金吾卫上将军等职，封邠国公，很厉害。

在后唐魏王李继岌麾下效力时，王彦超和赵匡胤的父亲赵弘殷是同事，两人关系不错。

赵弘殷领兵驰援后唐庄宗李存勖于河上时，还曾搭救过王彦超一条小命。

后唐李从珂时代，石敬瑭勾结契丹入侵，后唐灭亡。

在后来中原局势混乱的岁月里，赵匡胤曾南下往随州（今湖北随县）投奔父亲的旧交刺史董宗本，因为路上救下了弱女子赵京娘，在送赵京娘回蒲州

（今山西永济市蒲州镇）后，到复州（今湖北天门市）改投时任复州防御使的王彦超。

王彦超在石敬瑭的后晋政权里，非常得石敬瑭喜欢，曾和石敬瑭的掌书记桑维翰出使契丹，交割幽云十六州以及进贡大批财物，因此担任了复州防御使。

赵匡胤投奔王彦超的时候，王彦超狗眼看人低没有接纳，只是给了十贯钱就把赵匡胤打发走了。

赵匡胤最终还是到随州投靠了随州刺史董宗本。

后汉乾祐元年（公元948年），郭威讨平河中节度使李守贞的叛乱时，赵匡胤当时在郭威帐下效力，而王彦超也随师出征，两人是见过面的。

后来郭威建立后周，赵匡胤和王彦超都在后周为臣，并且在攻打北汉、南唐及北伐契丹等一系列军事行动中都有过愉快的合同作战经历。

王彦超的能力的确是杠杠的。

在攻打北汉时，他曾一举收复石州（今山西离石），擒获北汉刺史安彦进。

在攻打南唐时，他曾孤军大破南唐援军于寿州（今安徽寿县）城下。

北伐契丹时，他曾在李晏口（今河北景县东北）斩杀契丹骑兵一万多人。

赵匡胤发动陈桥兵变时，加王彦超为检校太师、西面缘边副部署。同年，赵匡胤通过陈桥兵变夺得天下，建立北宋，王彦超任凤翔节度使，镇守凤翔。

按说王彦超当时割据一方，也可以像潞州节度使李筠等人一样，不遵赵匡胤号令，向赵匡胤叫板的。

但他为人滑头，也有大局观，迅速对赵匡胤表示了顺服，非常乖巧地离任凤翔，入朝称臣。

赵匡胤因此加封其中书令，为了表示信任，其父王重霸又加授太子少傅致仕。

不过，赵匡胤心里始终迈不过当年被拒的那道坎儿。

在一次君臣宴饮时，赵匡胤仗着几分酒意，向王彦超旧事重提。

王彦超不慌不忙，信口答道：“浅水岂能藏神龙耶？当日陛下不留滞于小郡实乃天意也！”

看，这马屁拍得也是没谁了。

俗话说，千穿万穿，马屁不穿。

赵匡胤哈哈大笑，这一页就算轻轻地揭过去了。

王彦超高寿，在宋太宗太平兴国六年（公元981年），他获封邠国公，太平兴国八年（公元983年）七月，以太子太师之职致仕，仍兼领右金吾卫上将军的俸禄。一直到雍熙三年（公元986年），才寿终正寝，获朝廷追赠尚书令。

## 在位十六年，为什么始终没有立赵德昭为太子？

宋太祖赵匡胤是个雄才大略之人，他在长达十六年的时间里都没有将儿子赵德昭立为太子，是因为需要考虑的问题太多了。

首先，所谓的“金匮之盟”是赵光义坐了六年龙庭之后，和赵普合伙炮制出来的。

不过，不可否认，“金匮之盟”里杜太后的担心，赵匡胤是有的。

毕竟，五代乱世，改朝换代快得如同走马灯，谁也不知明天会发生什么。

赵匡胤自己的江山是从周世宗儿子那儿抢来的，周世宗死的时候也不过才三十八岁，赵匡胤登位这年，已经三十三岁了。而他的两个儿子，赵德昭才九岁，赵德芳尚在襁褓之中。

一旦自己有什么意外，乳臭未干的赵德昭怎么保得住江山不被别人夺了去？！

好在赵匡胤和周世宗不同，他有两个弟弟——赵光义和赵廷美。

所以，赵匡胤是在两个儿子尚处年幼阶段，把弟弟赵光义当作备胎用的。

到了乾德二年（公元946年），赵德昭十七岁出阁授任为贵州防御使。

咦？赵匡胤为什么不册封他为王甚至太子呢？

主要是赵光义在这个时候已经形成了一股势力，一旦赵匡胤在这时突然定储，可能会引起赵光义不适，不定出什么乱子。

而且这时的赵匡胤已经四十一岁，过了周世宗死亡的那个坎儿，人也老练了，心也稳定了，不再像早几年那样瞻前顾后了，他觉得赵德昭毫无政治经历，太嫩，需要历练。因此，不但没有册封太子，而且没有按照规矩以皇子身份封王，而是计划循序渐进加封。到了开宝六年（公元973年），赵德昭的职务已经上升到兴元尹、山南西道节度使、同平章事，后加检校太傅。当然，为了照顾赵光义的情绪，赵匡胤也在这一年晋封他为晋王。

有人仍然觉得奇怪，为什么不同时给赵德昭封王呢？

因为赵光义封王前已呈权倾朝野之势，权压宰相。

赵匡胤给他封王，又把与赵光义相得甚欢的赵普解任，提升卢多逊为参知政事，成为副宰相。同时提升赵廷美和赵德昭的职位，加赵德昭任同平章事，增强他在中枢的影响；赵廷美则兼任侍中（皇帝近臣）。

这么一来，赵光义虽然封王，名义在宰相之上，但实际势力并没有得到增长，原来的一元结构被打破，他已经受到了一定的钳制。

也在这一年，吕余庆、沈义伦、薛居正等人先后为相，可以说赵光义已经外强中干。

如果赵匡胤不是在开宝九年（公元976年）突然遭遇了“斧声烛影”离奇驾崩，赵德昭封王进而册封为皇太子，那是铁板钉钉的事儿。

唉，赵匡胤老谋深算，算来算去，算不过天，算不过命，帝位落到了赵光义手上，可惜了。

# 宋仁宗
## 真的是一位仁君吗？

可以说，宋仁宗赵祯是中国古代历史上排名第一的仁君。

谁如果要否定宋仁宗之“仁”，那么，中国古代就再也没有“仁君”了。

宋仁宗到底有多仁？

宋仁宗驾崩的消息传出，上到朝臣，下到乞儿流浪汉，无不放声大哭。

当时的情景，只能用一个词来形容——举国哀痛。

这还不算，敌国君主契丹辽道宗耶律洪基初闻噩耗也沉痛不已，眼泪成线儿往下流，一个劲地说：“我必须给他建一个衣冠冢，以寄哀思。”

耶律洪基说到做到，这之后，辽国历代皇帝贡奉宋仁宗一如贡奉祖宗。

明代文学家沈德符也直呼宋仁宗之德为北宋诸帝之冠——其实，沈德符此语尚有保留，他只把比较对象局限于北宋，是担心明朝皇帝吃醋啊。

乾隆皇帝自称“十全老人”以千古一帝自居，却也老实交代说自己有三个偶像：康熙、唐太宗和宋仁宗。

乾隆把爷爷康熙奉为偶像一点也不奇怪，毕竟那是他亲爷爷嘛，他和他老爹能当上帝王可全靠这个亲爷爷呀。

乾隆把唐太宗奉为偶像，也一点都不奇怪，毕竟唐太宗的文治武功摆在那儿，万国来朝被颂称为“天可汗”，不服不行嘛。

但是，乾隆把宋仁宗奉为偶像……

凭什么？

只能说，宋仁宗的人格魅力太伟大了。

下面说几则与宋仁宗有关的小故事，让我们充分感受他的人格魅力。

一

自古有言：蜀治则天下治，蜀乱则天下乱。

蜀中的地理位置特殊，成了反映封建王朝治乱的晴雨表。

因此，历朝历代帝王都对蜀中的一举一动特别上心。

蜀中有一个举人写诗给成都知府，里面有这么一句：“把断剑门烧栈道，西川别是一乾坤。”

老天，不要太嚣张嘛！这绝对是一首鼓动地方割据独立的反诗。

如果这事发生在清朝，凌迟处死是免不了的。

宋仁宗看后却哈哈大笑：“这不过是老秀才急于求官而做出的荒唐事，就让他做个司户参军吧。”

二

宋仁宗年少时，由刘太后垂帘听政。当时有个博士程琳给太后进献了一幅《武后临朝图》，意欲鼓动刘太后篡宋自立，走武则天当年的路线。也幸亏刘太后深明大义，没有做出过格行为。宋仁宗长大亲政，有人旧事重提，以此来弹劾程琳。宋仁宗只是一笑了之，认为这是当时的情势所逼，继续重用程琳。

三

某天晚上，宋仁宗批阅奏章到深夜，准备回寝宫时，听到宫外传来阵阵丝竹歌声热闹非凡，不由大奇：“这是哪里的声音？”宫人答：“是外面酒楼的声音。皇上，外面这么热闹，是不是显得我们宫里太冷清了？”宋仁宗笑了笑：“宫内冷清能换得外面老百姓热闹，这很好呀。如果我们宫里热闹，恐怕老百姓就要活得冷清了。”

四

某天早上，宋仁宗起床时突然向太监提到，自己一晚上都没睡好，很饿想吃羊肉。太监奇怪地说，既然饿，为何不吩咐下人做羊肉汤吃？宋仁宗挠了挠头：“恶例不能开呀，如果朕昨晚索要了一次，下面人就会以此为例天天宰杀，到时候得杀多少羊呀，还是不要了。”

……

总之，宋仁宗是中国古代历史上第一仁君，心服口服。

## 宋高宗

## 赵构是怎么从靖康之难中逃出东京的？

赵构是怎么逃出去的呢？这个过程还是有些复杂的。

至少，得简单说一下赵构的身世。

赵构，是宋徽宗赵佶的第九子，于宣和三年（公元1121年）封康王。虽贵为皇子，但他身体内的一半血统极其“卑贱”——他的母亲韦氏，之前是哲宗朝宰相苏颂的婢女！

一个小小婢女，怎么会成为皇帝的女人呢？

这事说怪也怪，说不怪就不怪，主要是机缘加运气。

《南宋相眼》记：韦氏在苏颂家做婢女时，老头子苏颂本来是要收为已用的，但每要和她行周公之礼，她的身体就会失控“通夕遗溺不已”，即尿流尿到天光。

老头子苏颂因此说：“此甚贵，非此能住，宜携以入京。”带她上京寻找发展机会。

不久，哲宗海选宫女，分赐诸王。

韦氏被选中分进了端王府，成了当时尚为端王的赵佶的爱妃郑氏的侍女。

某日，赵佶要和郑妃行周公之礼，郑氏来了大姨妈，韦氏就做了替身。

这一次替身，很幸运地怀上了赵构。

赵佶有很多儿子，对赵构并不重视，当了皇帝后，也只封韦氏为低等级的“婉容”。

不用说，跟其他皇子相比，赵构的出身是最低贱的。

为了能在众多的兄弟中脱颖而出引起父皇的关注，赵构对自己要求很高。《宋史》记载赵构“资性朗悟，博学强记，读书日诵千余言”，还勤习武艺“挽弓至一石五斗”。

金兵第一次围困汴京，宋钦宗赵桓要派遣一位亲王前往金营议和，赵构认为这是难得的机会，“越次而进，慨然请行”，拍着胸脯向皇帝哥哥说：“朝廷若有便宜，无以一亲王为念。”可见少年赵构的胆识与魄力。

不过这次出使，赵构很是受了惊吓，胆子吓成了小老鼠。这种事绝不敢再干第二次。

但宋钦宗赵桓并不知啊，在金兵第二次南下时，觉得一事不烦二主，点名让赵构第二次出使，继续和金人议和。

可此时的赵构已经没那个胆儿了，先是推三阻四，接着磨磨蹭蹭，“衔命出和，已作潜身之计”，心中做好了逃跑的准备，躲去了相州（今河南安阳）。

像赵构这种拖宕延误磨洋工的行为，要是平时是应该问责严惩的，但金人围困了汴京（北宋都城，也称“东京”，今河南开封），军情越来越紧急，勤王护驾的兵马越来越少，宋钦宗赵桓举目无援，只好原谅了赵构的不辞而别，并把解除京师重围的希望再次寄托在他的身上。

宋钦宗赵桓命人带着蜡丸密信缒城而出找到赵构，任命他为天下兵马大元帅，要求他火速集结收编河北河东各地军队，入援东京。

凭借着这封蜡丸密信，赵构招来了中山（今河北定州）知府陈淬、磁州（今河北邯郸磁县）知州宗泽以及岳飞的上司刘浩等人。

汴京已经很危急了，赵构哄骗刘浩让他率军先行，自己却从相州经临漳到达大名府（今河北邯郸大名县），再从大名府走开德（今河南濮阳县），向南方逃遁。

就这样，赵构不但躲过了“靖康之难”，成了宋徽宗赵佶儿子中的唯一漏网之鱼，还凭借着天下兵马大元帅的头衔，招到了刘光世、张俊、韩世忠、宗泽、岳飞等一大批人的追随，名正言顺地当上了南宋开国皇帝，也称两宋的“中兴之主”。

## 享年八十一岁，为何五十六岁就传位给赵匡胤一脉？

赵构是在五十六岁时就传位给赵匡胤一脉了，关键是，他也不知道他能活到八十一岁呀！

话说回来，赵构自从靖康之祸始，一直颠沛流离于逃亡路上，从汴京到磁州，从磁州到北京大名府，从大名府到东平府（今山东东平县），又从东平府到南京应天府（今河南商丘）即位，之后又是扬州、镇江、杭州、越州（今浙江绍兴）、明州（今浙江宁波）、定海（今浙江舟山）逃亡……一度浮国海上，真是屁滚尿流魂飞魄散，要多丢脸就有多丢脸，要多狼狈就有多狼狈。

虽说后来在岳飞、韩世忠、吴玠等一大批敢打善战将士的舍命厮杀下终于稳定了局势，但赵构仍然在绍兴、建康（今江苏南京）、临安（今浙江杭州）等地游移不定。

老实说，这种风餐露宿四处奔波的生活，赵构是过够了。

也正因为如此，绍兴十年（公元1140年），难得金军流露出和谈的意思，他就义无反顾地踏上了卖国和谈之路，甚至不惜对精忠报国的岳飞痛下杀手。

从绍兴十一年（公元1141年）到绍兴三十一年（公元1161年），赵构算是享受了富贵安定的二十年时光。

直到绍兴三十一年，金海陵王完颜亮大举南侵，赵构美梦惊醒，又想再次逃离临安府。

大英雄虞允文横空出世，于采石之战中大败金军。

赵构惊魂甫定，赶紧遣使再次对金议和。

经过这场惊吓，赵构感到自己身心俱疲，一颗小心脏再也经受不起任何惊吓了，于绍兴三十二年（公元1162年）六月，以“倦勤”为由，传位给养子——宋太祖赵匡胤的七世孙赵昚，自称太上皇帝。

赵构这么做最大的目的就是在下次金军进犯时，自己不再受朝臣羁绊，可以轻身出逃。

另外，他当年杀岳飞大失军心民意，而自己又不好打自己的脸，经过金海陵王完颜亮这次惊吓，他退下来，可以让赵昚替岳飞平反重振士气。

再有，尽管赵构自称退位后不再问朝政，其实不然，他好歹算是南宋的开国皇帝，余威犹在，还是可以经常敲打和拿捏赵昚的。

当然，如果赵构知道他能活到八十一岁，极有可能不会在五十六岁这么“年轻”的年纪退位。

## 明太祖

## 铁腕反腐，开创洪武盛世

从公元前221年秦王嬴政称“皇帝”算起，到1912年最后一个封建皇帝溥仪在辛亥革命的炮声中宣布退位，中国封建王朝的皇帝总数高达494人。

这494人中，真正是草根出身的也就是西汉的刘邦、成汉的李雄、后赵的石勒、后梁的朱温、吴越的钱镠、前蜀的王建、后汉的刘知远、后周的郭威、明朝的朱元璋这几个。

虽说汉宣帝刘询、光武帝刘秀、蜀汉先主刘备、南宋武帝刘裕以及清太祖努尔哈赤也出身于社会底层，但他们都有一个血统因素在产生影响，起事之初就有政治资本，所以算不上纯正的草根。

而撇开原先是亭长的刘邦不提，李雄、石勒、朱温、王建这些人，要么是流寇出身要么是盐贩无赖出身，都不是来自农民家庭，并且建立的都只能算作割据政权。

相比之下，建立了大一统王朝的朱元璋不但出身农民而且家庭贫寒，真是一无所有一无所依。他白手起家，清扫六合，驱逐蒙元，打造了一个社会发展治隆唐宋，疆域拓展远迈汉唐的赫赫大明王朝，可谓真正白手起家的千古一帝。

对于大明帝国的老百姓，出身贫苦家庭的朱元璋是心存怜悯的。他说："百姓才力俱困，如初飞之鸟不可拔其羽，新植之木不可摇其根。"所以在其当政期间，一直强调"安养生息"四字。

为了不让官吏扰民、乱民，朱元璋以"刑乱世用重典"的理念大力打击贪腐，在《大明律令》的基础上制定并颁行了《大明律》，后来又亲自编订《明大诰》，"所列凌迟枭示种诛者无虑千百，弃市以下万数"，并将《明大诰》扩为三编，"立法务为严峻，而于赃吏尤重绳之"，又令人编《醒贪简要录》颁布天下，惩治贪官污吏可谓决心大，力度狠。

朱元璋还编《醒贪简要录》颁布天下，语重心长地劝诫官员恒念物力维艰，不要把手伸向老百姓。

他跟官员算了一笔账：以正一品官员的俸禄为例，须每月支米87石，一年1044石，折算成稻谷，则是2620石。要生产2620石的稻谷，需要用田873亩。种田需要耕牛，一头牛耕地50亩，需用17头牛（零头23亩略去）。种田需要人力，按一个人种田15亩计算，需要57个人耕种。收割后农夫挑来的一担未脱粒的稻禾，经过打磨后只能出4斗稻谷，1044石米就需要6550担次。假如从田里到打谷场是一里路，往返挑一次就是2里，这样算下来为了挑稻米就得走13100里。

朱元璋痛心疾首地说：如此筋骨劳苦，这才得到这些粮米。为官者得到了这些饱含血汗的粮米，如果还不知足，不懂得为百姓造福，反而贪赃枉法，那实在是毫无人性，死有余辜！

朱元璋悯惜天下百姓，一生致力于清除掉贪官，他赋予天下百姓惩除贪官的权力，允许他们直接到京师告发贪官，甚至可以把贪官扭送京城。

就因为朱元璋从严从重全面地反贪反腐，为大明王朝长达三百年的统治开了一个好头，也为大明王朝的强盛打下了坚实基础。

他也因反腐力度太大太猛，而备受诟病。以历史上著名的“空印案”“郭桓案”为例，朱元璋非但将主犯统统处死，还将涉案的数万人全部下狱。朱元璋因此被恨他的文人憎骂为“屠夫”“朱光头”。（一语双关，既指朱元璋做过光头和尚，又骂朱元璋杀人如剃头。）

人生于世上，就必定活在别人的评论之中，憎者自憎，爱者自爱。老朱为了自己富国强民的理想，哪还顾得了那么多！

就冲朱元璋这一份爱民之心，这一个长达几十年的反腐壮举，即今是六百年后，仍不失其勃勃然之生气，是谓千古一帝！

## 倭寇之祸在洪武年间就有了，为何没对日本挥起惩罚之剑？

“倭寇”一词最先见于“高句丽广开土王碑”，初指以劫掠为生的日本海盗。

从汉语的角度来说，“倭”字从人从委，“委”意为“身材软缩”“身材小一号”。“人”与“委”联合起来表示“身材矮小的人”。“寇”字从完从支，“完”指“家园完整”，“支”意为“轻轻敲打”。“完”与“支”联合起来表示“家园破碎”。

倭寇一般以日本为基地，活跃于朝鲜半岛及中国大陆沿岸的海上。

随着倭寇劫掠规模的发展扩大，倭寇的成员越来越复杂，有朝鲜人、荷兰人、葡萄牙人……也有走上了邪路的中国人。

但不管倭寇队伍怎么发展，里面始终闪现有身材矮小、双臂奇长的日本人的身影。

所以说，倭寇的主角一直都是日本人。

倭寇为害最烈的时期是嘉靖、隆庆到万历末年的四十年时间，明朝史学界称“嘉靖大倭寇”。

16世纪丰臣秀吉对朝鲜半岛出兵，朝鲜和中国两国的人民都将丰臣秀吉的军队统称为“倭寇”。

也许是这个原因，很多人以为倭寇是在嘉隆万时期才突然出现的怪胎。

其实，任何事物的发展，都要经历潜伏、萌芽、拔节、生长、壮大、衰退、消亡的过程。

隋唐之前，受航海技术的限制，日本和我国并无过多交往。有史可查的著名事件有：

一是日本人向东汉光武大帝刘秀讨封，得封为“倭国”，举国欢欣，千恩万谢；二是日本向隋炀帝上贺表，内有自称天子之语，气得隋炀帝当场掀桌子，差点就砍掉日本使者的脑袋。

在唐宋两朝，日本都奉中国为正朔，对中华文化推崇备至，毕恭毕敬。

可是，厓山海战过后，南宋十万军民齐齐葬身海底殉国难，日本人对这些南宋军民钦佩有加，举国茹素，进行哀悼。他们在痛感神州陆沉之余，兴叹“厓山之后无中国”。此后的日本开始以中华文化自居，鄙视蒙元统治者是没文化的夷狄之辈。

为此，元世祖忽必烈分别于至元十一年（公元1274年）、至元十八年（公元年1281年）征讨日本，终因天公不助军船遭遇飓风损失惨重，两次都铩羽而归。

获胜的日本对中国不再崇拜，态度由之前的敬仰转为敌视。

尔后，日本进入南北朝的动乱状态，倭寇活动就开始兴盛起来了。

元末，日本内战中的败将残兵、海盗商人及破产农民流入海中，乘中原大乱，屡寇滨海州县。

大明开国，朱元璋对倭寇的劫掠行为非常生气，一方面派永嘉侯朱亮祖镇守广东，在沿海要地设置卫所派兵防守；另一方面发国书给日本诸国提出和平愿望。

日本幕府将军足利义诠以“倭寇乃九洲海贼所为，日本政府根本不知道”为由予以搪塞。

洪武二年（公元1369年），朱元璋又派杨栽等七人出使日本，赐玺书声讨其罪。国书写得咄咄逼人：“诏书到达之日，你国如果愿意称臣，就尽快奉表来朝，不愿意称臣，就训练好军队自求多福，永远老老实实在自己的境内安生，如若一定要为寇作盗，朕当命舟师，扬帆诸岛，捕绝其徒，直抵其国，缚其王，这就是所谓的代天伐不仁，希望日本王深思熟虑。”

日本国南朝实力派人物怀良亲王不怕吓，斩杀明使五人，其他的悉数扣留。

洪武三年（公元1370年）三月，朱元璋再派莱州府同知赵秩等出使日本。

赵秩口才超好，说服了怀良亲王，让其向明朝“奉表称臣”。

但日本人的“奉表称臣”始终有口无心。

洪武十四年（公元1381年），朱元璋让礼部写了一封信给日本国王，指责说：“日本王偏居于沧溟一岛之中，传世久长，如今不遵奉上帝之命，不安分守己，但知环海为险，限山为固，妄自尊大，肆毁邻邦，纵民为盗。吾奉上帝至尊之命，写信给日本王。日本王若不自我检点，而偏要效法井底之蛙，观天自大，必将受祸。”

日本当时的形势是北朝压倒南朝，南朝已奄奄一息。

但书信到南朝怀良亲王之手，他虽没有斩使，所回国书仍是有恃无恐：“臣闻中国有兴战之策，小邦亦有御敌之图。论文有孔、孟道德之文章，论武有孙、吴韬略之兵法。又闻陛下选股肱之将，起精锐之师，来侵臣境。水泽之地，山海之洲，自有其备，岂肯跪途而奉之乎？顺之未必其生，逆之未必其死。相逢贺兰山前，聊以博戏，臣何惧哉！倘君胜臣负，且满上国之意。设臣胜君负，反作小邦之差。自古讲和为上，罢战为强，免生灵之涂炭，拯黎庶之艰辛。特遣使臣，敬叩丹陛，惟上国图之！”

读到怀良亲王这封隐含讥讽语带挑衅的回信，“帝得表愠甚，终鉴蒙古之辙，不加兵也”，天下初定，与民休养生息至为重要。所谓兵凶战危，元朝两次出征日本的损兵折将便是前车之鉴，而且北方的蒙古残余才是心腹之患，日本虽然不臣，但远隔大洋，胜之无所利，负之动根基。最终朱元璋忍住了这口恶气，不再寄希望与日本交好，而积极在沿海设防。

朱元璋的表现，恰在日本怀良亲王一类人的意料之中。

怀良亲王等日本人之所以敢于跟明朝叫板，是他们把准了明朝统治者的脉：中国作为一个大陆国家，没有兴趣远涉重洋对外扩张，而且大明初建根基尚浅，不会集结兵力对日本发动战争。

在这种分析的支持下，日本遂敢于对明朝一再不敬。

不过，到了明成祖永乐年间，日本就对明成祖朱棣非常低眉顺眼恭谦温良了。

《明书·戎马志》记：“永乐二年（公元1404年），寇浙直，乃命太监郑和谕其国王源道义，源道义乃执其渠魁，以献复金，十年一贡。”

源道义是谁呢？就是足利义诠的儿子——当时的日本国国王足利义满。

足利义满上明朝皇帝书落款是这样写的：“道义诚惶诚恐，顿首顿首，谨言。”

日本国王既然这么乖，明成祖回信表扬他说：“俾天下以日本为忠义之邦，则可名于永世矣。王其敬之，以贻子孙之福。故兹诏谕，宜体眷怀。”

在大明王朝强盛时期，中日间维持了好一阵子友好关系。

## 为什么会出现“自从出了个朱皇帝，十年倒有九年荒”的凤阳花鼓唱词？

金庸小说《鹿鼎记》第五十回有这样一段对话：

康熙皇帝道：“我做中国皇帝，虽然说不上什么尧舜禹汤，可是爱惜百姓，励精图治。明朝的皇帝中，有哪一个比我更加好的？现下三藩已平，台湾已取，罗刹国（元明清时指‘俄罗斯’）又不敢来犯疆界，从此天下太平，百姓安居乐业。天地会的反贼定要规复朱明，难道百姓在姓朱的皇帝治下，日子会过得比今日好些吗？”

韦小宝说道：“奴才听打凤阳花鼓的人唱歌儿，说什么‘自从出了个朱皇帝，十年倒有九年荒……’现下风调雨顺，国泰民安，皇上鸟生鱼汤（‘尧舜禹汤’谐音，韦小宝对康熙帝称呼），朱皇帝跟你差了十万八千里，拍马也追不上。”

康熙微微一笑，道：“你起来罢！”

金庸先生笔法精妙，写人状物入木三分。其笔下人物形象中，韦小宝最为丰满传神。韦小宝貌似无赖，实则老奸巨猾善于钻营和阿谀，拍马屁的功夫出神入化无人能敌。

你看，他发现康熙皇帝闷闷不乐，只开口说了几句话，便让康熙皇帝笑逐颜开。

韦小宝这几句话，是非常高明的。清人入关，属于初来乍到，最担心民心不附龙庭坐不稳。当时，“反清复明”的口号甚嚣尘上，民心的向背，往往就在“明”与“清”的比较中做选择。明朝的皇帝中，威望最著建树最高的，就是太祖朱元璋。韦小宝引用了一句民间传唱的歌词，立马把明朝的统治水平贬到最低，从而突出了清朝统治者的圣明，可谓高下立判，不由得康熙皇帝不欢喜。

不过话说回来，韦小宝这番说辞虽说是纯属拍马屁，但他所引用的民间歌词倒不是他信口胡编，的的确确是来自民间并诞生于明朝，而且传播量非常巨大。

凤阳花鼓《凤阳歌》的原歌是这样唱的：“说凤阳，道凤阳，凤阳本是个好地方，自从出了个朱皇帝，十年倒有九年荒。大凤阳，小凤阳，凤阳城本是好地方。自从出了个朱皇帝，十年倒有九年荒。大户人家卖牛马，小户人家卖儿郎，奴家没有儿郎卖，身背花鼓走四方。”

从歌词内容来看，是怨恨凤阳宝地养育出了朱元璋朱皇帝，搞得凤阳年年饥荒，有钱人卖田卖地，无钱人卖儿卖女，无田无地无儿无女的，只能乞讨过日子。

试想想，朱元璋要真是凤阳人，那凤阳岂不是龙兴之地了吗？自古以来的帝王，莫不高度重视自己的龙兴之地，这朱元璋倒好，竟然把龙兴之地搞得民不聊生，可想而知，其统治之下的其他地方就更加不像话了。

这就难怪康熙皇帝要“微微一笑”了。

可是不对呀！根据史书记载，朱元璋不但行军打仗有一套，治理天下也很有两把刷子。他平定了天下后，就大力推行耕熟垦荒、奖励农桑的政策，据洪武二十六年（公元1393年）统计，全国可耕种田地已达850多万顷，比元末增长了四倍多，粮食产量大幅度提高，府库民室都储粮丰富。按照《明史·食货志二》的说法：当时海内富庶，府县仓库收上来的粮食，怎么吃都吃不完，囤积到发红变腐。

洪武之治，分明就是一派国泰民安的繁荣盛世啊！

那么问题来了，既然是盛世，凤阳家乡的人民怎么会困苦不堪，以致在外出讨饭时也不忘编歌词挤对朱元璋呢？

朱元璋到底对家乡凤阳做了什么伤天害理的事儿，才招致这么大的仇恨呢？

其实，歌里唱的东西确实言过其实了。

首先，“凤阳”这个名字是朱元璋起的，此前的名字叫钟离、濠州。《凤阳新书》记载：“洪武六年（公元1373年），朱元璋改临濠府为中立府，洪武七年（1374年），朱元璋下令在此建中都皇城，席凤凰山为殿，势如凤凰，斯飞鸣而朝阳，故曰凤阳。”

凤阳府的管辖范围共有九州十八县，多为今安徽省境内淮河流域各县。

其次，“凤阳是个好地方”，这一片地方北靠淮河南临长江，西北古为大泽所隔，闭塞于江淮之间，以农业耕种为主。淮河难于治理水灾频繁，黄河夺淮之入海后水患严重，大部分地区更是时时以水乡泽国的面目出现。而又因为淮河是中国古代历史上南北对峙的天然分割线（长达三百年的南北朝对峙和宋金对峙都基本以淮河为界），淮河两岸，长年兵连祸结战乱不息，人烟稀少土地荒芜。

再次，淮河河水又常常被应用到军事上，其中最著名的莫过于梁武帝筑浮山堰以淹寿州，彼时堰崩水滥，几十万百姓葬身鱼腹，他们的家园则全被洪水吞噬。所以，称“凤阳本是个好地方”并不成立。这种地方闹水灾已是家常便饭，出现饥荒那是见怪不怪，而不能说是因为“自从出了个朱皇帝”，才造成了“十年倒有九年荒”。

不过话说回来，民间的歌既然这么传唱，也不能说凤阳的饥荒和讨饭现象与朱元璋一点关系都没有。还是让我们来看看朱元璋对自己这块龙兴之地做了些什么吧。

洪武二年（公元1369年）九月，朱元璋下诏定临濠为中都，并把安徽、江苏、河南、湖北4省中的12府23个县，差不多将整个淮河流域都划进中都的管辖范围中。

为了营建中都，动用了工匠9万人、军士14万人、民夫50万人，再加上南方各省、州、府、县和外地卫、所负责烧制城砖的工匠，各地采运木料、石材和供应粮草的役夫，总人数达100多万。

此外，朱元璋还在凤阳开建皇陵。

为了改变凤阳土地荒芜人烟稀少的局面，朱元璋又于洪武四年（公元1371年）二月做出了移民中都，充实凤阳人口的决定。先是下令从苏、杭等州府将无田业者调入凤阳垦种，由政府拨给牛、种、车、粮，并惠以“三年不征其税”。接着特令“官吏罢职者、民犯流罪者，俱发凤阳屯田耕种”，后来又强令“迁徙江南富民十四万户以实凤阳”。

营建中都和移民垦屯之外，朱元璋还效仿汉高祖刘邦恩泽沛县的做法，下诏免除家乡赋税“永不课征”。

这几板斧砍下来，凤阳一下子就兴旺发达起来了。

明代学者李诩《戒庵老人漫笔·南都打春》称：凤阳父老为此欢天喜地，敲锣打鼓、唱歌跳舞前往南京向朱元璋祝寿，场面感人。

编纂于晚明时代的地方志《凤阳新书》记载，朱元璋面对前来给自己祝寿的父老，喜滋滋地说，父老乡亲们，你们有福的就去做父母官，无福的就给我看守陵墓，种田的不要你们交租税，每日只管雍雍熙熙吃酒，买炷好香烧敬献天地，吃了猪又吃羊，逍遥快活着过日子吧！

于是，洪武年间，每遇喜庆大事或逢年过节，都有凤阳花鼓队从凤阳府一路唱到南京给朱元璋唱赞歌。

当时的歌词是这样的："说凤阳，道凤阳，手打花鼓咚咚响，凤阳真是好地方，赤龙升天金凤翔，数数天上多少星，点点凤阳多少将。说凤阳，道凤阳，手打花鼓咚咚响，凤阳真是好地方，皇恩四季都浩荡，不服徭役不纳粮，淮河两岸喜洋洋。"

不过，在凤阳原住居民载歌载舞的同时，江浙移民却对朱元璋怨恨不已。

万历四十七年（公元1619年），出任凤阳知县的袁文新就曾记载：太祖时迁徙到凤阳的百姓的后代长期不满，怨嗟之声充斥园邑。

营建中都，虽然使凤阳一下子热闹起来，但"役重伤人"，建造者不堪其苦，"多以疫死"。

洪武八年（公元1375年），朱元璋回凤阳视察目睹此弊，下诏停建中都。

朱元璋死后，燕王朱棣从侄儿朱允炆手里夺取了皇位，将都城迁到了北京。凤阳、南京的地位也因之陡然下降。

明代学者李翊在《戒庵老人漫笔·南都打春》记载：南京人有一习俗，每年新年前一个月，就沿街鸣锣，跳唱乞米，名为"打春"。那些原来每年新春进宫向朱元璋献礼的凤阳、南京、江宁等府县的花鼓艺人便加入了"沿街鸣锣，跳唱乞米"的"打春"队伍，给沿路居民送新春祝福，讨点新年利市。

而那些江浙移民也开始"托焉潜回，省墓探亲"。甚至在明末，出现了移民大回迁。他们在回迁流亡途中，就以演唱《凤阳歌》作为索钱财讨饭吃的手段。

明亡后，南明监国鲁王朱以海在金门、闽中以及福州一带继续活跃，反对清朝统治。清政府就大批量征收花鼓队，让他们唱着咒骂朱皇帝的《凤阳歌》，以瓦解南明军队的战斗意志。"自从出了个朱皇帝，十年倒有九年荒"的唱词应该就是在这个背景下诞生的。

清朝完成了一统天下大业后，凤阳移民回乡"省墓探亲"结束后，还得重新回凤阳。于是，"借唱行乞，冬出春归"便渐渐成了淮河两岸许多县乡的风俗。

清代史学家赵翼在《陔余丛考》卷四十一《凤阳丐者》记载，在江苏诸郡，每年冬暮岁尽，必定有凤阳人涌来，这些凤阳人老幼男妇成群结队，散入各村落间行乞讨饭，要到明年春二三月才回去。他们唱的歌词是："家住庐州并凤阳，凤阳原是好地方。自从出了朱皇帝，十年倒有九年荒。"大家都以为他们是因为饥荒而背井离乡，其实不是的。即使没发生饥荒，他们也来行乞如故。《蚓庵琐语》上写：明太祖时期，曾迁徙苏、松、杭、嘉、湖近十四万户富民以充实凤阳，严禁逃归，所以有人就化装成乞丐潜回家乡省墓探亲，慢慢形成了风俗，至今不改。这种说法应该是正确的。

乾隆十二年（公元1747年），安徽巡抚潘思榘也曾把这种反常的情况报告朝廷：凤阳的百姓喜欢漂泊，即使是丰收之年，他们忙完了秋收，种下了二麦，就拖家带口外出，要到明年春熟方归。

光绪《凤台县志》记载：凤阳"民性不恋土"。

朱元璋祸害家乡的恶名因《凤阳歌》的传唱而深入人心，在近现代许多人的脑海中便成了一个大坏蛋。

## 小明王之死是怎么回事？

说起小明王韩林儿之死，与南北朝时期南陈皇子陈昌之死如出一辙。

陈昌是陈武帝陈霸先唯一的嫡子。

陈霸先发迹之前，是一个贫苦农家子弟，娶妻钱氏，共生了三个儿子，但这三个儿子都早夭了。钱氏也没等到陈霸先发迹，早早就病故了。

陈霸先后来续弦娶了继妻章要儿，章要儿生下了陈昌。

陈霸先后来投军，凭借军功不断坐大，在与东魏降将侯景相争时，妻子章要儿、儿子陈昌和侄子陈蒨曾被侯景劫持。

不过，陈霸先最终平灭了侯景，救出了妻儿。

梁元帝登位，封陈霸先来司空，封他的儿子陈昌为长城国世子、吴兴太守。

可惜西魏来袭江陵失陷，梁元帝遇害，陈昌和堂兄陈顼被俘虏到了关右，这就使得陈霸先在称帝后面临着后继无人的尴尬。

公元559年六月，陈霸先病危，无可奈何只好追侄子陈蒨入继大统。

陈蒨登基，是为陈文帝。

从西魏蜕变为北周的北周高层，为了制造南陈内乱局面，故意释放陈昌、陈顼回国。

陈文帝让心腹侯安都去安陆（今湖北安陆）迎接陈昌回朝。

可怜的陈昌傻乎乎地坐上了侯安都的接驾大船，结果莫名其妙地跌落江中，被江水溺死。

侯安都回京复命得到嘉奖，被晋爵为清远郡公。

毫无疑问，陈昌之死就是陈文帝暗中指使的。

说完陈昌，再来说说韩林儿。

话说，朱元璋在安丰之战拯救出小明王韩林儿后，先把他安置在滁州（今安徽滁州），等自己在应天府的根基稳固，特命水师大将廖永忠前去接韩林儿。

韩林儿和廖永忠一起回来，途经瓜步（今江苏六合区）莫名其妙地跌落江中，被江水溺死。

那么问题来了，韩林儿的死法与陈昌一样，那他是否为朱元璋暗中指使杀害的呢？

我们看廖永忠回来复命时，朱元璋的表现。《明史·廖永忠传》记："帝以咎永忠。"

朱元璋对这事非常恼火，狠狠地责骂了一通廖永忠。

洪武三年（公元1370年），朱元璋大封功臣时余恨未释，还说廖永忠"使所善儒生窥朕意”，自作聪明将韩林儿杀害，只封侯而不封为公。

由此可见，杀小明王韩林儿应该是廖永忠擅作主张，并非朱元璋指使。

对比一下陈昌与韩林儿的情况，也不难得出结论。

南陈江山是陈霸先一刀一枪拼杀出来的，他的儿子陈昌回国，肯定对陈文帝的统治地位构成巨大威胁，所以陈文帝必杀陈昌无疑。

大明江山也是朱元璋一刀一枪拼杀出来的，但韩山童只是个先行者，他的儿子韩林儿势力尽失，已成了一个丧家之犬，对朱元璋称帝根本形成不了阻碍，朱元璋实在没有杀他的必要。

所以廖永忠杀韩林儿，只能给朱元璋招来恶名。

不怪朱元璋恼怒不已。

## 喜欢舞文弄墨，以一副对联选取人才

大明王朝开国皇帝明太祖朱元璋的一生充满了传奇色彩。

他出身贫寒，没上过什么学，小小年纪，就去给地主放牧牛羊。父母亡故后，无处栖身，只得到皇觉寺出家当了小和尚，转而流浪淮西到处乞讨，赖以维持生命。

可以说，朱元璋青少年读书识字的最好时光都给耽误掉了。

但是朱元璋长大后，在行军打仗之余坚持自学，每天早起晚睡挤时间阅读，最终文化水平迅速提高，不仅能读懂古人深奥的著作，还能动笔为文作诗。

朱元璋晚年不无得意地对侍臣说：“朕本田家子，未尝从师指授，然读书成文，释然开悟，岂非天生圣天子耶？”

朱元璋脸皮三尺厚，大言不惭地吹嘘自己是“天生圣天子”，但他多少还有些吹嘘的资本。他的一生写下大量著述，除七卷、二十卷、三十卷、五十五卷等几种版本的《御制文集》外，还亲笔撰写了《资世通训》、《祖训录》、《皇明祖训》、《御制大诰》（初、续、三编）、《大诰武臣》、《御注道德经》、《集注金刚经》、《周颠仙人传》等著述，在古代皇帝中，论及文字数量之多和质量之高，其至少可以跻身前十。

有人说，著作最多的皇帝应该是清世宗雍正皇帝，因为他在执政13年的时间里共处置了各种题本192000余件，平均每年达14700件。他亲手批复的汉文奏折多达35000余件，满文奏折6600余件，他在这些奏折上的批语，多达1000多万字！

雍正帝留下的文字有1000多万，只是“雍正粉”信口开出的数字，实际并未真正统计过。

退一万步说，就算真写了1000多万字，也不过是根据官员奏折内容就事论事地进行书写，难度远低于独立创作——这也是评论家比作家来得容易，影评人远多于电影制作人的原因。

雍正帝的儿子乾隆帝也是个高产的诗歌创作者，他一生创作了四万多首诗，但还配不上“诗人”二字的称号，为什么？

质量比数量更重要！

曾有文学院教授评论朱元璋的作品：如果按时下的标准，朱元璋凭借他的作品弄个兼职教授和博导的头衔，是完全够格的。

朱元璋作文的质量高，速度也很快，提笔命文，往往一挥而就。

洪武七年（公元1374年）十二月，朱元璋在政务繁忙之际，抽空撰写《御注道德经》，从初三开笔到十三日即杀青定稿，前后仅用了十天的时间。

朱元璋有时因公务繁忙，有些文告便由自己口授，令文臣代为笔录。

宋濂曾描述自己代朱元璋笔录文告的情景，由衷钦佩：“（皇上）使濂受辞榻下，不待凝注，沛然若长江大河，一泄而千里。”

朱元璋作文主张“明白显易，通道术，达时务，无取浮薄”。

刑部侍郎茹太素有文采，上万言书。

朱元璋读得心头火起，将他打了一顿板子，说大长篇奏疏“五百余言可尽耳”，却洋洋洒洒一大堆浪费彼此的时间，不打不能提高工作效率。

朱元璋自己起草的诏敕告示，全都使用通俗的口语，写得朴野自如，明白晓畅。

当然，他撰写起骈体文来，也灿然生色。

比如徐达初封信国公，朱元璋亲作诰文赐之：“从予起兵于濠上，先存捧日之心。来兹定鼎于江南，遂作擎天之柱。”文末又说：“太公韬略，当弘统之规。邓禹功名，特立诸侯之上。”

俨然大家口气。

朱元璋还能写作诗词歌赋，留下的诗歌约有二百余首。他早期的诗作，诗糙理不糙，很有气势。比如其中的《野卧》：

天为罗帐地为毡，日月星辰伴我眠。

夜间不敢长伸脚，恐踏山河社稷穿。

以天为被以地为床，日月星辰都相伴。诗句虽拙劣粗简，却豪气冲天，气魄非凡。

再来一首《不惹庵示僧》：

杀尽江南百万兵，腰间宝剑血犹腥。

山僧不识英雄汉，只恁哓哓问姓名。

此诗是朱元璋率军攻取浙西时所作。当时他带领部队路过太平，曾微服到不惹庵。

寺中僧人不断追问他的籍贯姓名，他不胜其烦，提笔写下此诗。

同样的军旅题材，朱元璋写《征陈过谢湘》时，诗的韵味已经很浓郁了，英雄气势也未减少半分：

马渡沙头苜蓿香，片云片雨过潇湘。

东风吹醒英雄梦，不是咸阳是洛阳。

大明开国后，朱元璋的诗风即从先前的粗豪直露转为文采风流的文人诗，但其诗的格调还是一如既往的宏伟壮阔，如《新雨水》：

片云风驾雨飞来，顷刻凭看遍九垓。

楹外近聆新水响，遥穹一碧见天开。

字里行间，隐然显现出诗人要在政治上进行一番改革的伟大理想。

朱元璋对诗歌是如此喜欢，爱屋及乌，对由诗歌形式演变而来的对联自然也是兴味无穷。

龙凤六年（公元1360年）大年正月初一，朱元璋曾亲书这样一副对联悬挂在自己的府门之上：

六龙时遇千官觐，五虎功成上将封。

吴元年（公元1367年），朱元璋与陶安对坐论道，曾亲制对联相赠：

国朝谋略无双士，翰苑文章第一家。

朱元璋还送过这样一副对联给自己的爱将徐达：

破虏平蛮，功贯古今人第一；

出将入相，才兼文武世无双。

定都南京后，朱元璋亲力亲为地推广对联文化，在除夕之前传旨公卿士庶，要求各家门前都要悬挂上春联。

命令下达后，朱元璋微服到民间巡阅，发现有一人家门上未挂春联，上前打听，原来是阉猪之户，不知如何落笔。

朱元璋略一沉吟，索来纸笔，代为捉刀，涉笔成趣，蔚然可观：

双手劈开生死路，一刀割断是非根。

朱元璋在一酒店内的神案旁打尖，来了一个国子监生。

国子监生不认识朱元璋，在神案另一旁坐了下来。

等饭菜时，朱元璋和国子监生攀谈，问他是哪里人。

国子监生答：重庆府人。

朱元璋诗兴大发，出了个上联邀对：千里为重，重水重山重庆府。

国子监生有才学，脱口就对出下联：一人成大，大邦大国大明君。

朱元璋大为欣喜，随手捡起神案下的一块小木头，要国子监生赋诗“以喻己意”。

国子监生思索片刻，便得一首七绝，诗云：

寸木元从斧削成，每于低处立功名。

他时若得台端用，要与人间治不平。

朱元璋喜上眉梢，认为国子监生才堪可用，记下了他的姓名。

改日，朱元璋在宫中召见这个国子监生，任命他为按察使，以满足他得“台端用”“治不平”的愿望。

朱元璋作为一个自学成才的文学创作者，他的诗文粗浅直白，整体文学价值不高，但却颇具文魂诗魂，远胜许多二三流的诗人作家。

最难能可贵的是，他还能通过文字识人、用人，让世人所称道。

相比之下，现在有些科班出身的官员，却是每提笔就犯难，所有文件都由秘书代笔，真是要愧死到泥土里去了。

## 最忌讳别人说的不是当和尚，而是这个

朱元璋作为一个杀伐决断的开国君主，向来以刻薄沉猜著名。

关于朱元璋的阴险刻薄故事，印象最深的是少年时读过的一个民间故事。

故事大致是说：朱元璋出身贫寒，少年时替地主放牛，后来为了活命而出

家为僧。不过，朱元璋胸有大志，风云际会，终于成就一代帝业。

两个和朱元璋曾一起放牛的儿时伙伴听说他当了皇帝，便相约到南京找他，以讨一官半职。

第一个上殿后，生怕朱元璋忘了自己，指手画脚地说："大哥，你还记得我吗？那时候咱们一起给人家放牛，有一次我们在芦苇荡里，把偷来的豆子放在瓦罐里煮着吃，还没等煮熟，大家就抢着吃，把罐子都打破了，撒下一地的豆子，汤都泼在泥地里，你只顾从地下抓豆子吃，结果把红草根卡在喉咙里，还是我出的主意，叫你用一把青菜吞下，才把那红草根带进肚子里的哩。"

当着文武百官的面，朱元璋的脸青一阵红一阵，又气又恼，喝令武士："来人哪，快把这不知哪儿冒出的疯子拖出去砍了！"

同来求富贵的伙伴在殿外候着，看武士拖着先入殿的这位出来斩首，顿时吓得魂飞魄散。

不过，他还算机灵，随后进了大殿，定了定神，行大礼下拜，高呼万岁："我主万岁！当年微臣随驾扫荡芦州府，大破罐州城。汤元帅在逃，拿住豆将军，红孩子挡兵，多亏了菜将军。"

这位说的还是刚才那位说的同一件事，但说得动听含蓄。

朱元璋龙颜大悦，哈哈大笑，立即重重封赏了这位儿时伙伴。

通过这则故事，朱元璋似乎是很忌讳别人提他幼时的贫苦生活的。

但这不是事实。

朱元璋不知多少次在朝堂上诏书中说"朕本农家"之类的话。

他自己亲笔写的《御制皇陵碑》里面，多次提及少年家贫凄惨之境，父母亲是怎么死的，兄嫂是怎么死的，自己又是怎么漂泊四方当乞丐等，足让听者心伤闻者落泪。

民间故事之外，还有一些书像《闲中今古录》《翦胜野闻》《朝野异闻录》《传信录》，乃至《廿二史札记》等都记载：朱元璋因为当过和尚，所以忌讳别人提到与和尚有关的字眼，如“僧”“光”“秃”之类。

其中，还煞有介事地举了这样一个例子：“杭州教授徐一夔贺表，有‘光天之下，天生圣人，为世作则’等语。帝览之大怒曰：“‘生’者，僧也，以我尝为僧也。‘光’则雉发也，‘则’字音近贼也。”遂斩之。”

这些事儿，完全是子虚乌有的。

徐一夔曾参与撰写《大明集礼》，一度入续修《元史》名单，但因病告老还乡而作罢。此人一直活到建文二年（公元1400年），年龄八十多岁，根本就不是死于朱元璋刀下。

实际上，朱元璋也从来没有刻意隐瞒过自己做和尚的经历。

朱元璋当年出家当和尚的地方是皇觉寺，他当皇帝之后，就一门心思要把皇觉寺恢复兴建，后来在洪武十六年（公元1383年）扩建，大大方方赐名“大龙兴寺”，意思是大明王朝的基业就是从这儿兴起的，他还亲自撰写了《龙兴寺碑》文。上面提到的《御制皇陵碑》也明白广告天下，表明自己曾经“空门礼佛，出入僧房”。

所以，所谓“少年家贫”“当过花子”“做过和尚”等，都不是朱元璋所忌讳的东西。

那，朱元璋有没有忌讳的东西呢？

有。

刘辰《国初事迹》记载有一件事，即镇江有块碑，是纪念当年朱元璋讨伐张士诚得胜的“得胜碑”，只因上面刻着一个龙凤年号，被朱元璋知悉后，不问青红皂白，马下让人锤毁。

这个龙凤年号是怎么来的呢？

原来至正十一年（公元1351年）四月，白莲教首领韩山童会同刘福通等人以灭元复宋为号召，在颍州（今安徽阜阳）发动起义。起义军壮大得很快，至正十五年（公元1355年）二月，韩山童之子韩林儿在亳州（今安徽亳州市）称帝为小明王，国号大宋，建元龙凤，史称龙凤政权。

朱元璋的队伍尊奉韩林儿为主，就用了龙凤年号。

然而，在干掉了陈友谅之后，朱元璋的势力膨胀迅猛，韩林儿的存在，就成了阻碍朱元璋发展的一块大石——只要韩林儿还在，朱元璋就不大好称帝。

龙凤政权十二年十二月，也就是1366年，发生了这样一件事：朱元璋派人把身在滁州的韩林儿接到南京过年，但在前往南京的途中，韩林儿溺水而亡，即《明史·韩林儿传》记载："太祖命廖永忠迎林儿归应天，至瓜步，覆舟沉于江。"

韩林儿之死，有可能是意外，也有可能是廖永忠想替朱元璋扫平障碍的自作主张。

不管如何，韩林儿死后，朱元璋就不再用"龙凤"年号纪年了，公元1367年被称为"吴元年"。而到了公元1368年，朱元璋在南京称帝，年号又改为"洪武"。

这之后，朱元璋竭力摆脱"龙凤年号"留下的阴影。

上面提到的镇江刻有龙凤年号记功碑被毁，便是一个例证。

龙凤政权前后历时十二年，在与元朝政府作战的同时，十分重视对经济领域里的争夺和控制。为了抵制元朝政府发行纸币的侵害，曾铸行过十分精美的"龙凤通宝"铜钱，以资流通。

但这些铜钱，在洪武初年被销毁得百不存一了。

现在韩宋（元末农民起义政权）历史不为人所熟悉，就因为留存的史料和文书，已被朱元璋悉数销毁了。

朝野都知道朱元璋忌讳别人提起他与韩林儿的君臣关系，全都噤口不提。

这个禁区，到洪武二十九年（公元1396年）才由朱元璋本人稍予放开。

该年，朱元璋十七子宁王朱权承旨编成《通鉴博论》，其中在至正二十六年（公元1366年）条下写了"廖永忠沉韩林儿于瓜步，大明恶永忠之不义，后赐死”一段话。

正是如此，在建文、永乐年间出现的俞本《纪事录》和刘辰《国初事迹》等书才略提一二。

但朱元璋死后所编的《明太祖实录》，仍是对于早年其与龙凤政权的臣属关系不著一字。

## 因为卖弄文采，写信时打了个不妥的比方“兵连祸结”

元末枭雄张士诚是个了不得的人物，其人于至正十三年（公元1353年）率盐丁起兵，以鲸吞之势攻取了泰州、兴化、高邮等地，于次年据高邮称诚王，国号周，年号天佑。

张士诚的气焰张天，也因此招来了元军的疯狂镇压。

元至正十四年（公元1354年）九月，元朝丞相脱脱率百万大军来攻，把高邮围了个水泄不通。

当时几乎所有人包括张士诚自己，都认为刚刚诞生的大周政权就这样被扼杀于摇篮中了。

哪料元顺帝作死，听信朝中奸臣的构陷，下诏将脱脱就地解职押往吐蕃，半路追赐一杯毒酒，送这位铁血丞相上了西天。

而在脱脱解职查办的当日，围攻高邮的百万大军群龙无首，军心散乱。

张士诚趁机发作，从城中杀出，一下子就击溃了元军。

高邮之战，元军星散，再难集结。

各地起义军风起云涌，天下乱势一发不可收拾。

为了支撑危局，元廷不得不转而依靠各地的地主武装来镇压起义。

至正十五年（公元1355年），元顺帝下诏："听富民愿出丁壮义兵五千名者为万户，五百名者为千户，一百名者为百户，仍降宣敕牌面"，承认地主武装头目的合法地位。

仿佛一夜之间，各地的地主武装如雨后春笋，争先恐后地钻出地面，拔节生长。

这些武装有的被编入官军，由官府直接领导，如答失八都鲁等军队即是如此；有的由地主土豪自行率领作战，如察罕帖木儿和李思齐等人的军队。

他们割据乡土，互相攻掠，争为雄长。

至正十六年（公元1356年）二月，张士诚攻陷平江（今江苏苏州市），改为隆平府，从高邮迁都，以承天寺为官室，任命阴阳术士李行素为丞相，弟弟张士德为平章，李伯异为司徒，潘元明、蒋辉为左后丞，史文炳为同知枢密院事，谋取常熟、湖州、松江、常州等地。

至正十五年（公元1355年）七月，张士诚已全盘占领了浙西这个富庶的鱼米之乡。

这时候，韩林儿、刘福通的大宋红巾军三路北伐，元军被打得晕头转向，狼狈不堪。

可以说，韩林儿、徐寿辉和张士诚的队伍，一支在北，一支在西，一支在东，恰好为新崛起于东南的朱元璋集团构成了三面屏障，把元军的主力挡在外面。

天时地利，朱元璋决定迅速攻占应天府周围的重要军事据点，以确保应天的安全，巩固江南行省政权，然后再谋求向外发展。

至正十六年（公元1356年）三月，朱元璋任命徐达为大将军，率汤和、张德麟、廖永安等统兵攻取了镇江，阻止了张士诚自东面的威胁。

六月，朱元璋又命邓愈率邵成、汤昌等带兵攻广德，以保障应天东南面的安全。

朱元璋还喜滋滋地写了一封信，让儒士杨宪作为使者带去与张士诚通好，希望建立起“睦邻守国”的关系，以腾出手来夺占其他战略要地。

朱元璋出身贫寒，只上过一年半私塾，参加红巾军后接触到一些文书，自学成才。

在这封信中，他卖弄新学到的才学，不小心惹下了连天战火。

他的信是这样写的：“近闻足下兵由通州，遂有吴郡。昔隗嚣据天水以称雄，今足据姑苏以自王，吾深为足下喜。吾与足下东西境也，睦邻守圉，保境息民，古人所贵，吾甚慕边焉。自今以后，通使往来，毋惑于交构之言，以生边衅。”

可真甭说，这封信的文采还是可以的，大意是说：您这两年的发展很好，已经有了吴郡全境。东汉初年，隗嚣占据甘肃天水称雄，现在您也在姑苏称王，事势相等，我深为足下感到高兴。与邻邦保持友好，各自安守辖境，这是古人崇尚的美德，我心里十分仰慕。希望今后我们能够互通信使，不要被谗言所迷惑，致使产生边界纠纷。

但是，朱元璋把张士诚比作隗嚣，张士诚看了就不舒坦。

隗嚣虽然一时称雄，但当光武帝刘秀建立了东汉，就被视为割据一方的军阀分裂分子，后来国灭身死。

而且刘秀在灭隗嚣之前，还居高临下写了一封信，劝他辨清形势，早日归顺。

所以张士诚读了朱元璋的信，再看到这个比喻，除了心里不痛快，还很不服气——朱元璋写这封信的作派，就跟当年刘秀相类似嘛。

哼！这个朱元璋，把我比作隗嚣，他那是在自比刘秀哪！

张士诚不服，扣留了使者杨宪，发兵打镇江（今江苏镇江），打龙潭（今江苏南京东北），打宜兴，打死了朱元璋的得力大将耿君用。从此，张士诚和朱元璋铆上了。

朱元璋写信给张士诚，原本是想两下交好的，但因为读书不多，学识不够，无意间打了个不恰当的比方，结果适得其反。

## 幼年时给地主刘德放过牛，当上皇帝以后怎么对待刘德的？

明太祖朱元璋是中国古代历史上经历最传奇的皇帝，真正的从乞丐到皇帝。

他出身贫苦人家，家无立锥之地，亲人在大饥荒中接二连三地死去，当过和尚做过叫花子，风霜江湖历经战阵，终于完成了神奇的人生逆袭，华丽转身成为华夏大一统皇帝，创大明三百年基业，壮哉！

想想看，从叫花子蜕变为皇帝，这中间要经历多少悲欢与唏嘘。

洪武十一年（公元1378年）夏四月，朱元璋钦命江阴侯吴良督工新造皇陵，他考虑到自古以来皇陵碑都是腐儒代笔的粉饰之文，不足为后世子孙戒，于是亲自捉刀作《御制皇陵碑》，备述创业之艰辛和江山来之之不易。

碑文从悲惨的童年写起："父亲务农，起早贪黑，却朝夕彷徨，食不果腹。俄尔天灾流行，亲人罹殃。父亲六十有四而终，母亲五十有九而亡，长兄又死，合家守丧……"

接着便是对地主刘德的血泪控诉："田主德不我顾，呼叱昂昂，既不与地，邻里惆怅。"

字里行间，看得出朱元璋对刘德是非常怨恨的——地主刘德理都不理我们，呼喝斥骂，嚣张凶恶。我的父母大哥给他种了一辈子地，死了，他也不肯施舍一块荒地给我们来埋葬，邻居们都为我们忧伤惆怅。

不过，紧接着，朱元璋又提道："忽伊兄之慷慨，惠此黄壤。"

即刘德虽然狠毒无人性，但他的兄长却非常慷慨，义赠薄地，让死人入土为安。

刘德的兄弟叫刘继祖。

刘继祖的儿子年龄和朱元璋差不多，是朱元璋非常要好的小伙伴。

这位小伙伴看到了朱家的窘境，回去跟父亲诉说，于是就有了刘继祖义赠葬地的善举。

朱元璋于洪武十一年（公元1378年）夏四月新造的皇陵，就是在刘继祖义赠葬地的原址上造成。

不用说，朱元璋对刘继祖一家是非常感恩的。

而早在龙凤十二年（公元1366年）三月，朱元璋平定淮东，便有过一次返乡省墓之举。

该年四月初九，朱元璋从张士诚手里夺回了濠州。

说来也巧，当天正是朱元璋大哥朱重四的忌日，距他父亲的忌日刚过三天，距他母亲的忌日尚有十三天。

于是，朱元璋便有了返乡省墓之念，并于四月十三日动身，四月十六日朱元璋回到了阔别了十二载的家乡。

这时刘继祖已经死了，朱元璋见到了他的儿子，也就是那个儿时玩伴。

朱元璋感慨良多，一面让人增大加固父母的坟墓，一面让刘继祖的儿子“招致邻党二十家以守陵墓”，赐朱户，免其赋役。

朱元璋还赐刘继祖儿子名“英”，许诺他日必“报夙昔相念之德”。

朱元璋宴请家乡父亲，流泪说：“吾与诸父老不相见久矣。今还故乡，念父老乡人罹兵难以来，未遂生息，吾甚悯焉。”

和父老话别时，朱元璋信誓旦旦地说：“乡县租赋，当令有司勿征。二三年间，当复来见。”

在这种背景下，他当然没有报复或问罪当年狠毒的刘德。

两年后，大明开国，朱元璋已经贵为天子，就更加不会为过去这一小过节问罪刘德了。

重回家乡时，他对已经吓得面如死灰的刘德意味深长地说：“尔之所为，亦恒情耳，不必问。吾贫时，尔岂知今日为天子耶？”

对于大恩人刘继祖，朱元璋敕授他的儿子刘英为从仕郎，署令卫护皇陵，追赠刘继祖为义惠侯，追赠刘继祖妻娄氏为义惠侯夫人，并亲笔题写诰书。

《追赠刘继祖诰》有提到“刘继祖发仁惠之心”之句，《追赠义惠侯夫人娄氏诰》则说“非独夫之仁惠外施，实由内助之功”。

朱元璋还亲自祭拜了刘继祖夫妻，写《祭义惠侯刘继祖及妻夫人娄氏文》，念念不忘刘氏夫妇“惠朕葬地，遂得安于阴宅”之德。

## 共有二十六子，为何没人敢和朱标争太子位？

为何没人敢和朱标争太子位？道理不明摆着吗？他的铁腕老爹朱元璋还在呀！

老朱的狠忍性格，分分钟都是要人命的。

不说他那些儿子，就说那些无数次在死人堆里爬起又杀出来的猛将悍将，在老朱跟前大气都不敢喘。

打太子位的主意？找死！

不说朱标，就是朱标的儿子朱允炆，朱允炆当皇太孙的时候，又有谁敢觊觎过大明王朝的皇位？

现在很多野史戏说编造，说朱元璋册封朱允炆为皇太孙时，燕王朱棣就严重表示不服，经常暗中使绊子绊朱允炆摔跤，还背着朱元璋恐吓朱允炆。

全是无稽之谈！

就算当时朱棣真的瞧不起这位侄子想欺负他，那时朱元璋还健在，他这么干，那不是过早暴露了自己的野心吗？嫌自己命长还是活得不耐烦了？

这么编造，也太低估了朱棣的政治能力了吧？

事实上，朱元璋死了，朱允炆登基两年了，也没有哪个叔叔敢公开向朱允炆叫板的。

据推测，是朱允炆年幼不懂事，没听过晁错酿造“七国之乱”的事儿，误听了齐泰、黄子澄这两个狗头军师的话急吼吼地削藩，彻底把朱棣逼得狗急跳墙了才有“靖难之役”的。

如果认真仔细地分析“靖难之役”爆发前的一系列事件，就不难发现，朱棣的确是被逼得走投无路了，这才触底反弹，豁出去跟朱允炆玩儿命的。曾经朱棣被逼得装疯，像个疯子一样大冬天不穿衣服，在燕京街头流浪，跟饿狗抢骨头吃，都到了这个地步了，比林冲还惨，能不逼上梁山吗？

所以，说朱棣在朱允炆当皇太孙时期就心怀不轨，根本不符合史实。

话说回来，朱标能稳坐太子位，除了老子朱元璋罩着，他自身的硬核条件也是有的。

首先，他是嫡长子，按照宗教礼法来说，他继承皇位乃是天经地义，谁也没法争啊。

其次，他是兄弟中的老大，是看着其他兄弟出生成长的，兄长的威严摆在那儿，弟弟们要和他争，也得好生掂量掂量。

再次，朱标为人宽和，有大哥风范，对小弟总是多方维护，兄弟们也心服口服。曾经秦王朱樉、晋王朱棡忤逆冒犯到朱元璋，差点小命儿不保，就是朱标挺身而出从中周旋，才把他们的性命保全了下来。

最后，朱元璋有心立朱标为皇太子，也悉心为他打造了一个东宫班子，方便以后他治理国家得心应手。

朱标的太子之位如此坚固，自然无人可以撼动。

## 明初“南北榜案”的南榜状元被下令处死了？

陈安阝是明初“南北榜案”中的南榜状元。很多人都说，他只做了二十几天状元就被车裂而死了。

事实是否如此呢？很值得探究一番。

话说早在公元1238年，蒙古人攻灭金朝后，曾开了一次“科举”，但当政者觉得科举选取出来的人并不适合自己使用，于是停考了，这一停就停了近八十年。他们即便已经拿下了南宋，也不肯继承汉人的科举传统。以忽必烈的话来说，那是“科举虚诞，朕所不取”。

没有了科举，读书人的晋升之路就被堵截了。

《元史·选举志》记载：“贡举法废，士无入仕之阶，或习刀笔以为吏胥，或执仆役以事官僚，或作技巧贩鬻以为工匠商贾。”

到了公元1313年，即元仁宗时代，元仁宗才决定恢复科举，但此时元朝政府已经是日薄西山了。

即使如此，元朝还是收揽了一大批肯为其效忠牺牲的读书人。目睹此状的朱元璋，当了皇帝后，也兴冲冲地实行科举。

但经历几次科举之后，他感受到了当年忽必烈的失落，也产生了“科举虚诞，朕所不取”的慨叹，于洪武六年（公元1373年）宣布停止科举制，实行察举制。

察举制是西、东两汉的选官制度，比科举制弊端更多，朱元璋此举，是在开历史倒车。

不得已，到了洪武十七年（公元1384年），他又重新恢复了科举制度并将之成为定制。

从洪武十七年（公元1384年）到洪武二十九年（公元1396年），科举制度的运作还都一切正常。

但到了洪武三十年（公元1397年）的丁丑科，出现了奇怪的一幕：二月会试，录取出来的五十一名进士，全是清一色的南方人，其中陈安阝为第一名，尹昌隆为第二名，刘仕谔为第三名。

由于科考时间是在春天，故称春榜。又因所录五十一名全系南方人，又称南榜。

这的确有些奇怪。

偏偏，主考官刘三吾、白信蹈也是南方人。

这，就不能不让人往某些方面联想了。

六天之后，会试落第的北方举人联名上疏，跑到明朝礼部鸣冤告状，告考官刘三吾、白信蹈偏私南方人，动静闹得很大，人心汹汹。

作为国家的主人，朱元璋可不愿意看到这种现象，一声令下：查！

他以侍读张信、侍讲戴彝、右赞善王俊华等十二人组建成“调查小组”，让他们深入查个水落石出。

调查小组不敢怠慢，认真细致地展开复核、调查。

他们于四月末呈上调查结论：考官公平公正，所录取五十一人皆是凭才学录取，无任何问题。

落榜的北方学子肯定不能接受这样的调查结果，议论纷纷，沸反盈天。

朱元璋经过一番深思熟虑，于五月初下诏，指斥本次科举的主考刘三吾和副主考白信蹈等人为“蓝玉余党”，还旧事重提，说刘三吾十多年前曾上书为胡惟庸鸣冤，指定刘三吾为“反贼”，结果涉案诸官员皆被严惩，刘三吾被发配西北，白信蹈、张信则被处斩。

为了平息北方学子的怒火，该年六月，朱元璋亲自策问，钦点韩克忠为状元，王恕为榜眼，焦胜为探花，所录六十一人全是清一色的北方人。

因为策问时间是在夏天，故称夏榜。又因所录六十一名全系北方人，又称北榜。

这一场历史性惨案，史称“南北榜案”。

由于朱元璋在第二年死去，没来得及将按地域调配进士名额的想法定为制度。但到了明仁宗洪熙二年（公元1425年），内阁大学士杨士奇制定办法，卷子照样弥封誊录，但注明“南”“北”字样，分配名额是“南六十，北四十”。清承明制，始终执行了南北分省取士的制度。直到今天，在高考招生中，各学校仍在效仿按地区分配录取名额的做法。

显而易见，朱元璋这是用最直接、最简单的“搞平衡”法来处理问题。

那么，南榜状元陈安阝是否成为朱元璋平息北方士子怒火的替罪羔羊，做状元二十几天就被车裂而死了呢？

《明史・志第四十六・选举二初制》的确有记载“悉诛（白）信蹈及（张）信、（陈）安阝等，戍（刘）三吾于边”之语。

但《明史》为清人所修，错漏及刻意歪曲的地方很多。

想想看，朱元璋既然是在使用“搞平衡”法，那么就应该是南榜所录的五十一名进士也要，北榜所录的六十一名进士也要，而不是为了平息北方士子的怨气，就矫枉过正把南榜所录的五十一名进士咔嚓咔嚓全部斩头，另外再录北榜六十一名进士。他这么做，难道不怕南方士子也闹事吗？不怕按下葫芦浮起瓢吗？

说不过去呀。

明人皇甫录著的《皇明纪略》有记：“是年状元福建陈安阝。太祖以一榜皆南人，覆试得克忠以下皆北人。故陈安阝无传。”

同书又记“南北榜案”发生之后，“宋琮、陈安阝皆除名”而已。

另一明人王世贞在《皇明异典述》的《一岁两状元》篇也提到此事，说“洪武丁丑廷试，赐陈安阝、刘锷、尹昌隆及第。后以举人诉，复试，复取韩克忠、王恕、焦胜及第。凡二榜两状元，而二公官俱不显”。

这里说的是，因为该科考试结果存疑、有争议，则南榜状元陈安阝和北榜状元韩克忠都得不到重用，官位不高，仅此而已。

同书《首甲不授翰林》篇则说：“丁丑，状元陈安阝、第三人刘锷戍谪，补鸿胪寺司宾署丞，尹昌隆授礼部主事。以人言考官私南人故也。”即第一名陈安阝、第三名刘锷遭到降职，补鸿胪寺司宾署丞的缺，第二名尹昌隆授礼部主事。

可见，陈安阝被车裂之说应该是一则谣言。

## 侍卫脱衣服去救溺水的朱标，结果被杀掉了？

朱标为救老师宋濂而跳河，侍卫救人动作不够利索，朱元璋泄愤杀人的故事，出自徐祯卿的《翦胜野闻》。

补充一下，民间传说里，唐伯虎、祝枝山、文徵明、周文宾并称为“江南四大才子”，但“江南四大才子”是不存在的。

历史上倒是出现过“吴中四大才子”。

这“吴中四大才子”指的是唐伯虎、祝枝山、文徵明和徐祯卿。

也就是说，周文宾是个虚构人物。

徐祯卿是真的历史人物。

之所以要说这些，是想告诉大家，徐祯卿生活的时代，与唐伯虎、祝枝山、文徵明三人相当，即离朱元璋开国已经很长一段时间了。

另外，徐祯卿写的这本《翦胜野闻》从书名来看，就是本充满恶搞趣味的野史奇谈，专给街头巷陌野老闲夫提供谈资，可信度极低。

从书中攫几个段子大家来欣赏下。

一

朱元璋的父母死于瘟疫，他与兄长抬到山谷中埋葬。尸体刚刚入土，就风雷震电，大雨倾盆。朱元璋和兄长躲到大树下避雨，突然天空飘来五个字："孰袭取我土？"原来是神仙在半空中开口说话了。

二

朱元璋登基后，喜欢微服巡行。某天，他在京城中巡行，听到一个老妇人说他是"老头儿"，不由怒火中烧，传令召五城兵马司总诸军至，大吼道："今朕为天子，此邦居民呼朕为老头儿，何也？"即令籍没民家甚众。

三

朱元璋每日上朝，如果扶腰带当胸，那么当日就不杀这么多人；如果按腰带下小腹，必定是大开杀戒，倾朝无人色。所以朝臣都密切观察他的腰带，以测祸福。

朱标为救老师宋濂而跳河事件，还有一说是，洪武十年（公元1377年），宋濂年老辞官还乡，却因长孙宋慎牵连"胡惟庸案"而被朱元璋问斩。朱标苦劝不得便跳河自尽，但得侍卫救起。朱元璋迁怒于侍卫，亲自赶到现场行赏罚之事。他宣布：凡是穿着衣服鞋子下水救人的，连升三级；凡是脱衣脱裤下水救人的全部砍头。他的理由是：救人刻不容缓，凡是脱衣脱裤的，都是偷工懈怠之人。

故事是这么个故事，无非是想刻画朱元璋喜怒无常又兼心狠手辣罢了，并不可信。

## 靠郭子兴发家，明朝建立后郭子兴的后人待遇如何?

朱元璋是靠郭子兴发家的。

郭子兴一开始对朱元璋还真不薄，不但授予兵权，还许配义女马秀英。

但也必须看到，郭子兴也不是全无私心的。

郭子兴能这样做，也完全是要利用朱元璋，收买朱元璋。

朱元璋本身就是个世间罕有的人才，入伍后作战勇敢，而且会来事，样样事处理得井井有条，郭子兴调他到自己的帅府当差，使用起来如臂使指，随心所欲莫不如意。

郭子兴任命他为亲兵九夫长，他带兵出战，总能打胜仗。

最难得的是，打胜仗归来，获得的战利品全部都上交郭子兴，得了赏赐又说功劳是大家的，把赏赐分给大家。

这样的人，没人不喜欢。

最让郭子兴感激涕零的是，当时在濠州城（今安徽凤阳县）的淮北红巾军中有五个元帅，孙德崖联合起其他三个元帅，孤立郭子兴。郭子兴明显处于劣势，还强撑着与孙德崖硬扛，结果被孙德崖绑架了，先是被毒打了一顿，孙德崖还准备将他杀掉。

郭子兴手下也有很多将领，包括两个很嚣张的儿子郭天爵、郭天叙，还有妻弟张天佑，可关键时刻居然全都束手无策。

眼看着郭子兴就要死在孙德崖手里了，最后在外打仗的朱元璋回来了，率兵救回了郭子兴。

朱元璋见郭子兴处于弱势就自告奋勇，回自己的家乡募兵募到了七百多人，回到濠州后全部交给了郭子兴。

朱元璋后来看见郭子兴只想在濠州当个草头王，道不同不相为谋，就和郭子兴分家，只带走了二十四个人——这就是后来威名赫赫的“淮西二十四将”。

濠州分家后，朱元璋向南攻下了滁州城，部众很快发展到了三万多人。

而郭子兴遭到孙德崖排挤失魂落魄，前来投奔朱元璋。

朱元璋非常够意思，立即交出三万人的兵权给郭子兴。

相比之下，郭子兴就显得不够意思了。

郭子兴的儿子郭天叙、郭天爵妒忌朱元璋的才干，在他的面前讲朱元璋的坏话，他马上关了朱元璋的禁闭断绝他的饮食，朱元璋差点被关押饿死。

幸好妻子马氏暗中传递食物，这才保住了一条小命儿。

朱元璋后来攻占了和州城（今安徽和县），负责镇守和州。

孙德崖缺粮，从濠州来和州向朱元璋借粮。

郭子兴知道后，又一次差点杀了朱元璋。

可以说，郭子兴后期得了疑心病，对朱元璋呼来喝去，就像对一条狗一样看待。

当然谁也不能否认，朱元璋后来能称帝，确实也是肇始于郭子兴的军事资本。

朱元璋自己称帝后也认这笔账，追封郭子兴为滁阳王，在滁州立庙祭祀。

但话又说回来，朱元璋是怎么对待郭子兴的儿子的呢？

朱元璋追封郭子兴为滁阳王，在滁州立庙祭祀，庙前有石碑，碑文《敕赐滁阳王庙碑》有“夫人张氏，生三子”之语——史学家普遍认为郭子兴共有三个儿子。

这三个儿子的下落，《敕赐滁阳王庙碑》也说了：长子在战场上牺牲，次子被诈降人士杀害，幼子与不法之徒谋反被诛。

据明嘉靖年间史学家郑晓考证，郭子兴这三个儿子的小名分别叫郭大舍、郭二舍、郭三舍。郭大舍的大名已不可考，郭二舍的大名叫郭天叙，郭三舍的大名叫郭天爵。

清初，万斯同撰《明史》记述：郭大舍早年战死，郭二舍郭天叙死于陈埜先的叛乱中，郭三舍郭天爵犯罪被朱元璋斩杀，则“子兴后遂绝”。

就是《明史》这一句“子兴后遂绝”，大家都认为朱元璋斩尽杀绝郭子兴后人了。

《敕赐滁阳王庙碑》说的“夫人张氏，生三子”，是指郭子兴原配夫人张氏生了三个儿子，而郭子兴并非只有张氏一个夫人。郑晓还考证出：郭子兴还续娶有一个李夫人，生有郭子兴的第四子郭老舍。

而且洪武四年（公元1371年），朱元璋还曾下旨留郭老舍在朝中做官，但郭老舍无心做官，弃官还乡了。

明万历年间的史学家何乔远也在《名山藏》中详细记载了郭老舍辞官过程。

嘉靖《定远县志》又记载其有后人的事迹。即滁阳王郭子兴并未绝后，其子孙生生不息，开枝散叶，分布于安徽、贵州、四川和重庆等地。

可以说，只要不对政治构成威胁，朱元璋对郭子兴的第四子还是不错的。

## 明成祖

## 解缙被朱元璋视若亲子，明成祖为何将他埋入雪堆冻死？

解缙的确是被朱元璋“视若亲子”，解缙才气横溢，在洪武二十年（公元1387年）参加江西乡试名列榜首，是为解元。次年，中戊辰科进士三甲第十名。廷试与兄解纶、妹夫黄金华同登进士第，授庶吉士，读中秘书。不久，官至翰林学士。朱元璋器重他，命其常侍左右。某天，在大庖西室，朱元璋对他说：“与尔义则君臣，恩犹父子，当知无不言。”这真是推心置腹之语。

但是，必须注意，皇权讲究的是唯我独尊，一旦皇权遭受到侵犯和威胁，那是要六亲不认的。

自古以来，皇家宫廷之中，父杀子、子杀父、兄杀弟、弟杀兄、叔杀侄、侄杀叔等悲情大剧不知上演过多少出了。

不过，朱元璋对解缙还是相当不错的。

解缙才气极高，与杨慎、徐渭合称明朝三大才子，是被公认明朝才气最高的三个人。

但智商太高，就会认为别人都是傻子，处处看别人不顺眼。

或者也可能是智商虽然高，但读书太多读傻了，书呆子气太重，迂腐不懂通变。

比如，人家朱元璋客气说了句“当知无不言”，解缙就真的开足马力，向朱元璋发起大炮来。

他先是写了篇万言书呈上，对朝政指手画脚，诸多不满滔滔不绝，一会儿说“刑太繁”，一会儿说“法太严”，说朱元璋只知道在愤怒的时候对逆党奸臣斩草除根，不知道奖励善行和垂怜苍生；还说朱元璋用人良莠不分，致使小人趋媚，贤者远避等。

这篇万言书已经让朱元璋恨得牙根痒痒了，解缙还不知好歹，再上《太平十策》……

真让人无语了。

估计在高智商的解缙的眼里，他还真认为朱元璋是个傻子。

连皇帝他都觉得傻，对其他朝臣就更不用说了。

他指责兵部僚属玩忽职守；代郎中王国用上疏使朱元璋制造了李善长冤案；他还代御史夏长文革疏《论袁泰奸黠状》，大斥御史袁泰贪赃枉法……

最终朱元璋忍无可忍，于公元1391年召解缙父亲进京，实话实说：“大器晚成，若以尔子归，益令进，后十年来，大用未晚也。”

解缙回老家坐冷板凳坐了八年，到公元1398年朱元璋驾崩，解缙再也坐不住了，趁进京吊丧，找机会复职。

结果遭到了袁泰的报复，说他“母丧未葬，父年九十，不当舍以行”，被贬河州卫吏。

好不容易，公元1402年，解缙回京师复职了，担任了内阁首辅。但靖难之变爆发，朱棣夺了侄儿的帝位。

解缙于是投靠了朱棣，并得到了朱棣重用，先是总裁《太祖实录》，后又主编《永乐大典》。朱棣曾经放话说："天下不可一日无我，我则不可一日少解缙。"

得到皇帝这么信任，是个人都会好好珍惜。

但解缙智商"太高"了，他真把天下人当傻子了。他在老家八年，一直是闭门著述，校改《元史》，补写《宋书》，删定《礼记》等。读过这么多书，又修订了这么多书，而且都是史书，就不懂得揣摩一下帝王心术。

朱棣文治武功，烜赫一时，却有一桩大苦恼：在立储问题上摇摆不定，拿不准该立长子朱高炽还是立次子朱高煦。

这种事，臣子是不应该掺和的。

以唐朝为例，唐高祖在立李建成和李世民的问题上一度感到纠结，想向李靖、李世绩两位军界大佬征询意见。哪知，这两位都很知趣，巧妙推搪回避开了。

解缙倒好，毫无避讳，直言说："为长，古来如此。"

当时，朱棣意属长子朱高炽的成分也多一点，并没觉察到太多不妥。

但后来真立了长子朱高炽为太子，他看到解缙和长子朱高炽走得很近，就很不乐意了。

古往今来，所有帝王都希望臣下只忠于自己不能忠于别人，否则就是"贰心"，该杀。

还是以唐初为例。

刘文静和裴寂是唐高祖李渊的左膀右臂，是元谋之臣，但是刘文静因为和李世民走得太近，李渊不乐意了，就送他上了刑场。

解缙读了这么多书，怎么就不明白这一点呢？奇怪。

而且，解缙在朱高炽和朱高煦之间站位站得这么早，这么张扬，自然会引起朱高煦的忌恨，没少受朱高煦明枪暗箭的攻击。

最终，解缙被谪“广西布政司参议”，继而又改遣交阯，被发配得远远的，确实很惨。

但这还不是最惨的。

永乐八年（公元1410年），解缙回京奏事，恰巧朱棣北征未归。

按正常情况，皇帝未归，您就老老实实地待着，等他回来了再奏呗。

解缙不，他看见老子不在就去找儿子，私下拜访了皇太子朱高炽，并且没等朱棣回来拍拍屁股打道回府了。

这简直就是不把朱棣放在眼里，或者把朱棣当死人看了嘛。

朱棣尚在人世，解缙就这样“嚣张”，那等朱棣闭眼了，解缙可不就更是无法无天了？

所以，朱棣下旨逮解缙入狱。

这一关就是五年。

永乐十三年（公元1415年）正月，朱棣带着群臣到午门观灯，期间突然刮起狂风，刮倒大片灯笼，引发了火灾。

礼部官员认为这是上天在预警些什么，建议做做善事，比如大赦天下什么的。

朱棣在查阅钦犯名单时，发现了解缙的名字，就说了句：“缙犹在耶？”

锦衣卫都指挥佥事纪纲知其意，“退而与缙对泣，沃以烧酒，埋雪中立死”。

后世有人猜测，说朱棣原话的意思是要赦免解缙的，但纪纲误解了，错下毒手。

但朱棣的意图，的确就是在宣判解缙死刑。

因为纪纲杀了解缙后，向朱棣做汇报，朱棣又让纪纲率锦衣卫对解缙进行抄家，将解缙家属全部流放。

# 通过朱元璋殿试的四百七十二人，全被明成祖给否了？

明朝是科举取士的鼎盛期，从洪武十八年（公元1385年）到崇祯十六年（公元1643年），共开科89榜，取进士24595人。

其实早在洪武四年（公元1371年），明太祖朱元璋就开始开科取士了，但结果他很不满意，认为“所取多后生少年”，于是“令有司察举贤才，而罢科举不用”。一直到洪武十八年三月才举行了停罢后的首次会试。

这次参加赴殿试者共四百七十二人。

按照明朝制度，会试中式人赴殿试不黜落。即除了会试中式后因病等突发原因“殿举”外，一般皆成进士。

洪武十八年的殿试，“廷对者四百七十二人，擢丁显为第一人”。

即此四百七十二名廷对进士经殿试全部录取，一甲第一名为丁显，第二名为练子宁，第三名为黄子澄，史称“丁显榜”。

“神龙之后，过关宴后，皆期集于慈恩寺塔下题名处”，从唐中宗神龙年间起，新科进士有于慈恩寺塔下题名的习俗出现。到了宋代，由政府牵头财政斥资，立碑于贡院。元代效仿，立进士题名碑于北京孔庙。明代亦沿元代之制，立进士题名碑于南京、北京国子监。

洪武十八年，乙丑“丁显榜”即立有《洪武十八年榜进士题名碑》。

但“靖难之役”朱棣登上帝位后便予以毁坏，致使该榜进士名录至今残缺不全。

明成祖朱棣为什么要下令毁坏《洪武十八年榜进士题名碑》呢？

明人俞宪在嘉靖二十七年（公元1548年）刊刻《皇明进士登科考》中猜测说：“上（明太祖朱元璋）命立题名碑于国子监。革除间，子宁、子澄皆柄用，侵削藩王，靖难师起，以奸党戮之，仆碑削籍，故部本不传。”

这一猜测靠谱，但不全面。

没有错，练子宁、黄子澄是洪武十八年（公元1385年）榜的榜眼和探花郎，他们为建文帝削藩出谋划策，朱棣上位后把练子宁、黄子澄等乙丑科进士视为奸党戮之，并恨屋及乌命毁坏该榜进士题名碑，予以“仆碑削籍”惩处。

提倡削藩并且主张先拿燕王朱棣开刀的是“顾命大臣”兵部尚书齐泰，朱棣成功登顶后对齐泰的处罚相当严酷，“籍九族”，诛灭了其九族。

齐泰是洪武二十一年（公元1388年）进士，您说朱棣恨练子宁、黄子澄，因此毁坏了洪武十八年榜进士题名碑，那他更恨齐泰，为什么不同时毁坏明洪武二十一年进士碑呢?

还有两个原因，俞宪没有考虑到。

一、与洪武二十一年的进士比较起来，洪武十八年的进士名声比较“臭”。

大家不要忘了，洪武十八年明政府发生了一件大事：郭桓案的查处。

该案牵连全国的十二个布政司，牵涉礼部尚书赵瑁、刑部尚书王惠迪、兵部侍郎王志、工部侍郎麦至德等，“自六部左、右侍郎以下，赃七百万，词连直、省诸官吏，系死者数万人”，实际上，折算赃粮两千四百万担，“恐民不信，但略写七百万耳”。

此后，明太祖朱元璋借此案为契机，连续数年扫荡全国贪污官员。令人意想不到的是，洪武十八年榜472名进士中，居然有149名被查出有贪污问题，其中的王本道、罗师贡被处决。

所以朱棣以此为由挟私报复，把洪武十八年榜视为“藏污纳垢榜”，把472名进士的人品全部给否了。

二、明初第一名将徐达病故于洪武十八年（公元1385年）二月底。

徐达是朱棣的岳父，协助朱棣镇守北平。徐达一死，对朱棣而言，仿似遮天大树倾倒。偏偏，震惊史册的“郭桓案”就是从北平府掀起的。当时，纪检干部御史余敏、丁廷举告发北平省左布政使李彧、提刑按察使赵全德与中央的户部侍郎郭桓、户部干部胡益、王道亨等相互勾结，吞盗官粮，数目巨大。可想而知，徐徐展开的反贪风暴对年轻的朱棣是如何的惊心动魄。而国子监的学生又在风暴到来之际举行示威游行，高举反贪旗帜，大呼要严查北平。

即朱棣与当时国子监的学生算是结下了梁子。

事实上，洪武十八年榜472名进士中，有三分之二来自国子监！

世界上没有无缘无故的爱，也没有无缘无故的恨，以上便是朱棣必欲毁坏《洪武十八年榜进士题名碑》而后快的原因。

## 几乎失传的《毓庆勋懿集》，揭示出明成祖篡改史册的拙劣手法

《明史》对明成祖朱棣的评价是很高的，称他：知人善任，内外兼修，雄才大略，堪可比肩于明太祖朱元璋。六师屡出，漠北尘清。统治后期，威德遐被，四方宾服，到明朝纳贡称臣的夷蛮国家大大小小有三十多个。明朝疆土之广，远迈汉唐。成功骏烈，垂范万世。

但从朱棣起兵篡位的过程来看，绝对离不开“乱臣贼子”这四个字。

为了避免后世的唾骂，朱棣登位后，特别在意自己身份的“洗白”。

原本，建文帝在位时已编撰好了《太祖实录》。

但建文四年（公元1402年）六月朱棣攻入了南京，十月就迫不及待地下诏重修《太祖实录》。他任两个降臣李景隆和茹瑺为正、副监修官，以大才子解缙为总裁，对修史官员奖惩分明。凡充分领会“上意”，百般偏袒和维护篡位之举而篡改史实的一律升官，其中胡广、黄淮等人就做得比较漂亮，鸿运当头，飞黄腾达；直书无隐不懂得“为尊者讳”的，贬斥或斩头，其中的叶惠仲

就遭到了族诛。

永乐八年（公元1410年），解缙因储君事忤逆了朱棣，朱棣不放心又派心腹姚广孝主管监修事宜第三次修改《太祖实录》，务求删除一切不利于己的史料，并适当为自己涂脂抹粉。

这么一来，建文时期的政府档案被大量销毁，宫廷档案和皇帝起居录等被涂写和修改。

此外，朱棣还下令销毁一切记载“靖难之变”的所有私家记述和文献。

后世历史学家因此慨叹：“建文一朝之政治，其真实记载，已为永乐时毁灭无遗……成祖以为罪则罪之，既篡之后，谁与抗辩？”

第三次修改《太祖实录》，耗时五年。

永历十六年（公元1661年），书成献上，朱棣“披阅良久，嘉奖再四”。

如此反复修史，主要是为朱棣篡位的合理性制造理论依据，很多东西一望而知是伪造。

比如，朱棣实为硕妃所生，但修改后的《太祖实录》愣说朱棣是太祖高皇帝的原配马皇后所生，与懿文太子朱标及秦、晋二王同母。这么写的用意明摆着，即朱棣这几个兄长已经亡故，诸王中朱棣居长，建文无道，从伦序上说，朱棣入续大统就理所当然了。

《太祖实录》还多次暗示，太祖高皇帝在世之日，非常看好燕王朱棣，屡与大臣动议易储之事，有意让燕王取代皇孙承续大统，只不过秦、晋二王尚在世，且比燕王年长，这才没有坚持。

还有一个很诡异的情节：太祖高皇帝垂死前反复问“燕王来否？”一直念叨“国有长君，吾欲立燕王”。

实际上，当时的建文帝已经成年，同样是“长君”。

还有一个同样很假的情节：洪武三十五年（公元1402年，注意，不称建文四年），靖难的军队打到了南京金川门外，“建文君欲出迎，左右悉散，惟内侍数人而已，乃叹曰‘我何面目相见耶！’遂阖宫自焚”。看“建文君”（注意，不是称建文帝）作孽太多，无脸见人，惭愧自杀了。而朱棣的表现非常有人君之风，他摒弃前嫌，命太监火速援救，听说施救不及，便老泪纵横，哭着说：果然如此痴呆？我来是为了帮助你做好皇帝，你竟浑然不觉，走上了绝路！

……

对这些一望而知是无中生有的情节，大家可以直接捐弃或屏蔽。但那些篡改的史料真相，因朱棣已销毁掉了建文时期的大量政府档案、涂写和修改了几乎所有的宫廷档案和皇帝起居录，就很难知晓了。

不过，百密一疏，民国时期，有人在北平图书馆发现了一部编纂于明朝正德年间的文集《毓庆勋懿集》。此书编纂者郭良是大明开国功臣武定侯郭英的后人，里面收集有大量朱元璋颁发给郭英的敕文，使朱棣的若干篡改行为露出了马脚。

比如说，《明太祖实录》中有一段记载，说洪武三十一年（公元1398年）五月，太祖皇帝朱元璋发布一道敕书给武定侯郭英，内容是朱元璋为了防备北方残元势力，任命郭英为总兵，刘真、宋晟为副将，再加上辽东辽王的护卫军队，组建北部边防军。文中的点睛之笔是：“一切号令，悉听燕王节制。”（记载原文：朕有天下，胡虏远遁久矣。然萌蘖未殄，不可不防。今命尔为总兵，都督刘真宋晟为之副，启辽王知之，以辽东都司并护卫各卫所步军，除守城马军及留原一百守斥候，余皆选拣精锐，统领随辽王至开平迤北，择险要屯驻堤备。一切号令，悉听燕王节制。）

看看，燕王朱棣在朱元璋心目中是何等重要！

但是，《毓庆勋懿集》刊载的敕书原文却是朱元璋要郭英等人听命于十五子辽王朱植，而不是燕王朱棣！（敕书原文为：皇帝制谕武定侯郭英：命尔挂靖海将军印，充总兵官，都督宋晟刘真充副总兵官。启辽王知道，将辽东都司并护卫各卫所步军，除守城官军，除开原留一百望高外，其余选拣精壮统领，跟随辽王，前往开平迤北二三程地，择险要去处驻扎堤备。一切发号施令，皆尔等为之，仍听王节制。如制奉行。）

两相对比，朱棣的篡改手段实在让人啼笑皆非。

## 为何赐郑和姓“郑”而不赐他姓“朱”？

为什么赐郑和姓“郑”而不赐他姓“朱”呢？估计很多人在帝王赐姓这个问题的认识上有两个误区。

一是认为得帝王赐姓必是好事。

二是认为帝王赐姓必赐国姓。

没错，帝王有时为了示好会赐姓，以示嘉奖。

实际上，帝王赐姓也是姓氏的主要来源之一。

早在先秦时期的赐姓，还带有封建的性质。

也就是说，当时的国君将某地封赐给谁，谁也就因此以该地地名为姓。

比如屈原，本姓熊，祖上是楚武王熊通的儿子，因被封在屈邑，从而改姓了屈。

秦汉之后，赐姓不再具有封赏领地的含义，在奖赏的时候，只是代表着一种精神上的褒奖。

比如汉高祖刘邦为表彰娄敬、项伯的功绩，就赐娄、项二人姓刘。

另外，刘邦将一位宗室女嫁给冒顿单于，也赐冒顿单于以刘氏为姓。这支刘姓后人中出了灭亡了西晋的刘渊、刘聪父子。

汉高祖刘邦时代赐姓的规模很小，所赐都是汉朝国姓“刘”姓。

赐姓规模最大的是西魏和北周时期。

而且，这个时期赐的不尽是国姓。

举几个例子。

比如位列北周八柱国之一的李弼，被赐姓为“拓跋”。

又比如身为东汉司徒王允后代的王轨，被赐姓为“乌丸”。

再比如隋文帝杨坚的父亲杨忠，被赐姓为“普六茹”。

还有，唐高祖李渊的爷爷李虎，被赐姓为“大野”。

……

当然，也有被赐姓为北周国姓“宇文”的，如李和、刘雄、柳庆、赵昶、王悦、刘志、韩雄、叱罗协、韦填、韦孝宽、薛善、令狐整、李彦、李昶、申徽、柳敏、张轨、寮允、崔猷、薛端、李昊氏、郑孝穆、崔谦、崔说、王杰、唐瑾等。

从这一点上说，郑和被朱棣赐姓“郑”而不赐姓“朱”，很正常。

但是，毋庸置疑，赐其他姓远不如赐国姓尊崇。

比如，延平郡王郑成功被赐姓为“朱”，就远比郑和尊崇。

在得赐姓前，他的名字为：郑森。

在得赐姓后，他的名字为：朱成功。

郑成功在后半生，一直以自己姓“朱”为荣，他所留下的花押印章，就大书特书“朱成功”三字。

话说回来，帝王喜欢某个人，会给这个人赐姓。但帝王痛恨某个人，也会给这个人赐姓。

比如东汉延熹初年，外戚梁冀独揽朝政骄奢淫逸。汉桓帝突然崛起将之诛杀，并将其家族贬为“薄”氏。

又比如说，南朝时齐巴东郡王萧子响永明七年（公元489年）叛乱失败，南齐帝萧赜赐他姓“蛸”。

再比如说，李唐宗室琅琊王李冲、越王李贞等起兵反对武则天，事败后被武则天赐姓“虺”。

……

凡此种种，不一而足。

除了帝王喜欢或恨，被赐氏的还有一种情况，帝王心血来潮时也会莫名其妙地赐姓。

比如北魏道武帝拓跋珪的曾祖父拓跋郁律有两个儿子：大儿子沙莫雄，为南部大人（部落首领），号拓跋氏；小儿子什翼健，即拓跋珪的祖父。拓跋珪建立北魏称帝后，因沙莫雄的儿子拓跋嵩是拓跋耶律的长孙，就赐他姓长孙，称长孙嵩。

这个长孙嵩有一个非常厉害的后代——隋朝名将长孙晟。

长孙晟有一双儿女比他自己还要出名：儿子长孙无忌，为唐朝开国凌烟阁二十四功臣之首；女儿是唐太宗李世民的妻子长孙皇后。

## 庙号为什么是成祖而不是太宗？

我们知道“祖”字和“宗”字，经常被我们合用在一起成为“祖宗”一词，用来尊称祖先。

事实上在古代，“祖宗”是用来特指帝王的祖先的。

《礼记·祭法》记：“（殷人）祖契而宗汤，（周人）祖文王而宗武王。”

我们也都知道，在封建王朝中，通常开国皇帝的庙号为“太祖”（或“高祖”），第二代皇帝的庙号为“太宗”。

如唐朝开国皇帝为唐高祖李渊，第二代皇帝为唐太宗李世民；宋朝开国皇帝为宋太祖赵匡胤，第二代皇帝为宋太宗赵光义；辽朝的开国皇帝为辽太祖耶律阿保机，第二代皇帝为辽太宗耶律德光；金朝开国皇帝为金太祖完颜阿骨打，第二代皇帝为金太宗完颜晟；清朝的开国皇帝为清太祖努尔哈赤，第二代皇帝为清太宗皇太极。

即太祖、太宗的组合经常出现。

但是，明朝却有些特殊。

明朝开国皇帝为明太祖朱元璋，第二代皇帝为明成祖朱棣。

一朝两祖，有些别扭（其实，清朝是一朝三祖：清太祖努尔哈赤，清世祖福临，清圣祖玄烨）。

为什么会这样？

这完全是明朝第十代皇帝嘉靖帝朱厚熜搞的鬼。

因为一开始，朱棣的庙号就是太宗。

如果朱棣泉下有知，知道是自己的不肖子孙朱厚熜擅改自己庙号“太宗”为“成祖”，说不定会掀翻棺材板走出来，抬手就给他几个耳光。

要知道从严格意义上说，朱棣并不是明朝的第二代皇帝，在他之前还有一个建文帝，朱棣登基其实是篡位而来。

朱棣为了彰显自己得位的合法性和正义性，就革除了建文朝，不为建文帝编写单独的实录（建文朝之事附于《明太祖实录》后），不给建文帝上庙号，取消建文纪年，改为洪武纪年。

所以说成为明太祖朱元璋的正统继承人，当明朝的第二位皇帝，获取“太宗”庙号，乃是朱棣的梦寐以求。

但是，朱厚熜改“太宗”为“明成祖”，相当于承认了朱棣造反夺位的事实。

朱棣在天有灵，不被气晕才怪。

话说回来，朱厚熜为什么要把“明太宗”改成“明成祖”呢？

《礼记·王制》中说：“天子七庙，三昭三穆，与太祖之庙而七。”

“三昭三穆”是什么意思呢？“父为昭，子为穆”，即皇帝家的太庙正殿中要供奉七个祖宗，开国之君（一般是太祖）和三对父子。

问题明摆着，帝位传递得多了，而太庙里接受供奉的祖宗人数又不得增多，就必须请其中离现任皇帝亲缘关系最远的去祧庙（远祖庙）受供。

这种做法，称“亲尽则祧”。

但这里面又必须要遵守一个原则：被祧的是“宗”，祖是“万世不祧”的。

明朝的制度供奉的是九位皇帝，由于建文帝被朱棣开除，景泰帝不被明英宗朱祁镇承认，则嘉靖帝朱厚熜即位时，庙里已经供奉了第一代皇帝明太祖朱元璋、第二代皇帝明太宗朱棣、第三代皇帝明仁宗朱高炽、第四代皇帝明宣宗朱瞻基、第五代皇帝明英宗朱祁镇、第六代皇帝明宪宗朱见深、第七代皇帝明孝宗朱祐樘、第八代皇帝明武宗朱厚照，以及明太祖朱元璋的高祖父德祖朱百六，一共九个神主。

嘉靖帝朱厚熜一门心思想把自己的爹兴献王朱祐杬请入太庙，就必须把与自己亲缘关系最远的明太宗祧出去。

但是，论明朝皇帝的文治武功，明太祖朱元璋之下，就是明太宗朱棣了。

而且如果不是朱棣发起靖难之役，嘉靖朱厚熜这一脉是根本没有机会当皇帝的。

所以朱厚熜不敢祧朱棣，而只能祧明仁宗朱高炽。

放着亲缘关系远的不祧，您去接比他近的，也不合道上规矩啊？！

朱厚熜脑筋活，他相当了解“万世不祧”的原则——被祧的是“宗”，祖是不能祧的。

于是，他的眼珠子一转，有了主意：改朱棣的谥号为“启天弘道高明肇运圣武神功纯仁至孝文皇帝”，庙号则改为“成祖”。

如此一来，朱棣与朱元璋并称祖，就成了“万世不祧”之君。

紧接着，嘉靖帝朱厚熜兴冲冲地给自己的爹兴献王朱祐杬上庙号为“睿宗”，将明仁宗朱高炽祧出来放进后殿，将“睿宗”请入太庙。

嘉靖二十年（公元1541年），太庙失火被毁。沈德符在《万历野获编》中幸灾乐祸地说：“成庙旧号太宗，先是（嘉靖）十七年改称祖，而兴献帝新称宗，其主与成祖同入庙，说者谓文皇帝神灵不豫使然。”他说，这是朱棣不高兴，在天有灵，放了这一把火。

## 明仁宗
## 朱高燧诬陷太子并图谋毒死明成祖，为何最终得以善终？

朱高燧之所以得以善终，是因为他有一个天下间最仁慈、最宽恕、最宅心仁厚的好哥哥。

朱棣后妃众多，除了文皇后徐氏之外，还有昭献贵妃王氏、昭懿贵妃张氏、恭献贤妃权氏、康惠庄淑丽妃韩氏、康靖庄和惠妃崔氏、康穆懿恭惠妃吴氏、贞静顺妃张氏、惠穆顺妃郭氏、恭和荣顺贤妃王氏、安顺惠妃龙氏、恭顺荣穆丽妃陈氏、昭肃靖惠贤妃王氏、昭惠恭懿顺妃王氏、昭敬忠顺贤妃喻氏等，光《明史》上可查的就有好几十位。

但他生育子女并不多，仅有四子五女。

这四个儿子中，成年的仅有长子朱高炽、次子朱高煦以及朱高燧这三个，最小的儿子朱高爔早早就夭折了。

朱棣这三个儿子中，长子朱高炽龙姿凤质，实在是史上少有的仁君、明君。

中国历史上有好几个“仁宗”：宋仁宗赵祯、元仁宗孛儿只斤·爱育黎拔力八达、明仁宗朱高炽、清仁宗爱新觉罗·颙琰。

宋仁宗赵祯与明仁宗朱高炽相媲美，元仁宗差可，清仁宗之“仁”，最名不副实。

朱高炽、朱高煦以及朱高燧这哥仨，都是文皇后徐氏生育的，是一奶同胞的手足兄弟。

而这位文皇后徐氏，乃是明朝开国第一大将徐达之女徐氏。

明太祖朱元璋的诸多儿子中，最会用兵打仗的就是燕王朱棣。

明太祖因此对燕王世子朱高炽的统兵能力特别感兴趣。

洪武二十八年（公元1395年），明太祖让他和秦、晋、周等三个世子去检阅军队。

朱高炽回来得最迟。

明太祖非常不满，质问原因。

朱高炽平静地答，只是阅兵而已，清晨实在太冷了，我不忍心看着士兵忍饥受冻，等他们吃过早饭再检阅的，所以回迟了。

明太祖以武力开国爱兵如子，一听到这个孙儿的话，瞬间就被感动了。

所以说，明仁宗朱高炽的"仁"是与生俱来的，是一种天性，时时闪烁着温暖的色彩。

朱高炽对自己的两个弟弟非常好，殷殷眷顾，无微不至。

可惜的是，这两位弟弟都是白眼狼，一心觊觎朱高炽的太子之位，多次设计陷害。

但，他们的每一次阴谋诡计破败后，朱高炽都宽厚大度，既往不咎，一笑而过，非常难得。

永乐二年（公元1404年），朱棣立世子朱高炽为太子，封老二朱高煦为汉王、老三朱高燧为赵王。朱高燧受封后，奉命驻守顺天（北平），在顺天培植了一定势力。永乐十八年（公元1420年），朱棣又把都城搬到了顺天。

朱高燧便动用他的小班子成员，先是构陷和诬告太子，想取代太子。在构陷无果的情况下，就大胆妄为，谎称"天象有变，帝位将更"，勾结内宫宦官杨庆，准备下毒毒死抱病在床的朱棣，伪造遗诏，自己登位。

哪知走漏了风声，事泄。

朱棣怒不可遏，挣扎着从病床上起来，要亲手杀了这个孽子。

朱高炽一路小跑过来，极力为朱高燧求情，一个劲地说：“此下人所为，高燧必不与知。”

这样在护弟心切的朱高炽苦劝下，朱棣饶了朱高燧一条狗命，从此再不待见。

朱高燧死里逃生，从此夹起尾巴做人，再也没生过是非。

朱高炽后来即位，对这位弟弟也很够意思，加岁禄二万石。

朱高燧就藩彰德，不再留在京师，临行前主动将赵藩三护卫中的常山左、右二卫交还朝廷，以示忠诚。

不久，朱高炽病故，皇太子朱瞻基继位。

远在彰德的朱高燧赶紧做出表示：向大哥举哀，请还常山中护卫及群牧所、仪卫司官校。

朱高燧既然这么乖巧，朱瞻基也就没有动他的必要了。

## 明英宗
## 在“夺门之变”后，如何对待弟弟明代宗？

明英宗的弟弟朱祁钰，一般称“明代宗”或“景泰帝”。

有人说，权力是一根考验人性的魔杖。

事实的确如此。

在封建王朝里，帝王拥有绝对的权力。

在帝位的诱惑之下，凡是有可能获得到它的人，为了得到它都会露出极其丑恶的一面，不惜一切手段把竞争者置于死地——不管这竞争者是父母、兄弟、叔伯、子孙，全都六亲不认，对方不死不休。

这一点，在明英宗朱祁镇和明代宗朱祁钰身上表现得淋漓尽致。

英宗和代宗是明宣宗朱瞻基的长子和次子，他们虽然不是一母所生，但小时候感情很好。

英宗即位后，哥俩虽是君臣，但手足情深，英宗处处照顾弟弟，封弟弟为郕王。

正统十四年（公元1449年），土木堡之变爆发，明英宗被瓦剌俘虏，大明帝位悬虚，权力出现真空。

为了避免主少国疑，于谦等大臣劝服孙太后，不立英宗尚在襁褓中的儿子朱见深为帝，另立郕王朱祁钰为皇帝，改元景泰。

代宗登位，挫败了瓦剌人劫持英宗勒索的阴谋，稳定了局势，取得北京保卫战的胜利。

从这一点上来说，代宗对明朝的江山社稷，是有大功的。

但瓦剌人败退之后，面对迎归英宗的问题，他表现得非常不情愿处处暗中作难。

即使这样，在于谦等大臣的积极斡旋下，历尽苦难的英宗还是得以回来了。

英宗回来后，目睹人是物非，知道自己已经无力与弟弟争帝位了。

但代宗还是担心哥哥会跟自己争帝位，他将哥哥软禁在南宫，为防备哥哥与旧臣联系，严加防范他的一举一动，甚至把南宫的树木全部砍伐，以防有人越过高墙与哥哥见面。

本来，在土木堡之变发生后，孙太后命代宗监国，同时也立了英宗之子朱见深为太子。

但代宗帝位坐稳，不但软禁了哥哥，也废掉了侄子朱见深的太子之位，改立自己的儿子朱见济。

哪料到，人在做，天在看。

第二年，朱见济就夭折了。

朱见济是代宗的独子。

代宗的精神大受打击，就此病倒。

到了景泰八年（公元1457年）正月初，代宗的病还没有起色。

其实可以想象得到，一旦代宗病崩，帝位肯定又会传回到英宗父子的手上。

于是，石亨、徐有贞等奸佞之徒为得拥戴大功，于景泰八年正月十七日夜里策动了夺门之变，成功迎请英宗复辟。

英宗复辟当日，便逮捕了兵部尚书于谦、大学士王文，将一批大臣、太监下狱，并废代宗为郕王，将其软禁到西内永安宫。

代宗本身有病，被软禁之后过了一个月，即在二月十七日离世，死因不明。

可能是病重不治死的，也可能是英宗派人提前送了他一程。

而从英宗接下来的一系列举措来看，后者可能性更大。

因为英宗在不久之后，便将当初拥立代宗的于谦等人一个个处死。

然后，又下诏指斥代宗“不孝、不悌、不仁、不义，秽德彰闻，神人共愤”，赐谥号为“戾”，称“郕戾王”。这是一个恶谥，意指代宗是个与生俱来的大恶棍。

另外，陆釴的《病逸漫记》和查继佐在《罪惟录》均指出，代宗之死就是英宗派宦官蒋安以帛勒死的。

只是，陆釴和查继佐所记，恐怕也是猜测之语。

# 明孝宗
## 能称为“千古一帝”吗？

首先闲话几句“千古一帝”这个词，从字面意思来理解，就是千年内成就最大的帝王。

这个词最初的使用者是明朝奇人李贽，他在《藏书·世纪列传总目》中用来评价祖龙秦始皇。

所以，一般来说，所谓“千古一帝”，大家都认为是指代秦始皇。

但是，作为一个词语，大家都有使用权，你用我用大家用。

你心目中的“千古一帝”是秦始皇，我心目中的“千古一帝”未必就是秦始皇。

比李贽出生晚了半个世纪的明人王志坚，就认为唐太宗李世民才是“千古一帝”。

他在《读史商语·卷三》中说“三代以后，如文皇者，真千古一帝也”。

受此启发，明清史学大师阎崇年也把“千古一帝”这个标签贴在他最崇拜的清康熙帝身上，说康熙帝才是真正的“千古一帝”。

这么一来，“千古一帝”就开始被用泛滥了，很多帝王都被人炒作成了“千古一帝”。

虽然明孝宗在明朝包括清朝甚至现在，得到的评价是非常高的，但老实说没有明朝人称过他是“千古一帝”。

对明孝宗评价最高的史学家是万历朝参修《穆宗实录》的李维桢，他说弘治皇帝之盛治，就算汉文帝、宋仁宗也比不了。

天启年间，总裁《国史实录》的朱国桢说，三代以下的贤主汉文帝、宋仁宗与我明之孝宗皇帝为最。

晚清四大名臣之一的曾国藩，他罗列出五个“自古英哲非常之君”，清朝皇帝一个也没有入选，这五人是：汉之武帝、唐之文皇、宋之仁宗、元之世祖、明之孝宗。

而《明史》对明朝诸帝的评价，最高者也是明孝宗，称赞其勤政爱民而使“朝序清宁，民物康阜”“其惟孝宗乎”！

中国历史上有很多帝王是年纪轻轻就崩亡的，这其中的大多数都是耽于酒色，身体过早透支，提前告别人世。

明孝宗十八岁登基，三十六岁病逝。

但他绝不属于耽于酒色那一类。

他不好饮，也不恋女色，是中国历史上唯一一个用实际行动实践男女平等的皇帝，一生只娶了张皇后一个女人，不纳宫女，不封贵妃、美人，每天只与皇后同起同居，过着平常百姓一样的夫妻生活。

明孝宗病逝的消息传出，“深山穷谷，闻之无不哀痛”，“哭声震野”。

历朝历代的君主，能得到这种天下同悲待遇的，也只有宋仁宗与明孝宗两个而已。

明孝宗做的事，没有秦皇汉武、唐宗宋祖那么惊天动地，但他尽心治国一心为民，推行宽政、善政，以天下苍生为念，悲天悯人造福于民，这就够了。

原本明朝在明英宗时期的“土木堡之变”后已走向衰落，经过“夺门之变”，更是雪上加霜。宪宗朝的作为也非常有限，著名的“纸糊三阁老，泥塑六尚书”就出现在该朝。

而明孝宗上台后，躬行节俭，勤于政事，重视司法，大开言路，轻徭薄赋，兴建水利，励精图治，明朝顿时生机勃发步入大治，史称“弘治中兴”。

这样的帝王，不正是民众所渴望出现的吗？

明代历朝国家赋税收入，弘治朝在轻徭薄赋的前提下，增至二千七百万石，成为明中叶赋入高峰，实堪称奇迹。

另外，弘治年间的人口增长，也是一个新的高峰，据统计，弘治十七年（公元1504年），达到了60105835口。

另外，弘治朝十八年时间里，国内没发生过任何大的动乱。

但弘治朝的军事并不弱，不但西进收复哈密重建关西七卫，恢复了中央政府对新疆的控制；还猛力出击直捣蒙古巢穴，打得蒙古达延可汗仓皇出逃。

一句话，明孝宗堪称人君典范，是中国历史最完美的君主，没有“之一”。

## 崇祯帝
## 后来厚葬了魏忠贤遗骸？

近年来，悄然兴起了一股翻案风，有些人努力替各色历史名人翻案，白翻成黑、黑翻成白，忠翻成奸、奸翻成忠，一时间，让很多对历史了解不多的人目瞪口呆，无所适从。

从某个角度来说，翻案也未尝不是一件好事。毕竟，它是在挑战传统、挑战权威，给原本呆板沉闷的史学研究领域注入了一支催化剂，从而兴起了一股研究风，引发人们更深层次的思考。

但是某些翻案，并非本着严肃、认真的科学研究态度，缺乏可靠的史料依据，甚至是纯属主观猜测无中生有，只为哗众取宠，这就不好了。

比如说，有人给已经钉在耻辱架上数百年的魏忠贤翻案，说魏忠贤本是经天纬地之才，支撑着晚明危局，天启临死前还专门叮嘱弟弟崇祯说，魏忠贤“恪谨忠贞，可计大事”。可是，昏愦无知的崇祯却为了成就自己的圣明之名，将之枉杀，导致局势失控，最终走上了灭亡的不归路。

翻案者还言之凿凿地说，崇祯十七年（公元1644年）三月十四日，也就是崇祯煤山上吊自杀殉国前的第五天，崇祯在国破人亡的慌乱绝望中，改变了自己打倒和否定魏忠贤的初衷，重新审视魏忠贤的价值和功绩，下密旨收葬魏忠贤的遗骸，墓址就选在了魏忠贤生前早已看好的香山碧云寺。

翻案者说法如下：魏忠贤虽然贪婪成性，但也不是罪大恶极之人，说起来还是功大于过的。他是草根出生，做事还是比较为百姓考虑的。河南等地发旱灾，魏忠贤积极展开赈灾措施，免除灾区赋税，同时筹钱修缮水利。辽东明军虽然屡战屡败，但军需却从来没有缺过，每次魏忠贤都是能够提供足够的军需让辽军恢复实力再战，所以虽然明军屡败，但其实还是压着后金在打，主动权仍在明朝手里。一句话，魏忠贤主政期间，国内形势良好，辽东局势平稳，这层能力、这种魄力、这份功绩还是应该被认同和肯定的。

但翻案者说的崇祯“下密旨收葬魏忠贤的遗骸”并“修坟立碑”之事，既不见于《明史》，也不见于《崇祯长编》《崇祯实录》《国榷》之类得到史界公认的史料，而是见于署名为冯梦龙的野史《燕都日记》。

本来嘛，史学界有一句话叫“孤证不采”。

而这本《燕都日记》上记载的东西，甚至连孤证都算不上。

再者，魏忠贤本人是在今河北阜成县自杀身亡的。其后，崇祯下令磔碎魏忠贤尸骨于河间，以《国榷》上的记载来说，就是“魏忠贤犯殊死，不余寸骨”，尸骨都不剩了，还怎么收葬遗骸？

还有即使魏忠贤剩有遗骸，就应该被保存于磔尸地点河间府，而此地距京两百余公里，以《燕都日记》中的说法，崇祯在京师失陷前五天收葬魏忠贤骸首并“修坟立碑”，而在现实中，时间上根本来不及。

所以，说崇祯厚葬了魏忠贤遗骸，那是子虚乌有的事儿。

至于说魏忠贤赈灾、免税、修水利、主持辽东战事，明显就是偷换概念。

道理很简单，不能因为“魏忠贤主政期间，国内形势良好，辽东局势平稳”，就说明所有好人好事都是魏忠贤干的啊。

还是先来了解一下魏忠贤是个怎么样的人吧。

明人朱长祚耳闻目睹魏忠贤作乱及败亡的全过程，著有《玉镜新谭》（又名《逆珰事略》《魏忠贤资料汇编》）一书，里面关于魏忠贤的记载是史学界公认比较可靠的。

《玉镜新谭》介绍魏忠贤其人，说他目不识丁，性多狡诈，喜事尚谀，出身虽然贫贱，却喜欢寻花问柳，豪赌海饮，既有“家无担石而一掷百万”的慷慨，也有“邀人豪饮，达日不休”的豪情，即使囊中洗尽，身无分文，也恬不以为意，“唯闻其叫啸狂跃之声，罕见其悲愁戚郁之态”，头脑简单，没心没肺。以青楼为家，以赌饮为业的生活使魏忠贤患上了疡毒，“身无完肌，迨阳具亦糜烂焉，思为阉寺，遂以此净身者”，阉割净身入宫。

与魏忠贤同时代的明代宦官刘若愚著有《酌中志》，详述魏忠贤在宫中的发迹史。魏忠贤入中之初，为宦官中最低级别的，“执宫禁洒扫负荷之役”，负责扫地搬运，一干就是三十多年。

不过，难得的是，魏忠贤竟然能保持其当年即使身无分文也恬不以为意的优良品质，一天到晚脸上挂副傻乎乎的笑容，“人多以傻子称之”。

这个傻子，机缘巧合，勾搭上了天启帝的乳娘客氏，则天启帝登位后，魏忠贤便发达起来了。

权力被傻子掌握，产生的结果是灾难性的。

《明史纪事本末》载：“（天启五年）秋七月，下杨涟、周朝瑞、左光斗、顾大章、袁化中於北镇抚司……遂五日一比，惨毒更甚。比时累累跪阶前，诃诟百出，裸体辱之，弛杻则受拶，弛镣则受夹，弛拶与夹，则仍戴杻镣以受棍。创痛未复，不再宿，复加榜掠。后讯时皆不能跪起，荷桎梏平卧堂下，见者无不切齿流涕。”

魏忠贤在兴起的六君子之狱中，将杨涟、左光斗、魏大中、袁化中、周朝瑞、顾大章六人逮捕下狱，同时将赵星南、邓渼、毛士龙、王之寀等十五人削籍并追赃。

六君子中，杨涟受刑最多，五日一审，头面遭到乱打，齿颊尽脱；钢针作刷，遍体扫烂如丝；以铜锤击胸，肋骨寸断；最后用土囊压身、铁钉贯耳而死。尸体被领出时，竟已全部溃烂，惨不忍睹，等到收殓时，仅得破碎血衣数片，残骨数根。

左光斗、魏大中、袁化中、周朝瑞也都相继在七八月份被虐杀。

顾大章不忍其凌，干脆自杀身亡。

杨涟等人死后，魏忠贤令人用利刀将他们的喉骨剔削出来，各自密封在一个小盒内。

魏忠贤对着这些喉骨，毫无人性地狞笑着说：诸公别来无恙，还能上书否？

天启六年（公元1626年）二月，魏忠贤又制造了七君子之狱，将东林党人高攀龙、周宗建、缪昌期、李应昇、周顺昌、黄尊素和周起元害死。

震怖之下，许多软骨头集结在魏忠贤麾下，从而在高层文武官员中出现了有名的“五虎”“五彪”“十狗”“十孩儿”“四十孙”嫡系群体，此外还有“二十孩儿”“四十猴孙”“五百义孙”，魏忠贤也就摇身成了“九千九百九十九岁”，各地兴建魏忠贤的生祠，为之歌功颂德。

浙江巡抚潘汝桢甚至把魏忠贤的生祠建在西湖畔离岳飞祠不远的地方。

蓟州巡抚刘诏立魏忠贤生祠，建金像，头戴冕旒，执笏，俨如帝王。迎像时，则“五拜三稽首，呼九千岁”。

其他各地争相效仿、推陈出新，有用沉香木雕像者，“眼耳口鼻手足，宛转一如生人，腹中肺肠皆以金玉珠宝为之，衣服奇丽，髻上穴空其一，以簪四时香花”。

魏忠贤的生祠几遍天下。“一祠之费，多者数十万，少者数万，剥民财，侵公帑，伐树木无算。”

有人干脆在魏忠贤生祠上题联颂扬说：“至圣至神，中乾坤而立极；允文允武，并日月以常新。”

天启七年（公元1627年），国子监生陆万龄公开上疏请在国学西为魏忠贤立祠，与孔子并尊：“孔子做春秋，忠贤做要典；孔子诛少正卯，忠贤诛东林。”

处在权力顶端的魏忠贤自我感觉良好，大狱迭兴，东厂缉捕人员四出，但凡谁偶有言语触犯了魏忠贤，便被捉拿杀戮，甚至被剥皮、割舌。

实际上，魏忠贤主政期间，并非“国内形势良好”，而是白色恐怖笼罩四海，人们路上相遇只能以目传意不敢言语。

翻遍记载有魏忠贤的史料，只看到触目惊心的残杀祸害，根本看不到任何“功绩”。

所谓魏忠贤“功大于过”的评定，完全是睁眼说瞎话。

试想想，魏忠贤本质上就一傻子，只要他不为害社会就南无阿弥陀佛了，还说什么功绩呢？

关于魏忠贤是一傻子，从崇祯剪除魏忠贤的过程也可以充分检验出来。

崇祯以为魏忠贤是一条既狡猾又狠毒的毒蛇，初入宫的时候，自备干粮“不敢食宫中物”；当晚“秉烛独坐”，不敢稍有懈怠。

但他的担心完全是多余的。

当群臣意识到新皇帝不同于上一任皇帝，不但不亲近不恩宠魏忠贤，反而要除掉魏忠贤，就自觉地疏远魏忠贤，甚至想方设法与魏忠贤划清界限，魏忠贤一下子就陷入了孤助无援的境地。

可笑的是，傻子魏忠贤还毫无觉察，傻呵呵地接受了崇祯替他安排好的安乐死。

他的亲信被崇祯一个个地处理了，他还无知无觉地在那儿看着，一副很享受的样子。

等到崇祯叫他滚蛋了，他似乎还觉察不出末日已经临近，组建了一个规模庞大的车队押运自己搜刮来的财产，浩浩荡荡拉了十几里路，趾高气扬地“衣锦还乡”。

魏忠贤的傻，实在超出了许多人的想象。

崇祯不敢在京城解决魏忠贤，是担心他会有什么厉害的阴招儿，看他表现得这么乖才彻底放心，等他动身离京后就下达了处死他的命令。

魏忠贤接到命令，仍旧表现得很乖，一丈白绫悠然上吊。

没有了权柄没有了牙爪的傻子，还能想得出什么应对崇祯的招儿呢？可惜了，白让那些没看清他傻性本质的人的神经白崩了一场。

## 明朝灭亡时，内帑还有几千万两银子藏着？

“明朝灭亡时，崇祯内帑还有几千万两银子藏着不做军饷”这件事的可信度为零。

道理明摆着，如果崇祯内帑还有几千万两银子藏着不做军饷，李自成攻入北京后，这笔巨大的财富就是他的了，那他也不会那么急吼吼地拷打明朝官员迫切索取金银以充军饷了，事情也不会闹到那么糟糕了。

其实，简单地算一下账，事情就明白了。

明朝诸帝中，万历被言官骂最狠最惨，被说成“贪婪暴敛”。

万历死后，留下内帑的财富是多少呢？

仅七百多万两而已。

王世德的《崇祯遗录》中记载，这七百多万两白银，明熹宗在位期间已将大部分砸入构建所谓的关宁防线了，另有一部分用来采购宫中物品和建造宫殿。

一句话，自从女真兵兴以来，神宗四十余年的蓄积已被挥霍一空，内帑已空。

《明史》也印证了这个说法。

崇祯上台以后，为了调度周转，不得不把宫中的银用器具运往银作局，浇铸成银锭以充当军饷。

崇祯年间士兵所领到的饷银，上面都是铸有“银作局”三个字的。

《崇祯遗录》的作者王世德为锦衣卫佥事，在大内宫中充当宿卫，对崇祯朝廷礼仪大典、政局变化都“委备详核”。

反倒诸如一些明朝遗臣，如赵士锦、杨士聪、张正声等辈，这些人根据道听途说人云亦云，故意夸大其词，说“崇祯内帑还有几千万两银子藏着不做军饷”，即崇祯这样的守财奴，死了活该！大明朝这种腐朽的政权，灭亡了活该！

世界就是这么奇妙，狗咬人的新闻没人喜欢听，人咬狗的新闻才会吸引眼球。

如果按照事实分析，说崇祯朝内帑已空，国家财政已山穷水尽，一无所有最终灭亡。很多人没兴趣听，觉得索然无味罢了。

如果胡编乱造说“崇祯内帑还有几千万两银子藏着不做军饷”，这可不就是一个患了神经病的崇祯吗？这样的崇祯，足可以满足无数庸闲人士的恶趣味和好奇心。他们津津乐道，说崇祯如何如何愚笨，如何如何昏庸，如何如何贪婪，最终招致灭亡。从这种指点江山式的快评中获取快感，以彰显自己的高明。

明朝遗臣史惇在《恸余杂记》中痛骂，说就是这种取笑别人昏庸愚蠢的人自己才是最昏庸、愚蠢的人。

史惇的证据，曾任户部官的吴履中私下跟他透露过，内库（皇帝府库）的确早已一穷无白了。

后来李自成敛积起来的数以千万计的金银，毛奇龄《后鉴录》和彭孙贻《平寇志》中都明确指出：全是向官员拷打勒索来的。

# 崇祯为什么不愿意封李自成为王，来帮自己平定叛乱？

西方有一句谚语，大意是说：胜利者是不接受任何谴责的。

崇祯皇帝是一个失败者，那么他就必须承担所有的谴责、非议、挖苦和嘲弄。

有人内心深处一定对崇祯帝充满了鄙夷和唾弃：该！活该你吊死！明明李自成向你讨封王，愿意为你去和清朝拼刀枪，这不老天掉下的好事吗？你的牙口都不肯松一松，一根筋倔到底，弄得整个大明江山做你的陪葬，真是你死了也不能同情你！

从来今人笑古人，不知后人又复笑今人。

的确，如果是老天真掉下这样的好事，而崇祯都不知道珍惜，那不是活该是什么？

但问题是，这等好事根本就没发生过，而后人却百分之百地信以为真。

记载李自成在北京城外向崇祯讨封的是《甲申传信录》。

该书记载事件经过是这样的：

李自成在城外狂轰猛炸持续了一天，看见北京城墙高大进展甚微，次日在彰义门外设座，派十日前在宣府投降的太监杜勋朝城上喊话，但声音嘈杂听不清楚。

于是，负责守城的襄城伯李国桢提出要求：让一个人下城为人质，有什么话由杜勋进宫与崇祯帝面禀。

李自成答允后，杜勋被城上军士缒入城，跟随大太监王承恩一同去见崇祯。

见了崇祯，杜勋转述了李自成的意思：大明和大顺“割地讲和”，即议割西北一带，分国而王，并犒赏军银百万两，此后可为朝廷内遏群寇，尤能以劲兵助制辽藩，但不奉诏觐。

崇祯不置可否，让杜勋出城答复李自成：“朕计定，另有旨。”

就是这样一条记录，却记录了如此重大的事件，其他诸如《甲申核真略》

《甲申纪事》《小腆纪年附考》均无记载，仅见于《甲申传信录》一书，则事件本身的真假就存疑。

李自成是什么人？他玩诈降的次数还少吗？

李自成最著名的诈降事件是《明史纪事本末》所记："六月，总督陈奇瑜围李自成于汉中车厢峡。会连雨四十日，贼马乏刍，死者过半，弓矢俱脱，贼大窘。自成乃自缚乞降，奇瑜许之，各给免死票回籍。"

结果怎么样？一出了车厢峡，马上复叛。

想那李自成力尽势屈，尚且不肯真心伏降，现在兵临北京城下，操控局势的主动权，还肯真心伏降吗？

后世有很多这样的言论，大致意思是：崇祯真傻，李自成和张献忠闹得这么凶，他怎么不会从中挑拨李张之间的矛盾，让他们鹬蚌相争，自己坐收渔翁之利呢？又或者，为什么不效仿宋徽宗招安宋江，用宋江平方腊，让他们两败俱伤？又或者，崇祯太不思变了，当时只要迁都南京，让李自成和清朝打，坐山观虎斗，等他们双方都消耗掉实力时，再一举反扑，天下大定。

似乎，李自成和张献忠，甚至大清，都是任由摆布的棋子，可以听从崇祯帝随心所欲安排似的。

殊不知，李自成和张献忠都是浸泡江湖已久的老油条，他们不玩弄崇祯帝，崇祯帝就阿弥陀佛了。

《明朝那些事儿》中关于张献忠等人的诈降，作者是这样描述的："我曾经在图书馆翻过半个月的史料，查询张献忠先生投降的相关问题，我知道他是经常投降的，但我不知道，他能经常到这个份上。简单地说，他的投降次数，用一只手，是数不过来的，两只手都未必，而且他投降的频率也很高。有一次，从投降到再反，只用了十几天。这是难能可贵的。一般说来，投降之后，也得履行个程序，吃个饭，洗个澡，找个地方定居，以上工作全部忙完，至少也得个把月。但张先生效率之高，速度之快，实在令人咂舌。"

想想看，像张献忠、李自成这种说话如放屁投降如脱衣的行为，到底还有多少可信度？

所以，就算李自成真在北京城下表示出“封王服软”的意思，也只是在玩猫戏老鼠的把戏，崇祯帝如果还傻乎乎地听信，不过是自取其辱而已。

还有，一个很明白的道理摆在面前——当年光武帝刘秀收铜马败赤眉，群臣劝刘秀早登帝位，刘秀摇头拒绝。最后，大将耿纯说了一句：“天下士大夫捐亲戚、弃土壤，追随大王奔走于矢石之间，其出发点不过攀龙鳞、附凤翼，以成平生之志。如今大王拖延时间，违背众意，不正号位，我深恐大家望绝计穷，萌生退归故里的念头。彼时，人心尽散，就很难再聚合到一处了。”刘秀听了，再无异议，马上称帝。

追随李自成的文人将士大小喽啰，可不都是一直抱定了“攀龙鳞，附凤翼”的心思？在他们心里，北京城朝夕可下，天下唾手可得，你李自成封王满足了，那我们怎么办？！

所以李自成城下讨封，要不是一则历史谎言，就是李自成自导自演的一出恶作剧，谁信谁傻瓜。

## 康熙
## 既然是科学发烧友，那清朝科技为何发展不起来呢？

在中国历史上众多的皇帝中，其实是有不少天才的。

比如南唐李后主，诗词精妙，堪称一代词宗。

又比如宋徽宗，丹青国手，堪称画坛巨匠。

再比如明天启帝，运斧引锯，巧夺天工，一手设计制作出来的作品，让人叹为观止。

……

不过，因这些人的治国能力都有缺陷，他们的艺术成就成了不务正业的代名词，饱受后世诟病。

今天要说的另一个天才皇帝，由于他的政治成就掩盖了他的业余爱好，所以政治以外的东西一般不大为后人提及。

这个人就是清朝最为杰出的帝王之一：康熙大帝。

康熙是一名十足的科学发烧友。

2004年1月27日—5月10日，由故宫博物院主办的“康熙大帝展”在法国凡尔赛宫展出。

展品中有许多康熙使用过的科学仪器，虽经漫长岁月，仍然可以正常运转，夺人眼球。

其中有一件手摇计算机能进行加减乘除开方的运算。（类似的计算机，现在北京故宫里面还收藏有十件。）

展出的还有铜镀金的比例规，可以进行乘方开方的运算。

还有用楠木做成的圆锥体、多面体等各式各样的几何模型，有几十件之多，全是康熙当年学几何时候用的模型。

据说，从天文、地理到物理、化学，甚至高等数学、西洋音乐，康熙全都学过，而且学得还不错。

现在查考传教士洪若翰的信件所述，康熙曾“自己选择了数学、欧几里得几何基础、实用几何学和哲学”，“教士们给皇帝作讲解，皇帝很容易就听懂他们给他上的课，越来越赞赏我们的科学很实用，他的学习热情愈益高涨。他去离北京两法里的畅春园时也不中断课程，教士们只得不管天气如何每天都去那里”。教士们上完课走了，“皇帝也不空闲，复习刚听的课。他重看那些图解，还叫来几个皇子，自己给他们讲解。如果对学的东西还有不清楚的地方，他就不肯罢休，直到搞懂为止”。

康熙皇帝还不只满足于书本的知识，康熙的老师之一法国传教士白晋记录：“他有时用四分象限仪观测太阳子午线的高度，有时用天文环测定时刻，然后从这些观察中推测出当地极点的高度；有时计算一座宝塔，一座山峰的高度；有时测量两个地点间的距离。另外，他经常让人携带着日晷，并通过亲自计算，在日晷上找出某日正午日晷针影子的长度。”

康熙皇帝还在宫中设立实验室，试制药品，拿宫女们的身体做实验，学习种痘。

由于太过热爱科学，康熙尊师重教，对洋教士们很好，热情邀请他们来华留华包吃包住，外出巡视还带他们一起，同在一顶帐篷谈天说地，同在一张桌上喝酒吃肉。

比利时人南怀仁（Ferdinand Verbiest）是康熙皇帝的科学启蒙老师，精通天文历法、擅长铸炮，受宠若惊之余，曾于康熙二十二年（公元1683年）屁颠屁颠地上书罗马教廷，兴高采烈地说：“凡是擅长于天文、光学、力学等物质科学的耶稣会士，中国无不欢迎，康熙皇帝所给予的优厚待遇，是诸侯们也得不到的……”

南怀仁的报告在西方引起巨大轰动，公元1697年，德国的著名思想家莱布尼茨就惊叹道：“我认为，康熙帝一个人比他所有的臣僚都更具远见卓识。我之所以视他为英明的伟人，因为他把欧洲的东西与中国的东西结合起来了……他以其广博的知识和先见之明远远地超过所有汉人和满人，仿佛在埃及金字塔上又添加了一层欧洲的塔楼。”

在西方人的想象中，康熙既然这样热爱科学，那他一定会在他的帝国里建立科学院，推行学校教育和西学；派使者来西方学习访问，兴办工厂，建立和扩大海军……

但是一百多年后，英国人用枪炮轰开中国大门后，惊奇地发现中国还是那么愚昧、闭塞、贫穷、落后。

这太让人不解了。

难道说，康熙爱科学，仅仅只是叶公好龙？

但看康熙学习西方科技知识那求知若渴的劲儿，可不像只是挂在嘴里说说。

那中国为何科学技术一直发展不起来？

要知道，同时代的伦敦建了皇家学会，巴黎建了皇家科学院，柏林也建了科学院，对欧洲的科学发展起到了不可估量的推动。传教士也曾向康熙隆重地介绍过路易十四创建的“格物穷理院”和“天文宫”，康熙怎么就没想过借鉴西方成功经验，大力发展中国科技生产力呢？

梁启超认为，康熙热衷学习科学目的不是倡导科学，而是为了愚民“窒塞民智”，堵塞现代科学在民间传播和发展。

明朝风气开放，虽说万历和崇祯皇帝对物理、几何不感冒，但明末的士大夫、学者可以自由与西方传教士交流。

比如明末学者方以智在“物理小识”中关于参照物和运动相对性的论述，就和伽利略的理论完全一致，这说明中国和西方科学交流还是很密切的。

但到了清朝，据法籍传教士张诚（J. F. Gerbillon）日记所载，康熙是严禁传教士在有汉人和蒙人的衙门里翻译任何科学文献的。自康熙一百五十年以内，清廷的钦天监一直由西来的传教士担任监正或监副，从没有汉人和蒙人。康熙请传教士监理钦天监，目的不是开启中西交流，相反是为了“窒塞”中西交流。

康熙的老师南怀仁曾把过去明朝翻译编写的大量科技著作加以汇编整理，并略微补充了一些他自己的翻译和著作编成《穷理学》，想在中国刊印流传。

原先南怀仁也考虑过康熙会反对自己在中国举办任何形式的科普活动。但考虑到这部书根本就是明朝翻译出版的书籍的汇集综合，是中国现成的材料，应该没什么问题。

但康熙看了这部书，立刻拉长了脸，以“书内文辞甚悖谬不通”为由，禁止发行。

康熙“窒塞民智”的用意，昭然若揭。

## 历史上的“毙鹰事件”真相到底如何？

历史上的“毙鹰事件”的本源记录，事件简单平淡无奇；而《雍正王朝》里演的“毙鹰事件”是经过了艺术加工的，不但牵扯了更多的人进来，还调整了事发的时间点，加强了戏剧冲突效果，一波三折扣人心弦。

如果不是《雍正王朝》里精心设计出这么一段宫廷斗争大戏，估计很多人都不知道历史上出现过什么“毙鹰事件”。就算知道，也未必会过多关注。

下面，我们来认真比较一下这一事件在史实记载与电视演绎的同异。

先来说历史上的“毙鹰事件”。

根据《清圣祖实录》卷之二百六十一康熙五十三年（公元1714年）甲午十一月项下的记载，康熙巡幸塞外，让诸成年皇子随驾，经由密云县（今密云区）、花峪沟等地前往热河。皇八子胤禩原该随侍在旁，但当时是其母良妃去世二周年的祭日，他要祭奠母亲，只好派太监去康熙处请假。为了表达自己不能随驾的歉意，他挑选了两只上等的海东青，让替自己请假的太监交给康熙。其用意无非是想让这两只猛禽代表自己陪伴在皇父身边，追禽逐兽，效鹰犬之劳。哪知这两只大鹰到了康熙手里时，已经奄奄一息，濒临死亡。康熙勃然大怒，召集起诸皇子，对胤禩破口大骂，说胤禩这是在诅咒自己，随后将胤禩一撸到底，胤禩遭此一击一蹶不振，于翌年病倒。

补充说明一下，《清圣祖实录》是由雍正的宠臣张廷玉主持纂修的，成书于雍正十年（公元1732年），肯定被雍正披阅和篡改过。

那么，这个“毙鹰事件”所引起的后果是否有《清圣祖实录》写得那么热闹，是要打折扣的。

比如，查《雍正朝汉文谕旨汇编》雍正本人在雍正二年（公元1724年）四月初七日责骂胤禩的上谕，他口口声声说康熙帝不但当着众阿哥的面骂了胤禩，而且还写下了骂胤禩的朱批。

但查同书，允祉、允祺、允祐等人于雍正四年（公元1726年）二月初五日戊辰的奏疏（这几人都是当年跟随康熙巡幸塞外的第一证人），他们提道：康熙帝骂胤禩的话是“面谕”皇子，并没有朱批。

所以，《清圣祖实录》的记载，可能夸大其词了。

毕竟胤禩是雍正登位前的主要政敌之一，把事件写严重些，是很有必要的。

但话又说回来。“毙鹰事件”发生之后，康熙的的确确是把胤禩一踩到底了。

康熙为什么要这么做呢？

原因是康熙四十七年（公元1708年）十一月十四日，康熙召满汉文武大臣到畅春园，搞了个民意测试，说是要众人在诸阿哥中择立一人为新太子，并拍着胸脯保证说，一定遵从大家选举的结果。

但是，事态的发展并没有按照他的预想进行。

佟国维、巴浑德、阿灵阿等朝中重臣迅速联名保奏胤禩为储君，康熙一下子就懵了。

他此前丝毫没有觉察到这些重臣会与胤禩走得这么近，并且结成了同盟。

康熙有一种被架空了的感觉，他强烈感受到了来自胤禩的威胁。

皇权这个东西，是具有强大排他性的，只要自己抓在手里一天，就不容任何人染指，亲生儿子也不行！

从那个时候开始，康熙就玩儿命挑刺找碴，要玩残玩死胤禩，所以“毙鹰事件”极有可能是康熙自编自演的一出恶作剧。

想想看，胤禩怎么会送一个死鹰来恶心皇父和给自己找不自在？他脑袋进水了？

相比而言，电视剧《雍正王朝》里关于“毙鹰事件”的改编就比较合理了。

这个“毙鹰”，胤禩并不是以自己的名义送的，而是偷梁换柱，把皇十四子胤禵送给康熙的“寿”字的天石调包了，他的目的很明确：给老十四胤禵栽赃。

这么一来，故事更合理了，既把老十四胤禵拖进“入嫡”大戏中，在混乱的局面中又注入一个强大元素，情节更精彩了。

另外，电视剧还把“毙鹰事件”的时间挪到了康熙六十一年（公元1722年）的寿宴上。

这个时间点设计得非常巧妙。

有寿宴上送礼，为“毙鹰”的出现提供了契机；而且康熙在寿宴上遭受诅咒，戏剧冲突更加激烈；最妙的是，康熙驾崩于康熙六十一年十一月十三日是一个历史事实。康熙在康熙六十一年的寿宴上遭受“毙鹰”的诅咒，一气之下，就此病倒、病死。“毙鹰事件”事件的影响是不是更加撼人心魄？

## 长子为什么不能做太子？

康熙皇帝的生育能力超强，他八岁登位，十四岁就开始生子，一直生到六十三岁，一共生了五十六个孩子。

他的第一个孩子是男孩，乳名叫承瑞；最后一个孩子，也是男孩，名字叫胤祕。

从理论上说，承瑞就是有人所说的“康熙的大儿子”了，但他仅仅在人世存活了三年，就一条小命归西了。

康熙早婚早育，十四五岁的小人儿，就接二连三地生男育女，导致这些“提前”来到人世的皇子皇女存活率都不高。

他的第二个孩子是女孩，也是只存活了三年。

第三个孩子是男孩，乳名叫承祜，同样只存活了三年。

第四个孩子是男孩，乳名叫承庆，存活了一年零两个月。

第五个孩子是女孩，存活了两年。

第六个孩子是男孩，乳名叫赛音察浑，存活了三年。

第七个孩子是男孩，叫胤禔。因为活过了成年，所以现在人们谈论的“康熙的大儿子”，指的就是这个胤禔。

胤禔为什么不能做太子呢?

这个问题问得好。

女真人入关之前，属于渔猎民族，生产力发展水平低下文化落后，对于遗产继承问题，一般沿用两种思路，一个是嫡长子继承制，另一个是“幼子守灶”风俗。

清太祖努尔哈赤建国称汗，一开始是立了长子褚英为太子的。

但褚英情商低，与努尔哈赤视如左右手的五大臣额亦都、费英东、扈尔汉、何和里、安费扬古关系恶劣，与诸兄弟也不和，最后太子之位被废，遭到软禁，惨死牢中。

褚英被废，努尔哈赤把汗位继承人的对象锁定在次子代善身上。

褚英和代善都是努尔哈赤的原配佟佳氏所生，从汉人儒家思想来说都是嫡子。

但代善确实也不成器，干了许多让努尔哈赤恶心的事儿。

努尔哈赤后来就不管了，有生之年再没立太子。

这就使得他在身死之后，尸骨未寒，诸子间就发生了激烈的汗位之争。

幸好他的第八个儿子皇太极太优秀了，出类拔萃鹤立鸡群，在角逐中胜出继承了汗位。

不过后世很多人都说，按努尔哈赤的意思，他是想把汗位传给十四子多尔衮的。

这也使得多尔衮在皇太极猝死后与皇太极的长子豪格发生了激烈的皇位争夺战，双方互不相让，几乎要兵戎相见。

诸王公大臣最后协议折中，采取了平衡原则，推举年方六岁的福临登位，由多尔衮担任摄政。

福临吸取了祖辈、父辈没有指定继承人的教训，早早就指定了出过天花对天花产生了免疫力的皇三子玄烨，即后来的康熙为自己的帝位继承人。

康熙刚刚即位时，也不知道自己能活到六十九岁，他也想提前指定帝位继承人。

按理说，他在胤禔出生后，可以立胤禔为太子。

但大家注意，康熙是清朝诸帝中第一个几乎全盘接受汉儒家文化的人。

别的不说，看他给诸子起的名字就知道了，仿照明太祖朱元璋定下了字辈，还定下了最后一字的部首。

所以康熙不急着立胤禔为太子，毕竟他也不知道胤禔是不是会像前面那三个儿子一样两三岁就夭折，而且胤禔只是一个庶妃所生。

他在等待和观看皇后身子的动静。

这不，胤禔出生之后，康熙的第八、第九、第十个孩子也出生了。

其中的第九个孩子是女孩，仅存活了四年；第十个孩子是男孩，出生当日就夭折了。

不过，皇天不负有心人。

仁孝皇后有喜，经过九月怀胎，第五子胤礽诞生！

胤礽虽然是康熙的第六子，但他可是康熙的嫡长子呀！

在胤礽刚满周岁，康熙就迫不及待地确立他为皇太子。

可以说，胤礽是中国古代封建王朝中唯一一位，也是中国官方正史上最后一位明立皇太子。

虽然如此，胤禔也不是完全没有机会当上太子。

皇太子胤礽在康熙朝后期卷入党争，历经两立两废，终以幽死禁宫。

康熙四十七年（公元1708年），胤礽初次被废时，康熙帝就非常看好胤禔，让他负责监视胤礽，从塞外至京城都是由他看守。

但胤禔太沉不住气了，他向父皇进言，要杀死胤礽。

这，引起了康熙的极度反感。

后来，皇三子胤祉告发胤禔用“魇胜”巫术废皇太子。

康熙忍无可忍，宣示胤禔为“乱臣贼子”，下令夺郡王爵幽禁在府第高墙之内。

这一幽禁，胤禔的政治生命完蛋了。

他被囚禁在高墙内达二十六个春秋，一直幽禁至死，终年六十三岁。

## 太子胤礽真的烂泥扶不上墙吗？

胤礽是清代历史上唯一一位，也是中国官方正史上最后一位明立皇太子。

胤礽自幼聪慧好学，长大后文武兼备，曾代康熙祭祀、监国，深得群臣称赞。

如果能顺利继位，应当是一代英主。

不过话说回来，胤礽能得册立为太子，并不是因为他在康熙诸子中特别出类拔萃，而是他的身份特殊。

他是皇后赫舍里氏所生，而且皇后赫舍里氏在生下他后，不足两个时辰便去世了。

既是嫡长子（胤礽亲兄、嫡长子承祜早夭折），又是皇后唯一的儿子，康熙义无反顾地在当年十二月十三日将这个襁褓中的婴儿立为皇太子。

为了培养这个帝国未来的储君，康熙煞费苦心。

胤礽六岁以前，康熙亲自教他读书，耐心讲授四书五经，培养他熟练运用满、汉、蒙三种文字，并授以骑射、言词、文学诸艺。

胤礽六岁就傅，康熙替他选择了名儒张英、李光地、熊赐履为师。

胤礽七岁，康熙又特召著名理学家汤斌为詹事府詹事，另命徐潮、高裔、熊赐瓒、耿介、达哈塔、尹泰等人参与对太子的教育，让胤礽耳濡目染治国之道。

胤礽八岁，康熙便大兴土木，命修文华殿，迫不及待地指定为太子日后出阁讲书处。

胤礽勤奋好学，又兼天资聪颖，学习举一反三，样样出色。

他的书法兼有晋、唐人之长，笔笔得体，一丝不苟，他的学问常常让博学大儒们惭愧不已。

汤斌曾多次以学问浅陋为由，辞请不敢担任太子辅导的重任。

其他大儒也怕博学的太子考倒了自己，致使在皇帝跟前出丑，不敢接任。

康熙帝没办法，不得不动用特权，改推举为直接指定太子辅导老师。

在骑射方面，胤礽骑得劣马，拽得硬弓，能左右开弓，百发百中。

五岁时，他随父往景山射猎，连发五箭，射中一鹿、四兔。

八岁时，他已能挽强弓射倒猛兽。

康熙三十五年（公元1696年）、三十六年（公元1697年），康熙亲征准噶尔部噶尔丹。二十二岁的皇太子胤礽坐镇京师，将政事处理得井井有条。

……

但是，木秀于林风必摧之。

康熙的儿子众多，且多为杰出之辈。

如皇长子胤禔、皇三子胤祉、皇四子胤禛、皇五子胤祺、皇七子胤祐、皇八子胤禩等，他们成年后，分别封为郡王、贝勒，开府称藩，各有部属。除皇五子胤祺、皇七子胤祐外，其他皇子都各有一党，他们联合在一起，共同攻击已立为皇太子的胤礽，并且分头在康熙面前大讲太子的坏话，目的是让皇父重新洗牌，好让自己成为皇位继承人。

俗话说，明枪易挡，暗箭难防。太子单拳难敌众手，很快就溃不成军。

偏偏，康熙耳根子又软。俗话说，谎话重复一千遍就会成为真理。听多了皇子们的小报告，康熙开始疑神疑鬼起来，对太子左看不顺眼，右看不顺眼，处处责难。他甚至把十几二十年前的烂账翻了出来。

《清圣祖实录》记：康熙曾拿皇十八子胤祄七岁患急性病时，皇太子没表现出足够的关心一事对胤礽进行责难。

这充分突现了康熙的小心眼儿。

康熙越说越委屈，后来又列举自己在康熙二十九年（公元1690年）出战乌兰布通前夕，已经年满十六岁的太子到行宫给自己请安，明明看到天颜消瘦，却丝毫没有忧戚之意，也没有良言宽慰！

说这些的时候，康熙悲愤交加声泪俱下。

胤礽实在想不起这些沉芝麻烂谷子的旧账，看着皇父一件件一桩桩抖搂出这么多旧事，竟呆住了，半天都没回过神来。

胤礽母亲的父亲噶布喇是正一品领侍卫内大臣，一等公兼辅政大臣索尼长子，他母亲的叔叔索额图是大学士，是当朝宰相，领侍卫内大臣。

索额图看到皇太子处于不利地位，担心康熙会听信诸皇子党的谗言改易储位，于是铤而走险，潜谋大事，准备通过搞宫廷政变来抢班夺权。

康熙忍无可忍，处死索额图，宣布废黜皇太子。

胤礽被废，诸皇子失去了共同的对手，于是各各拔刀相向，互相斗法。

夺储之争一下子就进入了白热化。

康熙傻眼了。

在幽禁掉皇长子胤禔、打压住皇八子胤禩后，他重走立嫡长子一途，复立胤礽为皇太子。

胤礽再次成为众矢之的，诸皇子磨刀霍霍，血腥搏杀迅速展开。

这种情况下，胤礽和他的太子党成员为求在重围中突出，只得重蹈覆辙，谋划逼迫康熙退位，早正大位，让那班兄弟死心。

但事泄，胤礽再次被废。

历经两立两废的胤礽，精神大受刺激，神经错乱，彻底成了废人。

所以胤礽并非扶不上墙的烂泥，而是形势所迫，被他那群如狼似虎的兄弟逼疯了。

## 雍正

## 康熙皇帝驾崩当晚，立刻处死随侍康熙六十年的心腹？

雍正在父亲康熙皇帝驾崩的当晚，立刻处死了随侍康熙六十年的心腹，如此迫不及待，如此杀气腾腾，显然是要杀人灭口。

有人说，为什么不能理解为其他原因呢？

从刑事分析上说，一个人要杀人，其动机大概有仇杀、情杀和谋财杀这几种。

当然，从雍正的角度来说，他作为一个帝国最高统治者，对凡威胁到自己个人权力、国家利益包括冒犯到自己尊严的人，都有生杀予夺的大权。

但父亲刚刚咽气，他顾不上天下人在背后指点评论，片刻也不能等就如此大开杀戒，已充分表明被杀之人掌握了大量对他不利的信息，必须马上立刻离开这个世界，一点也不能停留。

从这个角度去想，被杀之人所掌握的信息，绝对是已经威胁到了雍正的地位甚至生死的。

只有这样，才能有合理的解释。

那么矛头所指，就是一贯以来人们所讨论的“雍正篡位”之说了。

说到这里，估计有读者又会跳起来反驳了，说康熙病重后留下遗诏“传位十四子”被雍正改成了“传位于四子”的说法不成立，因为遗诏有汉文、满文两个版本，改得了汉文改不了满文，这件事显然是假的，“雍正篡位”之说不能成立。

但“传位十四子”的故事虽然是假的，却不能证明“雍正篡位”之说不成立。

冯尔康先生算是雍正的拥趸和粉丝，曾称赞雍正为“中国历史上为数不多比较杰出的帝王之一”。

但他对“雍正篡位”之说还是无力辩驳。

他坦承，康熙暴卒于畅春园时，局势全被雍正和负责警卫的隆科多控制，真相如何只有他们二人清楚。雍正后来在《大义觉迷录》提到的“八人受谕”之说纯属编造。他为何要编这样的谎言呢？除了清洗“雍正篡位”之说，没有别的合理解释。

对于存于故宫第一历史档案馆的所谓“康熙遗诏”的汉文原件，冯尔康先生也非常遗憾地说：“毫无疑问，这个诏书是胤禛搞的，不是康熙的亲笔，也不是他在世时完成的。”那么，如果不是雍正“篡位”，他为什么要矫诏呢？除了清洗“雍正篡位”之说，没有别的合理解释。

冯尔康先生还苦笑着说，虽然历代帝王都干预修史造成“实录”不实，但像雍正那样不仅伪造历史，而且篡改档案伪造史料，在历史上还是非常罕见的。

冯尔康先生在对照了雍正“加工”过的《朱批谕旨》《上谕内阁》等档案与故宫中幸存的原件后，他恨恨地说“爱改史料，实是雍正的一个大毛病”。

“雍正篡位”的迹象还有很多。

比如说，隆科多与年羹尧是雍正继位的关键人物。但雍正登位后，他飞快地杀了隆、年二人。诡异的是，他在杀隆科多时，又一改前说，宣称先帝临终时“隆科多并未在御前”。

还有，雍正即位后似乎非常害怕康熙的亡灵，从不敢入康熙常住的畅春园、避暑山庄，还远远避开康熙的陵墓另在京城相反方向构建他的西陵。

那么，雍正在康熙皇帝驾崩当晚处死随侍康熙六十年的心腹是谁呢？

不好意思，遍查史书，查不到“随侍康熙六十年”的人。

历史上如果有这样的人，按理说是很容易查的，毕竟在康熙身边生活了六十年还是心腹，应该是大红人。

查不到，只能说明真没有。

那这“康熙皇帝驾崩当晚，雍正立刻处死随侍康熙六十年的心腹”的说法是从何而来的呢？

原来，意大利传教士马国贤于康熙四十九年（公元1710年）来华，很得康熙皇帝的赏识，在宫中供职，负责做些绘画雕刻之类的活儿，后于雍正元年（公元1723年）回国。归国后，他写了本回忆录《清廷十三年：马国贤在华回忆录》。

因为书是在欧洲写的，雍正管不到，所以他在书中可以肆无忌惮地写雍正篡位的经过。

他说康熙驾崩的当晚，他就住在畅春园，夜间亲耳听到了呼号之声，异常恐怖。然后提道：胤禛即位，发布了一个使全国震惊的命令：赵昌被拘执，处死刑，财产抄没，子女为奴。

按照马国贤说的，处死赵昌，是一个“全国震惊的命令”，那么赵昌必定是个大人物。

但《清实录》里，根本就不存在赵昌这个人，殊为可怪。

而且赵昌的“子女为奴”，就不应该是人们理解中的常伴皇帝身边的太监、内侍，必须是大臣。

一个在康熙身边做了六十年大臣的人，居然史书里一字不载，太不可思议了。

有可能，“杀赵昌”之说是马国贤编的。

但也同样不能因此而否定“雍正篡位”之说。

## 雍正继位真的是康熙的旨意吗?

雍正继位是否真的是康熙的旨意，一直以来，都存在争议。

很多人认为不可能把满文版康熙遗诏的“传位十四皇子”改为“传位于四皇子”，并且现藏于台北故宫的汉文版康熙遗诏明明白白地写有传位于“皇四子”，从而认为雍正属于合法继位。

这么想，未免太过简单、太过幼稚了。

可雍正如果是通过篡位当上皇帝的，那么他要伪造一份“康熙遗诏”有什么难的呢？别说是一份，就是一百份一千份一万份，他都做得到！

南开大学冯尔康教授研究了台北故宫的汉文版康熙遗诏，在他著作的《雍正传》中说：毫无疑问，这个诏书是胤禛搞的，不是康熙的亲笔，也不是他在世时完成的，不能作为他指定胤禛嗣位的可靠证据。

其实，雍正伪造遗诏的说法，并不是什么新鲜观点。

清史大家王钟翰早就指出：所谓《康熙遗诏》，完全是雍正命隆科多“撰书”的作品。

隆科多负责“撰书”所伪造出遗诏的证据有没有呢？

有。

康熙是在康熙六十一年（公元1722年）十一月十三日晚上“宾天”的。

台湾“中央研究院”史语所保存着康熙六十一年十一月十三日至十二月二十八日的满文《上谕档册》共七十五件。其中有一件是写于康熙六十一年十一月十四日的。毫无疑问，这件“上谕”绝不会是康熙下的。

谁写的呢？

只能是后来的帝国最高统治者雍正。

因为康熙咽气于十一月十三日晚7至9时，第二天（十四日），雍正就宣布登帝位了。

这件“上谕”的内容是什么呢？

内容是直接指令尚书隆科多撰书《遗诏》。

后面还特别交代隆科多：撰写完毕之后转交内务府、翰林院会同撰写。

另外，康熙咽气于十一月十三日戌刻（晚上7至9时），第二天戌刻，雍正就举行了大殓。

康熙作为盛世皇帝，为什么如此仓促马虎地举行大殓之礼？

雍正如此迫不及待的原因只有一个：借机把皇子、大臣召进宫来，牢牢控制在自己手里，逼他们俯首就范。

隆科多所伪造的《康熙遗诏》，在经过内务府、翰林院会同修改后，是在康熙六十一年十一月十六日才宣读的。

另外还有一个铁证，即中国第一历史档案馆珍藏有一份满文版的《康熙遗诏》。经专家考证，这份满文版的“康熙遗诏”其实抄自于康熙五十六年（公元1717年）十一月康熙帝对诸皇子及满、汉大学士等人的一份面谕，里面除个别字句稍有出入外，所有大段文字措辞都一样。面谕中没有“皇四子……继位”的内容，也没有隆科多版“遗诏”中那一句著名的“雍亲王皇四子胤禛人品贵重”。

王钟翰先生在《清圣祖遗诏考辨》中说，这个铁证证实了雍正伪造了“遗诏”，即为雍正篡位增添一个历史文献见证。

## 康熙遗诏，到底是“传位十四子”，还是“传位于四子”？

康熙临终前到底是有意传位给皇四子还是皇十四子，根本就不必要纠结于是“传位十四子”还是“传位于四子”这个“十改于”的幼稚传说。

道理很明显，所谓的《康熙遗诏》根本就不存在！

估计有人会急着和我争，谁说没有？谁说没有？《康熙遗诏》早就被辽宁省档案馆给公布出来了。

但是想一想，谁能证明辽宁省档案馆公布出的《康熙遗诏》是康熙亲自颁布的遗诏？

康熙死了，雍正当上了皇帝，拥有了一切话事权和决定权，他说什么就是什么，他想做什么就做什么，谁也不敢也不能当面与他争。

康熙死得突然，本来就没来得及写遗诏。

雍正要证明自己继位的合法性，他要炮制这样一份《遗诏》，又有何难？

一句话：辽宁省档案馆公布出的《康熙遗诏》根本就是雍正伪造出来的！

可笑的是，很多人还在一本正经地根据辽宁省档案馆公布出的《康熙遗诏》唾沫横飞地证明雍正继位的理所当然。

还有人自以为高明地指点江山，说什么“于”的繁体字是“於”，根本改不了！又说“传位十四子”改“传位于四子”语法不通，不可能！甚至还搬出一个人尽皆知的东西——遗诏有满文版，改得了汉文版改不了满文版，这个传说是假的。

这些做法，根本就是缘木求鱼。

“十改于”的传说出自署名为天嘏所著的《清代外史》，难道作为晚清人的天嘏对繁体字的认识还不如今人？建议还是先瞪大眼睛去瞧瞧魏晋人王羲之名帖《兰亭集序》里“会于会稽山阴”的“于”，写的是“于”还是“於”。

康熙临终前到底是有意传位给皇四子还是皇十四子，两百多年来众多史家争论不息。难道这些史家都不知道“十改于”不靠谱？

并不是。

这些史家根本就没考虑这则故事，也不会把雍正伪造出来的那份《康熙遗诏》当作考证材料来研究。

这里面的学问大得很，水深得很。

不说别的，单说雍正的名字，就够让史家伤脑筋了。

现在公开的清代官方资料如《大清实录》《东华录》《爱新觉罗宗谱》《清史稿》等书，雍正的御名就写“胤禛”。

但是，在很多没有被清朝官方删改过的史料里，雍正帝本来的名字并不叫“胤禛”。

成书于乾隆十七年（公元1752年）的《永宪录》里，写的就是：“雍亲王，皇四子胤祯。”

前面所提到的天嘏所著的《满清外史》，书中对雍正的称呼，全部写成“胤祯”。

但是，“胤祯”原本是十四阿哥的名字。

现存清代档案里的一份康熙封十四阿哥为抚远大将军的原敕命书里，就有“皇帝敕谕王胤祯”字样。

另外，“祯”的繁体字“禎”，和“禛”高度接近，读音完全相同，并且在表音的满文里面，胤禛和胤祯的写法是一模一样的。

这里面有什么猫腻呢？

有兴趣的话，不妨接着往下深究。

至于那份雍正伪造出来的“康熙遗诏”，就不要再拿来说事了，实在是贻笑大方。

## 雍正为何痛下决心杀九弟胤禟？

八阿哥胤禩是雍正的心腹大患。

“九龙夺嫡”时是，雍正新即位之后仍是。

有人说，在“九龙夺嫡”的时代里，八阿哥胤禩是雍正的强劲对手没有错，但雍正已经即位了，他还怕啥呢？

雍正当然怕了。

他的帝位来得不清不楚，所谓的《康熙遗诏》是他登位后的第四天才由隆科多捣鼓出来的，多少有些心虚。

而且也因为这个，他还常常担心民心不稳。

后来他因为“曾静案”搞那本《大义觉迷录》，还手忙脚乱地沉不住气呢。

直到乾隆上台了，才帮他擦干净了因为《大义觉迷录》而弄脏的屁股。

所以雍正登位后，杀胤禩是必须的，胤禩也非常清楚地知道自己会是这个后果。

雍正登位之初，为了迷惑世人，故意任命胤禩等为总理事务大臣。

胤禩的追随者纷纷前来贺喜。

胤禩非常清醒地说，有什么喜可贺？不知道哪天就要掉脑袋了。

胤禟是个直肠汉子，并不适合搞政治，他对这种危险全然不觉，自我感觉良好。

雍正为什么要杀他？

主要因为他是胤禩的死党，他和胤禩走得太近了，近得像连体婴儿，分都分不开。

举几个例子。

康熙四十七年（公元1708年）九月，因为“张明德谋欲行刺皇太子案”，康熙怒责胤禩妄蓄大志，勾结党羽，妄图谋害太子胤礽，下令将之索拿，交与议政处审理。胤禟并不知其中缘由，竟然一个劲地替胤禩抱不平，甚至不顾康熙正在气头上，与康熙顶撞了起来，结果吃了康熙赏的两个耳光，并被骂为“梁山泊的义气”。

这还不算完，当降为闲散的胤禩被缉拿发审时，胤禟竟暗藏毒药，准备与八阿哥同死。

不过八阿哥还未死，他就自戴锁铐亲自随行，以示同患难。

这太可怕了。

还有康熙五十年（公元1711年）年底，胤禩生母病故，在胤禩守丧期间，他日日给胤禩送饭，大张筵席，车马喧嚣，非常高调。

另外康熙五十五年（公元1716年）秋，康熙帝由热河返京途中，为了避邪，想把住在畅春园附近治疗伤寒的胤禩驱逐走。胤禟强烈反对，说八阿哥病情严重，若有什么三长两短，自己也不想活了。

当时的胤禩已经备受康熙冷落，与储位绝缘，别人都远避之而不及，胤禟仍然忠心不贰为他说话，雍正没理由不忌恨。

而最让雍正忌讳的是，胤禟在胤禩绝缘储位之后，他又转而全力支持十四阿哥胤禵。

康熙五十七年（公元1718年），胤禵西征，反复叮嘱胤禟与自己密切传递信息。

康熙六十一年（公元1722年）十一月，康熙帝驾崩，雍正帝继位。这种情况下，胤禟还秘密与胤禵、胤䄉等人通信。雍正二年（公元1724年），雍正在查抄胤䄉府邸时，发现了他在写给胤䄉的信里有“机会已失，追悔无及”之语。

所以对于胤禟，雍正的决心那是杀你没商量。

不过，雍正没用刀子。

他把胤禟关进一间进了里面就站不起来的小黑屋，将门用砖头砌死。

这样，没有几天工夫，胤禟中暑加上痢疾，挂了。

## 其他儿子都是弘字辈，唯独年氏的儿子是福字辈？

说起清朝王室的名字，得分成几个阶段讨论。

先看早期王室的名字。

比如与清太祖努尔哈赤一辈的，有穆尔哈齐、舒尔哈齐、雅尔哈齐等。

与清太宗皇太极同一辈的，有褚英、代善、莽古尔泰、德格类、巴布泰、巴布海、阿济格、多尔衮、多铎等。

与清世祖顺治同一辈的，有豪格、叶布舒、硕塞、高塞、常舒、韬塞、博穆博果尔、费扬果等。

与清圣祖康熙同一辈的，有僖敏、奇绶、隆禧、永干等。

而与清世宗雍正同一辈的，有胤禔、胤礽、胤祉、胤祺、胤祦、胤禟、胤祥、胤禵等。

与清高宗乾隆同一辈的，有弘晖、弘昐、弘昀、弘时、弘昼、弘瞻等。

……

看到这里，聪明如您，心中应该有几分明白了。

一、以入关前和入关后分：入关前，清朝王爷的名字都是满语名字；入关后，清朝王爷的名字出现了汉化。

二、以康熙帝为界往后分，清朝王爷的名字不仅出现了汉化，而且变得非常有规律，如与清世宗雍正同一辈的，都是“胤”字辈，后一个字都是“衣”字旁；与清高宗乾隆同一辈的，都是“弘”字辈，后一个字都是“日”字旁。

上面的第一个规律就不用细看了，是文化背景影响下发生的。

而第二个规律，纯粹是康熙帝本人的决定。

话说，清高宗乾隆帝一生自视极高，平生只以三个人为偶像：唐太宗、宋仁宗、圣祖爷康熙帝。

那么，作为乾隆帝的偶像，康熙帝有没有自己的偶像呢？

有。

说来很多人不敢相信，康熙帝的偶像竟然是明太祖朱元璋。

康熙帝曾经五谒明孝陵，并曾亲书“治隆唐宋”碑，称赞明太祖朱元璋开创的盛世远超唐宗宋祖。

明太祖朱元璋远谋远虑，曾替有后代的二十三个儿子各拟定了二十个字的后代世系，每个字为一世，子孙初生，便由宗人府依据世次顺序取双名，双名中的前一个字即太祖所取，后个字则必须是一个以五行做偏旁的字，五行则以“火、土、金、水、木”为顺序，“火”为朱元璋孙子辈命名所用偏旁，以下依此类推。

以袭承帝位的燕王世系为例，有高、瞻、祁、见、祐、厚、载、翊、常、由等。

康熙帝就效仿了明太祖朱元璋的这一做法，给儿子定下了“胤”字辈，给孙子定下“弘”字辈。

乾隆帝后来效仿了爷爷的做法，定下了“永绵奕载奉”的字辈；道光帝将“奉”字改为“溥”字，并定下了“溥毓恒启”；咸丰帝则增加了“焘闿增祺”。

那么问题来了，雍正帝一共有十个儿子：弘晖、弘昀、弘时、弘历、弘昼、弘瞻、弘昐、福宜、福惠、福沛。恰巧，这三个带“福”字的，都是年羹尧的妹妹年妃生育的。这里面有什么说法吗?

难道是因为年羹尧的原因，这三个儿子不配列入“弘”字辈?

其实，查一下福宜、福惠、福沛这三个小子的生卒年就有答案了。

这三个小子都早夭了，福宜、福惠、福沛只是他们的乳名，仅此而已。

这三个小子中，福宜不满周岁夭折，福沛出生即夭折，福惠比较长寿一点，八岁时才去世。

其实，雍正帝曾给福惠起名弘晟，但后来发现“弘晟”这个名字已经被他三哥胤祉的世子用了，于是又改回原来的福惠，原本想以后再起一个好名字，哪料福惠等不及了，挂了。

实际上，乾隆帝也有乳名，叫“元寿”；弘昼也有乳名，叫“天申”。因为他们长大成人，所以才有了正式的名字。

康熙帝生育有三十五子，长大成人的只有二十四子，他那些儿子的名字中没有“胤”字的，都是早夭的，如承瑞、承祜、承庆、长华、长生、万黼等。

所以，雍正其他儿子都是“弘”字辈，而年妃的儿子名字不带“弘”字，原因并不是年妃身份特殊，而是她的儿子福薄，早夭了。

## 在乾隆大婚之日含泪赐死儿子?

这边乾隆大婚，那边雍正含泪赐死儿子，多么强烈的戏剧冲突啊，但一看就知很假。

不过，因这种形成强烈反差的戏剧冲突最能直击人心，能让许多人印象深刻，所以深受小说家、戏剧家喜欢。

《红楼梦》续书上百种，高鹗续书最得红学家首肯。

高鹗续书中，又以这边贾宝玉大婚，那边林黛玉惨死的刻画，最为人所称道。

还有，雍正赐死儿子，又对康熙当年不对九子夺嫡下死手产生感叹，做到前后呼应，也是作家喜用的惯常伎俩。

当年武侠小说家梁羽生在《塞外奇侠传》一书里，绘声绘色地写了康熙上五台山亲手掐死了生身之父顺治的情节，过程诡异，惊心动魄。

谁又能想到?在接下来写的《七剑下天山》里，他又绘声绘色地写了雍正在畅春园亲手掐死了自己生身之父康熙的情节，过程愈加诡异，当然也更加雷人。

虽然读着过瘾，但这些东西，根本就不存在，所以并不能成为问题。

雍正共有十子四女，其中有九个在幼年就夭折了。

为什么会这样?

最主要的原因是其早婚早育，生下来的孩子都很孱弱。

比如雍正第一次当父亲，是在康熙三十三年（公元1694年）三月，当时他还未满16岁，他的长女便呱呱坠地，但未出月即殇。

生这位女儿的宋氏，当时还是一位格格，试婚格格，也是才13岁多一点的人。

16岁的父亲、13岁的母亲，生下的孩子健康才怪。

雍正的第一个儿子弘晖生于康熙三十六年（公元1697年），7岁夭折。

第二个儿子弘昐生于康熙三十六年（公元1697年），2岁夭折。

第三个儿子弘昀生于康熙三十九年（公元1700年），10岁夭折。

第三个女儿生于康熙四十五年（公元1706年），未出月即殇。

第四个女儿生于康熙五十四年（公元1715年），3岁夭折。

第七个儿子福宜生于康熙五十九年（公元1720年），2岁夭折。

第八个儿子福惠生于康熙六十年（公元1721年），8岁夭折。

第九个儿子福沛生于雍正元年（公元1723年），未出月而殇。

……

看看，成活率真低。

雍正白发人送黑发人，内心的剧痛无以言表。

剩下的四个儿子，好不容易长大成人，他舍得赐死吗？舍得吗？

不过，说来也怪，雍正的第五子弘历，也就是后来的乾隆帝，倒是高寿，活了89岁。

另外的第六子弘昼也还不错，活了60岁。

第十子弘瞻出生很迟，在雍正咽气前两年才出生，死于乾隆三十年（公元1765年）三月十一日，享年33岁。

找来找去，找来找去，小说家只能在第四子弘时身上做文章了。这位爷生于康熙四十三年（公元1704年），死于雍正五年（公元1727年），死时年仅24岁——是雍正诸子中唯一一位成年却又死于雍正朝的人。

于是，小说家就虚构出弘时要与弘历争位，雍正为避自己身后国乱，大义灭亲痛下杀手的非常戏份。

情节不错，但不是史实。

弘时是得不到雍正喜欢，并被雍正削除宗籍，但他是病死的，雍正真的没有杀他。

## 乾隆

## 一生作诗四万首，只有一首选入小学语文课本，你怎么看？

关于乾隆帝的“诗才”，近来成了人们揶揄和取笑的佐料。

大家都说，你乾隆每天玩命一样地写诗，一个人写了四万首，成了中国古代历史上写诗最多的人，但是结果怎么样？全是粗制滥造。

但一个人爱好写诗，总该不是什么大过。

皇帝写诗，就算他有意卖弄和炫耀什么，也不能说是什么大恶。

想想看，一个人在时间精力都相当有限的前提下，能够写出四万首诗，而且没有谁强制他这么做，写诗不带任何任务性，也不是为了赚稿费，不是为了升官发财，这说明他对写诗是真心喜欢的。

所谓“情之所至，诗无不至”，如此而已。

是的，乾隆写诗很多是信口就来，写下来又缺乏贾岛、李贺等人“吟安一个字，拈断数根须”的“推敲”精神，很多是大白话的口水诗。

但这些口水诗，总比现在很多人推崇的新秀之作，要强一点点吧？

随便举一首乾隆即兴作就的口水诗，大家共赏一下，或者真不像您想象中那么不堪，如《过蒙古诸部落》：

识路牛羊不用牵，下来群饮碧溪泉。

儿童骑马寻亡牯，只在东沟西谷边。

看，虽是大白话，语言质朴不加雕琢，却把放牛儿童的情趣、野趣勾画得活灵活现。

老实说，各种文学题材在我国历史上的发展都是有鲜明的时代性的，如先秦胜在散文，两汉重于大赋，尔后是唐诗、宋词、元曲、明清小说。

诗歌的发展鼎盛期是唐朝，别说乾隆只有一首诗被收入小学语文课本，到底又有多少个明、清诗人的诗可以收入小学语文课本？

和乾隆同时代的纪晓岚、刘墉，还是沈德潜？

大家都称赞纪晓岚、刘墉、沈德潜这几个人作的诗好，是大诗人、大学问家。

是的，他们的诗才都比乾隆强。

甚至，还有很多段子说，这首著名的“一片两片三四片”的前三句是乾隆写的，第四句卡壳了，是这三个人中的一个救急帮他补上的。

这其中，说是沈德潜代作的最多。

清末民初天嘏所著的《满清野史》就提道：沈德潜经常帮乾隆补笔甚至捉刀，后来沈德潜告老还乡，将这些诗收录在自己的诗集里，结果触怒了乾隆，惨遭罢祠夺谥，墓碑被推。

但查《清史稿》可知，沈德潜死后被追罪，是他为徐述夔的悖逆诗集做了不当的序言所致。

乾隆本人有时虽然以吟诗矜夸，但当面对谀臣奉承上“金声玉振、函盖古今”“神龙行空、瞬息万里”之类的颂词，乾隆也觉得赞誉过当有些难为情，连说自己的诗是“拙速”，也就写着玩儿的。

乾隆也承认，自己的许多御制诗“或出词臣之手，真赝各半”，但自己“亦不欲与文人学士争巧，以转贻后世之讥”。

与沈德潜争诗而追沈德潜之罪，断不至于。

## 洪秀全

## 《天父诗》代表了洪秀全的创作水平，还是洪秀全的创作能力倒退了?

大名鼎鼎的太平天国农民起义领袖洪秀全其实是一个“假革命”，他口口声声要建立一个“有田同耕，有饭同食，有衣同穿，有钱同使，无处不均匀，无人不饱暖”的太平盛世，但从四十一岁进入南京城至五十二岁病崩，整整十一年时间里，从未走出过南京城门一步，既不统军杀敌，也不运筹谋划，仅颁发过二十五篇诏书，甚至从1854年至1858年的五年中未发一诏。

那么，在这“宅男”岁月里，洪秀全是怎么打发这三千多天的时间的呢?

从相关史料来看，这位义军领袖每天就沉湎在酒色之中，以调教宫中女子和纵欲为乐。

为了调教这些女子，洪秀全作有诗歌好几百首。

今天我们来看这些收录在《天父诗》里的诗半通不通，连打油诗的水平都达不到，让人作呕。

洪秀全在金田起义那会儿，写诗号召“男将女将尽持刀，同心放胆同杀妖”，等定都天京就骂曾经持刀杀敌的女人不懂规矩，写诗责怪说：“耕田婆有耕田样，天堂人物好威仪，尔们想做真月亮，到今还不晓提理！”

即使是精心挑选到身边来专门服侍他的娇美女子，他心情不好了也写诗讽刺挖苦，“跟主不上永不上，永远不得见太阳！面突乌骚身腥臭，嘴饿臭化烧硫磺！”

老实说，这些诗很难说是诗，除了字数按诗的要求排列外，其他无一可取之处。没有诗的意味，没有诗的韵律，没有诗的意境，不堪入目，全是梦呓中的夫权独白，无理取闹，无理斥责。

这就让人很奇怪了。以这种水平，洪秀全当年怎么没半点自知之明，居然好意思参加科考，而且还连考了四次！

当然以这种水平，洪秀全落第也就是最正常不过的事儿了。

但是，认真翻一翻洪秀全的求学史和落榜史，事情又似乎并非如此。

清代秀才考试共分县、府、院三场。洪秀全第一次参加考试的时间是道光九年（公元1829年），那一年，洪秀全十六岁，县、府试通过，院试落榜。道光十六年（公元1836年），洪秀全二十三岁，第二次参加院试，仍是县、府试通过，院试落榜。道光十七年（公元1837年），洪秀全二十四岁，第三次参加院试，依然是县、府试通过，院试落榜。道光二十三年（公元1843年），洪秀全三十岁，第四次参加院试，还是外甥打灯笼——照舅（照旧），县、府试通过，院试落榜。

四次考试，结果都是铩羽而归。

但注意其中的过程：每次都顺利通过了县试、府试，只是到了院试才折戟。

如果说，洪秀全的文化水平真是上述《天父诗》的水平的话，应该在县试阶段就被驱逐出场了，没理由啊。

由此可见，洪秀全考不上秀才，文化水平是低，这一点是毋庸置疑的，但绝不仅是《天父诗》那种水平。

俗话说，见人说人话，见鬼说鬼话。

写诗也要结合读诗者的理解能力来写成，否则就会陷入对牛弹琴的尴尬。

洪秀全的《天父诗》之所以乏诗味，夹杂大量口语、通俗语，甚至广东客家话的句式、词汇，让一般读者读起来如坠云雾，是因为写这些诗的目的是要训导天京后宫内那一大批来自客家的文盲或半文盲女子。

不是说了吗？创作要贴近生活，贴近实际，贴近群众。

洪秀全的《天父诗》就很好地完成了这“三贴近”，完全贴近他所占有的女人。

最后问题来了，洪秀全的真实文化水平到底如何呢？

可以看看那些存在版权争议的“洪秀全反诗”。

其一：

手握乾坤杀伐权，斩邪留正解民悬。眼通西北江山外，声震东南日月边。

展爪似嫌云路小，腾身何怕汉程偏。风雷鼓舞三千浪，易象飞龙定在天。

有研究太平天国史的学者提出这首诗不是洪秀全写的。

诗本来讲究赋比兴，但这首诗全是虚的，没有具体内容全是吹牛，完全符合洪秀全文学创作的特点嘛，另外，“斩邪留正”也是拜上帝教的特有词汇，符合洪秀全的口吻。

辨清了这一点，再来评诗。

诚然，诗意直白浅薄，意境不开阔，欠缺蕴藉，但也合辙押韵，比《天父诗》好得多，也正常得多了。

再有，金田起义前夕，洪秀全曾赋诗明志：

近世烟氛大不同，知天有意启英雄。

神州被陷从难陷，上帝当崇毕竟崇。

明主敲诗曾咏菊，汉皇置酒尚歌风。

古来事业由人做，黑雾收残一鉴中。

这首诗可是洪秀全货真价实的作品，而且水平都有些接近黄巢的高级反诗了。

所以说，洪秀全的诗作并没有我们想象中那么不堪。

我们再来读一首洪秀全在《原道醒世训》收尾处的题诗：

上帝原来是老亲，水源木本急寻真；

量宽异国皆同国，心好天人亦世人。

兽畜相残还不义，乡邻互杀断非仁；

天生天养和为贵，各自相安享太平。

这首诗也很有几分古风意味，格律大体不错，但洪秀全写这首诗里，考虑到受众文化水平不高，在遣字排句方面已经有向《天父诗》接近的倾向了。

## 为什么说洪秀全是道貌岸然的伪君子?

中学历史课本介绍太平天国运动时，洪秀全颁布的《天朝田亩制度》占了大量篇幅。

这个《天朝田亩制度》的内容很广，涵盖了政治、经济、生活、生产、宗教、婚姻、家庭等方方面面的内容。

专家、教科书以及老师都赞扬这是一部极具革命性的、先进的纲领性文献。

别的不说，单说那一句“有田同耕，有饭同吃，有衣同穿，有钱同使，无处不均匀，无人不饱暖”，还有那一句“天下多男子全是兄弟之辈，天下多女子尽是姊妹之群”，就让天下穷苦兄弟神往不止。

另外关于婚姻家庭一项，该文献强调“凡天下婚姻不论财”，否定买卖婚姻，声称由国库负责每家婚娶时的一切开销，采用统一的标准，即给钱一千文、谷一百斤，强调“用之有节”，反对铺张。

而且，重点是这个“而且”，在颁布《天朝田亩制度》的同期，太平天国又颁布了一份通告，郑重宣布：“男有男行，女有女行，男习士农工商，女习针指中馈，一夫一妇，理所宜然。”那时竟提出严格实行一夫一妻制!

这个制度同落后的妻妾制度截然不同，先进性一看而知。

但人们很少去考究洪秀全、杨秀清这么要求的真正原因，其实是男多女少，不得已而为之。

金田起义，各地会众都是举家举族参加起义的。为了打破清军的围剿，洪秀全、杨秀清强行拆散家庭，要求“别男行女行”，用军事编制取代了作为社会细胞的家庭组织，以适应了流动作战的需要。

不过，洪秀全、杨秀清命令的束缚对象并不包括自己一干运动领导高层。

他们不但可以和妻儿老小同居同宿，还在流动作战中不断娶妻纳妾，扩大自己的家族群体。

洪秀全、杨秀清们，让手下的幕僚群撰写《天情道理书》，严厉告诫将士：说“现下残妖尚未灭尽，成家合好尚未及时”，“但当创业之初，必先有国而后有家，先公而后及私”，许诺一旦“扫尽妖氛，太平一统，那时天父开恩，论功封赏，富贵显扬，使我们一班兄弟室家相庆，夫妇和偕”，规劝广大官兵“各宜坚耐心肠，勿因夫妇一事，自图苟合，不遵天诫，以及奸淫营中姐妹，大犯天条”。

一开始，将士们既无家小之累，又无男女情长挂怀，赤心杀敌干劲十足，打仗极其凶悍。

洪秀全、杨秀清看在眼里喜在心上，定都天京（今江苏南京）后，继续禁止夫妻同居，还特别强调“男女授受不亲”。

洪秀全专门降诏规定：“犯第七天条，如系老兄弟定点天灯，新兄弟斩首示众”，“凡夫妻私犯天条者，男女皆斩”。

连夫妻同房都要杀，真是没人性。

时人记载，天京女馆“不准男子入探，母子、夫妻止于馆外遥相语”。

陈玉成的叔叔陈宗扬曾私会自己的妻子谢晚妹，夫妻双双被斩首示众。

杨秀清的簿书（秘书）卢贤拔“身居显职，不知自检”“因偷会妻子，致夫妇同犯天令”，但因为杨秀清的缘故，虽得赦免其死罪，仍被削去侯爵，戴罪立功。

洪秀全、杨秀清对将士们这么严厉，他们自己却一个女人接一个女人纳入后宫。

据洪秀全的儿子幼天王洪天贵福被清军捕获的《幼天王供》说：“老天王是我父亲，我有八十八个母后。”即洪秀全有八十八个妻妾。

而洪天贵福在九岁时，也配了四个老婆。

清朝涤浮道人的《金陵杂记》记：1854年时，杨秀清拥有的王娘是三十六名。

谢介鹤的《金陵癸甲纪事略》又记：1856年天京内讧时，杨秀清被斩杀的王娘总数为五十四人。

洪秀全、杨秀清这种“不许百姓点灯，却许州官放火”的做法引起了将士们的极大不满，为解决性欲，他们只好奸淫民间良家妇女，或者搞同性恋、鸡奸幼童，乌烟瘴气，军情大坏。

洪秀全、杨秀清只好被迫进行妥协，同意怨妻旷夫可以团聚，孤男寡女可以婚配。

杜文澜《平定粤匪纪略·附记三》记：“首逆乃下令，许男女配偶……伪丞相许配十余人，伪国宗配女八人，（其）他伪宗以次递减。”即普通士兵严格要求实施一夫一妻，自领导层的妻妾数目由天王而下降低。

来访的英国使节曾质疑洪秀全、杨秀清：“你们要求士兵一夫一妻制，你们为什么不带头执行？”

洪秀全大笑：“今上帝圣旨，大员妻不止。”

杨秀清跟着大笑：“兄弟聘娶妻妾，婚姻天定，多少听天。”

不得不说，洪秀全和杨秀清都是道貌岸然的伪君子！

# 光绪
## 为什么不靴中藏刀手刃慈禧?

光绪皇帝为什么不靴中藏刀手刃慈禧？有人总结理由如下：

1.光绪是慈禧带大的，感情深厚，慈禧就是他的养母，孩子不可能杀母亲。

2.光绪虽被慈禧囚禁，但两人关系还是不错的。

3.光绪年轻，慈禧已老，他觉得没必要杀，可以通过熬时间来熬死慈禧。

……

这些理由似是而非。

首先，光绪并非不想置慈禧死地，可惜的是，康有为、谭嗣同酝酿的“围园杀后”计划流产了。

其次，杀人犯并不是人人都当得了的！杀人不是杀鸡杀鸭，人人都可以持刀操作。

光绪是什么人？生于深宫之中，长于妇人之手，有这样的胆量和力气吗？

估计让他杀只鸡，手脚都未必利索。

“靴中藏刀”的伎俩，历史上最著名的使用者，就是宋高宗赵构。

《宋史·纪事本末》卷七十二有记：“桧亡，故朕今日始免靴中置刀矣。”

南宋理学家朱熹的《朱子语类》中写道：“秦太师死，高宗告杨郡王云：‘朕今日始免得这膝裤中带匕首！’乃知高宗平日常防秦之为逆。”

宋高宗赵构对金人媚躬屈膝，给人的感觉就一软脚蟹。但根据《建炎以来系年要录》记载：他年轻时勤习武艺，“挽弓至一石五斗”。曹勋《松隐文集》也记载：他每天双臂平举两袋米，各重一斛（约一百一十市斤），“行数百步，人皆骇服”。

另外，金兵围困东京那会儿，时为康王的赵构奉命出使金营，“与金国太子同射，连发三矢，皆中筈，连珠不断。”

所以，若论单挑能力，我们寻常人等都不是赵构的对手，而从他残忍杀岳飞一事来看，为人也算残暴凶恶，却藏刀十几年始终不敢让刀子见红，忍气吞声地生活在秦桧淫威之下。

以光绪和赵构相比，光绪如何？他有这能力和胆子吗？

想想看，号称千古一帝的康熙，他要行刺年近古稀、走路又步履蹒跚的鳌拜，尚且不敢亲自动手，还要埋伏上十几名身强力壮的侍卫壮胆量、助声势，骗鳌拜孤身上殿，众卫士一拥而上。

藏刀在靴中，敢亲自动手锄奸的，北魏孝庄帝的表现倒是不错，一刀就捅了权臣尔朱荣，可结果呢？场面失控，他本人身死，北魏不久国灭。

所以光绪刺慈禧，一是他没那个胆儿，二是他根本没那个实力，三是怕局面难以收拾。

最后想说一句，金庸《鹿鼎记》写鳌拜虽然夸张失实，但他在《天龙八部》写宋哲宗赵煦和高太后事，却非常传神。

赵煦九岁即位，由祖母太皇太后高氏垂帘听政，长大成人后一直想亲政而不能，于是藏刀在靴中，但一直到高太后死，都不敢对高太后稍有不敬。

金庸先生写了这么一个情节：高太后寿满行将归天，赵煦夸夸其谈，自称要北上去和契丹较量一番，想象中自己英明神武天下无敌，还拔出佩剑将身旁一张椅子劈为两截。高太后三魂七魄已经悠悠荡荡飘上黄泉路，听了赵煦的豪言壮语，大惊，坐了起来，右手食指伸出，指着赵煦厉声道：“你念念不忘与辽国开仗，你……你……你……”一句话没说完，人终于咽气。

可笑的是，赵煦在高太后的积威之下吓得连退三步，脚步踉跄险些晕倒，手按剑柄心中突突乱跳，赶紧呼唤埋伏帐下的侍卫：“快，你们快来！”

金庸先生是这样点评赵煦的：“他适才满口雄心壮志，要和契丹人决一死战，但一个病骨支离的老太婆一发威，他顿时便骇得魂不附体，手足无措。”

可见，杀人可不是纸上谈兵，一般人玩儿不来。

## 光绪帝是怎么死的？

在中国古代历史上，清朝是诞生野史传闻最多的朝代之一。

为什么会这样呢？

主要是清朝文字狱太过严酷。

所谓“防民之口，甚于防川；川壅而溃，伤人必多。民亦如之”。

清朝施行文字狱，禁言、噤声、禁字、禁墨，百姓被憋了两三百年。当清朝走向消亡，万民齐欢，什么样的言论都出来了，百姓尤其对清朝诸帝的死法编排最多。

比如说，官方说清太祖努尔哈赤是背脊生恶疽暴病而死的，人们却说他是被袁崇焕的大炮轰死了；官方说皇太极是患病死亡的，人们却说他是死于多尔衮之手；官方说顺治帝是患天花挂掉了，人们却说他出家当了和尚，也有人说他是在厦门被郑成功的大炮轰死的；官方说康熙帝是患病暴亡的，人们却说他是被雍正掐死了；官方说雍正帝是患病暴毙的，人们却说他是死于女侠客吕四娘的剑下，连头颅也被割去了；官方说嘉庆帝是患病崩亡的，人们却说他是被雷公劈死的；官方说同治帝是患天花病死的，人们却说他是患花柳病死的；官方说光绪帝是患病突然死亡的，人们却说他被慈禧用毒药毒死的。

同治之前的嘉庆、雍正、康熙等人去世时间距离现在太过遥远了，但光绪帝之死发生在近代，是有足够多的证据可以查明真相的。

光绪帝的死亡时间是1908年11月1日下午5时33分，慈禧太后的死亡时间为次日下午1时至3时，两人一前一后离开人世，时间差为二十二个小时。

结合光绪与慈禧之间的种种恩怨，这种巧合的确有理由让人相信民间野史的说法。

但很多专家却根据光绪帝生前的病历，以及御医力钧、陈秉钧、曹元恒、杜钟骏、张彭年、周景涛，包括法国驻京使馆的医官多德福等人对光绪的详细诊疗记录，竭力维护官方给出的光绪帝死因：

他们承认光绪帝一生遭受慈禧刻意虐待，即光绪帝的死亡肯定与慈禧有关，但光绪帝的死，绝不是慈禧下毒，而是光绪自身身体素质太差，落了一身重病又久治不愈，最后不治身亡。

冯伯祥在《清宫档案揭秘光绪之死》就下了一个“权威”的结论，说光绪帝是受肺结核、肝脏、心脏、风湿等慢性病长期折磨，致使身体的免疫力严重缺失，酿成了多系统的疾病，最终造成心肺功能衰竭死亡。

从2003年开始，中央电视台清史纪录片摄制组、清西陵文物管理处、中国原子能科学研究院反应堆工程研究设计所、北京市公安局法医检验鉴定中心的领导和专家组成了“清光绪帝死因”专项研究课题组，运用先进的技术手段，使用精密的科学仪器，对光绪帝的头发、衣物进行了长达五年的反复检验和缜密研究，最后慎重宣布：仅光绪头发残渣和一件衣物及残渣中的砒霜含量就高达约201.5毫克，而正常人口服砒霜60~200毫克就会中毒身亡。

结论是：光绪死于砒霜之毒。

这砒霜之毒从何而来？不用说，必是慈禧所赐的。

“光绪帝被慈禧毒死”可以说是一则原为野史逸闻，后来却被证明为真的典型案例。

# 第二卷

## 「将相篇」

## 苏武

## 苏武为什么会到北海牧羊？

说起来，苏武真是个悲催的人。

他是个标准的官二代，父亲是代郡太守苏建。

凭借着这层关系，他和兄长苏嘉、弟弟苏贤都晋升仕途，官拜郎中后升任栘中厩监。

不过，苏武的命苦，他于天汉元年（公元前100年）以中郎将的身份出使匈奴。

出发前，苏武也觉察到此行乖舛，十去九回。

匈奴人狡诈多变，有时候对你千依百顺、热情似火——那是他们有求于你；有时候对你翻脸无情、冷若冰霜、磨刀霍霍——那是他们准备要吃你血肉、榨你骨髓。

即使这样，汉武帝还是被匈奴人哄得一愣一愣的，经常上当受骗，苦的是一大帮臣子以及数不清的大汉子民。

不说别的，单说苏武出使之前，匈奴就扣留了汉使郭吉、路充国等前后十余批人。

既然这样，汉武帝为什么还傻乎乎地派苏武出使？

原因是天汉元年且鞮侯单于即位，他主动向汉武帝献媚示好：“汉朝天子就是我的爸爸。”

汉武帝被他这波彩虹屁吹昏，龙心大悦，遂遣苏武携带大批礼物赠送给憧礼貌、会来事的新单于。

因此，苏武就像一只鲜美肥白的小羔羊，巴巴地投入了虎口。

不过平心而论，苏武被单于扣留，还真不怪单于寡情薄义，完全是另一个人所致。

这个人，就是跟随苏武一同出使的副中郎将张胜。

张胜此人好大喜功，一天到晚，总想着中五千万彩票升官发财。

到了匈奴，他无意中得知缑王（匈奴王）与虞常等人正在暗中策划谋反，准备绑架单于的母亲阏氏投奔汉朝。

张胜觉得中奖的机会来了，踊跃报名参加。

结果事泄，张胜和缑王、虞常等人被单于一锅端。

苏武是中郎将正使，张胜是副中郎将副使，两人是一根绳子上的蚂蚱，而且也没有任何证据可以证明苏武没有参加张胜等人的阴谋。

当张胜被捕后，苏武不等人家来捉，就早早地计划动手自杀了。

当然苏武自杀没有成功，又被单于救活了。

单于佩服苏武是条硬汉，热情劝降。

苏武宁死不屈，还说了许多很伤单于自尊的话，于是被单于迁至北海放羊——清一色的公羊。

单于皮笑肉不笑地对苏武说：“阿武啊，好好爱护这些羊，哪天有小羊出生了，我就派人送你回长安。”

到了北海，苏武终于弄清楚了单于给自己的全是公羊，他气炸了肺。

但气炸肺又有什么用？

虽然他可以在这个时候自由自在地选择自杀，但他已没有了再次自杀的勇气。

那就保重身体，好好地活下去吧。

苏武历尽艰辛，竟在匈奴留居了十九年！

毫无疑问，苏武是一个英雄人物。

与苏武同时代的李陵曾敬仰无限地对苏武说：“足下扬名于匈奴，功显于汉室，史册所载，丹青所画，无人可以与卿相提并论。”

唐朝大诗人李白赋诗赞美：“苏武在匈奴，十年持汉节。”

同样是坚贞不屈的英雄人物文天祥也称赞苏武：“独伴羝羊海上游，相逢血泪向天流。忠贞已向生前定，老节须从死后休。”

苏武于天汉元年奉命以中郎将持节出使匈奴，无端卷入匈奴的高层内乱中，被扣留下来。匈奴贵族多次对其进行威胁利诱，要求其背叛汉朝，臣服单于。苏武不畏强权，坚守汉节，因而被遣送到北海（今贝加尔湖）边牧羊。

北海环境恶劣，苏武饱受折磨，十九年持节不屈，彰显民族气节，千古罕见。

昭帝始元六年（公元前81年），汉朝和匈奴和好，苏武平安回到了长安，得封为典属国，秩中二千石，赐钱二百万，公田二顷，宅一所。

故事原本可以就此结束。

但是，还有一点尾巴。

即苏武回国后的第二年，和苏武交好的上官桀、上官安父子和桑弘羊被人控告谋反，苏武又受到牵连，获罪被罢官。更悲摧的是，苏武出使匈奴前生下的唯一的儿子苏元因参与上官父子、桑弘羊的谋反事被处斩，苏家绝后了。

昭帝死后，苏武与霍光积极谋立宣帝，被宣帝赐爵为关内侯。

苏武的富贵有了，声誉也有了，后代却没有了。

汉宣帝替苏武感到难过。

某日，汉宣帝忍不住问苏武：“你在匈奴待了十九年，难道就没有和匈奴女子生下一儿半女吗？”

汉宣帝之所以有此一问，是深知匈奴人每得汉臣必会许配以女人，一则是要监视汉臣的行为；二则是瓦解汉臣的意志，使之彻底归顺匈奴。此前的李陵、李广利以及更早一些的张骞等人，无不有此待遇。

所以，即使苏武归国后一直声称没有在匈奴娶妻，但汉宣帝还是感到不可思议，毕竟，十九年啊!

向以“威武不能屈，富贵不能淫”形象示人的苏武在汉宣帝的追问下，再也无法隐瞒了，再隐瞒，苏家就真的绝后了，他红着一张老脸向汉宣帝坦白：老臣在匈奴时是娶有一个匈奴女子的，且生有一子，名叫苏通国。

由此可见，苏武牧羊，虽是人世至苦，但也并非如《汉书》中写的，十九年天天都是在痛苦中度过的，这其中也有春天也有爱情——至少，不乏男欢女爱。

同样我们读《宋史》，对宋徽宗被俘后的遭遇充满了同情。

按照《宋史》所写，宋徽宗在被押送北上的途中受尽了凌辱，到金国被金帝辱封为昏德公，关押于韩州（今辽宁省昌图县），后又被迁到五国城（今黑龙江省依兰县）囚禁，九年后不堪折磨得病而死。

但从宋人确庵、耐庵编纂的《靖康稗史笺证》看，在五国城的最后时光里，宋徽宗是和很多妃嫔生活在一起的。这些妃嫔一共生了十九个孩子，其中的六子八女是宋徽宗的骨血，另外的子女五人则是金人的种。

看来，苏武和宋徽宗被羁留在北地的生活，和我们想象中的很不一样啊。

汉宣帝知道苏武有后大喜过望，派使者到匈奴用金帛把苏武的儿子苏通国赎了回来，任命为郎。

至于那个匈奴女人，汉宣帝本来也想一起带回来的，但苏武坚决不要了。

可怜的匈奴女人，曾经在冰天雪地里用自己的身体温暖过苏武冰冷的心，到头来却落个被抛弃的下场，她的命运其实比苏武更苦。

# 匡衡

## 凿壁借光的匡衡后来怎样了？

孙敬头悬梁，苏秦锥刺股，车胤囊萤夜读，孙康映雪读书，匡衡凿壁偷光等刻苦读书的事迹都是非常励志的。

其中“凿壁偷光”的故事说的是：西汉少年匡衡家境贫穷，家里连蜡烛都买不起，但他非常喜欢读书，嗜读如命，每当天黑看不了书，就跟现在有网瘾而被扯断了网线的青少年一样，急得团团转。为了解决问题，他做出了一个疯狂而且极端的办法，偷偷在与邻居家相邻的墙壁上凿了一个洞，以借助洞中传过来的烛光看书。

故事虽然感人励志，却经不起推敲。

想想看，好好一堵墙，您一个小屁孩要把它凿穿，得费多少功夫呀？又得弄出多大动静呀？在这费时又费力的过程中，难道就没有人发现和出面制止吗？

再者说，蜡烛光远不如现在的电灯光，光线非常微弱，就算同在一间屋，稍微离远一点就看不了书；匡衡在隔了一堵墙的房间，仅靠一个小洞“借光”，能借多少？

实际上，“凿壁偷光”并不见于《汉书·匡衡传》，而出自《西京杂记》。

关于这本《西京杂记》，颜师古在给《汉书》做注解时是这样说的：“今有西京杂记者，其书浅俗，出于里巷，多有妄说。”

所以，凿壁偷光的故事，是令人怀疑的。

但是，匡衡从小用功读书却是真的。

《汉书·匡衡传》里说：“匡衡，字稚圭，东海承人也。父世农夫，至衡好学，家贫，庸作以供资用，尤精力过绝人。”

因为刻苦读书，匡衡长大后成了大学问家，在汉元帝朝成为丞相，并被封为乐安侯。但在汉成帝朝，却因“专地盗土”，丢了官。

补充说明一下，在《汉书》中，匡衡是和张禹、孔光等并列一传的，班固在传末给出他们的综合评语就是“以儒宗居宰相位，服儒衣冠，传先王语”，却“皆持禄保位，被阿谀之讥”。

意思就是说，这都是些道貌岸然的夸夸其谈之徒，不断以古人直道行事的准则来要求别人，自己却依靠阿谀奉承来维护自己的官位和既得利益，是典型的伪君子，真小人！

话说回来，历史上像匡衡这类口是心非的伪君子确实恒河沙数，只是他顶着“凿壁偷光”的光环更让人瞩目，对后世的警示作用也更大。

所以“凿壁偷光”的故事，对青少年是榜样和典范，但“凿壁偷光”故事主人公的结局，对成年人却是鞭策和警示。

## 潘安
## 中国古代第一美男为何被灭三族？

潘安其实不叫“潘安”，他的名叫“岳”，字“安仁”。也就是说潘安的正确称呼要么是潘岳，要么是潘安仁。

之所以把潘岳或潘安仁改称为“潘安”，很可能与潘安的死有关。

潘安是怎么死的呢？

潘安是一个很单纯的人，他出身于普通读书人之家，读书读得好，文章写得漂亮，人也长得帅，年纪轻轻就进入西晋的京师洛阳读太学，顺顺利利进入仕途，历任京官，做官做到了黄门侍郎。

不过潘安官路的畅通，也和一代妖后贾南风的外甥贾谧大力相助有关。

这么一来，潘安的命运就不可避免地与贾谧绑在了一起。

这里补充一下，在北宋之前各种版本的《二十四孝》里，都列有潘岳辞官奉母的故事，尊颂潘安为孝子。

宋人郭居敬重新校订《二十四孝》时，把潘安的名字和事迹毫不犹豫删去，改用宋代孝子朱寿昌弃官寻母的故事代替。

郭居敬为什么要这么做呢？

因为郭居敬认为潘安之孝是“伪孝”，不是“真孝”。

潘安的母亲是反对他和贾谧搞在一起的，经常劝他收手。

潘安在口头上一口一句收到，实际上却如风吹过耳水浇鸭背，始终和贾谧厮混在一起。

潘安在政治上的趋炎附势最终导致夷三族，其七十余岁的母亲也未能幸免被杀，让人唏嘘。

话说回来，潘安的母亲劝阻潘安不要和贾谧走得太近，并非有很高明的政治远见，而是妖后贾南风玩权弄柄，把朝廷搞得乌烟瘴气，所有生活在京师的人都预感到大暴乱就要爆发了。

果然，震得山河破碎、神州板荡的“八王之乱”爆发了，赵王司马伦发动兵变，杀入皇宫，除掉了皇后贾南风及侄子贾谧等党羽——潘安作为贾谧的党羽死不足惜，但他的母亲、兄长侍御史潘释、三位弟弟燕令潘豹、三司徒掾潘据、潘诜，以及诸侄子、侄子女，所有长幼一同被害，实在冤屈。

就因为这个，后人认为潘安的德行操守愧对他表字中的“仁”字，因此省去此字，只称“潘安”。

不过也有人认为，把“潘安仁”改称为“潘安”，是古代骈体文和诗歌为了对仗押韵，把仁字给省略了。

中牟县史志办的王曜卿则考证，历代诗词中，首次使用“潘安”的是唐代杜甫的《花底》诗。

接下来说一下，潘安到底有多美呢？

首先，潘安肯定是帅哥，但他的帅只能是那种偏向于“伪娘风”的帅，而不是像常山赵子龙那种充满阳光、俊朗的英武之风。

我们看《世说新语·容止篇》写的三十九篇关于帅哥的文章，这些花样美男有：夏侯玄、嵇康、王衍、潘岳、夏侯湛、何晏、二陆、张华、郭璞、谢灵运、范晔……基本是同一路子。

但是，潘安美到了什么程度呢？

只能靠想象。

以《世说新语·容止第十四篇·七则》里写的，潘安长得姿容秀美神气清朗，少年时拿着弹弓走在洛阳大道上，女人们见了都手牵着手追着把他围起来观看。

又以刘孝标注引《语林》写的，潘安乘车出行，老女人见了纷纷投掷水果以示爱意，以至于潘安回家，车上总是装满一车水果。

这些描绘，可信度很低。

那个时代，没有相机，没有录像机，能真正见过潘安本人的人肯定有限，潘安之美只能是你传我我传他，大家在传颂的过程中不断夸张，不断渲染。

但如若真见到了潘安的真容，估计定然会有人说：原来也不过如此。

可以想象，潘安之美，可能也就与现在大家热捧的一线偶像明星相当罢了。

## 诸葛亮

## 历史上的诸葛亮真的有那么厉害吗？

在中国广大民众的认识里，诸葛亮就是智慧的化身、谋略的代名词。

罗贯中在写《三国演义》时，也紧紧抓住了这一点，把诸葛亮的智才写得天花乱坠。

罗贯中这么做，其实是不大好的。

诚如鲁迅先生所说，“状诸葛之多智而近妖”，由于写得太过，吹得太离谱，诸葛亮不但料事如神，还懂天文地理，谙阴阳五行，会呼风唤雨，能驱使六丁六甲之类的天兵天将，接近于一个活神仙，反倒让人对诸葛亮的真正才能产生怀疑。

那么，剥除去草船借箭、借东风、空城计等虚妄之说，诸葛亮的政治才能和军事才能到底厉害到哪个程度呢？

《三国志·诸葛亮传》对诸葛亮的评价是：“可谓识治之良才，管、萧之亚匹矣。然连年动众，未能成功，盖应变将略，非其所长欤！”

《三国志》作者陈寿认为诸葛亮是个非常有见识的治世良才，和管仲、萧何是同一类的人。

可见，诸葛亮的政治才能是没得说的。

至于陈寿认为诸葛亮连年劳师动众都未能成功，从而认为“大概临机应变、将兵打仗的策略，并非他所擅长”，就有点苛刻了。

当时天下共分十三州，蜀汉仅得一州，而曹魏坐拥九州，诸葛亮以一州伐九州，成功则为奇迹，不成却是理所当然。

纵观诸葛亮为蜀汉集团服务的十七年时间里，他真正起到掌舵人作用的，只有白帝城托孤后的十年。

这十年时间里，诸葛亮亲自统兵进行了南征和北伐。

南征取得了巨大的成功。《三国志》记载：“三年春，亮率众南征，其秋悉平。”

“悉平”二字，把诸葛亮用兵杀伐决断、予取予求之态尽括其中，可证高明！

五次北伐虽未能恢复汉家天下，却也足以笑傲千古。

第一次北伐，由于马谡不听调度，虎头蛇尾，草草收场。

第二次北伐，诸葛亮出散关，围陈仓，只因粮尽，收兵返还。

第三次北伐，诸葛亮率兵进驻建威，牵制住魏雍州刺史郭淮，另遣陈式攻取了武都、阴平二郡。

第四次北伐和第二次北伐一样，因蜀道险峻难行粮运难继，诸葛亮主动退兵，但巧施拖刀计斩杀了魏将张郃。

第五次北伐，诸葛亮兵出斜谷，据武功五丈原，与司马懿对峙百余日。

可惜的是，当年八月，秋风五丈原，诸葛亮病，无法临阵讨贼，不久故去（每写到秋风五丈原事，都忍不住黯然泪下）！

“出师未捷身先死，长使英雄泪满襟。”

即使如此，蜀军在诸葛亮事先安排下，井然有序地退回汉中。

死对头司马懿来到诸葛亮驻军的处所观看营垒遗址，佩服得五体投地，大赞说：“天下奇才也！”

一个连死对头都钦佩的对手，他的军事水平会很水吗?

再总结五次北伐的战绩：诸葛亮主动出击，横挑强梁，以寡击众，以弱制强，二胜二平一负！这不是天下奇才又是什么？！

其实，单就诸葛亮在隆中定划天下三分的眼光，其已是超一流的军事战略大家了。

历朝历代的许多史书，因此对诸葛亮的才能不吝予溢美之词。

东晋豪雄桓温、前秦谋士王猛、南朝大将陆法、北魏大将刁雍等，每提起诸葛亮无不冠以“名将”之称。

自唐代立武庙祭祀制度始，诸葛亮便和孙武、乐毅、韩信等超一流军事家并列为“十哲”。

一句话，历史上的诸葛亮真有那么厉害!

他不但是超一流的政治家、军事家，还是超一流的文学家。南宋与文天祥、陆秀夫并称为“三忠烈”之一的谢枋得在《文章轨范》中称：“读《出师表》不哭者不忠，读《陈情表》不哭者不孝，读《祭十二郎文》不哭者不慈。”

## “隆中对”里两路分兵的策略真的好？为何后世罕有人效仿？

成都武侯祠有一副对联：“两表酬三顾，一对足千秋。”

两表，是指诸葛亮的《前出师表》《后出师表》。

三顾，是指刘备为兴复汉室屈尊三顾茅庐的故事。

一对，指诸葛亮在隆中草庐之中向刘备提出战略构想的“隆中对”。

“隆中对”的战略构想分三部分：立基、固本、平天下。

当时的形势是：董卓乱政以来，豪杰并起，跨州连郡者不可胜数。群雄间经过一番追逐杀戮，出现了两大巨头——曹操和孙权。

曹操，已拥有百万之众，挟天子而令诸侯，此诚不可与争锋。

孙权，据有江东，已历三世，国险而民附，贤能为之用，此可以为援而不可图也。

因此诸葛亮指出，要成就霸业、兴复汉室，应分三步走：

一、“荆州北据汉、沔，利尽南海，东连吴会，西通巴、蜀，此用武之国”——可以先取荆州为根据地，打下成大业之根基，是为立基。

二、“益州险塞，沃野千里，天府之土，高祖因之以成帝业”——在荆州立定脚跟后，挥师夺取益州，在“跨有荆、益”的前提下，“保其岩阻，西和诸戎，南抚夷越，外结好孙权，内修政理”，形成三分天下之势，是为固本。

三、“天下有变，则命一上将将荆州之军以向宛、洛，将军身率益州之众出于秦川”，两路北伐，遥相呼应，一举而平定天下。

刘备风霜江湖多年，营营役役奔波劳碌，手下的兵马倏聚倏散，过手的地盘来也容易失也容易，他这个时候依附于刘表，落魄穷困仅有一县之地，听了诸葛亮的“隆中对”，满心欢喜连声称“善”。

事后证明，诸葛亮不仅是个伟大的谋略家，也是个知行合一的实干家。

他在出山之后，按照“隆中对”既定的战略部署辅佐刘备，先是联合东吴在赤壁之战中以少胜多打败强大的曹操，接着趁乱“窃取”了荆州战略要地，再协助刘备攻占了益州。

可以说，“隆中对”里面“成就霸业、兴复汉室”的三步，诸葛亮已经走好走稳了“取荆州”立基、“定益州”固本这两步，成功地帮刘备成为一方之霸，与曹操、孙权成三足鼎立之势。

至于第三步北伐“平天下”，由于关羽大意失荆州，蜀汉集团仅得益州一地，则诸葛亮五出祁山、姜维九伐中原，只能是“尽人事、听天命”罢了。

后世无数仁人志士因此扼腕长叹，要么怪关二爷刚愎自用，不知交好孙权；要么怪孙权目光短浅，只知争一时之利……

但是，有一个很现实的问题，很多人都没注意到：果真“跨有荆、益”的话，兵分二路，一路从益州出秦川，一路从荆州杀向宛、洛，就有统一天下的胜算了？

如果真的有胜算，何以后来的南方政权如东晋、宋、齐、梁、南宋等，为何不依样画葫芦按诸葛亮设计的方案北伐，从而统一天下呢？要知道这些政权不仅“跨有荆、益”，更兼有江淮地区，实力远比刘备强大得多。

根据这一现象，是否说明诸葛亮“隆中对”里两路分兵的策略根本行不通，大家才会不肯效仿呢？

回头再看蜀汉集团“跨有荆、益”那一段短暂时间：刘备于建安二十三年

（公元218年）发起汉中之战，阵斩曹操大将夏侯渊，占有汉中之地，曹操被迫亲征，但在刘备据险而守的情况下，寻找不到有利战机黯然撤兵。

当此之时，蜀东孟达、李平（李严）的军队从房陵（今湖北十堰市）进攻上庸（今湖北竹山县），刘封则从汉中沿沔水顺流而下相夹击，迫降了上庸太守申耽。

已经年近六旬的关二爷，认为蜀汉已经具备了出秦川的条件，油然而生一种时不我待的紧迫感，毅然挥军进击樊城。

不得不说，关二爷真是一尊凛凛战神，大战初始进展顺利，水淹七军，擒于禁、斩庞德，威震华夏。

曹操为避开关羽锋芒，一度考虑迁都。

读过这段历史的所有人，几乎都会相信，如果不是孙权突然在关二爷背后捅刀子，兴复汉室的大业就要成功了。

按这个猜想的结果来看，“隆中对”里两路分兵的策略是没什么问题的。

但是，大家注意到没有，就算这次北伐成功，也与“隆中对”的战略构想是有出入的。

因为在“隆中对”的设计中，“出秦川”这一路是刘备亲率的“益州之众”，当然是蜀汉集团的主力和主攻方向；“一上将将荆州之军以向宛、洛”这一路，只能属于配合主力的偏师，其目的是吸引和牵制中原地区曹魏的主力，为主力取关中和长安创造有利条件。

但是，在这次北伐行动中，我们看到的是关二爷独挑大梁唱主角，刘备率领的“益州之众”还没有做出任何反应。

那么，不妨再猜想一下，如果刘备在这个时间点上出兵，会整出什么大动作、制造出什么惊人战绩呢?

其实不用猜，看后来诸葛亮、姜维的十几次北伐就可推知结果了：蜀道难行，后勤粮草跟不上，难有辉煌战果。

历史上，东晋枭雄桓温北伐前秦时，也参考诸葛亮的“隆中对”来了个分兵并进：自己率四万步骑从江陵出发，取道武关入关，另命水军自襄阳进至南乡郡；同时派梁州刺史司马勋经子午道出秦川。结果，桓温这一路进军顺利，进据灞上威胁长安；而司马勋虽然攻陷陈仓，但粮草接济不上，最终狼狈奔入汉中。

自桓温效仿“隆中对”的两路进击失败，后世基本就没什么人再用这一分兵方案北伐了。

所以说，诸葛亮的“隆中对”是有巨大硬伤的。

深谙中国古代兵法的近代伟人评诸葛亮的“隆中对”一语中的：“其始误于隆中对，千里之遥而二分兵力，其终则关羽、刘备、诸葛亮三分兵力，安得不败！”

不难看出，伟人是反对诸葛亮“隆中对”里的分兵策略的。

但很多人对伟人这句话理解不足，以为伟人反对分兵只是单纯要突出“集中优势兵力，各个歼灭敌人”的军事原则，而不知伟人是反对不该分兵“出秦川”还是反对不该分兵“向宛、洛”。

其实，凡了解蜀道难行的人，都会知道伟人反对的是前者。

自古以来，能从汉中“出秦川”并取得胜利的，只有楚汉相争时的韩信暗度陈仓一例而已。

我们看诸葛亮和姜维的十几次北伐，每次铩羽而归多少都与粮草运输困难有关，其中有好几次就因为粮尽主动退兵的。

诸葛亮会出现“秋风五丈原”的悲剧，就是因为粮草问题得不到解决，最终被司马懿活活耗死了。

所以诸葛亮让刘备放着方便出军的荆州路线不走，只为了分兵而分兵，去走那崎岖难行的蜀道，根本就是错误的嘛。

话说回来，诸葛亮为什么会有从蜀道出兵的想法呢？

“隆中对”里其实也说了：“益州险塞，沃野千里，天府之土，高祖因之以成帝业。”言外之意，汉高祖能“因之以成帝业”，我们应该也能。

而且韩信也曾暗度陈仓成功，兵出秦川，自西而东，最终席卷天下。

但是，诸葛亮只知其一，不知其二。

韩信暗度陈仓之所以能成功，除了其合理运用“声东击西”的突袭战术，使这一大型军事行动具备了突袭性，出敌不意击敌不备，最主要的是——它解决了粮草运输的困难。

诸葛亮用木牛流马都解决不了的困难，韩信凭什么就解决了呢？

现有地质学家考证：现在嘉陵江的上游在远古时曾是汉水的上游，而且古汉水上游在西汉初年之前存在过一个相当宽阔的“河道型湖泊”，名曰“天池大泽”，所以水面宽阔，水流平缓，水深足以行大船。而且天池大泽还起到沟通古汉水上游各支流和稳定下游水流的作用，因而航运便利，西北可到陇右（今陕西西南部和甘肃东南部），东南直至长江。

韩信就是利用了古汉水航运的便利，很好地解决了粮食物资的运输问题。

实际上，战国时代秦国名将司马错的两次大举攻伐楚国，大军也是由陇右顺汉水东下，直抵商於（今湖北西北部和河南西南部的山区）而大获成功的。

可是，湖南师范大学资源与环境科学学院周宏伟教授《汉初武都大地震与汉水上游的水系变迁》一文有提道：西汉初年（公元前186年）发生了武都道大地震，造成今陕西宁强汉江中源汉嘉分水岭一带发生巨大的山体滑坡，从而一度阻断古汉水，造成古汉水上游形成规模极为巨大的堰塞湖。堰塞湖天然坝体（汉嘉分水岭）的出现，中断了古汉水上游与中下游水路交通。这么一来，到了东汉末年，古汉水上游已经分为“汉水”和“西汉水”（即现在嘉陵江上游水系），且“汉水”和“西汉水”之间没有水路相通，要靠陆路转运；并且在失去了“天池大泽”的稳定和调节作用后，无论“汉水”还是“西汉水”都是水流急促、水面狭窄而且水位较浅、水量不稳定，难以通航。

如此一来，物资运输在汉中这种高山夹持的狭窄盘地就会出现极大困难，使得汉中地区的军事特性就由原来便于作为进攻基地变成只能作为防守屏障。

君不见，刘邦之后，除了刘备、诸葛亮的蜀汉集团，其他诸如公孙述、刘焉和刘璋父子、李特、王建、孟知祥、明玉珍、张献忠等割据巴蜀的政权，自其诞生之后，只有消极地坐以待毙而无出击之功。

这，就是其失败最基本的原因之一。

陈寿在《诸葛亮传》中说："亮在荆州，以建安初与颍川石广元、徐元直、汝南孟公威等俱游学，三人务于精熟，而亮独观其大略。"

诸葛亮只知道韩信可以暗度陈仓出秦川，而不知地理、水利已经发生了重大变化，仍把出兵北伐的主路线制定在蜀道上，降低了对荆州出击点的保护，最终战运连年空耗国力，就是跟其读书"独观其大略"有关。

不过诸葛亮主政后，其在主持第一次北伐时，将北伐的目标定在陇右、西凉而非关中、长安，就可以看出，他已经充分认识到了原计划在运输上的巨大困难，从而做出了灵活调整。从这一点上说，诸葛亮仍不失是一个因时而立、因势而为的盖世奇才。

## 陈寿
## 写《三国志》时是否有徇私行为？

说《三国志》作者陈寿徇私，主要是围绕《晋书·陈寿传》里说的两件事展开的。

第一件事：丁仪、丁廙兄弟都是魏国很有名望的人，陈寿想给他们立传，但又想以这个事来捞一把。他找到了丁仪、丁廙的儿子，公开索贿："你们给我一千斛米，我就替你们父亲写篇好传。”丁仪、丁廙的儿子穷，拿不出这一千斛米，陈寿就坚决没有给丁仪、丁廙写传记。

第二件事：陈寿的父亲曾是马谡的参军，马谡被诸葛亮杀了，陈寿的父亲也遭受牵连被追究责任，被处以剃头之刑。另外，诸葛亮的儿子诸葛瞻又经常轻慢陈寿。于是，陈寿在为诸葛亮写传记时，就着力唱衰诸葛亮，说诸葛亮无谋断略，没有应对敌人的才能。写完了诸葛亮，在提到诸葛亮的儿子诸葛瞻时，也非常轻慢地说诸葛瞻只写得一手好书法，有名无实。

陈寿写《三国志》，接近于当时人写当时事，但房玄龄等人写《晋书》，时间上差了三百多年！

所以，《晋书》里面关于陈寿这两段记载是非常可疑的。

先来说丁仪、丁廙这哥俩，他们是否是当时影响巨大的人物？陈寿没有在《三国志》给他们立传，有没有造成了重大史事缺失呢？

并没有！

参考裴松之《三国志注》和《资治通鉴》，大致可考这哥俩的事迹，都是些可以直接忽视的小事，他们根本就是无足轻重的小人物，而且品行很差。

不给他们立传，是非常正常的。

还想立好传，做梦。

清朝人潘眉在《三国志考证》记载，丁仪、丁廙官不过右刺奸掾及黄门侍郎，又无尺寸之功，不得立传是明摆着的事儿嘛。

实际上，《晋书》在记载“陈寿索贿不成”这一段时，还是打了伏笔的，说是“或云”——即可能有人这么说。

这可不就是一则民间传闻嘛，没有多少可信度。

再说说陈寿“黑诸葛亮”之事。

陈寿的父亲是谁呢？

《晋书》没说，大家只好靠猜。

有人说，陈寿的父亲是蜀汉征西将军陈到。

但陈到病逝于建兴八年（公元230年），而陈寿出生于建兴十一年（公元233年），二者生死还隔了三年，不可能。

又有人说，陈寿之父是蜀汉将军陈式。

但陈式曾在建兴七年（公元229年）有“攻魏武都、阴平二郡，克定之”的功绩，如果陈式是陈寿的父亲，陈寿势必要大书特书一笔嘛。

事实上，《三国志》并未为陈式立传，当然也没为陈到立传。

好吧，且不去管陈寿的父亲到底是谁，如果是因为马谡因失街亭而受株连被罚剃头，这也不冤啊。这又不是什么深仇大恨，陈寿还真犯不上因为这个而恨诸葛亮。

事实上，现在读《三国志·诸葛亮传》，我只能说陈寿不但没黑诸葛亮，反而给予了诸葛亮极高的评价。

在《三国志》的传记规格中，只有八个人有资格单独成传，且多数是为开国之君。但诸葛亮却得以单独立传，足以证明诸葛亮在陈寿心中地位之高。

对《三国志》中每个人物，陈寿除了记其事，还要评其人。他给诸葛亮的总评，是全书中字数最多的，超过了刘备、刘禅，也超过曹操、曹丕、曹睿，且多为溢美之词，甚至认为诸葛亮是治世良才，堪比管仲、萧何。

当然，里面也的确说过诸葛亮的不足之处，但尽显维护之意。

他说，诸葛亮连年出兵北伐都没有成功，大概临阵应变打仗不是他的特长吧。

说这话的语气，分明是诸葛亮的死忠粉嘛。

最后说一下，《三国志》的史学地位是非常高的，它与《史记》《汉书》《后汉书》并称为中国史书中的“前四史”，都是不世之良史。

## 周顗

### “我不杀伯仁，伯仁因我而死”来自哪个典故？

“伯仁”是东晋大名士周顗的字。

周顗在很小的时候，就长得神采俊秀，拥有了很高的声誉，为前辈名士所看重。

西晋司徒掾贲嵩向来自视极高，见了人总是头颅高仰，对方看到的是他扬起的两个鼻孔。但是他路遇少年周顗，便为其风采所折服，称周伯仁是士人界的一股清流，他日必定振起旧风清我邦族。

周顗好酒，醉里乾坤大，壶中日月长，南渡之前，酒量有一石。

南渡之后，他出任仆射之职，仍是天天沉醉，杯不离手。

晋元帝的肱股大臣王导酒量浅，三五杯就醉，却和周顗成为好友，经常一起狎饮。

后来王导的堂弟王敦举兵作乱，很多人劝元帝将在朝廷做官的王导处斩。

元帝能在江东立足，主要是得力于王导，自然不忍杀王导，但又恼怒王敦的作死，踌躇不定，让人去找尚书左仆射周顗入宫商议。

王导正好心神不宁地入朝请罪，遇上了周顗，赶紧哀求周顗为自己开脱。

周顗因为事情紧急，只看了王导一眼，没有说什么，急急忙忙地入宫了。

王导一直跪在宫门外请罪，等到天色已黑，终于等到周顗出来了，他一把冲上去探问情况。

但周顗已经在宫中喝醉了，没有理会，在左右从人的搀扶下走了。

王导因此对周顗心生怨意。

不过，第二天，晋元帝还是命人赦免了王导。

王敦的造反大军势头很猛，一下子就打进了石头城（古城金陵）。

晋元帝只好示弱，让公卿百官齐去石头城拜见王敦。

王敦擒捉了众臣中威望最高的戴渊和周顗，准备杀人立威。

动刀之前，他向堂兄王导征询了一下意见。

王导本来是想为周顗求情的，但想起那天在宫门前周顗对自己的冷漠就忍住没说话。

周顗死后，王导入朝料理处置中书省的遗留事项，看到了周顗当日为解救自己而上奏的一大堆奏书，一下子呆住了。

原来周顗当日为了解救他奔波劳苦，不知费了多少功夫。

而且，奏书上充斥着对他的赞誉之辞。

王导羞愧无限，回家后捶胸顿足，对自己的几个儿子说："我不杀伯仁，伯仁因我而死！"

典故就是这样。

典故说明，看人不要停留在表面，要用心啊。

## 江淹

## "江郎才尽"的"江郎"是谁?

"江郎才尽"中的"江郎"名叫江淹，字文通，历史上是真有其人的。

他是南北朝对峙时的南朝人，历仕宋、齐、梁三朝，出生于宋州济阳考城（今河南商丘市民权县程庄镇江集村），家贫早慧，六岁能诗，才气飞扬。

江淹的才气有多高呢?

简单说个例子。

江淹家贫，其实也没读过多少书，特别是十三岁的时候父亲去世，他不得不天天到深山以打柴、卖柴为生。

这样的家庭环境和生活压力注定了他不能像其他才子那样，有大把的时光端坐在书斋里读书写字、吟诗赋词。

但他灵感一来，诗兴一发，佳作层出不穷。

刘宋朝的国子博士檀超眼高过顶一向自负，认为天下的才气都被自己独得了，从没把别人放在眼里。东晋枭雄桓温手下有个名士，名叫郗超，是个连桓温和谢安都佩服的高人。而郗超和檀超同是高平人，时人因此把檀超和郗超并列称“高平二超”。

对这个称呼，檀超是不认同的，他常常反驳说：“我比郗超厉害多了！”

瞧，就是这样一个牛气哄哄的主儿，某日拜读了江淹的作品，竟立刻心悦诚服甘拜下风。

想想看，自古“文无第一，武无第二”，而檀超又是如此自负，却对江淹推崇备至，江淹的才气，可见一斑。

就因为有了檀超这个超级大粉丝，并在这个大粉丝的引荐下，江淹出人头地了。他先是游学建康，教授始安王刘子真、建平王刘景素等人，不久又担任新安王刘子鸾、刘子真的幕僚，成功混迹于高层贵族圈。

在这个贵族圈中，江淹跟随建平王刘景素混的时间最长，在建平王府待了十年。

刘景素是个有政治野心的人。公元472年，宋明帝刘彧死，太子刘昱即位。刘昱的个人素质很坏，搞得天怒人怨。刘景素就蠢蠢欲动，想举兵造反。

江淹大惊，力劝。

力劝的结果是：因为和刘景素政见不同闹掰了，江淹被刘景素贬斥为建安吴兴令。

十年的感情，说没就没了。

江淹很伤心，作了大量诗赋来排忧遣愁。

刘景素这边，不听江淹的劝阻，冒冒失失起兵，兵败身死。

江淹却因为有“劝阻”之举，被视为忠心，得封为尚书驾部郎、骠骑参军事，召还京师。

在京师，江淹和权臣萧道成走得很近。

萧道成也很喜欢读江淹的文章，赐酒食、出题，让江淹现场作文。

江淹不慌不忙，边吃肉喝酒边提笔作文，嘴里还与萧道成谈笑风生。

等酒足饭饱，文章也写好了，在座众人视之若天人。

不久，荆州刺史沈攸之反。萧道成向江淹征询局势。江淹眼光毒辣，思路清晰，对萧道成说：“公有五胜，彼有四败。”

然后，他一五一十地告诉萧道成该怎么做。

最后，萧道成胜了。

萧道成后来篡夺刘宋顺帝的帝位，那份《齐王让禅表》就是江淹执笔写的。

江淹不但在萧道齐手下吃香，在齐明帝萧鸾的手下也同样吃得开，深得萧鸾信赖，萧鸾称赞其为“近世独步”。

萧齐东昏侯昏庸，江淹转投萧衍——萧梁代齐后，江淹即被任命为散骑常侍、左卫将军，封临沮县伯，时年五十九岁。

不难看出，从穷小子发迹，并历经乱世却风光一生，江淹实是人生赢家。

成语“江郎才尽”嘲笑江淹早年文才惊艳，晚年再无佳作。

钟嵘《诗品》和《南史·江淹传》用神话故事来解释这个现象，说江淹早年文才出众，是因为得仙人传授有神笔，晚年才思枯竭，是神笔已被仙人收回。

实际上，细看江淹的经历就不难理解，他哪里“才尽”了？他本来的志趣就不在文学而在官场，如清人姚鼐所说：“江诗之佳，实在宋、齐之间，仕官未盛之时。及名位益登，尘务经心，清思旋乏，岂才尽之过哉？”

所以，“江郎才尽”的神话故事，听听就好，不必当真。

## 张柬之
## 发动“神龙政变”之后下场如何?

提起“神龙政变”，就不得不说武则天这个人。

武则天是一个极其狠毒的女人。

她为了攫取世间最高的权力，心狠手辣无所不用其极，不但几乎将唐王室李氏儿孙斩尽殆绝，就连自己生育的儿子也下得去狠手。

她和唐高宗李治共生有四个儿子：长子李弘被她下令毒死；次子李贤被她逼迫自杀；三子李显被她贬斥到房州，也多次吓得要自杀；四子李旦的帝位被她夺过来后，先是被逼令改姓武，后又被软禁起来，生不如死。

只能说，武则天，狠人哪。

有人歌颂武则天伟大，是个伟大的政治家。

但这个政治家所使用的政治手腕，就是把丈夫留下的传国玉玺先交给三儿子玩；等三儿子过了会儿瘾，又夺过来交给四儿子玩；等四儿子过了会儿瘾，又夺过来留给自己玩。

不过呢，等她真正掌管了玉玺，改国号、改年号登位称帝时，她也已经六十六岁高龄了!

在古代，这是个逾花甲奔古稀的年龄，该考虑后事了。

那自己蹬腿之后，这大周国的帝位应该传给谁呢?

虽然她还有两个儿子，但她差不多已经屠绝李唐宗室的成员，是李唐的仇人，而且篡唐代周，她是不愿意再传回给儿子的，这两个儿子，尤其是四儿子李旦，即使已经改姓为武，但谁能保证他们继承了帝位后不会“去周返唐”?

从这一点上说，她是万万不愿意。

自己费了这么大周折，死了这么多人，到头来终点又回到起点，白费劲!

她也想过把帝位传给女儿。

她是非常宠爱女儿太平公主的，但想来想去，这个帝位如果传给了太平公主，以后更不知是属于哪家哪姓的了。

另外，她对娘家的武承嗣、武三思等人也是心存忌讳的，毕竟这两位侄子的父亲都是她整死的。

所以，关于选谁做接班人的问题，武则天坐了十五年帝位，思索了十五年，煎熬了十五年。

最后，还是名臣狄仁杰给她指了条明路："姑侄与母子相比，哪样更亲？您立亲儿庐陵王为皇太子，那么您在千秋万岁后仍能常享宗庙；您立侄子为皇太子，武氏宗庙里是不会有您这姑姑的神主牌位的。"

就这么简单的一句话，把纠结了武则天十五年的死结打开了。

武则天于是派人到房州（今湖北房县）迎庐陵王李显回京。

可笑的是，胆小如鸡的李显，听说母亲派人来迎自己，以为是要来索自己性命，正拿出准备已久的绳子准备上吊。

他的妻子韦氏抚着他的背脊说："祸福无常，不见得就一定是赐死，何必如此惊恐。"

李显这才没有死成。

李显回京后，被定为了皇储。

可以说，"去周返唐"只是个时间问题了，但狄仁杰还担心节外生枝事有反复，他充分利用武则天对自己的信任和依赖，向武则天举荐了许多栋梁之材。

这里面，就有张柬之、桓彦范、敬晖、窦怀贞、姚崇等数十位忠贞廉洁之士。

这些人上台，顿使朝中的歪风邪气为之一空，满朝盈正。

久视元年（公元700年）秋，狄仁杰病重，张柬之、桓彦范、袁恕己、敬晖、崔玄暐（同“炜”）五个人去看望狄仁杰。

狄仁杰特别交代：武则天的侄子武三思还掌着大权，一定要盯紧他。

狄仁杰交代完毕，不久病逝。

神龙元年（公元705年）正月二十二日，八十二岁的武则天卧病不起，张易之、张宗昌侍奉左右，外人不得入内。

以张柬之为首的桓彦范、敬晖、崔玄暐、袁恕己五个大臣们抓住时机，联合右羽林卫大将军和左威卫将军发动兵变，来到了迎仙宫武则天的寝宫，杀死了张易之、张昌宗兄弟，逼武则天让位，拥立李显。

武则天也自知去日无多，帝位传给儿子李显只是早晚的事，迟一日不如早一日，宣布退位。

于是，大周帝国终结大唐复兴，史称“神龙政变”。

政变成功，张柬之被封为汉阳王，敬晖被封为平阳王，桓彦范被封为扶阳王，袁恕己被封为南阳王，崔玄暐被封为博陵王，时称“五王”，因此神龙政变也被称为“五王政变”。

可这“五王”根本就不把狄仁杰临终前惇惇告诫的话放在心上，即没及时铲除梁王武三思，以至于仅在一年之后，武三思后来勾结了李显的皇后韦氏，对五人发起了报复，五人全部被贬官。

张柬之被贬新州，不久忧愤病死。

敬晖被贬到崖州，不久就被杀害。

崔玄暐在岭南病死，桓、袁二人则被李显派遣的使者杀害。

回头细思，总觉得“五王政变”的政治意义并不是特别大，道理显而易见：帝位传李显本来就是水到渠成之事。

“五王政变”不过是让五个王风光了一把，然后悲惨死去，仅此而已。

## 苏东坡

# “乌台诗案”中的肇事诗流传下来了吗?

“乌台诗案”是发生在宋神宗朝的一桩文字案。

这里解释一下，所谓“乌台”就是御史台，盖因御史台官署内栽满了柏树，所以又称“柏台”，又因柏树上常有乌鸦栖息筑巢，也称“乌台”。

“诗案”，即与诗有关的案件。

案件的主角是大家都熟悉的大文豪苏东坡。

苏东坡才情盖世，恃才傲物，疾恶如仇，刚正不阿，为人很有性格。

苏东坡自己形容自己，一旦遇上看不惯的事，就必须“如蝇在台，吐之乃已”。

偏偏，苏东坡又是一个“极不合时宜”的人——苏东坡生得体胖须长，尤其一个大肚子鼓如孕妇，他曾抚腹笑问小妾朝云：“猜猜这个大肚子里装的都是啥？”朝云讨好地说：“是一肚子锦绣文章。”苏东坡先是哈哈大笑，既而纠正说：“错，是一肚子不合时宜。”

宋神宗朝兴起了由王安石牵头的“新政改革”，改革派上台推行新政，苏东坡看不惯，处处冷嘲热讽；到了保守派上台恢复旧政，苏东坡也看不惯，同样热嘲冷讽。

一句话，苏东坡是个两头不讨好的人。

“乌台诗案”发生的时间是元丰二年（公元1079年），看名称就知是与诗有关，但案发是从一份谢表开始的。

先交代一下背景：宋神宗在熙宁年间（公元1068至1077年）重用王安石，大力实施变法。变法失利后，又在元丰年间（公元1078至1085年）从事改制。

元丰二年（公元1079年），是从变法到改制的转折关头，这年三月，苏东坡由徐州调任太湖滨的湖州。

官职调动，按照惯例，都得给皇帝上一份谢表，感谢龙恩浩荡。

苏东坡也例行公事，上了一份《湖州谢上表》。

谢表的惯常做法，就是总结一下自己在原职上的工作，展望一下新职上的期望和计划，再加几句感激语，程序就算结束了。

但苏东坡是个牢骚包，对新政有一肚子牢骚不吐不快，自己作死鬼使神差地写了这么一句："陛下知其愚不适时，难以追陪新进；察其老不生事，或能牧养小民。"

表面看，这一句也只是普通牢骚话，其大致意思是：皇上您也了解小臣我愚钝不识时务，难于和新提拔起来的年轻才俊共事；同时您也体察到小臣我年老疏懒，也只能在基层混日子了。

但是，事情并没那么简单。

苏东坡这句话里有几个词语，在当时是非常刺眼的。

其中，"生事"二字，是神宗朝的热门词语——炒热这个词的人，正是保守派和变法派的领袖司马光和王安石。司马光曾写过一封长信给王安石，信中以"生事"一词来训斥王安石，说王安石的变法是无事生事，是要扰乱天下的祸根。

这之后，"生事"就成了攻击变法的惯常用语。

另外，"新进"则是苏东坡对王安石引荐的新人的贬称。他曾在《上神宗皇帝》书里说王安石"招来新进勇锐之人，以图一切速成之效"，结果是"近来朴拙之人愈少，而巧进之士益多"。

这样的牢骚，这样刺眼的词语，让变法派人士极度不适。

试想想，苏东坡乃文坛的领袖，他随便说一句什么话，都会对民众形成强大的引导力，而他总是在诗词文章中讥讽新政，无疑会对政府推行的新政建设造成强大阻碍。

变法派人士早就牙根痒痒的，一直想整苏东坡了。这回看到谢表上的刺眼语句，他们决定从这份谢表入手，把苏东坡整臭整倒，让他停止呼吸，彻底闭嘴。

监察御史里行何正臣率先摘引“新进”“生事”等语上奏，说苏轼“愚弄朝廷，妄自尊大，暗讥朝政”；御史李定也指出苏轼四大可废之罪。

于是，苏东坡被拘押到御史台狱受审。

好巧不巧，苏东坡的《元丰续添苏子瞻学士钱塘集》正好新刊印发行，给御史台的新人提供了一个上佳收集材料的机会，而这些诗也都全部流传了下来。

监察御史台里行舒亶摘抄了几首苏轼的诗，上奏弹劾苏东坡“包藏祸心，怨望其上，讪渎谩骂”。

老实说，舒亶也没冤枉苏东坡。

舒亶说苏东坡的《山村五绝》中“赢得儿童语音好，一年强半在城中”是讥讽新政中的青苗法；“岂是闻韶解忘味，尔来三月食无盐”是讥讽新政中的盐税法；《八月十五日看潮》中“东海若知明主意，应教斥卤变桑田”是讥讽新政中的水利法；《戏子由》中的“读书万卷不读律，致君尧舜知无术”是讥讽新政里的课试郡吏措施，“其他触物即事，应口所言，无一不以讥谤为主。”

苏东坡一开始只承认，《山村五绝》里“赢得儿童语音好，一年强半在城中”是讽刺青苗法的，“岂是闻韶解忘味，迩来三月食无盐”是讽刺盐法。但迁延数日，也不得不承认，《八月十五日看潮》里“东海若知明主意，应教斥卤变桑田”两句的用意是“讽刺朝廷水利之难成”。再拖延了几日，又承认了《戏子由》诗违抗“朝廷新兴律”的主旨。

事实上，舒亶的道行还是浅了点。

经过御史台同仁群策群力，他们从苏东坡诗词搜罗出上百首诗是针砭新政的。

在铁一般的事实面前，苏东坡也统统做出了交代，承认自己就是看不惯新政。

其中有些诗，御史台的官员看不懂里面的真意，苏东坡主动指出来，给他们上课详加解释，他们才醍醐灌顶，大长见识。

比如《和韵》诗中的“嘉谷”“莨莠”等语，苏东坡说这是在讥今之小人轻君子，如良莠之夺嘉谷，后面意言君子小人各自有时，如夏月蚊虻纵横，至秋自息。另外，又取《诗经》中“忧心悄悄，愠于群小”，皆以讥讽当今进用之人为小人也。

……

因为这些诗，有三十九人受到牵连，其中官位较高的是司马光。

国子博士李宜之、御史中丞李定、宰相王珪等人喊打喊杀，必欲除苏东坡而后快。

本来苏东坡本人在狱中也做好了必死的打算，但是结果颇有些黑色幽默。

苏东坡平日和一些心目中的正直大臣诗文唱和，写“独鹤不须惊夜旦，群乌未可辨雌雄”“腐鼠何老吓，高鸿本自冥”等句自比独鹤、高鸿，把变法派比喻成乌鸦、老鼠。

这些“独鹤”“高鸿”竟没有一个肯出面替他求情，反而是那些被指称为“乌鸦”“老鼠”的变法派大臣出力搭救。

其中，章惇为了搭救苏东坡，还和王珪撕破了脸面。

当然，最能决定苏东坡生死的，还是王安石劝宋神宗那一句“安有圣世而杀才士乎？”

回头想想，早在熙宁七年（公元1074年），苏东坡还做了《王莽》《董卓》两首诗来痛斥王安石。

最终，宋神宗下令对苏东坡从轻发落，贬谪为“检校尚书水部员外郎黄州团练副使本州安置”。

“乌台诗案”就此了结。

最后补一笔，苏东坡刚刚逃出生天，老毛病就犯了，信笔写下了“平生文字为吾累，此去声名不厌低。塞上纵归他日马，城东不斗少年鸡”的诗句。

真是江山易改，禀性难移。

## 寇准

## 北宋名相寇准的下场有多凄惨?

寇准有才学，有能力，有胆略，善断大事，刚正不阿，忠心为国，堪称人臣典范。

寇准的才学，乃是有目共睹的：八岁就写出了“只有天在上，更无山与齐”这样的诗句；十九岁中进士。

而且，与寇准同榜中进士的，多为牛人，如李沆、向敏中、王旦等，但这些人，年纪都远远大于寇准。龚鼎臣在《东原录》称该榜为“龙虎榜”，足见寇准才学含金量之高。

寇准的能力，表现在为官上，所在地方任职政绩优异官声很好，深得百姓爱戴。两度入相一任枢密使，辅助太宗、真宗两朝天子处理政事井井有条。

寇准的胆略，不但敢于和所有邪恶势力做斗争，而且也不惧任何外来势力的侵略，甚至敢批龙麟、逆圣听。某次寇准向宋太宗进谏，宋太宗听不进去，想起身离开。寇准上前去拉住他，并把他摁在椅子上，听自己把话说完。事后，宋太宗感慨地说：“朕得寇准，犹如唐太宗得魏徵。”

寇准善断大事，还干出过惊天动地的大事——“绑架”皇帝，御驾亲征。

范仲淹因此称赞他说：寇莱公澶渊之役，而能左右天子，不动如山，天下谓之大忠。

寇准忠心为国，死后谥“忠愍”。宋仁宗于皇祐四年（公元1052年）诏翰林学士孙抃撰神道碑，追赠中书令，宋仁宗亲篆其首曰“旌忠”。

不过，寇准的刚正不阿，也为他的人生悲剧埋下了伏笔。

寇准的刚正表现在哪儿呢？

寇准考进士那会儿，大家都知道宋太宗喜欢选年长的，有人劝他增报年龄，他不以为然地说：“我刚刚准备要踏上仕途，怎么可以欺骗陛下呢？”

王淮和祖吉两个贪官，因为贪污腐败被查处，两人案情相同，祖吉被处以死刑，王淮因为担任参知政事的哥哥王沔从中活动，仅被撤职杖责。这件事与寇准关系不大，但寇准愤愤不平，大闹朝堂，迫使宋太宗重新做了判罚。

……

寇准是倒在小人丁谓的枪口下的。

寇准为相时，丁谓当参政。丁谓才学很好，人品却很差，喜欢溜须拍马。

实际上，“溜须”一词，就来源于寇准揶揄丁谓的话。

在一次宴会中，寇准的胡子上沾了点饭菜，丁谓为讨好和巴结寇准，就伸手替寇准清理。

寇准非常恶心，鄙夷地说：“参政，国之大臣，乃为长官拂须耶？”

丁谓后来也做了宰相，为了逢迎宋真宗，经常和王钦若等人一起大搞封建迷信活动，想着法子呈献祥瑞，鼓动宋真宗搞封禅活动。

寇准眼中不容沙子，处处针对丁谓。

由于丁谓经常给宋真宗念叨着有仙鹤呈祥，寇准就指着天空飞过的乌鸦故意大声说：“诺，这就是丁谓说的‘玄鹤’了。”

大家哄笑之余，给丁谓起了一个“雅号”：鹤相。

……

为此，丁谓恨死了寇准。

宋真宗病重，刘皇后干政，丁谓专权。

寇准、王旦、向敏一起上奏真宗，要求太子监国。

刘皇后也因此恨上了寇准。

在这样的背景下，丁谓诬陷寇准企图谋反，矫旨将他逐出京城，然后一贬再贬，贬到了环境恶劣的雷州（今广东湛江雷州市）。

年过花甲的寇准经不起折腾，在到雷州一年后，一病不起，于天圣元年（公元1023年）九月就辞世了。

寇准的妻子宋氏带着灵柩返回故里，运到洛阳的时候没钱了，只好就地葬在洛阳巩县（今巩义市），过了十年，才在宋仁宗的主持下迁回故里。

## 文天祥
## 曾向忽必烈提过一个投降条件？

大英雄文天祥是我华夏千古伟人，他从没有提出过要投降。

这段时间，有人为了博取眼球，想抹黑文文山，简直是痴心妄想。

有人胡扯说，文天祥根本不想死，说他也想投降的，只是死要面子，只要忽必烈满足一下，给他个台阶，他就降了。

还有人说，文天祥本身并没那么高尚，他也想求生的，是他的朋友王炎午写《生祭文丞相文》给逼死的。

……

怪论很多。

但是，所有的怪论都站不住脚。

难道说，天文祥的忠肝义胆，是王炎午一个人催生出来的？

真是可笑。

关于王炎午写《生祭文丞相文》之事，明朝人敖英是这样看的：人生在世，无不有一死。憎恨某人，希望某人早死，这是很常见的事儿。但敬爱一个人，希望这个人早死，这是君子才有的心思。自古有言“纲常九鼎，生死一毛”，当死重于生，君子就会促其舍生取死。所以，这才有中唐大将南霁云被执而未死，张睢阳大呼男儿以速其死；文丞相被执而未死，王鼎翁作生祭文以速其死的典故。

实际上，天文祥在孩提时，见学宫所祠同乡先生欧阳修、杨邦乂、胡铨等人的画像，谥号都为“忠”，便欣然慕之朗声说：“没不俎豆其间，非夫也！”意思是说，我以后如果不成为其中的一员，就枉为大丈夫了！

所以说，文天祥这一腔浩然忠义之气，那是自小就养成的了，百折不回，至死不渝。

文天祥二十岁中状元，在集英殿答对论策，没有草稿文不加点，一口气写下来洋洋洒洒万余字。考官王应麟读了赞不绝口，说这是“古谊若龟鉴，忠肝如铁石”。看，忠心肝胆好似铁石！

王应麟可谓知人识人！

德祐元年（公元1275年），元军南征军情紧急，宋廷诏令天下兵马勤王。

文天祥捧诏流涕哭泣，聚集起兵众万人，义无反顾地率军入卫京师。

有人劝阻说：如今元兵三道鼓行，破郊畿，薄内地，所向无敌，您以万余乌合之众赴援，根本就是驱群羊而搏猛虎。

文天祥慨然答道：敌强我弱的形势我自己清楚，之所以不自量力以身殉职，是想以此为榜样，使天下忠臣义士闻风而起。

文天祥平生锦衣玉食声伎满堂，这会儿散尽家财，把家里的资产全充为军费。

他在潮阳五坡岭被张弘范的军队捉获之时，立刻吞食毒药殉国，可惜毒性不够没有死成。

张弘范胁迫文天祥写信招降张世杰。

文天祥哂笑说："吾不能捍父母，乃教人叛父母，可乎？"

为了让张弘范死心，当即写下《过零丁洋》相示，诗末两句为："人生自古谁无死，留取丹心照汗青。"

厓山大战结束，文天祥在张弘范座舰上目睹南宋君臣蹈海殉国，目眦尽裂、发往上指、心胆俱摧、泪眼哭干，恨不能同陆秀夫一样伴幼帝而去。

张弘范军中置酒大摆宴会，得意扬扬地对文天祥说："国亡，丞相忠孝尽矣，能改心以事宋者事皇上，将不失为宰相也。"

文天祥凄然欲绝泫然出涕："国亡不能救，为人臣者死有余罪，况敢逃其死而二其心乎。"

我相信，这一刻他的心已经死了。

所谓"文天祥向忽必烈提投降条件"之说，其经过是这样的。

忽必烈非常敬重文天祥，派降臣王积翁前来劝降。

文天祥冷冷地说："国亡，吾分一死矣。傥缘宽假，得以黄冠归故乡，他日以方外备顾问，可也，若遽官之，非直亡国之大夫不可与图存，举平生而尽弃之，将焉用我？"这句话的意思是：国家已亡，我分内只有一死而已。倘若因为宽赦，能以道士的身份回归故乡，他日以世俗之外的身份作为顾问是可以的。假若立即给予高官，不仅亡国的大夫不可以与我并存，而且我平生的抱负都会一文不值，那么任用我又有什么好处呢？

王积翁想联合留梦炎、谢昌元等十个宋朝降臣一起向忽必烈申请释放文天祥为道士，让他获得自由。

留梦炎断然否定："天祥出，复号召江南，置吾十人于何地！"

王积翁顿时省悟，于是请释文天祥之事就此作罢。

有人乱说王积翁已经请求，而忽必烈也已经批准放人，便被留梦炎劝阻住了。

留梦炎的说法是对的，如果王积翁向忽必烈请求，而忽必烈也已经批准放人。则以文天祥的性格，绝对不会安安逸逸去隐居做道士——真要这样，当初他就不会知难而进、毁家纾难了。他势必会“复号召江南”，那时，申请释放他的王积翁等十个人一定会死得很难看。

忽必烈也的确是敬重文天祥，他深知文天祥是宁死不降一心求死却舍不得杀，将文天祥关在狱中好生养着。

就这么着又关了三年，到了至元十九年（公元1282年），有僧人说土星冒犯帝坐星，怀疑有变乱。事有凑巧，中山有狂人自称“宋主”拥兵千人，叫着闹着说是要救文丞相出苦海。随后又发生了左丞相阿合马被刺事件。

一向迷信的忽必烈惊惧不已，决心杀文天祥。

处决当日，派人询问文天祥：“汝何愿？”

文天祥从容作答：“天祥受宋恩，为宰相，安事二姓？愿赐之一死足矣。”

由于被关四年，文天祥在狱中暗无天日，上刑场时已不辨南北，不得已向监斩官问清南面方向，向南跪拜，一片丹心照汗青，死前犹不忘酬答自己写过的雄诗：“臣心一片磁针石，不指南方誓不休！”

文天祥“从容伏质，就死如归”，其妻欧阳氏前来收尸，在其衣底中发现绝命诗：“孔曰成仁，孟曰取义，唯其义尽，所以仁至。读圣贤书，所学何事？而今而后，庶几无愧。”

明人蒋一葵大赞：“擎天者，文天祥。捧日者，陆秀夫。”

异世大英雄于谦更长叹：“呜呼文山，遭宋之季。殉国亡身，舍生取义。气吞寰宇，诚感天地！”

文天祥被关了四年，长长的四年时间，可以改变世上的许多东西，尤其是人的心境。

但文天祥心无杂念，一心求死。清乾隆帝因此敬仰无限地说：世间忠诚有德之士很多，但大多是出于一时之愤激、奋不顾身以死殉之。但文天祥的忠诚之心绝不是出于一时之激，而是久而弥励，浩然之气与日月争光。像他这样欲伸大义于天下的志士仁人，是绝对不可以用成败荣华来改变他的志向的。

## 刘伯温

## 刘伯温是怎么死的?

几乎所有的史书都说刘伯温是被胡惟庸毒死的，但我觉得他应该属患病自然死亡。

为什么众多史书都如此统一口径地说刘伯温是被胡惟庸毒死的呢?

盖因这种说法是朱元璋“钦定”的。也许，最初发明这种说法的人就是朱元璋。

洪武八年（公元1375年）元旦，朱元璋君臣在朝堂上庆贺新年，刘伯温躬逢其盛曾随喜写了一首《乙卯岁首早朝奉天殿，柬翰林大本堂诸友》，应该说身子骨还可以。

而从刘伯温的好朋友宋濂所作《恭题御赐文集后》内容看，刘伯温是在该年二月初患上了“霜露之疾”，遂得朱元璋批准还乡养老。

霜露之疾，语出《史记·公孙弘传》，指因风寒而引起的疾病，即感冒。

必须说明，宋濂在《恭题御赐文集后》写“洪武八年岁次乙卯春三月壬辰”，但洪武八年三月并无壬辰日，即“三月壬辰”应该是后人抄写之误，正确时间应该为“二月壬辰”，即二月二日。

刘伯温跟宋濂说了自己动身返乡的时间，是二月三日。

刘伯温病故的时间是四月十六日，距二月三日隔了七十三天。这七十三天中，史书没记载有什么关于刘伯温的故事。

可见，刘伯温应该是患病自然死亡。

而且，刘伯温死亡后，大概在长达四年的时间内，人们也没有觉得他的死有什么异样。

到了洪武十二年（公元1379年），因为相权与君权的冲突，在这年年底，朱元璋准备搞倒搞臭居相位的胡惟庸时，突然给胡惟庸加了一条罪名：下毒毒死刘伯温。

《明实录》卷一二八《汪广洋传》记载：胡惟庸的党朋御史中丞涂节为了摆脱干系，反戈一击，状告胡惟庸及御史大夫陈宁等谋反，并指出是他们毒杀了刘伯温，要汪广洋出来做证。汪广洋时任左御史大夫，与胡惟庸共事，矢口否认此事的存在。朱元璋怒其“欺罔”，贬之至海南。

《明实录》卷二九又记：（洪武十三年正月）甲午，御史中圣涂节告左丞相胡惟庸与御史大夫陈宁等谋反及前毒杀诚意伯刘基事。

刘伯温死后五年，御史中丞涂节揭发左丞相胡惟庸与御史大夫陈宁谋反时，刘伯温暴死的秘密才公开。原来，是胡惟庸指使他带的医生在药中下了毒。

最后，胡惟庸谋反罪证被“坐实”，近一万五千人被诛。

《明实录》卷二九既然已经记下了“左丞相胡惟庸与御史大夫陈宁等谋反及前毒杀诚意伯刘基事”这一笔，则《明实录》中的刘基本传，黄伯生《行状》、张时彻《神道碑铭》，以及后出的史书，如徐愚谷《明名臣言行录》、李贽《续藏书》、尹守衡《明史窃》、王鸿绪《明史稿传》、钱谦益《列朝诗集小传》，包括后来的《明史·刘基传》，也都沿袭了胡惟庸毒死刘基的说法。

收入《诚意伯文集》中的《诚意伯次子阁门使刘仲璟遇恩录》，还记载朱元璋在洪武二十年（公元1387年）至二十四年（公元1391年）接见刘伯温次子刘璟时，前后五次提到了“胡惟庸下毒毒死刘伯温”。

其中最后一次说得最多，也最生动。

他是这样说的：我到婺州（今浙江金华附近）时得了处州（今浙江丽水

附近），他那里东边有方谷珍，南边有陈友谅，西边有张家，刘伯温那时挺身来随着我。他的天文别人看不着，他只把秀才的理来断，到强如他那里的鄱阳湖。鄱阳湖里到处厮杀，他都有功。后来胡家结党，他被下了蛊。只见一日来和我说："上位，臣如今肚内一块硬结，但谅着不好。"我着人送他回去家里死了。后来宣得他儿子来问，说道胀起来紧紧的，后来泻得瘪瘪的，却死了。这正是着了蛊。他大儿子在江西，也吃他药杀了。如今把尔袭了老子爵，与他五百石俸。

想想吧，胡惟庸下的什么毒？可以让刘基在肚里瞬间长一"硬结"，却并不立刻毙命，而要在七十三天后才毒发身亡？！

如此神奇的毒药，我想，世间是不存在的。

即"胡惟庸毒死刘伯温"之说，极有可能只是朱元璋要整倒胡惟庸所制造的谎言之一。

可是，后世史家，不但认为这谎言是事实，还进一步推断：胡惟庸之所以要对刘伯温下毒，是因为朱元璋在背后指使！

这，应该是谎言制造者朱元璋始所未料的吧？！

## 周颠仙

## 朱元璋曾嫌此人太聒噪，后奉之为仙，亲自为之立传

我们都是无神论者，我们都坚信，世上是没有神仙的。

现在，但凡有自称神仙的，必是神棍、骗子一类，其目的不过是招摇撞骗，混吃混喝罢了。

明太祖朱元璋对鬼神之事也是非常反感的，他的第十子鲁王朱檀就藩究

州，误听妖僧妖道的教唆，沉迷上了烧炼“仙丹”，结果“饵金石药，于洪武二十一年（公元1388年）毒发身亡”。朱元璋在南京收到噩耗后，气得连骂“该”，并赐恶谥曰“荒”。

应该说，朱元璋本人是不怎么相信神人、仙人以及长生不老一类鬼话的。

但是数年之后，朱元璋却对自己早年结识的一个异人念念不忘，最终认定他是隐藏于尘世的大仙人，不但亲自执笔为之立传，还写诗颂扬。

看来，神仙之说也真不可等闲视之。

要知道，朱元璋以白衣横取天下，所遇之人何止千千万万，所历之事不知凡几，却偏偏只为此人立传，可知此人不同凡响。

事情是这样的：洪武二十六年（公元1393年），朱元璋忽患热症，以他自己的话来说，那是“几将去世”，太医院一众医官束手无策，满朝文武惊惶。却有赤脚僧人来京面圣，自称是奉“天眼尊者”及“周颠仙人”之命遣送丹药救命来了。朱元璋本着“死马当活马医”的精神，服下了丹药。结果神了，“初服在未时，间至点灯时，周身肉内搐掣，此药之应也。当夜病愈，精神日强一日。”

按照这个赤脚僧人的说法，他是从庐山天池寺来的，可庐山与南京远隔千里，这“天眼尊者”及“周颠仙人”是怎么知道皇帝患病的？而且送来的神药对症，药到病除，可不就是活神仙？！

更奇的是，朱元璋派人到庐山访这二位高人，结局却是“使者至，杳然矣”。

前文说了，神棍、骗子自称神仙，不过是招摇撞骗、混吃混喝，这二位却是“事了拂衣去，深藏功与名”，朱元璋大为讶异。

而赤脚僧人所说的“周颠仙人”，朱元璋其实也是认识的，而且认识时间还不短，有三十多年了。

朱元璋追思这位“周颠仙人”的所作所为，越发觉得奇异，于是命人在庐山建亭立碑，并亲手写《御制周颠仙人传》记其人其事。

虽然后来的《明史本传》《画史会要》《名山藏》等书均有这位“周颠仙人”的传记，但都是在朱元璋这篇《御制周颠仙人传》的基础上改编的，而且所叙事迹也远没有亲历者朱元璋这么历历如绘，所以就让我们通过朱元璋这篇《御制周颠仙人传》，来了解“周颠仙人”神奇而又荒唐的一生就好了。

《御制周颠仙人传》，《明史》卷九八艺文志三、《四库全书总目提要》卷一四七子部道家类存目有著录，提要记有“洪武二十六年，太祖亲制此传，命中书舍人詹希庚书之，勒石庐山，后人录出刊行”，为了方便读者阅读，我在文字上做了些置换、删减。

周颠其人，姓周，自称是南昌属郡建昌人，十四岁时，患上了颠疾，失其名，人以“周颠”呼之。

周颠入南昌，乞食于市，凡新官到任，必谒见而口中称颂“告太平”。

当是时，元天下承平，人视周颠者此言为“异词”。

不数年，元天下乱，所在英雄据险，杀无宁日。

先是，陈友谅称伪汉，率乌合之众占据了南昌。

未几，朕率舟师攻取，南昌城降。

朕抚民既定，归建业，于南昌东华门道左见一男子拜于道旁。

朕谓左右曰：“此何人也？”

左右皆答：“颠人。”

朕三月回到建业，周颠六月即来谒。

朕问周颠：“此来为何？”

周颠答：“告太平。”

从该日起，朕每出其必逢之，所告如前，“告太平”一语或左或右，或前或后，务以此言为先。

有时遥见以手入胸襟中，似乎讨物，以手置口中。

朕怪问其故，对曰：“蝨（同‘虱’）子。”

复问其：“有几何？”

对曰：“二三斗。”

疯言疯语，诸如此类，见怪不怪。

朕终日被此颠人所烦，故意以烈酒将之灌醉。然其酒量甚巨，长饮不醉。且明日又来，仍以蝨多为说辞。

朕于是赐新衣于其以换下旧衣。

其换衣时，朕视其旧裙腰间处藏有三寸长菖蒲，大奇，问：“此物何用？”

周颠答：“细嚼，饮水，可治腹痛。”

新衣已换，烈酒长饮，周颠仍是日日疯癫不已。

朕不胜其烦，命人以巨缸覆周颠于其内，以芦薪缘缸焚烧，意欲将之烧毙。

薪尽火消，揭缸而视之，周颠却安然无恙。

无奈，安排其寄食于蒋山寺。

月余，蒋山寺主僧来告，言周颠与寺中小沙弥争饭不得，一怒之下，绝食半月矣。

朕奇之，命驾亲往询视之。

至寺，遥见周颠来迓，步趋无艰，容无饥色，是其异也。

当日，备下佳肴美酒，与周颠同享于翠微亭。

膳后，朕密谓主僧曰：“令周颠清斋一月，以视其能否。”

主僧如朕命，关周颠于一室。

朕每二日一问，问至二十三日，果不饮膳，是不类于凡人也。

朕亲往蒋山寺为其开门。

诸军将士闻是，争取酒肴以供之。

酒过且酣，周颠先于朕归道旁待朕至。及朕至，其以手画地成圈，指谓朕曰，“你打破一桶，再做一桶”。

未几，朕将西征九江陈友谅，特问周颠：“此行可乎？”

周颠应声答：“可。”

朕又问：“彼已称帝，今与彼战，岂不难乎？”

周颠作癫狂态，仰面视屋上，久之，端首正容，以手拂之曰：“上面无他的位置。”

出征之日，周颠以平日所持之拐擎之，急趋朕之马前，摇舞之状若壮士挥戈之势，此露必胜之兆。

至皖城，无风，舟师艰行。周颠却云：“只管行，只管有风。无胆不行，便无风。”

于是诸军上岸以绳牵舟，溯流而上，不二三里，微风渐起；又不十里，大风猛作，扬帆长驱，遂达小孤山。

朕谓相伴者曰：“周颠其人疯疯癫癫，语出无状，谨防其扰乱军心。”

果然，船到中江，江中有江豚戏水，周颠大呼：“水怪见前，损人多。”

朕一开始不以其说为然，军至湖口，损失人数约有十七八人。

朕命人将周颠领去湖口小江边溺死。

去久而归，周颠竟与之同回。

朕问命往者：“何不置之死地，又复生来？”

答曰：“难置之于死。”

周颠谓朕欲食。

朕与之。

食罢，周颠整顿精神、衣服，作远行之状，至朕前，鞠躬舒项，指着颈脖谓朕曰：“你杀之。”

朕谓曰：“被你烦多，杀且未敢，且纵你行。”

周颠遂扬长而去，去后莫知所之。

……

以上乃是朱元璋《御制周颠仙人传》所写，观周颠之行事语言，确是疯疯癫癫，几类于心智错乱失常，但其火烧不毙，水溺不死，酒量惊人，却又能月余不食人间烟火，种种诡谲之状，难以置信。而其在湖口饱饭后，从容伸颈向朱元璋请死之语，似乎有恃无恐，俨然神仙临世、游戏人间。

最最出人意表的，朱元璋明明对他恶意满满，几次要置之于死地，他却浑不以为意，而且还以德报怨，于洪武二十六年（公元1393年）派人送来了灵丹妙药，不是活神仙又是什么？！

当时，赤脚僧人除了送来灵丹妙药，还送来了天眼尊者和周颠诗各一首。

天眼尊者诗云：

圣主祥瑞合天基，如影随形总是痴。

奉天门下洪福大，生灵有难不肯依。

非非相处方出定，金轮积位四海居。

明君有道乾坤广，等闲一智声如雷。

周颠诗云：

初见圣主应天基，一时风采一时痴。

逐片俱来箍一统，浩大乾坤正此时。

人君自此安邦定，齐天洪福谢恩驰。

我王感得龙颜喜，大兴佛法当此时。

朱元璋初见此两诗，认为词句粗俗，无韵无联，似乎非诗也。后因派人到庐山访天眼尊者和周颠二人不得，专门御制祭天眼尊者周颠仙人赤脚僧文，慨叹："今者神神妙用，幽隐于庐岳，独为朕知而济朕难。"

随后，朱元璋命人在庐山建立了御碑亭、访仙亭，重建了天池寺。

并令中书舍人、书法家詹希庾把这些诗文书写好，让工匠凿刻在石碑上，立于御碑亭内。

亭前石门上还专门刻了一副对联：

姑从此处寻踪迹，更有何人告太平。

## 朱檀

## 朱元璋最不成器的儿子，专家却认为是个人才

明太祖朱元璋共有二十六个儿子，其中的赵王朱杞死于三岁，另一个皇子朱楠甚至刚刚满月就已夭折。

此外的二十四子全部成年。

不用说，这二十四子中，朱元璋最宠爱的就是太子朱标，另外秦王朱樉、晋王朱棡、周王朱橚、燕王朱棣等也都深为其所喜。

如果说朱元璋最厌恶的儿子，应该是第十子鲁王朱檀。

为什么这么说呢？

朱元璋这二十四个儿子，死后获恶谥的只有两人，一个是鲁王朱檀，另一个是伊王朱彝。

鲁王朱檀的谥号为“荒”，伊王朱彝的谥号为“防”。

虽然都是恶谥，但鲁王朱檀的更为低格下贱。

而且，鲁王朱檀的谥号为“荒”是朱元璋亲自钦定的；而伊王朱彝的谥号为“防”却是永乐六年（公元1408年）不厚道的明成祖朱棣定的，所以区别大得很。

鲁王朱檀死于洪武十一年（公元1378年），其时只有十八岁，朱元璋白发人送黑发人，却是气愤多于悲伤，上谕礼部尚书李原名说：“父子天性，谥法公义，朕不得以私恩废公义，可谥曰‘荒’。”

曾几何时，鲁王朱檀也是朱元璋喜爱的儿子，其为郭宁妃所生，诞于洪武三年（公元1370年），诞后两个月就被封为鲁王，洪武十八年（公元1385年）就藩兖州，辖四州二十三县。

按照史书记载，朱檀为人应该是不错的，“谦恭下士，博学多识，好文礼

士，善诗歌”。那朱元璋后来为什么会厌恶他呢?

原来年仅十五岁的朱檀住进兖州鲁王府后，缺乏了父母的管教，误听妖僧妖道的教唆，沉迷上了烧炼“仙丹”，结果“饵金石药，毒发伤目”，仅活了十八岁就中毒身亡。

朱元璋是个不信天不信命的斗士，平生最憎恶神神鬼鬼一类东西，没有想到儿子居然迷上了这一套，在收到鲁王死亡的噩耗后，气得连骂“该”，并赐恶谥曰“荒”。

补一句，可叹朱元璋如此憎恶仙道一类装神弄鬼的活动，其后代却出现了嘉靖帝之类比鲁王还要出格的不肖儿孙。

鲁荒王死后葬在山东邹城城北九龙山南麓。

20世纪70年代初，山东省博物馆对其墓进行了发掘。

其封土下的墓室深距现地表二十余米，墓内积水很深。

也正是因为有这积水，鲁荒王墓逃脱了被盗掘的命运，并且在北方干燥的气候下，对墓中珍贵文物起到了很好的保护作用。

墓中有“鲁王之宝”木质贴谥宝，有木雕彩绘俑群，有两个盝顶戗金漆箱，箱内装有冠冕、玉带、玉圭和梳妆用具。

这些都不是让人吃惊的地方。

毕竟，作为宗室亲王，伴有玉石宝贝下葬，最正常不过了。

让考古专家惊讶、惊叹、欣喜无限的是棺床西侧放置的琴棋书画、文房四宝等物。

史书中记载鲁王“博学多识，好文礼士，善诗歌”，看来是真的!

一个十八岁早逝的王爷，棺旁仍放置着琴棋书画、文房四宝等物，可知其生前对这些东西痴爱到了何种程度。

而这些东西，件件都是有来历的稀世之宝!

先来说琴。

琴为“天风海涛”琴，桐木制成，黑漆琴身，裂似蛇蚹，背刻篆书“天风海涛”。琴腹有龙池、凤沼两共鸣槽。龙池内有“圣宋隆兴甲申口口，大唐雷威亲斫”两行铭文。

雷威为唐代制琴大师，以善制蛇蚹琴而著名。南宋诗人陆游有诗云：“古琴蛇蚹评无价，鱼肠宝剑托有灵”，可见雷威制作的蛇蚹琴，在明代的古琴中实为传世珍品了。

棋是围棋，棋盘、棋子齐全，棋盘纵横各19道，与今天的围棋别无二致，这是考古界发现的第一副与今天完全一样的古围棋，价值可想而知。

书籍有多种，元刊本7种21册，包括《朱子订定蔡氏（书）集传》6卷3册，蝴蝶装；《增入音注括例始末胡文定公春秋传》30卷6册，外有封套，包背装；《四书集注》19卷2册，包背装，《少微家塾点校附音通鉴节要》60卷2册，包背装；《朱文公校昌黎先生文集》52卷5册，包背装；《黄氏补千家注纪年杜工部诗史》36卷2册，包背装。

这些宋元版本均为传世珍品，有的更是海内孤本（如《黄氏补千家注纪年杜工部诗史》），实为瑰宝。

画共有4件卷轴画，保存最好的是《葵花扇面图卷》，绢本，金粉设色，甲、乙两面，均无署款。甲面绘葵花蛱蝶，充满富丽气息。乙面金字草书七绝一首：“白露才过催八月，紫房红叶共凄凉。黄花冷淡无人看，独自倾心向夕阳。”其笔法流畅。

值得一提的是，画上方钤有“皇姊图书”朱纹印。

这“皇姊图书”是元代忽必烈曾孙女、元鲁国长公主的收藏印。

根据《墨缘汇观》记载：“考大长公主凡所藏名书画，皆命冯子振及赵岩、张琏等题识。”即这位长公主的藏品，必会命令元朝大臣中的书画高手冯子振及赵岩、张琏等题识。

果然，拖尾处出现了冯子振的题诗并序，其中提道：“宋高宗德寿宫题葵花扇面，后二百年，人间得之，以为珍玩，三叹物色。”由此得知乙面金字草书七绝“白露才过催八月”是宋高宗赵构手迹。

后面接着也真的有赵岩的题诗：“香凝御墨晓凉催，不与凡华一样开。日落中原何处在，倾心谁与酹金杯。”

另外有题签为“钱舜举白莲”的《白莲图卷》。

此画同样是珍品，为纸本设色，工笔绘白莲，三花三叶，亭亭相映。

钱选为元初画界八俊之一，与赵孟頫齐名，画下方有钱选自题七言诗一首：“袅袅瑶池白玉花，往来青岛静无哗。幽人不饮闲携杖，但忆清香伴月华。”

以上是琴棋书画珍宝，下面说说鲁王所喜爱的文房四宝。

白玉花形笔筒，筒体如花，五瓣相连，筒内底部花蕊凸起，别致精巧，堪称墓中出土玉器中最精美者。

水晶鹿镇纸，是文人弄墨时用以压镇宣纸的用品，晶莹剔透，神动色飞。

与水晶鹿镇纸同出的水晶水丞，也是文房用品，鹿作回头俯卧状，背上有池，用以盛水，仪态万千，姿态可爱。

青玉质玉砚，下有木刻仰覆莲贴金须弥座，砚台前端有椭圆形墨池，让人爱不释手。

碧玉笔架，上刻回纹，有架槽五。

此外，还有一支同样晶莹剔透的玉笔，观之便有执笔挥毫之冲动。

看着这些致精致美之物，专家连呼鲁王死得可惜。

是太可惜了，观其遗物而知其人，如果不是误入歧途招致早死，鲁王朱檀本应是浊世中之一翩翩佳公子啊。

最后说一下，鲁王朱檀的王妃是开国功臣汤和的女儿，没有生养，他的侧妃戈氏则在他临死前生了一个儿子，即后来的鲁靖王朱肇辉。

朱肇辉长寿，在位有六十四年之久，后代人丁兴旺，共传十代十三王，前后延续达二百八十三年，至明末国亡。明末监国的鲁王朱以海是其九世孙，是南明重要的抗清力量。

## 朱椿

## 朱元璋最贤良的儿子，有“贤王”之誉

明太祖朱元璋建立大明王朝后，为避免朝廷孤立，大封同宗分镇各地，确保朱姓子弟本固枝荣，君临万代。

其中的第十一子朱椿于洪武十一年（公元1378年）受封为蜀王，洪武二十三年（公元1390年）就藩成都。

朱椿“性孝友慈祥，博综典籍，容止都雅”，朱元璋曾亲昵地称他为“蜀秀才”。

朱椿的母亲是郭惠妃，外公即是元末枭雄之一的濠州帅郭子兴。

想当年，正是郭子兴慧眼识珠，将朱元璋擢拔于底层行伍之间，悉心培养，终成大明王朝的开创者。

朱元璋统一了宇内，坐稳了江山，吃水不忘挖井人，于洪武三年（公元1370年）二月“追封故元帅郭子兴为滁阳王，妻张氏为滁阳王夫人。立庙滁州，仍绘其子从祀。凡生卒之日及节序，皆命有司致祭”。

朱元璋和郭惠妃共生有蜀王朱椿、代王朱桂、谷王朱橞三子，另有永嘉公主、汝阳公主二女。

蜀王朱椿就藩前，滁阳王庙的重要祭祀活动都是“以蜀王主祀”。

而根据《明武宗实录》卷一百二十所记：“蜀王之国，掌滁之卫事者主焉”，即蜀王去成都就国后，滁阳王庙的重要祭祀活动就交由地方官主祀了。

当然，每到清明节，朱椿都会不辞劳苦，前往滁州郭子兴墓祭祀。

朱椿于王府中堂大书“忠孝为藩”四大字以自警，与高僧来复谈禅，作《正心》《观道》《崇本》《敬贤》四箴以自勉。到成都就藩后，有意“以诗书礼乐化一方”，聘大儒方孝孺为蜀世子老师，隆重迎入成都讲学，表其居曰“正学”，以风蜀人。他还诣讲郡学，分禄接济博士，每月一石，成为定制，史称：“时诸时诸王皆备边练士卒，椿独以礼教守西陲。”

洪武二十四年（公元1391年），番人入寇蜀地，烧黑崖关。

朱元璋遣朱椿的岳父凉国公蓝玉出大渡河邀击，电闪雷击，一举破番。

朱椿并不满足于军事上的胜利，而从政治上查找暴乱的原因，认真检讨大减赋税，制定蜀地集市规范，“蜀人由此安业，日益殷富，川中二百年不被兵革”。

朱椿也因此被蜀地百姓称为“贤王”。

朱元璋驾崩，继位的建文帝上台后要处理的第一件大事就是“削藩”。

建文帝连续对齐王、周王、楚王、湘王、代王等动手，却对蜀王朱椿信任有加。

甚至，建文帝在剥夺朱椿的同母弟弟、代王朱桂爵位后，还将之送到成都，希望朱椿“以德化之”。

朱椿之所以能得建文帝如此信任，主要是他表现出来的“无与兴废之谋，超然评论之外”的态度。

可以说，不但在建文帝眼里，朱椿是一个完美无瑕的“贤王”，在明成祖朱棣眼里也是如此。

明成祖朱棣在发起靖难之役成功称帝后，朱椿及时前往京城表忠，朱棣称赞他“天性仁孝，聪明博学，声闻昭著，军民怀服”。

永乐三年（公元1405年），朱椿向朱棣进贡荔枝等物，朱棣直接赐书称：“惟贤弟抱明达之资，敦忠孝之义，处事循礼，秉心有诚，稽古博文，好学不倦。”

朱椿的另一同母弟弟谷王朱橞曾在靖难之役中为朱棣出了大力，得朱棣改封到长沙。

到了长沙，朱橞渐有问鼎天下之心，“招匿亡命，习兵法战阵，造战舰弓弩器械”。

为了增加成功系数，朱橞于永乐十四年（公元1416年）写信给朱椿，希望哥哥能助自己一臂之力。

朱椿不愿天下战事又起、民间再现兵刀，及时向朱棣上奏，说谷王朱橞要密谋不轨。

朱棣大为激赏，称赞朱椿“此心周公忠存王室之心也”，给予了他极为丰厚的赏赐。

朱椿薨于永乐二十一年（公元1423年）二月十一日，享年五十三岁，谥号“献”，为明初藩王中罕有历事三朝且得以善终者。

也因为朱椿不仅自己以身作则，遵守宗藩的规章制度，对子孙要求也很严格，使得蜀藩成了整个明朝五十一个宗藩中少数几个与明朝共始终、独善其身的宗藩之一。

## 朱橚

## 朱元璋最有爱心的儿子，以一己之念造福后世

俗话说，龙生九子，子子不同。.

明太祖朱元璋共生有二十六子，除第九子朱杞及幼子朱楠早亡，其余二十四子全部长大成人。

这二十四子的脾气、秉性、气质、品格差别很大，既有像太子朱标这样的温文尔雅型，也有像鲁王朱檀这样的粗疏鲁莽型，既有像燕王朱棣这样的雄才大略型，也有像周王朱橚这样的专心治学型……

说起来，朱棣和朱橚还是一母同胞的兄弟呢，朱棣排行老四，朱橚排行老五。

朱棣和朱橚是同批封王的，时间是洪武三年（公元1370年），当时，老二朱樉封西安为秦王，老三朱㭎封太原为晋王，老四朱棣封北平为燕王，老五朱橚先封吴王，老六朱桢封武昌为楚王，老七朱榑封青州为齐王，老八朱梓封长沙为潭王，老十朱檀封兖州为鲁王。

不过，朱元璋后来认为“钱塘财赋地，不可”，即吴地乃国家财赋之地，不适宜建藩，于洪武十一年（公元1378年）将朱橚改封为周王。

朱橚正式就藩于陪都开封（今河南开封市）的时间是洪武十四年（公元1381年），该年他二十一岁，以宋宫故地为府。

朱橚的文艺气质很浓郁，性喜读书，到了开封即盖建“东书草堂”藏书楼，楼中藏书俱印上“周府御书楼宝”“明善斋记”等函记。

朱橚的诗词文章样样出彩，作有《元宫词》百章，在明初文坛传唱很广。

通常像这种爱好文艺、享受小资情调的人，都追求免俗关起门来过日子，高高在上自带仙气不沾人间烟火。

以朱橚的家境和身份，是绝对可以过这种生活的，但他关注民间疾苦，经常赈灾救济。

还特别对医药感兴趣，认为医药可以救死扶伤、延年益寿。

在洪武二十二年（公元1389年）前后，痴迷于研究中草药的朱橚，不知怎么搞的，竟然擅自离开了自己的封国来到了凤阳（今安徽凤阳县）。

这可触犯了朱元璋的大忌了。

朱元璋有规定：藩王未经允准离开封地者以谋反罪论。

朱元璋大光其火，下旨斥责朱橚“擅自弃国，无故离开封地”，将之发配云南，以儆效尤。

云南是个烟瘴之地，朱橚受到了惩罚，却也真正体验到了人间的苦难，愈加有了要提高医疗水平的迫切愿望。

洪武二十四年（公元1391年）年底，朱橚从云南回到开封，利用自己特有的政治和经济地位，做领头人组建起医疗团体，选取了各种生活常见疾病的3077首治疗药方，编写出了新型医疗手册《袖珍方》。

这部著作编著严谨，“因疾授方，对方以授药”，对我国医药事业的发展做出了巨大的贡献，

当然，单单这样还是不够的。

朱橚又设立了专门的植物园，种植从民间调查得知的各种野生可食植物，进行观察实验，再次推出集历代医学药方精华宝典《普济方》！这本中国历史最大的方剂书，共一百六十八卷，两千一百七十五类，六万一千七百三十九种治疗药方，《四库全书提要》称其“采摭繁富，编次详析，自古经方更无赅备于是者”，保存了大量明以前失散的文献，为后代学者提供了丰富的研究资料。实际上，李时珍的《本草纲目》引用其中的方剂就特别多。

这还不算，永乐四年（公元1406年），朱橚又刊行了在本草学上别开生面的百科全书《救荒本草》。

如果说《普济方》重在整理综合前人的成就，则《救荒本草》是以开拓新领域见长。

古代生产力低下，灾害频繁，劳动人民生活很苦，遇上荒年，不得不食用野生植物充饥。

《救荒本草》的编写目的，就是为帮助饥民辨识野生植物的有毒、无毒，以及误食中毒后如何解毒。

从这个角度来说，《救荒本草》是一种记载食用野生植物的专书，是从传

统本草学中分化出来的产物，同时也是我国本草学从药物学向应用植物学发展的一个标志。

《救荒本草》全书两卷，共记述植物四百一十四种，其中近三分之二是以前的本草书中所没有记载过的，并附有插图，图文配合紧凑。另外，其所记载的消除某些食用植物毒性的方法，如豆叶与有毒植物商陆同蒸以消其毒性的制备法、细土与煮熟的白屈菜同浸同淘清除有毒物质法，以及近代植物化学领域中大量运用到的吸附分离法等等，不仅在救荒方面起了巨大的作用，而且开创了野生食用植物的研究，在国内外产生了深远的影响。

17世纪末，《救荒本草》传到了日本，一下子就吸引了众多日本学者的青睐和强烈关注。江户中期的重要本草学家松冈恕最先对之进行训点和日名考订，而后在京都、滕野九郎兵卫等地刊行，书名是《周宪王救荒本草》。

此后，著名本草学家小野兰山进行正误补遗，刊行名为《校正救荒本草、救我野谱并同补遗》的第二版；小野的孙子蕙亩写成平易简明的《救荒本草启蒙》十四卷；同类的作品，还有佐佐木朴庵的《救荒植物数十种》《救荒略》和馆饥的《荒年食粮志》等。

现在，日本科学史界认为日本著名植物学《植学启原》等书源自《救荒本草》。

1881年，俄国植物学家E. 贝勒（Bretschneider）在《中国植物志》（*Batanicum Sinicum*）一书中提到《救荒本草》，称赞其中的木刻图早于西方近七十年。

20世纪30年代，美国学者W. T. 施温高（Swingle）认为《救荒本草》是世界上已知最早并仍然是当时最好的研究救荒食用植物的专著。

到了40年代，英国药物学家伊博恩（B.E.Read）对《救荒本草》进行了大量的研究工作，撰写成一部题为《救荒本草中所列的饥荒食物》的专著。

美国植物学家H. S. 里德（Reed）在《植物学简史》中指出，“朱橚的书是中国早期植物学一部杰出的著作，是东方植物认识和驯化史上一个重要的知识来源”。

美国科学史家G. 萨顿（Sarton）则干脆在《科学史导论》中称《救荒本草》是“中世纪最卓越的本草学著作”！

英国的中国科技史专家李约瑟（Joseph Needham）对朱橚的评价是：“朱橚既是一个伟大的开拓者，也是一个伟大的人道主义者。”

## 明初诸王中最具问鼎之心之人，但他的表现出乎大家意料

朱元璋开创了大明王朝后，认为唐朝、宋朝、元朝统治者之所以亡国绝祀，是因为外患强大而皇族孱弱，故而决定广建宗室大举封建。

他说：“天下之大，必建藩屏，上卫国家，下安生民，今诸子既长，宜各有爵封，分镇诸国。朕非私其亲，乃遵古先哲王之制，为久安长治之计。”

当然，朱元璋也并非不知道西汉和西晋因实施封建诸藩制度，后来发生了“七国之变”“八王之乱”。

但朱元璋说了：“朕封诸子颇殊古道，内设武臣，盖欲藩屏国家，备侮御边，闲中助王，使知时务。”

朱元璋自己都这样说了，群臣自然不敢反对，众口一词逢迎说“封建诸王，以卫宗社”，乃是“天下万世之公议”。

朱元璋有子二十六人，其中长子朱标封皇太子；第九子朱杞及幼子朱楠早亡；其余诸皇子及从孙一人（侄儿朱文正之子朱守谦）分三批先后封为藩王。

第一批封王：洪武三年（公元1370年），朱樉封西安为秦王，朱棡封太原为晋王，朱棣封北平为燕王，朱橚先封吴王，后改封开封，为周王，朱桢封武昌为楚王，朱榑封青州为齐王，朱梓封长沙为潭王，朱檀封兖州为鲁王，从孙

朱守谦封桂林为靖江王，共九人。受封的藩王每年得禄米万石，可在藩王府置相傅和官属，拥有护卫军少者三千人，多者至一万九千人。

这些人，于洪武三年（公元1370年）至洪武十八年（公元1385年）年间先后就藩。

第二批封王：洪武十一年（公元1378年），朱椿封成都为蜀王，朱柏封荆州为湘王，朱桂先封豫王，后改封大同为代王，朱楧封甘州为肃王，朱植封广宁为辽王，共六人，洪武末年就藩。

第三批封王：洪武二十三年（公元1390年），朱㮵封宁夏为庆王，朱权封大宁（今山西吕梁南部）为宁王，朱楩封岷州（今甘肃岷县）为岷王，后改云南，朱橞封宣府（今河北张家口市宣化区）为谷王，朱松封开原（今辽东开原东）为韩王，但迄未就藩，朱模封潞州（今山西长治市）为沈王，朱楹封平凉（今甘肃平凉市）为安王，朱桱封南阳（今河南南阳市）为唐王，朱栋封安陆（今河南安阳市）为郢王，朱㰘封洛阳（今河南洛阳市）为伊王，共十人。

朱元璋封藩建镇，一方面是屏藩国家，另一方面是要对付北方的蒙古残余政权——北元。

为此，朱元璋分封习兵事的皇子于北边军事要地，皆预军务，习称“塞王”。

晋王、燕王，皆受命指挥边防大军，筑城屯田，连大将军冯胜及傅友德，都曾受其节制。

于洪武十一年（公元1378年）受封的宁王拥有军队最多，号称“带甲八万，革车六千”。

其余诸王中，秦、代、肃、辽、庆、谷、安等王，都分布在东北、北方和西北的一条边防线上。

这些人在长期的军事活动中得到了锻炼，军事能力提高，政治野心也随之增长。

不用说，晋王朱棡、燕王朱棣是其中最突出者。

但晋王朱㭎薨于洪武三十一年（公元1398年）二月，比他的父亲朱元璋还早死了四个月。

显而易见，燕王朱棣已经成了一家独大的藩王了。

洪武三十一年闰五月初十朱元璋病逝后，继位的建文帝把削藩的矛头指向其他诸王，第一个却是周王朱橚。

朱橚是朱元璋第五子，初封为吴王，后朱元璋认为吴地乃国家财赋之地，不适宜建藩，改封为周王。洪武二十二年（公元1389年）冬，朱元璋患病卧床，朱橚莫名其妙地离开封地开封，潜往凤阳，似有不臣之心。朱元璋获悉后大怒，下旨斥责朱橚"擅自弃国，无故离开封地"。遂将朱橚发配云南，以儆效尤。至于封地，暂由周王世子朱有炖代理，到了洪武二十四年（公元1391年）十二月才获准返回封地。

建文帝就以朱橚远有劣迹记录、近有异谋之形为由，派遣李文忠之子曹国公李景隆领兵围周王府，擒捕朱橚审讯革去王封，迁置云南蒙化。

接着，建文集团又手脚麻利地处置了四位藩王。

一、封藩大同，受晋王节制的代王朱桂（太祖十三子），以贪虐罪，削王封，贬为庶人，幽禁大同。

二、原封岷州，后改镇云南的岷王朱楩（太祖十八子），以渎职罪废为庶人，徙置漳州。

三、封藩青州曾出塞作战，以军事自负的齐王朱榑（太祖七子），以有人告变为由，废为庶人。

四、封藩荆州的湘王朱柏（太祖十二子）。

这里重点说说湘王朱柏。

朱柏的母亲胡顺妃是豫章侯胡美之女。

胡美本名为胡廷瑞，曾是陈友谅麾下的江西行省丞相驻守南昌，陈友谅败亡后投朱元璋，为避朱元璋字"国瑞"之讳改名胡美，跟随朱元璋四处征讨，于洪武元年得授豫章侯，后涉胡惟庸案于洪武十六年（公元1383年）就诛。

湘王朱柏“性嗜学，读书每至夜分，喜谈兵，膂力过人，善弓矢刀槊，驰马若飞”。

其湘王府位于荆州，就藩后设立“景元阁”，招纳人才校对、整理各种典籍，史称其“开景元阁，招纳俊乂，日事校雠，志在经国”。

洪武三十年（公元1397年）五月，朱柏曾同楚王朱桢一同征讨古州（今贵州榕江县）蛮部，“每出入，缥囊载书以随，遇山水胜境，辄徘徊终日。尤善道家言，自号紫虚子”。

看，湘王朱柏既“性嗜学”又“喜谈兵”，还“膂力过人，善弓矢刀槊”，最要命的是“志在经国”，而在征讨古州蛮过程中，又展示出如此儒将风范，建文集团因此视之为重量级假想敌之一。

朝廷户部侍郎郭任公开在朝堂上说：“今日储财粟，备军实，果何为者？乃北讨周，南讨湘。”即把湘王和周王相提并论。

而在建文集团的精心运作下，建文元年（公元1399年）三月，有人指控湘王朱柏建造王府时规格越级，破坏私印钞票制度，有谋反迹象。

建文帝于四月十三日诏命其赴京师询问。

朱柏怒极而笑，对自己的手下说：“嗟乎！吾观前世大臣，遇昏暴之朝，将诏狱下吏，便自引决身。亲太祖皇帝子，南面而王，太祖宾天，疾不及视，葬不及会，抱兹沉痛，有何乐于世！今又将辱于奴婢之人乎？苟求生活吾不能也！”

于是，他没有开门迎接使臣，而是关闭宫门，整理好衣冠，“乘白马，执弓跃入火中死”，时年二十九岁，“阖宫皆从之”。

# 朱权
## 朱元璋最有才的儿子，有不朽作品传世

以朱元璋所在的时代而言，他属于晚婚晚育，到龙凤元年（公元1355年）28岁时，才有了第一个儿子。

但从28岁到68岁的40年的时间里，他一共生育了26个儿子，16个女儿，合计42人（其中第9和第26子早夭，第10、第13女早亡，长大成人的有38人），其身体素质超好，可跻身于中国猛男之列。

在存活下来的24个儿子中，朱元璋最喜欢的无疑是皇太子朱标。

必须说明，朱标的确非常优秀，但也不能否认，朱元璋之所以最喜欢他，主要是因为朱元璋要推行“嫡长子继承制”，而他就是朱元璋的嫡长子。

补充一下，虽然《明史》卷一百一十五记载：“兴宗孝康皇帝标，太祖长子也。母高皇后。”说朱标是孝慈高皇后马皇后所生，为朱元璋的嫡长子，但历史学家吴晗根据该条记载的下一句“元至正十五年生于太平陈迪家”，考证出当时朱元璋正在率军攻打集庆（今江苏南京），马皇后并不在太平，即朱标并非马皇后所生。事实上，《南京太常寺志》也记载朱标生母为李淑妃。

话说回来，朱元璋最喜欢朱标，但朱标并非朱元璋最有才华的儿子。

朱元璋最有才华的儿子是谁呢？

有人在排除了朱标的前提下猜测是朱棣。

毫无疑问，朱棣也非常优秀，不然也开创不出“永乐盛世”来嘛。

但朱棣的优秀，主要表现在政治、军事上；品评才华的常用指标主要是诗词歌赋，这些方面，朱棣却是乏善可陈。

所以说，朱元璋最有才华的儿子，也不是朱棣。

是谁呢？应该是第十七子宁王朱权。

这个朱权，现代学者给他的定位是：明初著名的戏剧家、戏剧理论家、古琴家、历史学家、道教理论家。

当然啦，朱权的军事才能也是很出色的，堪与朱棣比肩。

从洪武十年（公元1377年）起，朱元璋就让太子朱标尝试处理政事，下令凡今后的政务先交到太子处，然后才向皇帝奏闻。从次年开始，陆续让诸王到封地就藩，次子秦王朱樉在洪武十一年（公元1378年）到西安就藩，三子晋王朱棡去太原就藩，同时命四子燕王朱棣、五子周王朱橚、六子楚王朱桢、七子齐王朱榑四兄弟到凤阳守祖陵一年，到先辈曾生活过的地方体验贫困生活，然后再送他们到各自的封地就藩。

朱元璋明确规定，如果遇到奸臣专权，藩王可以声讨奸臣，甚至可以发兵“清君侧”。

且从洪武二十三年（公元1390年），朱元璋便试着把兵权交给诸王，让他们领兵打仗，如让晋王朱棡、燕王朱棣率兵北征故元丞相，由颍国公傅友德陪同。

朱权的就藩时间是洪武二十六年（公元1393年）三月，藩地在喜峰口外的大宁（今山西吕梁南部），宁王府建在辽代中京城遗址附近。

《明史·诸王列传》记载，大宁为“古会州地”“东连辽左，西接宣府”，为军事“巨镇”。朱元璋让朱权镇守北边军事要塞，为的是防备元朝皇室卷土重来。

当时受封的藩王普遍拥兵数千，多则二三万，朱权却“带甲八万，革车六千”，这八万精兵包括元朝归顺过来的蒙古兀良哈部泰宁、福余、朵颜三卫的骑兵，英勇善战，是一个实力非常雄厚的武装力量。

此外，宁王不仅统兵，还掌握着地方行政大权，必要时还可以节制朝廷派来的地方高级将领，调动大量的国家正规部队。

而宁王该年不过才十五岁，却与受封于今北京的燕王朱棣势力最强。

《明通鉴》卷十二因此载："太祖诸子，燕王善战，宁王善谋，又在边友于最笃。"

也由此可知朱元璋对宁王之重用。

补一笔，宁王就藩前，朱元璋还把编辑《通鉴博论》的重任交给他。宁王在记"廖永忠沉韩林儿于瓜步，大明恶永忠之不义，后赐死"一句时，后人一看而知是太祖手笔。

宁王虽然文武全才，但在政治上相对比较稚嫩，建文元年（公元1399年），燕王朱棣起兵反叛，"遗宁王书以求援师"，宁王持观望态度不迎不拒。

朱棣起兵之初，所能调动的军队只有八百多人，急需得到宁王的重兵。为此，他装扮成衣衫不整的样子前往宁王府求见。在盘桓了七天之后，趁宁王送别到千秋桥之机，将之劫持，并剥夺了兵权。

朱棣夺得政权后称帝，为了报答蒙古兀良哈三卫的帮助，把宁王朱权在大宁的封地赏赐给了蒙古兀良哈三卫做了牧场，另把宁王改封到江西南昌。

朱棣表面对宁王特别客气，实际上对这位才华横溢的小老弟极不放心，既剥夺了他的军权，还派人暗中监视。

宁王冰雪聪明，觉察出朱棣的用意后，便在南昌"构精庐一区，鼓琴读书其间"，退而讲黄老之术，"翱翔道化与时屈伸"。

该年，宁王不过才二十五岁。

宁王先改字臞仙，号涵虚子、丹丘先生，后又号南极遐龄老人、大明奇士。因其体貌魁伟，聪明好学，人称"贤王奇士"。

宁王创作的《太和正音谱》为中国现存最早的杂剧曲谱，是中国戏曲史上重要的理论著作。另有《宁国仪范》《家训》《文谱》《诗谱》《史断》《通鉴博论》《汉唐秘史》《琴阮启蒙》《神奇秘谱》《琼林雅韵》《神隐》（一作《神隐志》）等数十种。

此外，还著作有杂剧《瑶天笙鹤》《白日飞升》《独步大罗》《辩三教》

《九合诸侯》《私奔相如》《豫章三害》《肃清瀚海》《勘妬妇》《烟花判》《杨娭复落娼》《容窗夜话》十二种。

其实，名列元末明初“四大传奇”荆、刘、拜、杀之首的《荆钗记》，也同样出自宁王之手，只不过，因署名丹丘先生，明末清初人张大复在《重订寒山堂曲谱》“谱选古今传奇散曲集总目”中《王十朋荆钗记》剧目下误记为：“吴门学究、敬先书会柯丹丘著”，说成了元初著名画家柯丹丘柯九思。今人臧励和经过考证，在《中国人名大辞典》“朱权”条下订正为了宁王朱权。

宁王朱权善制古琴，晚年亲手制作的中和琴（又称飞瀑连珠琴），是历史上有所记载的旷世宝琴，被称为明代第一琴。明代有“四王琴”之说，按其顺序和年代的排列为：宁、衡、益、潞。“飞瀑连珠”传世仅一张，制琴人署“云庵道人”。

宁王朱权在明英宗朱祁镇正统十三年（公元1448年）病逝，享年七十一岁，谥号为“献”，世称宁献王。

## 杨慎

## “滚滚长江东逝水”这首诗词的作者是谁?

“滚滚长江东逝水”这首词出自明代三大才子之一杨慎的作品《临江仙》。

为什么有人会对此表示怀疑呢?

因为这首词出现在了《三国演义》卷首，而《三国演义》成书于明朝初年，其作者罗贯中是元末明初人；杨慎却属于明中叶人。

也就是说，比杨慎早生了一百多年的罗贯中怎么可能把杨慎的《临江仙》贴在了《三国演义》卷首?

事实上，把《临江仙》贴在《三国演义》卷首的，乃是为《三国演义》做评点的清朝人毛宗岗父子。

说起明朝才子，很多人第一反应会想起唐伯虎、祝枝山、文徵明等所谓的江南四大才子。

但和杨慎相比，唐伯虎、祝枝山、文徵明等人不过是小巫见大巫。

有明一代共二百七十六年，横绝一时的才子仅有三人：解缙、杨慎、徐渭。

杨慎一生涉猎广博，经史、诗文、词曲、训诂、音韵、哲学、金石、书画、天文、地理、生物、医学无所不通，其中又以文学影响最大。

《明史·杨慎传》对杨慎的评价是："明世记诵之博，著作之富，推（杨）慎为第一。"

明思想家李贽在《续焚书》中对杨慎推崇备至，说他足以"流光百世也"。

胡薇元也在《岁寒居词话》中说："明人词，以杨用修升庵为第一。"

纪晓岚则在《四库全书总目提要》中评论说："（杨）慎以博洽冠一时，其诗含吐六朝，于明代独立门户。"

国学大师陈寅恪称："杨用修为人，才高学博，有明一代，罕有其匹。"

杨慎从小聪明，七岁跟随母亲习读唐人绝句，十一岁学写近体诗，十二岁拟作《吊古战场文》，中有"青楼断红粉之魂，白日照青苔之骨"奇句，他的叔父兵部侍郎瑞红看了激赏不已，复命拟《过秦论》，其祖父读而自矜谓"吾家贾谊也"。

杨慎十三岁随父入京师，沿途写有《过渭城送别诗》《霜叶赋》《咏马嵬坡》诗等，其《黄叶诗》轰动京华。当时茶陵诗派的首领、内阁首辅李东阳"见而嗟赏，令受业门下"，亲切地呼之为"小友"。

正德六年（公元1511年），杨慎蟾宫折桂，在殿试中一举夺魁。

读卷官刘忠、杨一清称其殿试卷"海涵地负，大放厥词"。

杨慎才情盖世，运气却不好。

他遇上了偏执不可理喻的嘉靖帝，在大礼仪之争中受到廷杖，并被谪戍边地云南永不赦免。

杨慎在云南待了三十多年，创作了大量作品。

据传他生平著作约有四百余种，几百年来虽散佚不少，存留下来的依然有两百二十多种。

这其中，有一部《廿一史弹词》。

《三国演义》的开篇词《临江仙·滚滚长江东逝水》就出自《廿一史弹词》第三段说秦汉。

该词以史喻兴亡，抒人生感慨慷慨激昂，豪放中含婉约，高亢中见深沉，字字珠玑句句精华。

我幼时未读《三国演义》之前，偶见读高年级的姐姐书包里收藏有一书，书名为《几度夕阳红》，单单书名这五字，瞬间便被征服，觉得字间运用之精妙、散发之意境，妙不可言。

后来才知道，此五字乃该书作者琼瑶取自杨慎之《临江仙》。

顺带再说一下，除了《临江仙·滚滚长江东逝水》被后人移用成《三国演义》开卷词，《廿一史弹词》第四段说三分两晋中的《西江月》，也被后人移用成《东周列国志》开卷词，该词云：

道德三皇五帝，功名夏后商周；

英雄五霸闹春秋，顷刻兴亡过手！

青史几行名姓，北邙无数荒丘；

前人田地后人收，说甚龙争虎斗。

## 唐伯虎

## 历史上真实的唐伯虎是一个怎么样的人？

历史上真实的唐伯虎是一个悲剧人物。

造成唐伯虎悲剧的，既有其本人交友不慎的原因，也有其运气不好，无端卷入宦海风波的不幸因素。

唐伯虎是苏州府出了名的才子，诗、画、文皆一时之绝，自小有“神童”之誉。

明清科考分乡试、会试、殿试三个等级。

唐伯虎在第一级考试乡试中轻而易举地获得了第一名，是为解元，故世称其为唐解元。

主考官梁储爱才，还朝后，把唐伯虎的大作出示给当时的文坛泰斗程敏政观看，相与叹赏。

程敏政少年时也是个神童，人们喜欢把他比作东汉神童孔融和唐朝神童李泌。他在十岁时，就以“神童”之名荐举入朝，在翰林院读书。在成化二年的会试中，程敏政中一甲二名进士，为同榜三百五十余人中年纪最少者。

程敏政读唐伯虎的文章惺惺相惜，招唐伯虎到门下。

这两件事连在一起，可以说，唐伯虎既是少年得志，又得贵人赏识，前路应该好走。

但祸兮福所倚，福兮祸所伏。

程敏政其实是个灾星。

程敏政平日自负学识过人，眼高过顶目空一切，在朝廷里的人际关系并不好。很多人看他不爽，早就想收拾他了。

还有，程敏政任詹事府事礼部右侍郎事兼翰林院侍讲学士，曾在弘治乙卯南闱中录取了一个名叫徐经的举人，和徐经有了师生名分。

这样，唐伯虎上京参加会试时，在程敏政的家里结识了徐经。

程敏政、唐伯虎、徐经三人，由于是师生关系，所以在备考期间，唐伯虎、徐经日日练习作文章时，程敏政免不了从中加予指点、评论。

好死不死，明孝宗突然委任程敏政和同为文坛巨匠、时为太子少保礼部尚书文渊阁大学士李东阳担任该年会试主考官。

好死不死，徐经是个奢豪多金的富家子弟，做事张扬喜欢显摆。

又好死不死，唐伯虎在苏州时有一个朋友，名叫都穆，也来京师参加这一年的会试。

话说，考试结束，徐经和唐伯虎都自我感觉良好。

唐伯虎倒没有什么，徐经却扬扬自得，尽管尚未出榜，他却显摆出一副必定金榜题名的做派，让人带来了家里豢养的戏班，天天演大戏吹吹打打，夺尽天下士子的风头。

俗话说，宁愿得罪君子也不要得罪小人，得罪了小人会死得很惨。

唐伯虎的朋友都穆是个十足的小人，一直以来，他对唐伯虎都是心怀嫉恨，看唐伯虎和徐经搞在一起，又看徐经如此得意忘形，更是妒火中烧。当他知道唐伯虎、徐经和主考官程敏政是师生关系，就认定程敏政“鬻题”，事先把考题告知唐、徐二人，让他们在考前演练背熟，所以有恃无恐，势必高中。

前面说了，程敏政在朝中本来树敌就多，礼部尚书傅翰更是早就想整倒他进而取代他的位置了，另外如工科都给事中林廷玉、给事中尚衡、监察御史王绥、户科给事中华昶等等，也都视程敏政为眼中钉、肉中刺。

华昶在一个马姓侍郎的邸寓里偶遇都穆，听了都穆的猜测，不由分说，把猜测说成事实，捅了上去。

于是，历史上著名的“己未春闱案”出笼了。

不管程敏政事先是否把考题告知唐、徐二人，反正他们三人的师生关系属实，而程敏政是主考官，唐、徐二人是考生，难逃瓜田李下之嫌。

案情几经起落，真相难求，明孝宗最后以程敏政不知避嫌为由，勒令其致仕；转而斥责徐经、唐寅抱侥幸之心求进，下令将之黜充吏役。华昶言事不察实，降职到南京任太仆寺主簿。

现在一般人认为，唐伯虎是此案的最大受害者。

唐伯虎遭此打击，从此绝于仕途，妻离子散，生活潦倒，落魄沉沦，悲惨地度过了一生。

实际上，最惨的还是程敏政。

结案后，程敏政从狱中出来，不过四天便因忿恚病死。

而徐经也没好到哪儿去，一直为“黜充吏役”翻案奔走，三十五岁时客死途中。曾是江南鼎甲的梧塍徐氏，也因这场变故，渐渐衰落。

最后说一句题外话，晚明大旅行家、著名地理学家徐霞客，就是徐经的曾孙。

## 王世贞
## 倾情为一羽化飞升女道士作传

释家修行追求成佛，道家修行追求成仙。

释迦牟尼圆寂涅槃需要弟子火化肉身，留下舍利以证成佛。

道教吕祖以形合道神形俱妙，羽化飞升不留半点痕迹。

相对而言，道家比释家更显超脱。

千百年来，不知多少人向往学道修仙，希冀有朝一日可以如吕祖一样，羽化飞升飘然世外。

明朝有一位道号为昙阳子的女道士，在二十三岁那年，自称修仙得法将羽化成仙，她公开放话，自己将在直塘堆砌高阁，并于万历七年（公元1579年）九月九日正午白日飞升。

此事传出，各地蜂拥而来观瞻的膜拜者高达十万之众，轰动一时。

之所以产生这么大的社会效应，主要是这个女道士来历不凡。

女道士为南直隶太仓人，姓王，俗名焘贞。

相传太仓王氏是北宋真宗朝宰相王旦的后裔，元代时举族避战乱南迁至太仓浏河。

在明代，光耀太仓王氏的人物是王锡爵。

王锡爵出生时，喜鹊云集其家院宅，“鹊”与“爵”同音，故起名锡爵。

王锡爵聪明颖异，嘉靖三十七年（公元1558年）乡试第四名，嘉靖四十一年（公元1562年）壬戌科会试第一，廷试为一甲第二名榜眼（一甲第一名状元为申时行），授编修，累迁国子监祭酒。万历十二年（公元1584年）拜为礼部尚书兼文渊阁大学士，成为宰辅。后于万历二十一年（公元1593年）拜为首辅。

王锡爵牛，他的儿子也牛。

万历十六年（公元1588年），王锡爵的独子王衡参加顺天府乡试，位列第一。曾有官员认为或有不公，请复试举子。复试结果，王衡仍排第一。

王衡后来参加殿试，也是一甲第二名榜眼。故人们把王锡爵父子并称为“父子榜眼”。

王衡自幼体弱多病，死在父亲王锡爵之前，留下独子王时敏。

王时敏在祖父王锡爵的悉心培养下，成一代大画家，被时人誉为“国朝画苑领袖”，占据画坛正统地位近三百年。

王时敏生有九子，个个都是进士。其第八子王掞在清康熙朝官至大学士，因此人称太仓王氏“祖孙宰相”“两世鼎甲”。

王时敏次子王撰之子王原祁，也是著名大画家，与王时敏、王鉴、王翚合称“四王”，画风对后世影响深远。

女道士昙阳子、王焘贞，其实就是王锡爵的女儿。她和哥哥王衡一样，一出娘胎就弱质多病。

王锡爵和夫人朱淑人都认为这个小丫头恐怕养不活了。

但王焘贞还是成功地避开了病魔的毒害，顽强地活了下来。

王焘贞十二岁那年，由父母做主，将她许配了一个名叫徐景韶的官家子弟。

王焘贞对琴棋书画都没有兴趣，对女红更是敬而远之，独独迷上了学道修仙，整日静坐冥想。

因为她年纪还小，家里人也没有太过注意。

到了十六岁该出阁了，未婚夫徐景韶却得暴病挂了。

王焘贞长哭了三天三夜，声称要为徐郎守节，她“缟服草履”开始了寡居生活。

守节的第三年，王焘贞突然遁入空门，自称是昙鸾菩萨的化身“慧眼顿开”，取法名为“昙阳”做起了女道士，每日辟谷修仙。

王氏乃是名门望族，出了这么一位“女神仙”，消息自然不胫而走，传遍太仓、苏州、杭州直至整个江南。

江南名士纷纷来访，其中的大学问家王世贞当面与王焘贞论道，最终被这个小姑娘的道家理论所折服，心悦诚服地拜倒在了昙阳门下。

表现与王世贞相似的还有冯梦龙、屠隆、沈懋学、王敬美、徐渭等名噪一时的大文豪、大学者。

万历七年（公元1579年）九月九日，人们对昙阳大师的膜拜达到了前所未有的高峰。

该日，王焘贞先绞发于徐景韶墓前，然后静坐于直塘高阁，如期坐化，香消玉殒。

王焘贞明明是死了（怀疑是服毒身亡），但大家都咬定她是羽化飞升了。

王锡爵、王世贞等人引领众善男信女追思礼拜。

王世贞索性在昙阳观住了下来，学习王焘贞辟谷修仙，渴望有朝一日自己也可以像王焘贞一样羽化飞升。

辟谷期间，王世贞挥毫写下了洋洋洒洒的《昙阳大师传》，记昙阳大师梦中得观音大士指点（这个有点荒唐，观音大士属佛教菩萨），又在修炼内丹辟谷见到仙人朱真君，得朱真君指引，谒见了西王母，终于羽化升仙的全过程。

王世贞妙笔生花，被传为《金瓶梅》作者，其《昙阳大师传》问世，立刻被众信徒争相传阅。

基本就同一时间，号称才华冠绝一时的大才子徐渭在浙江也写了一篇《昙大师传略》，与王世贞的《昙阳大师传》遥相呼应，给王焘贞的服毒事件笼罩上了浓厚的神秘气息。

## 阮大铖
## 文学成就极高，却臭名昭著以人废言

早年读钱钟书小说《围城》，书中第三章写赵辛楣搞朋友聚会，会中出现了一个名叫董斜川的诗人。

这个董斜川性情高傲，目空一切，在席间谈论旧体诗，说："我常说唐以后的大诗人，可以用地理名词来包括，叫'陵谷山原'。三陵：杜少陵（杜甫）、王广陵（王令）、梅宛陵（梅尧臣）；二谷：李昌谷（李贺）、黄山谷（黄庭坚）；四山：李义山（李商隐）、王半山（王安石）、陈后山（陈师道）、元遗山（元好问）；可是只有一原，陈散原（陈三立）。”

董斜川说了这番话，该书第一主人公方鸿渐怯生生地问：“能不能在这‘陵谷山原’上再加上一坡？”

董斜川不屑一顾地说：“你是想说苏东坡？他还差点。”

苏东坡根本不入董斜川的法眼，足见其人之狂、之傲。

但“三陵二谷四山一原”在董斜川心中位置如此崇高，也可知这十位诗人的分量。

这里简单提一下“三陵二谷四山一原”中的“一原”，即陈散原。

陈散原本名陈三立，为晚清维新派名臣陈宝箴之子，国学大师、历史学家陈寅恪之父，与谭嗣同、徐仁铸、陶菊存并称“维新四公子”，被誉为中国最后一位传统诗人。

说起来，这个“中国最后一位传统诗人”也是有自己的崇拜偶像的。他称赞自己偶像的诗作是“芳洁深微，妙绪纷披，具体储、韦，追踪陶、谢”。并将之“标为五百年作者”。

也就是说，在陈散原眼中，这位偶像的文学才情，足以横绝中国诗坛五百年。

不过，陈散原这位偶像的人品非常不堪，说出他的名字，熟知南明历史的人未免大倒胃口。

此人便是明亡后事清、媚清而臭名昭著的大奸贼阮大铖。

阮大铖为南直隶安庆府桐城县（今安徽铜陵市枞阳县）人，出生于一个书香门第，祖父为嘉靖四十年（公元1561年）辛酉年举人；父亲阮以鼎、伯父阮自华同为万历二十六年（公元1598年）戊戌年进士，伯父阮自华还是当时有名的文学家。

阮大铖自少聪颖，家资雄厚生活无忧可以一心读书，十七岁中举声名大震，赢得“江南第一才子”的美誉。

南京礼部侍郎的叶灿在《咏怀堂诗序》中称赞他："公少负磊落倜傥之才，饶经业大略，人人以公辅期之……无论经史子集，神、仙、佛、道诸鸿章巨简，即琐谈杂志、方言小说、词典、传奇，无不荟聚而掇拾之。"

阮大铖于万历四十四年（公元1616年）中进士，步入仕途列籍东林，为高攀龙弟子。

东林巨子左光斗是阮大铖的同乡，也是阮大铖倚以自重的朋友。

阮大铖在打倒方从哲引入的史继偕等人的政斗中建下头功，名列东林骨干，在《东林点将录》中绰号"没遮拦"。

阮大铖有一段因居忧还里的日子，彼时左光斗与赵南星、高攀龙、杨涟等发生内讧，阮大铖莫名其妙地被推入了"阉党"阵营，成了魏忠贤的干将。

投入敌营的阮大铖受到了人们的唾弃，他本人也深感难于两面讨好，便重归乡里打算观望形势。

崇祯十七年（公元1644年）三月，李自成破北京，崇祯帝魂断煤山。

同年五月，福王朱由崧在南京即帝位，阮大铖的好友马士英执政，阮大铖得其荐举，被起用为兵部右侍郎，不久晋为兵部尚书。

为雪当日被东林党打击的心头恨，阮大铖编《蝗蝻录》，据《留都防乱公揭》对东林、复社诸人立意报复，大兴党狱。

顺治三年（公元1646年）五月，南明弘光小朝廷覆灭；六月阮大铖降清，得授其内院职衔。

次年清军入闽攻打南明第二个政权——隆武小朝廷。

阮大铖踊跃报名，争为先锋。

军过五通岭，瘴气缭绕，阮大铖年岁已高，免疫力不够，头面肿胀。清将劝他留下养病，阮大铖竟疑心人家是要抛弃他，大惊失色："我何病？我年虽六十，能骑劣马，挽强弓，铁铮铮汉子也！我仇人多，此必东林、复社诸奸徒潜在此间，我愿诸公勿听！"既而又说："福建巡抚已在我掌握中，诸公为此言得毋有异意耶？”强支病体，随军南征。到了仙霞岭，众将上马缓行登山。阮大铖为显示自己强悍，独自下马，徒步而前，左牵马，右指骑者，夸耀说：“我精力百倍于后生！”鼓勇先登，健步上山。但不久便倒路边大石上气绝身亡。

孔子第六十四代孙子孔尚任写作的《桃花扇》，大扬阮大铖之丑。

《桃花扇》为中国古代四大戏剧之一，如此一来，阮大铖遗臭万年了。

实际上，阮大铖不但在诗歌创作上文采斐然，在戏曲创作上，更是个中高手。其所作戏曲有《春灯谜》《燕子笺》《双金榜》《牟尼合》《忠孝环》《桃花笑》《井中盟》《狮子赚》《赐恩环》《老门生》等十余种，前四种至今尚存，合称《石巢传奇四种》。

据说阮大铖才思兼具写作速度极快，还能自编自唱，所流传下来的这几部戏中：《牟尼合》三十六出，十六日完成；《春灯谜》三十九出，一个月作成；《双金榜》四十六出，写了二十天。

后世胡金望点校阮大铖《咏怀堂诗集》《阮大铖戏曲四种》，陈家琪校、雪韵堂批点《燕子笺传奇》，罗宗衍注释、汤寿铭评点的《燕子笺传奇注释评点》，蔡毅《石巢传奇校注》等均予以极高评价。

对于阮大铖的文学成就，陈有冰、刘良政《阮大铖创作论》，钟明奇《阮大铖〈咏怀堂诗〉简论》，李长栓《〈从石阮巢传奇四种〉看阮大铖的思想特征》，胡金望《孔雀虽有毒不可废文章——阮大铖四种曲厄谈》，王永健《中国历代著文学家订传》等著作一致提出不应以人废言，而要正视其应有的文学贡献，直言其戏剧水平远超“临川四梦”（《紫钗记》《牡丹亭》《南柯记》《邯郸记》），其文学成就超过了关汉卿。

陈散原之子陈寅恪在遗作《柳如是别传》中曾有一段谈论阮大铖的文字：“圆海人品，史有定评，不待多论。往岁读咏怀堂集，颇喜之，以为可与严惟中之钤山，王修微之樾馆两集，同是有明一代诗什之佼佼者。”

章太炎先生亦曾有评语曰：“大铖五言古诗，以王孟意趣，而兼谢客之精炼。律诗微不逮，七言又次之。然榷论明代诗人，如大铖者少矣。潘岳、宋之问险诐不后于大铖，其诗至今存。君子不以人废言也。”

胡先骕先生也称阮大铖为“有明一代唯一之诗人”。

《中国大百科全书》之《中国文学分卷》中，在“清传奇杂剧作家”中，也列入了阮大铖的名字。

## 金圣叹
## 为何被清廷处决？

金圣叹之死，神经大条的人可能不会觉得有什么不妥，会说：该！他与清政府对着干，自己活腻了，找死！

但是如果将金圣叹之死置身于明清变革的大背景下看，你将会看出，这不是金圣叹个人的悲剧，而是时代的悲剧，是中华历史的悲剧。

因为杀金圣叹的统治者，是在开时代的倒车。

中华历史的衰运，一直笼罩了中华人民两百多年。

怎么说呢？

明太祖出身贫寒，备尝人世艰辛，深味人间疾苦，痛恨元政府的横征暴敛。

苍天有眼，轮到他执政，他非常注重与民休养生息，庞大的军队开支，主要靠垦荒、各种移民屯田以自足，对农民的税赋，一度低至每亩田仅收一斗米，约18.9斤。

这在中国封建王朝，真是白菜价，低到好笑，明朝税赋确实是中国封建王朝的最低。

农业税如此之低，商业税更是直接不收。

但随着时间的推移，上层阶级土地兼并越来越严重，失去了农田的农民不断转化为工商业者，而税收越来越少，国库越来越空虚。

万历朝一度想实施商业收税，却遭到了全民激烈抵制。

没办法，万历就另想办法：开矿。

此举更引来民众的疯狂反抗，很多矿监税使被活活打死，烧死。

中学语文课文《五人墓碑记》写的就是这样一件抗税暴行中发生的人和事。

那些殴打官员、积极抗税的人，被讴歌成了大英雄。

可以说，在明朝，民众的自由思想是非常前卫的。

明朝因为穷，发不出粮饷给士兵，致使军队哗变，最终走向灭亡。

清朝的严酷，民众是清楚的，对于清朝的催交赋税，谁也不敢怠慢。

但是赋税上交，心中辛酸怨恨无处诉。

江南自古多才情。

苏州吴县（今苏州市吴中区）的文人就作了一篇《卷堂文》，群体到孔子文庙中的先圣牌位前痛痛快快地哭一场。

事实证明，他们还是低估了清朝统治者的严厉冷酷。

就是这么哭，也是犯了万死不赦的死罪！

清朝统治者将集中到文庙痛哭的十八个人抓起来，在南京三山街砍头，这其中就有大才子金圣叹！

这场悲剧，被称为“哭庙案”。

这场“哭庙案”过后全国震怖，再也没有人胆敢呼喊税收不合理，更没有人会像万历、天启和崇祯朝那样肆无忌惮地抗税。

清朝在税收问题上，再也没遇到稍有滞凝的现象。

想想看，晚明的顾宪成不过一个民间人士，却可以遥控朝廷隔空参政。

而清明的张廷玉、纪晓岚等汉族大臣，却被视为“文学倡优”，参政？靠边站去！

老实说，“哭庙”现象发生在明朝，肯定会形成一股重要的社会监察力量舆论，左右着明政府的决策。

但在清朝，却出现如此血腥的场面，让人心惊肉跳。

难怪晚清的龚自珍在己亥年疾笔奋书了一系列杂诗，凄厉疾呼“万马齐喑究可哀”呢。

## 刘统勋

## 刘墉之父刘统勋到底有多牛？

刘墉之父，大清重臣，刘统勋能有多牛呢？无论他有多牛，都牛不过刘墉。

实际上，如果有人要问，刘统勋一生中最大的成就是什么。

我估计刘统勋本人的回答是：培养出了一个儿子刘墉。

这情形，类似于传说中大仲马的答记者问。记者问大仲马：您觉得您最好的作品是什么？大仲马答：我的最好作品就是儿子小仲马。

不过话说回来，刘统勋他们家的基因是很强大的，或者说，他们家的家风非常好。

要知道，刘统勋家是书香门第。

他的祖父刘必显是明朝天启四年（公元1624年）时的举人，入清后，在有志士人均不愿仕清的背景下，刘必显同志仍那么热衷于科考，在清顺治九年（公元1652年）考中进士，官至户部广西司员外郎，阶奉直大夫。

刘统勋的父亲刘棨更强，是个学霸式的人物，于康熙二十四年（公元1685年）中进士第，官至四川布政使。

刘统勋本人乃是学霸中的学霸，他于康熙五十六年（公元1717年）中举人，时年十九岁；于雍正二年（公元1724年）考取进士，时年二十六岁。

刘统勋最得意的“作品”长子刘墉，此子于乾隆十六年（公元1751年）中进士，历任工部尚书、礼部尚书、体仁阁大学士等职，死后被追封为太子太保，赐谥号“文清”。

其实官职什么的，后人不容易记，也不怎么想去记。但好的故事却很容易流传民间，比如“宰相刘罗锅”的故事至今还在传颂，这方面刘墉的成就确实比他父亲刘统勋大。

说到底，刘统勋之所以被人们拉出来当作一个话题人物，主要是因为他的身份——他是“宰相刘罗锅”的爸爸嘛。

但这个“宰相刘罗锅”的爸爸和他的家族，其实比“刘罗锅”还要牛。

刘统勋的孙子刘镮之也是学霸，为乾隆四十四年（公元1779年）进士，历任户部尚书、顺天府尹、吏部尚书、太子少保等职，病逝于道光元年（公元1821年），谥号“文恭”。

补充一下，这位刘镮之并不是刘墉的儿子，而是刘墉的弟弟刘堪的儿子。

仔细算起来，刘统勋一家是一门五代进士，真是门庭显赫。

刘统勋主要有哪些事迹呢?

他和儿子刘墉都曾做到过内阁大学士。

但他比儿子刘墉更会做人，圆滑、世故，特别温顺，听主子的话，对主子交代的任务豁出命去干，而且不贪不腐，从不向主子索取什么，所以特别得主子喜爱。

他的主子——乾隆皇帝称赞他：遇事机敏，办事刚劲有干劲，升官不营私，退位安其命。

所以刘统勋死后，乾隆非常慷慨地追授他为太傅，并赐谥号“文正”。

刘统勋为官五十年，一生忙忙碌碌，具体都干过哪些惊天动地的事儿呢?

值得大书特书的，就是治水：疏浚运河，治黄河水患。

还有为了编撰乾隆要求编撰的《西域图志》，已经五十五岁的他不辞辛劳，带着测量队，远赴天山，足迹遍布巴尔喀什湖以西的吹河、塔拉期河，做了大量实地测绘工作。

这种精神，实在值得敬仰。

乾隆帝没有理由不喜欢。

所以，《清史稿》里面记载：刘统勋病逝当日，乾隆哭丧着脸，对群臣说：我失掉了一个股肱大臣。

## 刘墉

## 刘罗锅到底做没做过宰相?

曾经有一部很火的电视连续剧，名叫《宰相刘罗锅》。

其实，这个剧名是有些问题的。

因为，清朝其实是不设宰相的。

清承明制，清朝很多制度都是沿袭明朝的。朱元璋建立明朝后，鉴于唐宋两朝相权太重，威胁到了皇权的生存，于是就废除了宰相制。

所以说非但清朝，明朝也是没有宰相的。说张居正、徐阶、杨廷和、夏言、申时行、高拱等是宰相、名相，也都是错误的。

其实严格说起来，在中国历史上，也只有辽代设置过名叫“宰相”的官职，其他历朝历代都从来没有设置过这个官职。

用《周礼》来解释，“宰”，在中国古代是官吏的统称，其意为“主宰”。在殷商朝，宰是指管理家务和奴隶的官员；周朝设置有执掌国政的太宰，也有掌贵族家务的家宰、掌管一邑的邑宰，所以说，“宰”就是官员的通称。

“相”，本义为相礼之人，兼有辅佐的意思。

最早将“宰”字和“相”字结合在一起的是《韩非子·显学》中“明主之吏，宰相必起于州部，猛将必起于卒伍”之句，本是掌握政权的大官的泛称，后来被用来指称辅助皇帝、统领群僚、总揽政务的最高行政长官。西汉陈平就说：“宰相者，上佐天子，理阴阳，顺四时，下遂万物之宜，外镇抚四夷诸侯，内亲附百姓，使卿大夫各得任其职也。”

也就是说，宰相只是我国历史上一个泛指的职官称号。

从这个意义上来说，历朝历代都会有最高行政长官，也都会出现所谓的“宰相”，只不过名目不同，叫法不同罢了。

不过像夏、商、周三代时的巫史、太宰、尹、太师等职，虽有辅佐天子管理国家之意，但在当时尚不具备国家机器中幕僚长性质，称之为宰相，有欠妥当。

真正意义上的宰相始于齐桓公称霸时期，管仲被齐桓公起用为相国，由此管仲成为中国历史上第一位宰相。

也就从这一时期开始，东周列国纷纷设立了相国，也就是宰相。

像百里奚、晏婴、李悝、商鞅、蔺相如、吕不韦等，都是历史上很著名的相国。

秦国是第一个设立郡县制的国家，于秦武王二年（公元前309年）任樗里疾、甘茂为左右丞相。丞相之名开始代替相国之名。

汉承秦制，但随着历史发展，丞相主要处理日常行政事务，政务中心则转到了内廷，宰相的职权逐渐转移到了尚书台长官的手中。

汉成帝时期，设大司马、大司空、丞相为三公分散了相权，即三公就是三个宰相。

东汉改三公为司徒、司空、太尉，三公之中太尉最尊。

汉献帝时，复置丞相，由曹操担任。

同时代的丞相有蜀汉的诸葛亮，孙吴的陆逊。

晋朝建立省事，尚书省、门下省等三省长官成了宰相。

南北朝中，中书监、中书令、门下侍中、尚书令、仆射、将军、录尚书事等，因多与皇帝议论政事并得皇帝委以机密，也就成了实际意义上的宰相。

隋朝定三省制，三省长官内史省的内史令、门下省的纳言、尚书省的尚书令都是宰相。

唐朝的中书省长官中书令，门下省长官侍中，参议政事的中书侍郎、门下侍郎以及由尚书令改制成的尚书仆射都是宰相。

唐高宗后，尚书仆射只有加“同中书门下三品”“同中书门下平章事”者才是宰相。参议朝政的百官加参议政事、参知政事、同知政事、同平章政事等加衔的也是宰相。

五代的宰相制度基本上沿袭唐代。不过，五代中的后晋出现了首席宰相的制度，并被沿袭下来。

宋朝的同平章事便是宰相。

北宋元丰改制设二相，首相称尚书左仆射兼门下侍郎，次相称尚书右仆射兼中书侍郎；另设门下侍郎、中书侍郎、尚书左右丞为副相。

南宋建炎年间，尚书左右仆射同中书门下平章事为宰相。

朱元璋开国之初，也设有中书省，左右丞相。但到了洪武十三年（公元1380年），朱元璋罢中书省废丞相总揽国政，可以说宰相制度宣告废除了。

但到了明成祖朝，明成祖朱棣不胜庶政之繁，设立了内阁大学士协理文书，建立了内阁制。

注意，内阁只是钦命代言人，不是专门机构，成员全是无行政经历的翰林学士；它对下无节制力却受司礼监制约，并且内阁学士只有票拟权而无决策权，所以内阁大学士虽然在民间有“相”的称呼，实质却已经不同。

清代继承了明代的政治制度，设内阁制，有文华殿大学士、保和殿大学士、东阁大学士、武英殿大学士、文渊阁大学士、体仁阁大学士、协办大学士。

刘罗锅刘墉曾任内阁大学士、协办大学士、体仁阁大学士，所以民间就称他为宰相了。

而实际上在雍正朝，雍正另设军机处，内阁已经成为闲职，称“相”其实已严重不符了。军机大臣倒是有几分“宰相”的意味。

也就是说，刘罗锅其实并不配称作宰相，而他的“死对头”和珅既是大学士又兼军机大臣，倒是可以称为宰相。

## 李卫
## 真的是一个大字不识的皇家家奴吗?

李卫与田文镜、鄂尔泰并称为雍正朝的名臣、能臣、重臣。

以政绩和受雍正帝重视的程度来说，李卫又要领先于田文镜、鄂尔泰两人。

因为电视连续剧《李卫当官》的热播，则李卫在今天民众中的知名度又高于田文镜、鄂尔泰两人。

不过《李卫当官》中的李卫大字不识，但诙谐搞笑又世故圆滑，诡计多端又痞气十足，分明就是“翻版韦小宝”。

实际上，徐峥在出演李卫这个角色时，也坦承自己并不知道历史上的李卫是怎么样一个人，是导演告诉他，李卫“不识字，四爷的家奴，爱骑马，爱收藏小玩意儿”。于是，他就照《鹿鼎记》里韦小宝的角色设定来演。

李卫真的不识字吗?

绝不是。

李卫是读过书的，只不过“十岁而孤”，读书不多而已。

按照《小仓山房文集》里的《李敏达公卫传》中描述，李卫身材魁梧、膀大腰圆、臂力过人，是个练武的材料。李卫本人确实也非常喜欢练武，但李卫走上仕途，既不是从文科考取功名，也不是到战场上一刀一枪博取封荫妻子。

李卫的官是用银子捐来的，最初是任兵部武选司员外郎。

书虽然读得少，但李卫绝对是个人才，所有的公文奏章只要过目，必定能把问题要害找出来。起草公文也是简练独到，让人服绝。

所以说，虽然不是科甲出身，而且文采欠缺，但能力和才干摆在那里，仕途坦荡顺风顺水不奇怪。

从康熙五十六年（公元1717年）捐资员外郎始，经康熙、雍正、乾隆三朝，李卫历任户部郎中、云南盐驿道、布政使、浙江巡抚、浙江总督、兵部尚书、署理刑部尚书、直隶总督等职，为官清廉，不畏权贵，又能体察民间疾苦，深受百姓爱戴。

康熙、雍正、乾隆三帝中，最宠爱李卫的是雍正帝。

雍正登位后第二年就提李卫任云南布政使仍办理盐务，并赋予寻常布政使所不能具有的奏事权。

这一年的李卫只有三十六岁，走出仕途也不过才短短六年。

李卫因此受宠若惊，立誓要为皇帝效命，声称“止知有君，余无所顾”，屡屡累得吐血也在所不惜。

曾几何时，雍正也力撑李卫，视李卫为心腹死党。

雍正三年（公元1725年）十月，李卫被提升为浙江巡抚。李卫探察出坐落在温州府乐清县以东海面的玉环岛出产海盐，只是由于康熙初年实行禁海，该岛被荒废。李卫大胆上疏雍正，奏请开放岛禁。他的奏疏侃侃而谈，条理清晰。

雍正帝览奏连连赞“好”，朱批道：“此筹是览而不嘉悦者，除非是呆皇帝也。”“此时天下督抚朕与心关切者，鄂尔泰、田文镜、李卫三人耳。”

可以说，在相当长一段时间，雍正和李卫的关系好得蜜里调油。

可是，伴君如伴虎。

李卫自己的文化程度不高，就特别敬重读书人，曾出钱修过《浙江通志》，建过书院，给在读士子以丰厚的膏火钱。

雍正六年（公元1728年）十月起，浙江人发生多起文字狱，雍正暴怒之下停止浙江士人参加科举考试以作惩处。

## 纪晓岚
## 真的很好色？到底有几个老婆？

纪晓岚好不好色呢？如果按他自己的说法，那是相当好色；如果是按宋玉的说法，就不算好色。

宋玉是战国后期楚国的一位花样美男，饱受乡里女子骚扰，痛苦不堪。

大夫登徒子忌恨不已，在楚襄王面前大说宋玉的坏话，说他“好色”。

楚襄王于是找宋玉来问话。

宋玉说，没有这回事，好色的不是我，而是登徒子。

楚襄王问他根据何在。

宋玉说，住在我隔壁的东家之女，增之一分则太长，减之一分则太短；着粉则太白，施朱则太赤；眉如翠羽，肌如白雪。就是这么一个大美女，经常攀上墙偷窥我，到现在为止，我都没和她说过一句话。但是，登徒子的妻子长得蓬头挛耳，齞唇历齿，旁行踽偻，又疥且痔，登徒子却饥不择食，很享受和她在一起的时光，才结婚五年，两人就生育了五个孩子。大王您想想，我和登徒子，谁才是“好色”者？

楚襄王哈哈大笑，两手一合说，毫无疑问，登徒子好色。

按照宋玉的逻辑，清康熙帝、乾隆帝绝对是好色之徒。

康熙一生拥有过多少女人已难于统计，但有史料可查，他一共生了55个子女，有35个儿子，20个女儿。

乾隆少了一半，一共生了27个子女，有17个儿子，10个女儿。

清光绪帝和末代皇帝溥仪应该不好色，因为他们都没留下半男一女。

纪晓岚好不好色呢？

纪晓岚一生有一位夫人、六房小妾，但仅生有四个儿子。

补一句，在封建社会，处于纪晓岚那样的地位娶三妻四妾是很正常的，但仅生有四个儿子，说明什么问题呢？说明他生育系统是正常的，但行夫妻之礼的次数应该是不多的。

那么，纪晓岚就不算好色。

但为什么这么多人认为纪晓岚好色呢？

纪晓岚自己吹牛吹的。

采蘅之的《虫鸣漫录》中记：纪晓岚自言乃“野怪转身”“以肉为饭”“日御数女”。

在中国，狗咬人不是新闻，人咬狗即是新闻。

大家最喜欢听最喜欢传播的，就是这类劲爆的八卦怪谈。

因此，之后的《啸亭杂录》《栖霞阁野乘》《清朝野史大观》等都从纪晓岚“日御数女”和“以肉为饭”两点做文章，愈加夸大其词。

《栖霞阁野乘》还描绘了一则纪晓岚在编修《四库全书》时一边行乐一边编书的画面。

但是，这样的荒诞之言，可信吗？

纪晓岚还不嫌事大，在《阅微草堂笔记》中的《槐西杂志》吹嘘自己

“四五岁时，夜中能见物，与昼无异”。

他还和自己的好朋友朱桂说自己是“火神下凡”，致使在他死后，朱桂在给他写墓志铭时，还言之凿凿地把他是火神下凡的事儿写了进去，说他出生之前的几天“水中夜夜有光怪”……

唉！说起来，纪晓岚少有“神童”之誉，21岁中秀才，24岁考中解元，31岁以二甲第四名进士入仕，先在翰林院为庶吉士，后晋升为右庶子，掌太子府事，任《四库全书》总纂官，可称是一时之文学泰斗。

但纪晓岚并不快乐。

纪晓岚曾以天下为己任，在担任侍读学士期间，向乾隆建议朝廷救济东南。

乾隆鄙夷他说：“朕以汝文学尚优，故使领四库全馆，实不过以倡优蓄之，汝何敢妄谈国事！”纪晓岚被乾隆这一喷，羞愤欲死，很长一段时间抬不起头来。

乾隆五十年（公元1785年），大学士阿桂的姻亲海升殴死其妻吴雅氏。纪晓岚负责核验，未能查明真相。

乾隆又唾骂纪晓岚说：“纪昀本系无用腐儒，原不足具数！”

经乾隆一再埋汰，纪晓岚从此内心世界封闭，专心编著自己的《阅微草堂笔记》，写妖、写狐、吹牛、恶搞，用无限的恶趣味来填充自己的寂寞。

## 张廷玉
## 为何被乾隆打击得体无完肤?

本来嘛，乾隆对张廷玉还真是不错的。

但张廷玉也是年老糊涂，有些倚老卖老了。

怎么说呢？

乾隆重用张廷玉，是主要是因为张廷玉属于雍正留下的顾命大臣。

雍正临终前，明确指示由张廷玉、庄亲王允禄、果亲王允礼和大学士鄂尔泰等同为顾命大臣，并遗诏他日以张廷玉配享太庙。

补充一下，太庙是皇帝的宗庙，一般供奉的都是皇帝的祖先和历代的皇帝。功臣在皇帝的批准下可以配享太庙，对功臣而言是一件无上荣光的事。

乾隆即位后，奉亡父遗命，就由张廷玉四人辅政。

张廷玉不但政务谙熟，又兼学问广博，曾是乾隆的老师，且于乾隆元年（公元1736年）再次奉命为皇子师傅，成为乾隆父子两代人的老师，可见恩宠眷顾。

特别值得说的是，乾隆于乾隆元年（公元1736年）二月亲谒景陵时，让张廷玉留京总理事务。

并从此成为定例，乾隆自己每逢巡幸，都由张廷玉留京总理事务。

清朝防汉人忌汉人，却能对汉臣张廷玉如此深相信赖，可称奇迹。

说起来，乾隆帝不但将张廷玉留京总理朝政，让特准他夜宿紫禁城！

其他诸如典试科举，选拔人才，考察荐举官吏等，也都交张廷玉主持处理。

乾隆还不玩虚的，于乾隆二年（公元1737年）十一月，授张廷玉总理事务大臣，加拜他喇布勒哈番，并打破了大清建国以来文臣不封伯的先例，特命进三等伯爵，赐号“勤宜”。

受封伯爵这年，张廷玉已经六十六岁了，年近古稀，脑子多少有些迟钝了，原本他的脾气就有些偏执，脑子迟钝加上偏执，又兼殊荣加身，还有帝师的身份，就不免飘飘然，只知道乾隆是自己的学生，而忘了乾隆是个阴险沉猜的人，时不时做出一些“批龙麟”“逆圣听”的事儿来。

比如，乾隆三年（公元1738年），乾隆帝将临辟雍视学，举“三老五更”古礼，张廷玉就非常扫兴地提出，“待人行，事因时起”，古礼不可行。

又比如，乾隆八年（公元1743年）十月，朝官条奏，“取士之法，不当专用制科试士之法，不当专用制艺者”。张廷玉认为取士方面，自己是权威，最有发言权，“力持以为不可更张，当以仍旧为善”。

还有，朝官奏请“均田限田”，张廷玉又跳出来以“事属难行，徒滋扰累”唱反调……

当然，以上说的这些，并没有和乾隆发生正面直接冲突，也就并没过多影响到君臣间的亲密关系。

补充一下，张廷玉此人，有些史书对他妥善为人处事的做法赞誉很高，说他为人谨小慎微，谨守“万言万当，不如一默”的格条。其实，言过其实了。张廷玉与鄂尔泰的关系就处理得很糟嘛，两人共事十余年，势同水火，“往往竟日不交一语”。鄂尔泰偶有过失，张廷玉也必如长舌妇一般当面讥讽，一逞口舌之快，非要见到鄂尔泰狼狈不堪地低头方才过瘾。

乾隆十年（公元1745年）四月，鄂尔泰病故，代替鄂尔泰职务的人是讷亲，张廷玉和讷亲也同样相处不好，为面奏内阁班次的居首问题和讷亲闹别扭。

乾隆不得不出面和稀泥，制定了“嗣后内阁行走列名，讷亲在前。吏部行走列名，张廷玉在前”的做法。

但张廷玉与讷亲之间的明争暗斗仍不可避免。

乾隆十年，张廷玉也已经七十四岁了，老实说，这一大把年纪活得挺累的。

乾隆十三年（公元1748年）新年，朝野迎新送旧，其乐融融，乾隆心情正好，张廷玉突然向乾隆提出告老还乡，表示自己老了要走人。

乾隆帝好言慰留：“卿受两朝厚恩，且奉皇考遗命，将来配享太庙。岂有从祀元臣归田终老之理？”

张廷玉犟脾气来了，引经据典，说人家明太祖当年也允许配享的刘基退休。

在张廷玉主持编修的《明史》里，朱元璋是诛杀功臣出了名的，这才新年开春，张廷玉就要乾隆向朱元璋学习，乾隆连叫“晦气”！他正告张廷玉，刘基那不是退休，是犯了错被罢斥还乡的，反要张廷玉向诸葛亮学习，鞠躬尽瘁，死而后已。

张廷玉是老师，乾隆是学生，老师怎么会轻易向学生认输？张廷玉拿社会背景说事：诸葛亮生于乱世，自己是生在太平盛世，又得遇明主，告老归隐山林正显皇恩浩荡。

乾隆不同意这种说法：无论是乱世还是盛世，忠臣都应该心境如一。

张廷玉没词了，告老事告一段落。

乾隆十四年（公元1749年）冬，张廷玉又旧事重提，以自己身体有病，艰于行动为由，再次乞求离职养病。

这一次，乾隆帝没法劝了，批准其以原官致仕，写了三首很感人的离别诗相赠。

如果事情就此结束，一段君臣相得的佳话就会载录在青史上了。

千不该万不该，张廷玉担心自己这一退休，死后就不能配享太庙了，上疏请求乾隆帝说：“蒙世宗遗命配享太庙，上年奉恩谕，从祀元臣不宜归田终老，恐身后不获更蒙大典。免冠叩首，乞上一言为券。”意思是您老子世宗宪皇帝答应过我配享太庙的了，去年您又有过挽留我告老回乡的谕旨，我担心死后不能有这样高的待遇，您还是给我开一份保证书吧。

配享太庙者必须是有定天下大功勋的佐命之臣才有的厚遇，张廷玉既是汉臣，又没有开基廓业的殊勋，先帝虽然许你，但你也不应该出口向当今皇上索要。

乾隆帝老大不高兴，但还是在第二天，颁手诏赐之，并写了一首诗相赐，以安其心。

如果事情就此结束，一段君臣相得的佳话还是会载录在青史上。

但张廷玉认为自己是因病告老的，但并不是病得动不了才告老退休的，为了演得更逼真，他竟真的装作行不了路，打发自己的儿子张若澄入宫，由他向乾隆说声“谢谢”。

配享太庙这么隆重的礼遇，张廷玉怎么可以这样不知轻重？！

乾隆帝的火气很难控制了，让军机大臣傅恒、汪由敦传写谕旨，让张廷玉明白回奏。

可是，谕旨还未下达。第二天天尚未放亮，张廷玉早早就来内廷谢恩了。

张廷玉真是聪明反被聪明误啊！

一来装病装不彻底，二来这不就泄露他在军机处有私人眼线，可以侦知朝廷的一举一动了吗？！

乾隆又惊又怒，交廷臣会议定夺，拟剥夺张廷玉的官爵，罢去配享太庙的优容。

但最后也只是削去张廷玉的伯爵而已。

事情还没有完。

乾隆十五年（公元1750年），皇长子永璜刚去世不久，张廷玉不等丧期结束，又一次请求归乡。

乾隆帝忍无可忍，用大学士九卿议，罢配享，免治罪。

于是张廷玉闹了个灰头土脸，恓恓惶惶地退休了。

不过，乾隆二十年（公元1755年），八十四岁的张廷玉病死后，乾隆还是遵照雍正帝的遗诏，命配享太庙。

最后说一句，有清一朝，配享的大臣只有二十六人，张廷玉是唯一的汉人。

乾隆对张廷玉还是不错的。

# 和珅
## 为什么得乾隆那么喜欢？

20世纪90年代有一部很火的电视连续剧《宰相刘罗锅》，该剧结尾有这么一段：张国立老师饰演的老年乾隆帝和李保田老师饰演的刘罗锅在一个金碧辉煌的澡堂里泡澡，老态龙钟的乾隆帝颤巍巍地对刘罗锅说：“朕也知道和珅为人不那么纯粹，但是朕就是喜欢他，不由自主，没办法。”

电视虽然是戏说，但戏中乾隆帝说的这句话，却是百分之百的历史事实。

稍微了解一点清朝历史的人都知道，乾隆帝宠爱和珅，那是爱得天昏地暗，没得商量。

但是，乾隆帝为什么就那么宠爱和坤呢？

很多人解释来解释去，都没解释到要点上，最后不得不把原因归咎于一个女人的身上：

乾隆在为宝亲王时，曾和雍正的爱妃马佳氏关系暧昧。某次两人嬉戏，马佳氏手中的梳子无意中撞伤了宝亲王的眉际，恰巧被皇后钮祜禄氏看到了。钮祜禄氏一怒之下，下懿旨赐马佳氏在月华门自尽。宝亲王匆匆赶到，马佳氏奄奄一息。宝亲王心痛如绞，流泪咬指将血点在马佳氏的颈部，悔恨万分地说：“是我害死你的，如果你死后魂灵有知，过二十年再与我相聚吧，到时我就以你颈部这点红印为记号。”马佳氏听到，眼眶涌出两颗泪珠，溘然而逝。宝亲王对此事念念不忘。二十年后，如玉树临风的和珅充侍卫，颈间赫然闪现一颗红痣。就是这颗红痣，让乾隆认定了和珅就是马佳氏转世，从此对和珅千般宠爱。

和珅是马佳氏转世的故事最早见于《清宫秘史》，说得有鼻子有眼。

《清宫遗闻》又在这则故事的基础上加了点睛一笔：乾隆六十年（公元

1795年）九月初三日，乾隆禅帝位给嘉庆。晚上，神秘兮兮而又不失伤感地对和珅说："我与你有两世宿缘，所以如此宠爱于你，只怕后来的人不能见容于你！"

和珅是长得很漂亮，男生女相让人我见犹怜，但要说和珅是乾隆的娈童可信度并不高，毕竟乾隆比和珅大了四十多岁，他们相识时乾隆也已是年过花甲垂垂老矣的老人了，而说和珅是马佳氏转世更是胡编乱造的瞎掰！

当然也有人解释说，和珅语言才华超群，会汉语、满语、蒙古语和藏语，表达起来得心应手，又会写诗能和乾隆帝唱和；还有人解释说和珅善于理财，乾隆前四次南巡花费白银太多招来了很多非议，第五、六次南巡由和珅操持打理，没花内务府一分钱，打点得井井有条；还有人说和珅办理能力强，无论皇帝交给他什么差事，他都能办得妥妥帖帖……

老实说，和珅确实具备上述优点。但会多种语言，能写诗，善理财，办事能力强，只能是翻译官、文学侍臣、财政大臣、总管太监的角色，并非能让乾隆长久宠爱的原因。

那么，让乾隆明知和珅手脚不干净，却又难割难舍、荣宠不衰的原因到底是什么呢？

让我们来看《春冰室野乘》中记的一件小事。

嘉庆初年，白莲教闹得很凶。一天早上，嘉庆帝与和珅一起朝见太上皇乾隆。只见乾隆眼观鼻、鼻观心，对来人不理不睬，嘴里念念有词。嘉庆帝侧耳倾听，一句也听不懂。突然，乾隆开口询问："其人何姓名？"嘉庆帝瞠目结舌、莫名其妙。和珅在一旁却从容应答说："高天德、苟文明。"乾隆又紧闭双眼，口中喃喃。嘉庆帝丈二和尚——摸不着头脑，发了好一阵愣。出了殿，嘉庆帝向和珅询问究竟。和珅告诉皇帝，太上皇念的是西域秘咒，此咒是专门诅咒恶人的，据说法力无边，能把千里之外的人咒死。太上皇为什么会念这个恶咒？他想咒死谁？我想，现在最能让太上皇憎恶的，莫过于白莲教逆徒，他问“其人何姓名”，那是要白莲教首领的名字来诅咒，我就把白莲教两个首领的名字报给他了。

看，和珅简直就是乾隆帝肚里的蛔虫！

嘉庆帝惊得直吐舌，久久合不拢嘴。

## 林则徐
## 后期鼓励种鸦片？

虎门销烟是中国近代史上最著名的历史事件之一，该事件直接引发了第一次鸦片战争。

而鸦片战争强行打开了中国国门，因而被史学界认定为中国近代史的开端。

主持虎门销烟大局的，是晚清政治家、军事家、民族英雄林则徐。

说起林则徐，我第一次看到这个名字，并非在历史书上，而是在凤姐奉为国宝级读物的《故事会》上。

20世纪80年代初期，《故事会》发行很火，是老少咸宜的故事杂志刊物，而且价格便宜，每期定价为0.18元，深受大众欢迎。

我刚上小学不久认得点字，也爱读这种通俗易懂且颇有趣味性的读物，尤其爱读书前面几页收集的小笑话。

记得某期里面收集有这样一个小笑话：

小张和小李同住一个筒子楼。每次下班，小张都发现小李不敢回自己的家门，而在楼道逛悠、抽烟，就奇怪地问：“到了家门，咋不进去呢？”小张吐了个烟圈，无奈地说：“不行啊，家里有个林则徐，女的。”

笑话就这么百来字，我一点也不觉得好笑。

琢磨来琢磨去，觉得笑点就应该出在“女林则徐”上，于是去请教大人，这才知道林则徐是禁烟的，家有“女林则徐”，那是说他家里有个禁烟的老婆。

也从那时候起，林则徐禁烟，就牢牢地烙在我的脑海里了。

后来学历史，果然，林则徐禁烟禁得轰轰烈烈，简直捅破天了，长了中国人的志气，向世界昭示了中国禁烟的决心。

后来，《国际联盟》曾经把虎门销烟开始的6月3日定为“国际禁烟日”。

而在1987年6月12日至26日，联合国在奥地利维也纳召开了由138个国家和地区的3000名代表参加的“麻醉品滥用和非法贩运问题”部长级会议大会，最后决定将每年的6月26日，也就是历史上虎门销烟完成的翌日定为“国际禁毒日”。

不用多说，林则徐太伟大了，疾恶如仇。

但很多人不知道，虎门销烟之后，英国发起了第一次鸦片战争，清廷战败，被迫签订了《南京条约》。因为林则徐则是点燃大战的人，成了“替罪羊”，被道光皇帝流放到了新疆。在被贬的岁月中，林则徐经过痛苦的思考，最后做出了鼓励中国人自己种植鸦片的做法。

实际上，在虎门销烟前一年，就有大臣许乃济向道光皇帝提出：既然无法彻底禁绝吸毒，那不如鼓励民众种植鸦片，以国产鸦片驱逐进口鸦片，是为“弛禁鸦片论”。

但林则徐和黄爵滋等禁烟派人士强烈反对和大力抨击许乃济，林则徐那一句“若犹泄泄视之，是使数十年后，中原几无可以御敌之兵，且无可以充饷之银”振聋发聩，致使道光皇帝站在了他这一边。

许乃济最终在第二年郁郁而终。

经过鸦片战争的炮火洗礼，国门被打开，鸦片进口被明确合法化，林则徐后悔莫及。

1847年，林则徐在回江西抚州署知府文海的信件中，明确提出了应该在国内种植大烟的意见："鄙意亦以内地栽种罂粟于事无妨。"

他是这样解释的：我不反对吸食鸦片，而是反对吸食进口鸦片，如果国内生产出的鸦片味道比进口鸦片好，价格又比进口鸦片低，那么谁也不会去舍近图远了，最后来必定如绍兴之美醍、湖广之锭烟一样在内地自相流通，正如人一身血脉贯注，有什么障碍呢？

所以，很多人只知道林则徐禁烟、销烟，大概不会想到林则徐也提倡种烟吧！

## 彭玉麟

## 因不能迎娶姨妈，以画为妻，孤独终老

大清王朝自从由乾隆爷来接管，就开始走下坡路了。

乾隆爷好大喜功，凡事喜欢铺张浪费，为了他所谓的"文治武功"，将国库挥霍一空，等到驾崩咽气时，只把一个空壳子留给了儿子嘉庆帝。

嘉庆、道光两父子做个守成之君尚还及格，要扭转颓势就勉为其难了。

道光末年，英夷入侵，鸦片战争爆发，而天地会、捻军乱起，广东花县（今广州市花都区）人洪秀全又在广西金田发动太平天国起义，可谓内忧外患，朝廷倾覆在即。

所幸一大批能臣悍将适时而起，谋划并血战十数年，不但让垂死的大清朝起死回生，还焕发出了些许中兴气象，是为"同光中兴"。

这一大批能臣悍将因此冠以中兴名臣、中兴名将之誉。

所有的中兴名臣与中兴名将中，位居第一，当仁不让地坐头把交椅的非曾文正公曾国藩莫属。

话说，曾国藩在平定太平天国运动中，戎马倥偬精神高度紧张，心情抑郁

身上癣疾发作严重，瘙痒难当寝食难安。曾国藩的夫人欧阳氏远在湘乡老家，鞭长莫及，无法替夫君解除烦恼，只好让人替曾国藩物色一个小妾，好在夜间帮助挠痒、陪寝。

曾国藩向以道德圣人自许，一开始对这事是拒绝的，但身边没有体己人照顾，确被恶疾扰得身心俱疲，身体每况愈下，苦不堪言。

没办法，曾国藩接受了夫人的建议，让亲信韩正国替自己张罗纳妾事。

大帅有令，韩正国不敢怠慢，派遣侦骑四出，穿街过巷寻访佳人。

某日，韩正国兴冲冲地走进曾国藩的书房汇报找小妾事宜，正眉飞色舞地谈论时，不提防有人拎刀子闯了进来，对着韩正国的后脑勺就是一刀。

幸好韩正国是警卫兵出身，灵敏机警，听到脑后风响，暗叫不好，往旁边一闪，堪堪躲过了这夺命追魂的一刀。

曾国藩举目看时，提刀杀人者却是帐下虎将彭玉麟！

彭玉麟一砍不中，虎目圆睁，戟指韩正国大骂："好你个韩正国，胆敢献妇人来扰乱军心，看我今天不杀了你！"

曾国藩一看不好，赶紧站起来，环抱住彭玉麟，一个劲地说："雪琴老弟，不可冲动！这件事是我吩咐韩正国去做的，一切和他无关。我最近浑身瘙痒，需要找个人帮我挠痒，还请雪琴老弟谅解！"

彭玉麟听了曾国藩的解释，这才悻悻放下刀来。

按理说，在当时男人娶个三妻四妾是很稀松平常的事儿，曾国藩身居高位手掌重兵，不过是要娶一个小妾，为何就惹得彭玉麟要拎刀子杀人呢？

说起来，这跟彭玉麟的性情有关。

曾国藩虽称是道德楷模，但在很多地方都比不上彭玉麟。

彭玉麟祖籍衡州府（今湖南衡阳县），字雪琴，人称雪帅，与曾国藩、左宗棠并称为"大清三杰"；与曾国藩、左宗棠、胡林翼又合称"中兴四大名臣"。

彭玉麟一生有"三不"原则，即"不要官，不要钱，不要命"。

彭玉麟不要官是历史上出了名的。

早年，彭玉麟参与镇压李沅发起义有功，清廷赏给他蓝翎顶戴，并任命他为训导。哪料，他既不要顶戴，也不要官职，飘然回家奉养老母。

咸丰十一年（公元1861年），安徽人苗沛霖响应太平天国发动叛乱，彭玉麟时为安徽布政使衔水师统领，清廷任命他为安徽巡抚前去平乱，彭玉麟以不擅长陆战为由，一连三次辞谢。

同治四年（公元1865年）二月，清廷任命彭玉麟代理漕运总督。漕运总督掌管鲁、豫、苏、皖、浙、赣、湘、鄂八省的漕政，是众人所垂涎的天下一流肥缺，旁人睡梦里都想得到，彭玉麟却两次辞谢。

同治七年（公元1868年）六月，清廷任彭玉麟为兵部右侍郎，彭玉麟无心留京，仍然选择辞去。

光绪七年（公元1881年）七月，清廷任命彭玉麟代理两江总督并兼南洋通商大臣。两江总督在疆臣中的地位仅次于直隶总督，管安徽、江苏、江西三省，极其重要。南洋通商大臣一缺也是权大责重，非名宦宿臣不能任命。彭玉麟毫不动心，仍然选择辞去。

光绪八年（公元1882年），清廷任命彭玉麟为兵部尚书。彭玉麟再次准备辞去。但中法战争爆发，西南边境危急。清廷命彭玉麟以兵部尚书的身份帮办两广军务，彭玉麟以国事为重，临危受命，毅然南下，率老部下冯子材大战镇南关，逐法军至谅山一带。

中法战争结束，彭玉麟多次请求辞去兵部尚书，直到去世前两年才最终如愿以偿，从官场脱身为平民。

彭玉麟在宦海里翻滚多年，如果要捞钱，是有很多机会的，但他始终坚持住“不要钱”的准则。咸丰四年（公元1854年）冬，彭玉麟率湘军水师配合陆师攻陷了田家镇，清廷奖励四千两白银，他却全部用于救济家乡。给叔父的信中，他是这样说的：“想家乡多苦百姓、苦亲戚，正好将此银子行些方便，亦一乐也。”他还特别提出要从中拿出一部分办学堂，期望为家乡“造就几个人才”。去世前，彭玉麟将为官几十年的官俸、养廉、经费全部裸捐出来做了军费。

至于彭玉麟的“不要命”，在湘军中也是出了名的，也因为彭玉麟敢死战，湘军水师形成了一种崇尚勇敢的风气，人人敢战、人人争先。太平军每见彭玉麟的旗号，都会恐惧莫名，四散奔走。

彭玉麟一生不慕名利、不避权贵、不治私产、不御姬妾，不要官，不要钱，不要命，可谓无欲，用林则徐的话来说，那是“无欲则刚”。但很多人不知道，彭玉麟这位刚猛汉子，却有柔情万种，偏偏又无人可以诉说。

彭玉麟外祖母养育有一个养女竹宾，从辈分来说，竹宾是彭玉麟的阿姨，且比彭玉麟年长两岁，人称梅姑。梅姑与彭玉麟青梅竹马，情愫渐生，曾私订终身。但彭母认为两人的结合于辈分不合，亲自做主，把梅姑嫁到别家姚氏。梅姑嫁后不久，死于难产。彭玉麟痛不欲生，发誓要用余生画十万梅花以纪念两人之情。他每画成一幅，必盖一章曰“伤心人别有怀抱”“一生知己是梅花”。

彭玉麟画梅花，画了整整四十年，诗梅花“三生石上因缘在，结得梅花当蹇修”，“无补时艰深愧我，一腔心事托梅花”，“颓然一醉狂无赖，乱写梅花十万枝”，“平生最薄封侯愿，愿与梅花过一生”。

彭玉麟曾在湖口水师昭忠祠旁边建厅，遍栽梅花，号称“梅花坞”；后来又将梅姑墓迁到了西湖旁，又在墓的旁边盖起草楼和遍植梅花。

这就是彭玉麟初闻曾国藩要纳妾而不能容忍的缘由。

在彭玉麟道德理念里，男人是不可以背叛爱情的。他认为，曾国藩既然是大家公认的道德楷模，他就应该为天下人表率，不可以带坏社会风气。当听说韩正国为曾国藩海选小妾人选，就认定是韩正国为了讨好曾国藩才这么做的，这才上演出刀劈韩正国的惊险一幕。

在曾国藩的劝说下，彭玉麟放过了韩正国，却也因此大减对曾国藩的敬仰之情。

曾国藩的弟弟曾国荃的陆军部队纲纪废弛，彭玉麟不顾曾国藩对自己恩重如山，三次弹劾曾国荃，力主斩杀曾国荃，以儆效尤。李鸿章的侄儿李秋升倚仗叔叔的势力横行乡里、鱼肉百姓，彭玉麟二话不说，抓起来直接放血。彭玉麟自己的外甥贻误军机，他也大义灭亲，将之斩杀。

曾国藩因此慨叹彭玉麟是“烈士肝肠名士胆，杀人手段活人心”。

民间也因此有语云：“彭公一出，江湖肃然。”

彭玉麟对梅姑有无限爱恋、思念、牵挂，一生画梅花，其梅花图竟成人间冠绝，与郑板桥的墨竹齐名，被称为“清代书画二绝”。

王闿运挽道：“诗酒自名家，更勋业烂然，长增画苑梅花价；楼船欲渡海，叹英雄老矣，忍说江南血战功。”

## 左宗棠
## 屡试不第，写一妙联得结良友一飞冲天

有清一代，名义上满汉官员各占一半，实际上满族官员十占八九，汉族封疆大员，少之又少。

而湖南人陶澍，在道光朝封两江总督，无疑是汉族官员中的佼佼者。

实际上，道光朝中的官员领袖，就是首席军机大臣穆彰阿、直隶总督琦善、两江总督陶澍三人。

彼时全国共有八个总督（河道和漕运两位属于专职），四川总督只管一个省，其他总督都管两个省，两江总督却管理安徽、江苏、江西三个省。而且这

三个省的财政收入，基本相当于全国收入的六成以上，所以两江总督之职极其重要，在大清官职里，仅次于直隶总督。

陶澍不但是整个道光朝最有威望的汉族官员，也是最具魅力的汉族官员，敢跟道光皇帝对着干，讲真话，办实事，做事一丝不苟，从无差错，道光皇帝却也拿他没办法。

除了办事能力超强，陶澍善于发现人才的眼光和任用人才的魄力也为时人所称道。

像魏源、包世臣、冯桂芬、周济、姚莹等俊彦才杰都是陶澍发现、引荐、鼓励、提拔而被朝廷选用的。

当然，在众多后辈才俊中，陶澍最看好的是林则徐、左宗棠。

陶澍曾专门上奏折向道光皇帝推荐林则徐："林则徐才长心细，识力十倍于臣。"

这就使得林则徐曾先两次在陶澍进京向皇帝"述职"和到外地巡视防务期间代理两江总督职责。

左宗棠并非通过科举高中走上仕途的，其喜读顾祖禹《读史方舆纪要》、顾亭林《天下郡国利弊书》一类书籍，沉迷舆地、兵法等术不能自拔，疏于八股文的磨炼，考了童试多年，连个秀才也考不上。左宗棠后来能成为举人，实在是捡了一个漏。道光十二年（公元1832年）举行三年一度的乡试。左宗棠感觉到自己年纪已老，不能再在童试这条门槛上消磨太多时间了，就花钱捐了个监生资格，参加乡试。但因他的八股文功力还是稍欠火候，名落孙山。偏偏这年道光皇帝心情好，下旨要主考官重新披阅落选的"遗卷"，多给考生一个机会。没办法，考官不情不愿地从五千份已被淘汰的试卷中挑出了六份……嘿，左宗棠的卷子就在这六份卷子内。这样，连秀才都没考上的左宗棠就极幸运地获得了举人的功名。但左宗棠也仅仅止步于举人的功名，其后三试春官不第，没法更进一步。

左宗棠与两江总督陶澍的结交，缘于他写的一副对联。

陶澍是湖南安化人，左宗棠是湖南湘阴人。

道光十七年（公元1837年）春，陶澍回乡省亲。

醴陵知县知这位朝廷大员会途经醴陵，早早请左宗棠在县公馆的馆舍大门撰写了一副楹联。

上联为：春殿语从容，廿载家山，印心石在；

下联是：大江流日夜，八州子弟，翘首公归。

“印心石在”是指陶澍曾得道光皇帝题匾“印心石屋”珍藏家中；“春殿语从容”活画出陶澍在金殿辅佐帝王从容自若的气度；“廿载家山”，陶澍出山做官已二十年，家山指代家乡；“大江”语出谢朓《夜发新林至京邑赠送西府同僚》诗：“大江流日夜，客心悲未央。”“八州”指全中国。“翘首”即抬头而望，形容父老盼望殷切之情。

陶澍读了这副对联，心下大悦，视撰联者为知己，急索一见。

两人会晤，一番倾谈，陶澍对左宗棠的才干、见识大为称赞，认为左宗棠有王佐之材，前途不可限量，遂以总督身份折节下交，并替儿子向左宗棠的女儿求婚，结为儿女亲家。

总督与布衣结亲一事，被传为士林佳话。

左宗棠平生自傲，一直认为自己是王佐大材，所欠缺者不过一个展翅高飞的机会而已。

左宗棠睨睥古今名将，称军略虽古之“卫霍不足侔也”，岳飞等人更不堪一提，平生只服诸葛亮一人。他也因此以诸葛亮自比，自称“今亮”“小亮”（晚年妄称“胜古亮”）。在书房悬挂自撰对联为：文章西汉两司马，经济南阳一卧龙（晚年自题书斋联则为：出处动关天下计，草庐我亦过来人）。

左宗棠二十三岁结婚时，新房的对联不是百年好合之类句子，而是：身无半亩，心忧天下；读破万卷，神交古人。

陶澍晚年致仕，女婿胡林翼不遗余力地向朝廷推荐左宗棠，称“横览九州，更无才出其右者”。

一时间，左宗棠大名传扬于公卿巨宦之间。

林则徐也因此准备大用左宗棠，但虎门销烟英夷入侵，道光二十一年（公元1841年）五月，道光帝恚怒于广东败绩，革去林则徐四品卿衔，充军伊犁。

林则徐无力提携左宗棠，却曾在湖南邀左宗棠到船上相会，畅谈古今，通宵达旦，大赞左宗棠为“非凡之才”“绝世奇才”，视之为自己事业的继承人：“他日竟吾志者，其唯君乎！”将自己整理出来的许多资料郑重相付。

临别，林则徐还在船上手书一副联赠左宗棠：

此地有崇山峻岭茂林修竹；

是能读三坟五典八索九丘。

陶澍和林则徐的看人眼光确实不同凡响。

道光三十年（公元1850年），广东花县人洪秀全在广西金田发动太平天国起义，林则徐奉旨为钦差大臣，抱病赶去平乱，病逝于潮州普宁县（今普宁市）行馆。

林则徐临终前，让次子写遗嘱，屡屡提到左宗棠人才难得，要向朝廷推荐。

而当洪秀全的太平军杀到长沙城下，左宗棠以布衣之身参与守战事，骤建大功，以至于时有“天下不可一日无湖南，湖南不可一日无左宗棠”之语，遂在短短三年之间，就由一名政府编外人员华丽转身，升至总督，升迁之快，让人瞠目结舌！

左宗棠自负到终老，晚年曾自作一副挽联。

上联：倘此日骑鲸西去，七尺躯委残荒草，满腔血洒向空林。为谁来歌骚歌曲，鼓琵琶井畔，挂宝剑枝头，凭吊枯木秋魂魄，情激千秋。纵令黄土埋予，应呼雄鬼。

下联：喜今朝化鹤东还，一瓣香祝完本性，三身月现出金身。愿以此为樵为渔，访鹿友山中，订鸥盟水上，销磨锦绣热心肠，逍遥半世。半世只怕苍天厄我，又作劳人。

## 胡雪岩
## 为何娶那么多姨太太，这些姨太太又是如何对待他的？

有人会对“胡雪岩为何娶那么多姨太太”的问题感兴趣，估计是看了什么与胡雪岩有关的影视文艺作品，被里面的言情戏份感动了：胡雪岩真的娶有十二房妻妾吗？

这些作品极尽戏说之能事，绘声绘色地编造出了十二段优美动听的爱情故事，每一段的女主角都与这个男主角爱得天昏地暗、死去活来。

胡雪岩被刻画成了一个多情公子，这个情种、情圣处处多情处处留情，博爱且怜香惜玉，让世间万千女子为之癫狂、痴迷。

但白居易说了：商人重利轻别离。

胡雪岩是个商人，书也没读过几本，哪懂什么情怀，哪懂什么风花雪月？

所谓“色食性也”，在那个年代，男人拥有了足够强大的权力财力，通常都会玩儿命地去攫取和占有更多的资源。

帝王要坐拥三宫六院七十二嫔妃，从长远来说，是想繁衍出更多的子孙以继承他的巨额财产；从短期而言，是满足自己生理和心理上的需要。

当然，心理上的需要为主。

一个人的精力有限。像北宋亡国之君宋徽宗，据说他的宫中妃嫔有三万多人。

三万人，就算宋徽宗一天宠幸一个，也要宠幸三万天。

我们知道，三百六十五天是一年，三万六千五百天是一百年；三万人，那是要花上百年时间才宠幸得过来的，宋徽宗哪宠幸得过来呢？

所以他要拥有这三万人的支配权，主要还是心理上的需要。

他是想向天下昭示：我就是这么强大，我想要什么就有什么，天下都是我的！

胡雪岩在事业的巅峰期，富可敌国。

他是从底层暴富起来的，暴富心理肯定有，享乐心理绝对少不了。

在吃、喝、玩、乐等方面，样样精益求精花样繁多。

胡雪岩有名分的女人达十二个，但被他玩弄过作践过始乱终弃的女子，没有上千也有数百。

《见闻琐录》记载：胡雪岩喜欢搜奇猎色荒淫无度，他经常在大街上寻觅美色，只要见到了姿色奇丽的女子，会不择手段搞到手。

而最让人不齿的是，胡雪岩有一个低级恶趣味：即便是费尽心血搞到手的女子，只要新鲜感没了，就立马将之休掉，“凡买而旋遣者，殆数百人”，不顾人家死活。

不用说，这些女人对胡雪岩那是恨他没商量了。

这里只说说那十二个有名分的。

这十二个女人，虽然个个如花似玉，但都来自底层，其中以娼家女子居多。

胡雪岩有钱有势，她们都巴结逢迎。

《胡光墉传》记载：胡雪岩在杭州城元宝街斥资二百万两打造“江南第一宅院”——芝园。园内所置松石花木，备极奇珍。十六个院落里，有红木厅、楠木厅、荷花池、牡丹台、专设唱戏的影怜院、烟室烟榻，处处精巧，样样极致。

他把这十二个美人称“十二金钗”，分置十二楼，楼上装有最新式的电话机，加以遥控管理。

胡雪岩过夜，就效仿皇帝点妃，他让人给这十二个美人做了牌子。每当夜幕降临，便吩咐下人端牌子上来，翻了谁的牌子谁就来侍寝。

那个时候，十二个美人争相以侍寝为荣，争风吃醋不亦乐乎。

不过，中国古代，商人但凡要做大，都必须官商勾结，胡雪岩也不例外。

当他的大靠山左宗棠去世后，胡雪岩的商业帝国便轰然倒塌了。

十二个美人看着胡雪岩将死，纷纷作鸟兽散。

不过，所谓日久生情，胡雪岩和她们生活的时间都那么久了，而且又给过她们那么多钱，要说没有一点情分也不可能。

在分别时，缠绵落泪说一些煽情的话，那是少不了的。

但是现实很残酷，她们都拿着遣散费干脆地走了。

只能说，有钱金龟婿，无钱烂皮囊。

话说回来，对于胡雪岩这样的商人，在这些女人看来，也只配谈买卖，不必讲感情，不是吗？

## 李鸿章
## 为什么要害死清朝首富胡雪岩？

从某个角度来说，胡雪岩也的确算得上是死于李鸿章之手，要不他也不会在临终前立下“胡李不通婚”的遗嘱。

那么，问题来了，李鸿章为什么要整死胡雪岩呢？

这件事，要说复杂也复杂，要说简单也简单。

可以用八个字来描述：神仙打架，小鬼遭殃。

这里说的神仙，指的是左宗棠和李鸿章；小鬼指的自然是胡雪岩了。

左宗棠和李鸿章为什么要打架呢？

说起来，这两人的矛盾也不是一天两天了。

可以追溯到镇压太平天国运动的年代。

传说某次左宗棠去拜会李鸿章，李鸿章在后堂与小老婆缠绵迟迟不出。

左宗棠不免来气，等李鸿章出来了，语带讥讽地说了六个字：与如夫人洗脚。

他说李鸿章是在里面给小老婆洗脚。

李鸿章嘴欠，张口来了句：赐同进士出身。

李鸿章自己是进士出身，很瞧不起只有举人出身的左宗棠。

而左宗棠向以“当世诸葛亮”自诩，把自己只有举人出身视为终生大辱，沸反盈天的“樊燮案”也因此而起，他听了李鸿章的话，面色大变，拂袖而去。

不过以上故事可能只是传说，不一定是真事。

但攻陷天京前夕两人闹出的矛盾，可是货真价实的史实。

当时，曾国藩、曾国荃兄弟围着天京攻了好几年了，天京还是迟迟不下。

老佛爷慈禧心中焦虑，就命令游弋于苏、常一带的淮军前往支援。

老佛爷慈禧是军事上的外行，看不清形势，但李鸿章是内行，他知道天京的陷落指日可待，不忍心过去分掉曾家兄弟的功劳，他写信给曾国荃说自己“不敢近禁脔而窥卧榻”，而向慈禧托称浙江匪患严重，带着淮军跑到浙江去了。

浙江是闽浙总督左宗棠管辖的地方，李鸿章这一来，不但抢了左宗棠的大功，还抢掠到了一大堆财富。

左宗棠气得七窍生烟，写报告上告朝廷，斥骂告李鸿章“越境掠功”。

这是左、李交恶的公开化。

平定了太平天国后，两人一同受命去剿灭捻军。李鸿章负责东捻军，左宗棠负责西捻军。

西捻军打的是游击战术，其由西往东，突袭保定，逼近北京，清廷震动。

负责东面战场的李鸿章救援不力，被拔了双眼花翎、褫夺了黄马褂等。

李鸿章吐了一口老血，写信给弟弟说：“左公放贼出山，殃及鄙人！”

这还不算，在剿捻收官阶段，李鸿章奏报朝廷，说捻军统帅张宗禹已被自己迫得跳河自尽。左宗棠却上报说张宗禹还没死，他正在抓紧追剿。

李鸿章又吐了一口老血，写信给曾国藩，说左宗棠是“阿瞒本色，于此毕露”。

1874年，清廷高层内部爆发了“海防与塞防之争”，左、李二人在关于如何在东部沿海与西北边疆分配有限战略资源问题上又大吵一架。

李鸿章的意见是：“其停撤之饷，即匀作海防之饷。”

而左宗棠的意见是：“东则海防，西则塞防，二者并重。”

最终的结果是左宗棠成功了。此外左宗棠在西北边疆上建战功归还，春风得意，获封侯爵、东阁大学士，可入军机处。

李鸿章恶狠狠地给左宗棠取了个外号“破天荒相公”，意思是说一个举人，竟然能入阁当军机大臣，真是破天荒了。

1885年，中法战争，左宗棠主战；李鸿章主和，后来与法国签订《中法新约》。

左宗棠一点情面也不留，大骂李鸿章“十个法国将军，也比不上一个李鸿章坏事”。

李鸿章忍无可忍，让手下的将领们告左宗棠小跟班们的状，整得湘军名将王德榜、台湾兵备道刘璈都丢了官，胡雪岩被抄了家。

咦？胡雪岩是个商人，他是什么时候和左宗棠捆绑到一起的呢？

胡雪岩出身贫穷年少丧父，他能华丽变身为晚清首富，一方面是他为人圆滑仗义，另一方面是他得遇贵人。

少年胡雪岩在阜康钱庄做学徒时，得到了掌柜的赏识，被收养为养子；又因掌柜膝下无子，所以胡雪岩在他死后承继了钱庄。

胡雪岩遇上的第二个贵人是浙江巡抚王有龄。

王有龄是官家子弟，家中替他捐了一个“候补盐大使”的官缺，但因没钱走关系，一直没能补缺。

胡雪岩继承了钱庄不差钱，慷慨地斥资给王有龄去官场运作。

很快王有龄出仕为官，并且官运亨通，做到了浙江巡抚，成了地方大员。

王有龄懂得感恩，给胡雪岩的钱庄提供了很多帮助。

官商勾结，局面很快打开。

到后来，胡雪岩不光开钱庄，还开药店，贩卖茶叶，贩卖布匹，甚至包揽军粮漕运等，生意做得很大。

太平军攻打杭州，王有龄被杀后，湘军将领左宗棠成了新的浙江巡抚。

胡雪岩不管三七二十一，狠命抱住左宗棠的大腿，给左宗棠筹集钱粮，主动劳军。

这样，胡雪岩就成了左宗棠的人。

平定了太平天国后，左宗棠向慈禧为胡雪岩请功，胡雪岩非常光荣地得授江西候补道的官职，还领到了一件黄马褂。

左宗棠出兵西北，胡雪岩不但替左宗棠筹足军费，还从自己的药堂调了大量“诸葛行军散”“胡氏避瘟丹”等贵重药品相赠，保证了左宗棠军队的战斗力。

所以左宗棠建功归来，他本人被提拔为军机大臣兼在总理衙门行走，而胡雪岩也因助军有功，被授予布政使衔，另赐黄马褂和二品红色顶戴。

1885年，李鸿章从自己的幕僚盛宣怀那儿了解到胡雪岩就是左宗棠的钱袋子，就决定对胡雪岩下手，以断左宗棠臂膀。他向朝廷举报，说胡雪岩贪污挪用国家粮饷。

慈禧大怒，下令抄胡雪岩的家，责令左宗棠负责向胡雪岩催缴欠款。

李鸿章这一着非常狠。

就在这一年，左宗棠和胡雪岩双双病倒去世。

## 为何在《辛丑条约》上签“肃”而不签本名?

李鸿章在《辛丑条约》上签的是“花押”。

在中国古代，花押可是比签名更具法律效力的东西。

首先，根据《说文解字》一书对“押”字的解释：“押，署也。”

即“押”的意思就是署名。

但是一些老百姓不识字，他们在接触到合约文书之类需要署名的时候，签不了名怎么办?

那么，就可以根据他心中所想，随便画个什么图形。

由于这个图形直接表现出个人的习惯与创意，旁人难窥其意，就难于模仿作伪，且辨识度极高，所以比签名更具法律效力。

因此，“花押”也叫“画押”。

但是，高雅的知识分子不喜欢别人说自己在“画押”——那样等同于讥笑自己不识字。

他们在画押的时候，故意用草书写一些似是而非的字，并且挤攒在一起，让人难于识别，改称为“花押”，意思是用花体字写的符号。

宋人洪迈因此在《容斋五笔》中说：“押字古人书名之草者，施于文记间，以自别识耳。”

在宋代，由于与邻近的辽、金、西夏都有经济、文化上的交流，这些兄弟民族不识汉字，画押更加盛行。

蒙古入主中国后，擅长骑术的蒙古却难于执笔，甚至推行固定押印以代替执笔画押。

另外，花押这种形式也不只在中国流行，在亚洲其他国家甚至欧洲也流行，尤其是日本。

现代的中国人已经几乎没有人会花押了，日本人还保留着花押的习惯。

1871年《日清修好条规》上，李鸿章签署的是花押，日方代表签署的也是花押。

1901年的《辛丑条约》中文本第十二款规定，签约代表的署名，要以“花押”形式，而不是签字形式，所以李鸿章就遵照条约的规定签了花押。

和李鸿章参加谈判的庆亲王奕劻也同样是在《辛丑条约》上签了花押，没有签名。

除《辛丑条约》外，李鸿章从19世纪70年代参与谈判签署的《日清修好条规》《中日天津条约》《马关条约》上，也都是依照约文规定，签署的花押。

李鸿章的这个花押，远看像“肃”字，估计跟他是一等肃毅伯这个爵位有关。

近看这“肃”字，上边的部分是一个“李”字的一半，中间的部分是狂草的“鸿”字，下边部分收尾处隐藏有一个“章”字。

到底是不是这样的呢？

李鸿章本人从来没做过解释，全由观者自己品味了。

下面列举几个非常著名的花押，大家来品味一下其中的意思。

第一个是书画皇帝宋徽宗的花押：很随意的两横，然后急匆匆的一个提折。

啥意思呢？

肯定不是他的名字赵佶。

有人根据他的身份猜，说是“天下一人”。

第二个是大明亡国之君崇祯皇帝的花押，这盘龙团凤的一堆，写的是什么呢？

有人说是他名字中的“由检”二字，也有人说是“一国之主”。

第三个是民族大英雄郑成功的花押，漳州军饷大元上面铸有他的花押，有人说是“朱成功”三字合体。

## 欺小夫人年幼半夜爬墙去偷腥，却因一张小纸条从此消停

李鸿章家族的发迹据说跟一口井有关。

这口井开凿于明朝，是一位姓熊的地方官员带人挖掘的，史称熊砖井，在合肥市以东三十里。

李鸿章的远祖原姓许，后来某祖先过继给一位姓李的母舅，这才姓李。

改姓李以后，整整六代人，都是面朝黄土背朝天的传统农民，与科举无缘，与官场无缘。

到了第七代，在兄弟中排行最小身体最弱的孩子，即李鸿章的父亲李文安却热衷于读书，并通过读书改变了命运。

李文安于1834年以优廪生中道光甲午科举人96名，1838年与曾国藩同登道光戊戌纽福保榜进士112名，殿试三甲，朝考以主事用，与林则徐之子汝舟同年服官刑部。

从李文安开始，第七代、第八代、第九代共三代人中有四个人接连考取了封建社会的最高学历——进士，还有很多人考上了举人、拔贡、秀才。

可以说，李文安带动了整个家族兴旺发达，李氏家族是从李文安这儿发生奇迹的。

究其原因，人们说那是因为李文安出生那年，李文安的父亲把家搬到了井边。李家人喝了这井里的水，命运才发生了改变。

关于这一点，李家人是深信不疑的。这之后李家许多人活着的时候都喜欢依井而居，死了之后就绕井而葬。

李文安青云得志，对自己的儿子着力培养，六个儿子即李瀚章、李鸿章、李鹤章、李凤章、李昭庆，以及瞎了眼的老四李蕴章，都是不得了的人才。

其中，老二李鸿章最出类拔萃。

李鸿章的脑袋瓜天生比别人聪明。

李文安三十五岁中举，中进士时已快四十岁了。李鸿章远胜乃父，二十一岁中举，二十四岁中进士。牛，确实是牛！

李鸿章小时候，老师带他去池塘边洗澡，往树枝上挂衣服时，随口吟了一句：千年古树为衣架。李鸿章马上接口：万里长江作浴池。

李文安在家翻阅账本，感叹说："年用数百金，支付不易。"

从学堂回来的李鸿章，遥望窗外，嘴里念叨："花开千万朵，色彩无穷。"

李文安让儿子们练习对对子，出上联：风吹马尾千条线。

李瀚章的下联是：雨洒羊皮一片腥。李鸿章的下联则是：日照龙鳞万点金。

气魄庞大，显非池中物。

李鸿章二十岁所作《二十自述》和《入都》等诗，更是豪气冲天，被传颂一时。

李鸿章的老师周菊初看准李鸿章是潜力股，果断出手，将自己的侄孙女许配给了李鸿章。

这个侄孙女比李鸿章大两岁，模样并不好看，还是一双大脚，却绝对是一个好女人，嫁到李家孝敬公婆忙里忙外，勤勤恳恳是持家好手。

李鸿章因此对夫人极其敬重，两人感情很好。

婚后第二年，李鸿章入北京顺天府乡试中了举人，再过三年中进士，在京城当翰林，从此夫妻聚少离多，周氏在老家照顾婆婆。

太平天国运动爆发，战事蔓延到江苏、安徽、河南，李鸿章回家办团练，虽然和周氏生活在一起，但颠沛奔波，生活中充满了不安定因素。

1861年，周氏染病于南昌。

彼年，李元度违令出战，致使徽州易手，曾国藩力排众议，要具疏弹劾。李鸿章据理力争，终因牵挂妻病，匆匆离去，致令世人猜测无限。

李鸿章对妻子的悉心照料并不能改变什么——周氏在该年故去。

李鸿章痛不欲生。

周氏只为李鸿章生有两女，李鸿章年近四十而膝下无子，不得不把六弟昭庆的儿子经方过继为嗣。

1862年，即周氏去世后第二年，李鸿章到江苏当巡抚，娶了第二位夫人。

第二位夫人赵小莲的父亲赵畇是李鸿章在京城翰林共职时的同事，赵畇也是安徽人，和李鸿章同一时间回家办团练，两人彼此知根知底，互相欣赏对方。

不过，赵家属于太湖县名门望族，一门四代进士，赵畇祖父赵文楷还是嘉庆元年（公元1796年）的状元，社会地位比李家高多了。

赵小莲这年二十四岁，比李鸿章小十五岁，在那个时代属于大龄剩女，但其知书识礼能诗善文心气很高，发誓非有才郎君不嫁。

李鸿章知赵畇有女待嫁，向赵畇求亲，身为广东按察使的赵畇虽然欣赏李鸿章，却担心女儿不肯屈就。

哪料赵小莲极有识人眼光，听父亲介绍完李鸿章其人其事，既不嫌弃对方年老，也不计较自己是续弦身份，满口答应。

和第一任夫人周氏一样，第二任夫人赵小莲的模样也不好看，用时人的话来说，是“女生男相”，但赵小莲同样是世间不可多得的好女人，嫁到李家就把李家里里外外打理得井井有条，和婆婆关系也很好，并为李鸿章生了三个儿子，一个女儿，分别为经述、经远、经迈和菊耦。

有人甚至说，赵小莲具有“旺夫”的命格。其过门之后，李鸿章仕途青云直上，组建淮军，镇压太平天国运动，创办北洋水师，领导洋务运动等等事项，件件顺风顺水，左右逢源；而在其去世后，李鸿章就开始倒霉，战争失策，签订各不平等条约，身后骂名也由此开始。

旺夫之说，其实是一种迷信，但赵小莲对李鸿章背后的扶持、心理上的安定抚慰等，应该是不可忽略的。

李鸿章因此极宠赵小莲，他去世后是和赵小莲葬在一起的。

话说回来，刚结婚那会儿，李鸿章看赵小莲年少，以为黄毛小丫头少不更事，甚至在花烛之夜打趣赵小莲："黄毛丫头好大福气！"

赵小莲任由他打趣，一声不吭。

李鸿章于是以为这个"黄毛丫头"好欺负。

婚前，李鸿章已和府上一个漂亮仆妇有染，婚后，仍有恃无恐，每到夜深人静，等赵小莲熟睡，他就悄悄起床，爬墙翻窗，溜进仆妇的房间，与之玩耍。等到鸡鸣天亮，再悄无声息溜回自己房中。

一次、两次、三次……随着翻墙的次数增多，李鸿章的身手爬练得越来越敏捷，都快赶上传说中那些窃玉偷香的采花大盗了。

李鸿章也因此得意非凡。

某天夜里三更时分，李鸿章又故技重施，摸到窗口正要翻墙，突见窗口贴着一张纸条，上面写着四个字，在月色下看得分明："出将入相。"

李鸿章认得是赵小莲的笔迹，猛惊出一身冷汗，退回房里，准备挨骂。

但赵小莲侧身而眠，一言不发，若无其事。

不过，自此之后，李鸿章心怀鬼胎，再也不敢爬墙偷腥了。

而且，夫妻之间但有口角发生，或者李鸿章要发官威，赵小莲往往不屑一顾，嘴里轻轻念出"出将入相"四个字，李鸿章便面上变色，噤口不敢则声，形如遭念紧箍咒，不知不觉地养成了"惧内"的性格。

## 张之洞

## 慈禧出上联状元和榜眼还在想，他已对出从此官运亨通

张之洞、曾国藩、李鸿章、左宗棠并称为晚清"四大名臣"。

这四大名臣中，慈禧太后最喜欢的人，无疑是张之洞。

慈禧太后有多爱张之洞？听我掰扯几件事就知。

慈禧太后咽气前，挣扎，效仿历史上的明君托孤，张之洞是当时唯一在场的汉族大臣。

啧啧，单此一件，就可知张之洞在慈禧太后心目中的位置。

张之洞此人清正廉洁，却不忘给平时爱赏玩宝贝的慈禧太后孝敬上一件东西：翡翠降魔杵。

慈禧太后对此杵爱不释手日日把玩，到死也不忘嘱咐后人将之当成陪葬品带进陵墓。

1881年，慈禧太后特别下了一道懿旨，把张之洞由从四品的翰林院侍讲学士擢升为从二品的内阁学士兼礼部侍郎。

从四品到从二品之间隔着正四品、从三品、正三品，即由从四品升至从二品，那就是官场上极为罕见的连升四级！

这待遇在咸丰、同治、光绪三朝绝无仅有，张之洞是唯一的幸运儿。

慈禧太后为什么这么喜欢张之洞呢？

原因有很多，除了张之洞会做人、会来事、有才华、有能力外，还有一个鲜为人知的原因：张之洞少负“神童”之名，名声很响传到京师，响到老佛爷慈禧太后的耳朵里，慈禧太后先入为主，略微一试就喜欢上了。

张之洞这个神童到底有多神呢？

张之洞祖籍为直隶南皮（今河北南皮县），却出生于贵州兴义府（今贵州安龙县）。当时他的父亲张瑛任兴义知府。道光二十八年（公元1848年），父亲张瑛倡建的安龙招堤半山亭竣工，特意仿阎伯屿邀请群僚著文纪事，在半山亭大宴宾朋。时年十一岁的张之洞，在众目睽睽之下，即兴挥毫作了一篇《半山亭记》，艺惊四座名噪一时。

现在《半山亭记》被刻成石碑，嵌于半山亭壁上供人赏读，成了景致不可或缺的一部分。

发表了《半山亭记》的第二年，即年方十二岁的张之洞就在贵阳刊印出第一本文集，成为贵州学童之冠。

不过话说回来，作文还不是张之洞的强项，他最拿手的绝技是撰写对联。

张之洞曾撰写过一副字数多达408字的长联，名垂宇内。

该联为张之洞于同治十二年（公元1873年）游屈原湘妃祠所撰写的《题屈原湘妃祠》。

此联一出，后世各种有关撰写对联的书籍，均录之入内。

除了此联之外，世间也流传有许多与张之洞有关的对联。

据说，张之洞少年在贵州兴义府署读书，老师故意出了一怪联来刁难他。

这怪联连用了“驼”“倒”“仰”三个既描绘动作又描绘形态的字眼：“驼背桃树倒开花，黄蜂仰采。”

张之洞眉头皱也不皱，应声对出了下联：“瘦脚莲蓬歪结籽，白鹭斜观。”

“瘦”“歪”“斜”三字不但巧妙化解了“驼”“倒”“仰”三字之难，以“白鹭”对“黄蜂”，也工整而不失谐趣。

老师又出一联：“小猪拱小竹，小猪一动，小竹一动。”

“猪”“竹”同音不同调，且二者通过“拱”产生了联系，颇为难对。

张之洞却不假思索对出了下联：“胡嘴对壶嘴，胡嘴一撅，壶嘴一撅。”

老师再出一联：“柳线莺梭，织就江南三春色。”

张之洞马上对出了至今仍被对联界称为绝对的下联：“云笺雁字，传来塞北九秋书。”

张之洞是如此之聪明，如此之才思敏捷，以至于14岁就成为秀才，16岁就成为解元。

可是因为在京师担任会试总裁的是大学士张之万，张之万是张之洞的同族同辈兄长，张之洞因此失去了两次会试资格。

同治二年（公元1863年），又到了大考之年。

慈禧太后知道了张之洞的大名，也了解到张之洞不能参加大考的原因深为惋惜，特意改由旗人宝钧出任会试总裁。

这样，张之洞终于出现在了京师的大考中。

此次大考，张之洞中第141名贡士，复试列一等第一名，其殿试策论针砭时弊锋芒大盛。阅卷大臣觉得此人太过狂妄，准备将之由一甲第一降为三甲之末。

但宝钧爱才惜才，将该卷拔为二甲第一名。

大名单呈到慈禧手中，慈禧看到“张之洞”三字，二话不说，将之拔置一甲第三名。

进士分三等：一甲三名，赐进士及第；二甲七名，赐进士出身；三甲若干名，赐同进士出身。

一甲三名合称“三鼎甲”：第一名为状元，第二名为榜眼，第三名为探花。

这次科考，状元为翁曾源，榜眼为龚承钧，探花即张之洞。

新科进士授予仪式结束后，慈禧太后出了一个自己酝酿已久的上联给“三鼎甲”对下联，声称：对句最佳者，收为太后门生，并立授官职。

慈禧给出的上联是：“洛水灵龟献寿，天数五，地数五，五五还归二十五，数数定元始天尊，一诚有感。”

这对联不好对，翁曾源和龚承钧还在苦苦思索，但对对联却是张之洞的拿手绝活，张之洞福至心灵，信口对答：“丹山彩凤呈祥，雄声六、雌声六，六六总成三十六，声声祝慈禧太后，万寿无疆。”

咸丰帝驾崩后，慈禧太后即被尊为圣母皇太后，徽号“慈禧”是同治元年上的，这会儿，张之洞以“慈禧太后”对“元始天尊”，以“万寿无疆”对“一诚有感”，慈禧能不喜欢吗？

眉开眼笑的慈禧当即就收张之洞为门生，授职翰林院编修。

张之洞也因之跻身清朝权贵之列，从此官运亨通，成了晚清的能臣、干臣、重臣。

## 康有为

## 流亡海外，拿巨资购买一岛命名为“康有为”？

康有为是一个幸福指数非常高的人。

他妻妾成群，生活奢靡，坐拥敌国之富，畅游全球，阅遍人间春色，实乃一人生赢家。

康有为曾治有一方大印，上有二十七个字，云：“维新百日，出亡十六年，三周大地，游遍四洲，经三十一国，行六十万里。”

正所谓睥睨天下，顾盼自雄。

青岛康有为故居纪念馆的工作人员提文凤女士曾骄傲地对记者说：“康有为是19世纪末中国‘睁眼看世界’的代表人物之一，也是近代中国行世界之路最长的思想者。”

提文凤这一说法的依据，其实就是把康有为印文里二十七个字进行详细解释，说康在十六年间，四渡太平洋，九涉大西洋，八经印度洋，泛舟北冰洋七日，游历过美国、英国、法国、意大利、加拿大、希腊、埃及、巴西、墨西哥、日本、新加坡、印度等三十多个国家和地区。

其实吧，康有为这些被冠以“考察”“跨文化对话”等高大上形容词的行为，只不过是一个吃吃喝喝的游山玩水过程。

说到这里，有人会纳闷，康有为只玩乐，不事生产，他所大把大把挥霍的财富是从哪里来的？

不得不说，康有为生财有道！

1899年7月，康有为利用所谓光绪皇帝给自己的“衣带诏”，在温哥华成立了一个保皇会，然后打着“保皇”“保大清”“爱国”等旗号，大肆招收会员。

这个会员可不是轻易加入的，每人需“捐美洲银一圆，以为本公司支用”方可。

他以皇帝的口吻承诺：“凡捐款万圆以上，可破格给予世爵，子孙袭封。捐五千圆以上者，有欲承办开矿工商等事者，皆优予权利，至破格封爵。”“凡救驾有功者，布衣可至将相。”

这么一来，财源滚滚，日进万金。

据当时两湖总督张之洞的奏报：康有为的保救大清皇帝公司，拥有至少六十万洋银的现金流。

实际上，张之洞的估计是非常保守的。

梁启超曾说：“自乙亥年此会设立以来，至今蒸蒸日上……俨然一小政府之雏形也。”

所以说康有为手头的资产富可敌国，一点也不过分。

而且这些资产，康有为压根儿就没用于“保皇”事业中，全都中饱私囊，海吃海花去了。

花巨资购岛，不过是他众多挥霍行为中的一个小插曲。

话说1904年，康有为来到了瑞典，被这宜人景色所吸引，顿生流连忘返之感，他在《欧洲十一国游记》中写道：“瑞典的百千万亿岛，楼台无数月明中……岛外有湖湖外岛，山中为市市中山……欲徙宅居之。”

既然“欲徙宅居之”，而手上又有海量钱财，那还犹豫什么？

康有为没有一丝丝顾虑，立刻买下了位于斯德哥尔摩东南海岸的沙丘巴登地区的一座小岛，并且用自己的名字命名。

他在这座小岛上修建了一座中式园林，取名“北海草堂”。

据广东省社科院的赵立人研究员考证，康有为买岛的花费是2.8万克朗，建筑园林的花费是7999克朗，“家具及装饰极其豪华，似乎颇为富裕”。

不过，康有为仅仅在这儿住了三年，就弃若敝屣，将岛和岛上的一切园林弃之不要了。他挥一挥衣袖，不带走一片云彩，潇洒而去，被章太炎大骂：“国之将亡是有，老而不死是为。”

康有为既然弃岛而去，他的后人也无人来过，小岛在长达近百年内无人居住，当年的园林已经垮塌而不复存在，杂草丛生、萧条孤寂，后来瑞典就理所当然地收归国有了。

现在，该岛已成了一个旅游景点。

## 徐致靖

## 戊戌变法八人被捕先后斩了七人，剩下的他却嫌自己命太长

慈禧在1898年9月21日发动戊戌政变，囚禁光绪皇帝，大肆逮捕维新派官员时，一共抓捕八人，他们分别是徐致靖、张荫桓、谭嗣同、杨深秀、林旭、杨锐、刘光第、康广仁。

但七天之后（即9月28日），被拉到北京宣武门外的菜市口斩首示众的只有后面的六人，被称为“戊戌六君子”。

上面排第二位的张荫桓，曾于1897年代表中国赴伦敦参加英国维多利亚女王在位六十年庆典，之后又去了法国、德国、俄国、美国，长期从事外交与洋务活动，得到列强的出面干预和挽救，暂时得以免死。在六君子被害的次日，9月29日，慈禧以“张荫桓居心巧诈，行踪诡秘，趋炎附势，反复无常”等空

洞无实的罪名，下令将他“发往新疆，交该巡抚严加管束”。但一年之后，任性的慈禧先向列强宣战，发觉风大、风紧吃不消，又赶紧求和，然后把怨恨倾泻到对开战有异议的大臣身上。她最先想起曾长期与列强打交道的张荫桓，恨得后槽牙发酸发痛，下令在戍所将之处死。张荫桓于1900年7月31日被杀，时年六十四岁，是继六君子之后为变法捐躯的又一人，也是参与变法的朝廷大员中的唯一殉难者。

所以，严格来说，慈禧处死变法者一共是七个人，张荫桓可称戊戌变法第七君子。

唯一侥幸逃过死难的，是徐致靖。

徐致靖其实是慈禧第一个下令要“斩立决”的人。

徐致靖是江苏宜兴人，生于1844年，是光绪年间的进士，选庶吉士，历任翰林院编修、翰林院侍读学士、内阁学士、礼部侍郎等职。礼部侍郎属于从二品，属于朝廷大员。

1897年德国侵占胶州湾，徐致靖以外患日迫，亟思变法图存。1898年上疏光绪皇帝明定国是，以一定心，而维时局。

康有为、梁启超、谭嗣同、黄遵宪、张元济等人，全都是徐致靖向光绪帝推荐并主张破除资格录用的。

戊戌政变发生后，九门提督署到徐府抓人，扑了个空，急得不得了。

其实，当时徐致靖完全不知情，他只是外出访友去了。他回家听家人一说，不慌不忙，穿好朝服，庄严肃穆地到刑部投案请死，心如止水，气定神闲。

家里几个子侄知他此去必死，一方面通知其远在长沙的长子徐仁铸来京收尸，一方面准备好上等棺材，单等朝廷开刀问斩。

9月28日，朝廷要对变法人员行刑了。

徐致靖的次子徐仁镜吓傻了，喃喃自语，不能动弹。

侄儿徐仁録（“录”繁体）去路上迎接徐仁铸；另一个侄儿徐仁铨带人抬

着棺材赶往菜市口。

菜市口里看热闹的人围了个人山人海、水泄不通。

突然有人尖叫："差使来了，头一辆车一定是徐致靖！"

徐仁铨抬眼远眺，但听得几声炮响，顺着门洞里涌出了一支人马。

街上好事的市井之徒继续大喊道："差使来了！"

紧接着，又有人大喊："奇怪，怎么头一个斩犯不是徐致靖而是谭大人呢？"

果然，只见第一辆囚车上是谭嗣同，第二辆是杨深秀，第三辆是杨锐，第四辆是林旭，第五辆是刘光第，最后一辆是康广仁。

徐仁铨目睹六人依次倒在血泊中，看大刀王五收了谭嗣同的尸。围观的人群都散了，也没见伯父被绑出来，便吩咐下人把棺材抬了回来。

回到家，徐仁铨看见徐仁镜还瞪着眼呆立在门口，赶紧把他拉进家，告诉他今天没有事。

原来，徐致靖已经由"斩立决"改为"斩监候"。

徐致靖何以得此免死待遇呢？

曾在很长一段时间是个难解的谜。

徐家"一门三翰林"统统被革职了。徐仁铸到了北京后，上奏疏请求代父坐牢，未准。

徐致靖在狱中读书养性，并没有后悔卷入维新运动。

他对前去探监的侄婿言謇博说："我们主张变法改制，效法明治维新，可谓对症下药，虽然没有成功，但我相信，将来还要走此路，这是大势所趋，少数人阻挠不住的。"

徐致靖精通中医，在狱两年，常为犯人治病，救活了不少人。

八国联军进京，释放全部犯人，徐致靖不走，他说："我是大清国的犯官，判我绞监候，现在外国人开监放囚犯，我不能听他们的命令。"

最后是刑部尚书贵恒代奏请命，慈禧从西安发来赦旨，徐致靖才出狱南下，在杭州姚园寺巷定居。

徐致靖出狱南下时，徐仁铸已患肺病去世。

有人集一联：

不孝男徐仁铸，罪孽深重，不自殒灭，祸延显考；

昧死臣谭嗣同，末学新进，罔知忌讳，干冒宸严。

徐致靖何以能大难不死呢？

徐致靖外孙许姬传后来著《许姬传七十年见闻录》披露了其中内幕：

徐致靖的父亲徐伟侯曾于1847年与李鸿章同时在考棚应考，当时李鸿章得了疟疾，文章未完成，浑身打摆子，拿不起笔，大叹“今科无望，完了”。徐伟侯恰好在隔壁，关切地问：“你做了几篇？”李鸿章说只誊清一篇，还有两篇是草稿，来不及修改就病倒了，无力完篇。徐伟侯非常仗义地说：“给我，我代你整理抄写，递进去试试。”结果李鸿章一举中了进士。

可以说，徐、李两家渊源非同寻常。

故人之子落难，位极人臣的李鸿章不可能见死不救，他找荣禄帮忙：“年侄徐子静，是个书呆子，好唱昆曲，并不懂新政，你给讲个人情。”

荣禄很多地方要仰仗李鸿章，就勉为其难，去找慈禧太后求情。

他一看到判罪名单，第一名就是徐致靖“斩立决”，下面是谭嗣同等六人。

荣禄转述了李鸿章的话，说：“徐致靖就是个书呆子，整天在家里唱昆曲，吹笛子，他并不懂新政，恐怕是上当受骗。”慈禧太后不信，荣禄又说：“据奴才知道，徐致靖升了礼部右侍郎后，皇上没有召见。”太监奉命去查档，果然，光绪帝三个月内都没有召见过徐致靖，慈禧这才辞色缓和下来，动笔把“斩立决”改为“斩监候”。

还有一个问题，光绪帝为什么三个月没有召见过徐致靖？

原来徐致靖“耳朵重听”，光绪帝和他交谈费力，又怕走漏风声。

如此一来，徐致靖得以躲过一劫。

不过，徐致靖似乎并不高兴，在杭州他改名为徐仅叟，意思是“六君子”被害，自己是刀下仅存的老叟。

徐致靖生命最后的几年，常常感时伤怀地说，我活得太久了，本应该与“戊戌六君子”一同赴死才对。

## 谭嗣同
## 曾经怀疑甚至否定过自己的民族

鸦片战争揭开了中国近代史的第一页，中国国门从此被强行打开，列强相继入侵，外患煎迫，内忧频起，日甚一日，一种“亡国灭种”的危机感开始阴沉沉地笼罩在许多有识之士的心头。

梁启超因此发出了振聋发聩的高呼：“少年智则国智，少年富则国富，少年强则国强，少年独立则国独立，少年自由则国自由，少年进步则国进步，少年胜于欧洲则国胜于欧洲，少年雄于地球则国雄于地球。”

梁启超希望“少年中国之少年”尽快登场，用少年应有的热血和明智再度振兴中华。

二十二岁的清华学生潘光旦就是受到老师梁启超的感染，到美国留学时，毅然地选择了优生学作为自己毕生研究的事业。

潘光旦觉得，优生学是研究人类品性之遗传与文化选择之利弊，以求比较良善之繁殖方法，可以“谋人类之进步”。

同在美国留学的闻一多听说潘光旦学习研究优生学，就警告他说，你研究优生学的结果，假使证明中华民族应该淘汰灭亡，我肯定不能接受。

闻一多此语，表达了对中华民族的热爱。

的确，中华民族自古以来，就是一个百折不挠、勇于进取、奋斗不息的优秀民族。

就算退一万步说，即使自己的民族有这样那样的缺点，但从国家大义、民族大义出发，每一个人也都应该对自己的国家、自己的民族有这样的认同感。

然而，与闻一多形成鲜明对比的是，日本的伊藤博文明显缺乏这种民族认同感。

伊藤博文早年从英国留学回国，大倡优化种族的论调，他认为黄种人孱弱不堪，和白种人相差太远。当政后，就实施“谋种”政策：凡欧美白人进入日本，就大加鼓励日本女子与之野合，以改良种族。

事实上，日本人鼓吹“大和民族”也只是近年来的事儿，在伊藤博文以前，日本人基本没有什么民族认同感。

而伊藤博文的“谋种”政策其实是与日本人一千多年前的“度种”思想是一脉相承的。

什么是“度种”呢？

宋人笔记《清波杂志》中载：“倭国（日本）一舟漂泊在（宋）境上，一行凡三二十人。（日本）妇女悉被发，遇中州（中国）人至，择端丽者以荐寝，名‘度种’。”

也就是说，日本人为了改良人种，曾经把一船船日本妇女运到中国境内，遇上了宋朝美男子就主动献身“索种”。

如果是宋朝人进入了日本境内，那情形基本就跟唐僧师徒进入了女儿国差不多，会从四面八方遭受到日本妇女的“索种”。

宋人周辉就在他的笔记里记录了在日本游历的美妙经历。

在伊藤博文的倡导下，日本尽管把“索种”的最佳对象转移到了欧洲白人身上，但也从未放弃对体貌特征更为近似的中国人“索种”的机会。

日本人在侵华期间就开展有一项骇人听闻的“人种改良”计划：根据天皇

的指示，安排了一千名日本女子前往中国东北“索种”，与此同时，日本军人开始大肆逮捕体格强健的中国男人，当然，也包括苏联人、蒙古人和朝鲜人。

这些用以做实验的男人是很不幸的，最佳交配期一过，迎接他们的就是无情的杀戮。

日本人的人种改良实验也收获了六百名婴儿，不过，随着日本的战败，那些婴儿与用于做实验的日本女人被强行分离，送进了孤儿院，实验最终不了了之。

以我们现在的眼光来看，日本人这种做法既无耻又卑劣。

然而，让我们大跌眼镜的是，戊戌变法大英雄谭嗣同却曾经无比神往。

在伊藤博文大张旗鼓地实施“谋种”政策时，谭嗣同只是一介平民，自然不能与身为首相的伊藤博文相比，却怀疑甚至否定自己民族的人种，所以只有羡慕的份。

羡慕之余，还怅然若失地赋了一首诗：

娟娟香影梦灵修，此亦胜兵敌忾俦。

蓦地思量十年事，何曾谋种到欧洲？

谭嗣同堪称中国近代史上的大英雄，其一腔“我自横刀向天笑，去留肝胆两昆仑”豪情光照千古。

但是，英雄也往往多偏激。

除了有向欧洲人“谋种”的向往外，谭嗣同还有过割地、卖地给俄罗斯、英吉利以换取列强支持变法的建议，实在让人感慨兼遗憾。

1894年年末，《谭嗣同书简》记载，谭嗣同给其师欧阳中鹄信：

试为今之时势筹之，已割之地不必论矣。益当尽卖新疆于俄罗斯，尽卖西藏于英吉利，以偿清二万万之欠款。以二境方数万里之大，我之力终不能守，徒为我之累赘，而卖之则不止值二万万，仍可多取值为变法之用，兼请英俄保护中国十年（凡所谓保护，只求其出一保护之空言，且须有十年之限制。若派兵如舟山如天津却断不可。即十年内与别国有事，亦不可真令其帮助。则凡言联络者亦皆应如此）。一言保护，即无处不当保护；不可如现在浙江之舟山归英保护，天津之铁路归德保护，毫无益而徒资笑也。又请二国居间，废去遍地通商之约，即更加兵费亦无不可。费如不足，则满洲、蒙古缘边之地亦皆可卖，统计所卖之地之值，当近十万万。盖新疆一省之地已不下二万万方里，以至贱之价，每方里亦当卖银五两，是新疆已应得十万万，而吾情愿少得价者，以为十年保护之资也。且价亦不必皆要现钱，凡铁甲船、铁路之钢条、木板、精枪、快炮及应用之一切机器，均可作抵。于是广兴学校，无一乡一村不有学校；大开议院，有一官一邑即有议院。

## 姜子牙
## 三个儿子分别改为姜、吕、邱三姓?

人们说，文圣孔子，武圣姜子牙。

关于姜子牙，受明代许仲琳的神魔小说《封神演义》的影响，很多人以为，他是姓姜名尚，字子牙，道号飞熊，尊称太公。

其实，在先秦典籍里，大家是找不到“姜尚”“姜子牙”“姜太公”这样的说法的，见到的只能是“吕望”“吕尚”“太公望”“师望”“尚父”“师尚父”等。

话说，姜姓始祖四岳当年辅佐大禹治水有功，其后被分封了齐、申、吕、许四个国家。

姜太公是四岳之后的吕国人，以吕为氏。

先秦人的习惯是：男人称氏不称姓，女人称姓不称氏。

所以，先秦、秦汉的典籍里对姜子牙常见的称谓是“吕望”“吕尚”。

“吕望”这个名称，最早记载于西周初年的青铜器“天亡簋”。

为什么叫“天亡簋”？

是因为这个青铜簋里出现有“天亡”二字。

古代“天”通“太”，“亡”通“望”。

也就是说，“天亡”就是“太望”。

簋铭中提到的“天亡尤（佑）王”，指的就是太公望辅佐、佑护周武王。

为什么叫“太公望”呢？

《史记·齐太公世家》里说：姜子牙在渭水之阳垂钓，周文王去拜见他，感叹地说，我先君太公在世的时候就说，应当有个圣人来辅佐周，周因此会兴旺发达。你应该就是那个人了，我太公盼望你很久了。

于是，姜子牙有了这个尊号“太公望”。

强调一下，“太公望”是姜子牙在周的一个尊号，后来人们在他的简称“望”加上氏，就成为了“吕望”。

另外，很多人认为，因为周武王崇尚姜子牙，以父礼事之，所以尊称为他“尚父”。

但是，楚简《举治王天下》里记：周文王的太公古公亶父去访问吕望的时候，就称他为“上父”。

在古时候，“上”“尚”相通。

可见，“尚父”并不是来源于周武王对姜子牙的尊称，它根本就是姜子牙的字。

《封神演义》说姜子牙的名叫“姜尚”。的确，在先秦，“某父”中的“父”字经常会被省略，比如《左传·昭公十二年》里“禽父”和“燮父”，其实是鲁公伯禽和晋侯燮。但根据先秦的人名、字的通例，一般来说“子某”“某父”都是字而不是名，像“禽父”和“燮父”，都是字。

所以，“尚父”不是姜子牙的名，而是他的字。

称姜子牙为“师尚父”，是古代有大师和少师，大师就是后来的太师，是最高的武官，掌管军队的。

姜子牙曾经是文、武时代掌管军队的大师。

所以“师”是他的官职名。

“师尚父”也因此被称“师望”。

姜子牙的“子牙”是怎么来的呢？《孙子·用间》有提道：“周之兴也，吕牙在殷。”

不难看出，“吕牙”就是吕望。

“吕牙”的说法，在先秦典籍中，也仅见于《孙子》。

有人因此认为，由于“牙”古音疑纽鱼部，“望”古音明纽阳部，疑明准双声、鱼阳对转叠韵，即“牙”是由“望”音转成的。

至于姜太公道号“飞熊”，是文王遇姜子牙前夕，由史扁卜卦，出现了“所获非龙非彲，非虎非罴，所获霸王之辅”的爻辞。后人误把“非罴”转成“非熊”，最终演变成了“飞熊”。

姜子牙不是只有三个儿子，而是有十三个儿子：丁、壬、年、奇、枋、绍、骆、铭、青、易、尚、其、佐。

儿子中有没有发生改姓吕、邱之事，史不见载，不敢妄说。

## 周亚夫

## 一代名将，为何被汉景帝逼死？

首先，汉景帝的“明君”之誉是相对来说的，事实上，此人做的糊涂事不少。

比如，他草率削藩，就非常不明智。

他先前听了晁错的分析，感到七国势力已呈尾大不掉之势很着急，便急吼吼地要挥刀斩乱麻，哪知悲剧了。吴王刘濞与胶西王刘印以“清君侧”为名大举起兵，胶东王刘雄渠、苗川王刘贤、济南王刘辟光、楚王刘戊、赵王刘遂先后响应一齐西进，是为“七国之乱”。

长安的汉景帝吓得面无人色，毫无人君之范，一迭声地找晁错来商议对策，他自己从屋子里走出来，抬腿迈门槛时一时间竟不知先抬哪条腿好，可知仓皇失措到了极点。

晁错认为，七国叛兵不过都是乌合之众，他们一来信心不足，二来承受着忤逆的重大心理压力，只要天子御驾亲征，必然一哄而散。所以，一个劲地劝景帝御驾亲征。

御驾亲征？可不就是送死吗？

汉景帝的表现，和历史上最鼻涕的两宋皇帝差不多，连连打摆子。实际上，两宋鼻涕虫之一的宋真宗，在辽兵犯澶州时，还是在寇准的鼓励下勇敢地亲征了一把；而另一鼻涕虫宋高宗，在伪齐兵侵两淮时，也曾到越州遥遥呐喊了一番。

汉景帝连这两位鼻涕虫都比不了，胆小如芥子，回头听信了袁盎的谗言，杀了晁错。

汉景帝天真地以为，杀了晁错，吴王刘濞等人的“清君侧”口号落空，师出无名，自然散去。

这种智商，不是一代帝王应有的。

造反，从来都是开弓没有回头箭的。

要清除造反，靠的当然还是军事。

名将周亚夫不是政治人物，是纯军事人物，军事手段玩得很溜，一举平定了“七国之乱”，从此牛气冲天。

不过，周亚夫在平定“七国之乱”时，得罪了一个人——汉景帝的弟弟梁王刘武。

当年，汉文帝分割了齐、代、淮南三国，为日后削藩做准备，走了一着妙棋，即合并广梁国之地，将刘武封为梁王，以控制中原，拱卫中央。

七国之兵东来，一门心思想着先破梁国再鼓而西进。周亚夫就抓住了这一点，卖梁国而绕后断敌粮道。

补充一下，周亚夫这么做，是得到了汉景帝点头同意的。

汉景帝怕死，当时总觉得能保住自己就阿弥陀佛了，哪还管什么梁王、栋王？所以举双手赞成周亚夫的部署，将周亚夫从车骑将军破格拔为太尉，出任平叛总指挥，领三十六将，全盘调度汉军主力迎战吴楚联军。

但七国兵败覆灭，危险过去，汉景帝很快忘掉自己的窘迫相，又开始神气活现起来。

那梁王是太后最为宠爱的儿子，对周亚夫的见死不救耿耿于怀，每次入朝，都会在太后和汉景帝面前大说特说周亚夫的坏话。

俗话说，谎言重复一千遍，也会成为真理。

梁王刘武嚼舌根子的次数一多，周亚夫在太后和汉景帝心中的坏形象就慢慢地树立起来了。

前面说了，周亚夫是个军事人物，对政治不灵敏，对此竟一无所知，丝毫没有觉察即将到来的危险。此外又因他建了平乱大功，被升为丞相，掺和到许多政治事件中去，比如，汉景帝喜欢小儿子刘彻（即后来的汉武大帝），要废太子刘荣，周亚夫劝谏景帝不要搞事；又比如，梁王刘武推举王皇后的弟弟王信，要汉景帝封王信为侯；周亚夫搬出了刘邦与群臣所订的“白马之盟”，劝谏汉景帝；匈奴王徐卢等五人来归，汉景帝想封他们为侯，周亚夫同样跳出来反对……

汉景帝越来越厌烦周亚夫，虽然嘴上不说什么，但已经冷暴力对待。

周亚夫顶天立夫一大好男儿，受不了这种鸟气，托病辞职。

如果故事就此结束，这对君臣倒也善始善终。

但这汉景帝在四年之后，不知脑子里哪根弦被拨动了，突然想起了这位曾经力扭危局的老臣，要在宫苑之中召见他，赐他用餐。

用餐就用餐呗。

汉景帝又恶作剧地想试探周亚夫的刚烈性子是不是改了，故意命人在他的面前不设放筷子。

周亚夫一开始以为是管事的人狗眼看人低，不尊重已经退休臣子，呼喝着要筷子。

汉景帝却皮笑肉不笑地对他说：“有酒有肉，你还有什么不满意呢？”

周亚夫这才明白是汉景帝存心戏耍自己。

周亚夫如果是纪晓岚、和坤这类宠臣、弄臣，开得起玩笑受得起皇帝的污辱，自然没事。

但，周亚夫不是。

汉景帝如果是汉高祖刘邦那一类粗豪汉子，经常与韩信、郦食其、陈平等人粗话连篇，那偶尔的恶作剧也无关大雅。

但，汉景帝不是。

周亚夫认为士可杀不可辱，盛怒之下“霍”地站起来，将头上的帽子摘下，往地上一扔，气呼呼地离席回家了。

如此，也把汉景帝闹了灰头土脸。

汉景帝盯着周亚夫的背影，恨恨地说：“这种人，怎么能辅佐少主呢？”

后来就发生了“有人告发周亚夫儿子私藏甲盾”“周亚夫悲愤下狱”的事儿。

当然，“私藏甲盾”，根本就是别有用心的诬陷。

遭到诬陷的周亚夫冤枉无处诉，怒极。

另外，神算许负早年曾为周亚夫算过一卦，说他最终会饿死。

周亚夫于是就按照许负的预言，绝食，饿死自己，以示抗议。

过了五天，吐血而死。

周亚夫刚烈至此，宁死不失大英雄本色，千载之下，勃勃有生气焉！

## 董卓
## 不为人知的另一面：文武双全，豪迈爽直，机敏善断

现在人们谈论起董卓，主要是痛恨他的残暴，但更加鄙视他的愚蠢，认为他是个胸大无脑的暴虐狂，之所以在东汉末年爽了一把，也不过是阴差阳错捡了一个进京的时机，然后瞎猫碰上死耗子，遇上汉少帝，捞了个保驾大功，最终坐大，仅此而已。

所以，董卓在历史上的定位很低，一般都是和赵高、侯景、魏忠贤等人同列；远低于曹操，甚至王莽。

与董卓同时代的颍川（今河南许昌市）人荀彧、荀攸叔侄，对董卓的评价就非常低。

叔叔荀彧说董卓为人“无能为也”，侄子荀攸说董卓“实一匹夫耳”，明朝人丁耀亢甚至破口大骂董卓“真一粗莽蠢之物耳”。

那么，董卓真的是粗鄙、愚蠢到让人不忍直视的地步吗？

我们不妨简单来看一下董卓突然坐大的来龙去脉。

中平六年（公元189年），汉灵帝刘宏病重，感觉到自己快不行了，就想立宠爱的二儿子刘协为皇帝。

他身边掌权的大太监提醒他说：您想要立刘协为皇帝，就得先把大将军何

进干掉，否则后果不堪设想。

汉灵帝听了，犹如醍醐灌顶，连声称是。

何进是汉灵帝大儿子刘辩的亲舅舅，如果不把何进干掉，很难保证他不会诛刘协而另立刘辩为皇帝。

于是汉灵帝下旨宣何进入宫，准备在宫中杀掉何进。

何进收到风声，拒不进宫；而等汉灵帝咽气，便带了五千名御林军，入宫扶自己的亲外甥刘辩坐上皇帝的宝座。

这个时候，何进是完全有能力清除掉对自己不利的宦官集团的，但被妹妹何皇后阻拦住了。

这就留下了祸根。

大难不死的太监们不甘心失败，到处活动，想要谋杀何进。

何进很生气，后果很严重。

他接受了手下将军袁绍提供给他的主意：为了迫使何太后同意除灭宦官，让外地的将军带兵进京。

所以，凉州刺史董卓打马登场了。

当董卓来到京城的时候，宫中已经闹得沸反盈天了。宦官集团谋杀了何进，袁绍带兵入宫剿杀宦官。

宦官们惊慌失措，持着汉少帝刘辩和皇帝的弟弟刘协从后宫出逃，结果遇上了董卓。

董卓毫不犹豫地指挥人马将这伙宦官给收拾掉，从此走上了挟天子以令诸侯的至高地位……

如果单看这一过程，董卓的确就是一个踩到狗屎运的暴发户。

但有两个问题：

一、董卓是怎么成为凉州刺史的？

二、董卓出现的时间点为什么拿捏得这么好？

先来说第一个问题。

如果董卓是个官二代，他的凉州刺史是袭承自他父亲，那就没什么好说道的了，但董卓并不是官二代，他所拥有的一切，都是靠他个人努力奋斗得来的。

《三国志·董卓传》载，董卓在“汉桓帝末，以六郡良家子为羽林郎”。

即董卓的发迹，最先是以良家子弟从军，从选拔为羽林郎开始的。

董卓的父亲当过官没有呢?

也当过，但很小，小到微不足道。

《三国志·董卓传》裴松之注引《英雄记》载道：“（董）卓父君雅，由微官为颍川纶氏尉。”

《后汉书·董卓传》李贤注引《董卓别传》也载道：“（董）卓父君雅为颍川轮氏尉，生卓及弟旻，故卓字仲颖，旻字叔颖。”

在这里插上几句。

董卓本是陇西郡临洮县（今甘肃岷县）人，共三兄弟：哥哥董擢，字孟高；董卓本人字仲颖；弟弟董旻，字叔颖。

董擢的字为“孟高”，不带“颖”字；而《董卓别传》又说董卓和弟弟董旻是在父亲董群雅在豫州颍川郡纶氏县担任县尉时出生的，“故卓字仲颖，旻字叔颖”。

有点怀疑，董卓字“仲颖”和弟弟董旻字“叔颖”中的“颖”字，应为“颍”字，是哥俩为纪念自己的出生地而起的字。

董君雅在纶氏县担任县尉的时间应该不是很长，因为《三国志·董卓传》跟着又记道：“（董卓）少好侠，尝游羌中，尽与诸豪帅相结，后归耕于野。”即董卓少年任侠，喜欢到羌人集居地交游，与羌人部落酋长做朋友，后来又回乡里种田。

豫州在现在河南一带，不和羌人集居地接壤；那么与羌人部落酋长交朋友，应该是董卓跟随父亲回故乡凉州陇西郡居住以后的事儿。

可见，董卓的父亲董君雅在纶氏县担任县尉的经历，对董卓入仕并没有提供任何帮助。

另外，我们看董卓的哥哥董擢、弟弟董旻，也都是碌碌无为之辈，他们能在史册中露一会儿脸，还是沾了董卓的光。

一句话，董卓能在乱世中坐大，完全是靠他个人的才能和努力啊。

那董卓有哪些方面的才能呢？

首先，董卓的武勇是无须质疑的。

《三国志·董卓传》中记“（董）卓有才武，膂力少比，双带两鞬，左右驰射。”

这说明少年董卓其实是个吕布式的人物，力大无穷，上阵杀敌，要携带两袋箭囊，可以在策马驰骋中左右开弓。

其次，要注意陈寿在这里所用的措辞“卓有才武”，董卓不但武勇过人，还很有“才”。

那么，董卓的“才”主要表现在哪方面呢？

《三国志·董卓传》裴松之注引《吴书》载，“凉州刺史成就辟（董）卓为从事”，“并州刺史段颎荐（董）卓公府，司徒袁隗辟为掾”。

即董卓曾在凉州刺史衙署和司徒府里面担任“从事”和“掾”。这两种职务都是高级军政长官的办公室工作人员，主要处理诸多文书往来的事务。

结合我们比较熟悉的曹操司空府和丞相府里担任过从事或掾的人来比较，这些人有崔琰、王朗、陈群、王粲、刘晔、毛玠、贾逵等。

不难看出，董卓和崔琰、王朗、陈群、王粲这些人一样，都是文化人啊。

顺带补充一下，后来与董卓过从甚密，以父子相称的吕布也是文化人。《三国志·吕布传》记载：“吕布字奉先，五原郡九原人也。以骁武给并州。刺史丁原为骑都尉，屯河内，以布为主簿，大见亲待。”即吕布最先是以主簿身份出道的。

也难怪吕布这么对董卓的胃口，估计董卓是从吕布身上看到了自己过去的影子吧。

董卓有文化之外，还熟读兵书，有很高的军事理论水平。

我们看《后汉书·皇甫嵩传》，董卓和皇甫嵩奉诏进兵讨伐凉州人王国叛乱时的一段记载，董卓和皇甫嵩论兵，说什么“智者不后时，勇者不留决”，“速救则城全，不救则城灭”，“穷寇勿追，归众勿迫”等，说得头头是道，致使皇甫嵩难于反驳。

就因为董卓本身就武勇出众，又熟读兵书，通晓兵法，所以他能在并州讨伐反叛的羌人；到凉州与羌人、匈奴人作战；征剿黄巾军；征讨边章、韩遂及先零羌等人，屡建奇功，不服不行。

特别要说的是，中平二年（公元185年）三月，皇甫嵩和董卓共同领兵平叛。四个月之后，皇甫嵩因作战不利而被罢免，而董卓却升为了破虏将军。此后，司空张温接管三辅军区事务，派董卓和周慎等六路出军陇西，结果是“五军败绩，（董）卓独全众而还，屯驻扶风”。

董卓打仗实在太牛了！

并且他除了能打，人还非常豪爽。

《三国志·董卓传》记载，董卓早年在乡下种田时，有羌人部落酋长来他家作客，他家没有酒菜招待，他就把在田中耕田的牛杀了，“与相宴乐”。

《三国志·董卓传》还记载：“（董卓）从中郎将张奂征并州有功，拜郎中，赐缣九千匹，卓悉以分与吏士。”

董卓把朝廷对自己的封赏，全部转赐给手下，其为人豪爽、潇洒，因此深得将士拥戴。

董卓后来官至河东太守，也没有忘记在华阴县（今华阴市）隐居的老上级张奂，派哥哥董擢带一百匹缣前去慰问。

可以说是文武双全的才能、豪迈爽直的性格成全了董卓，使他在乱世中迅速崛起，有了自己的地盘、人马和名气。

下面说说董卓为什么能掐准在汉少帝刘辩遇难的时间点出现。

这主要是归功于董卓自己的政治眼光，他本人果决善断，不瞻前不顾后，想干就干，从不犹豫。

先来看看他的政治见识。

董卓进应京后，大将军何进已死，董卓已掌握了实权，他是完全可以继任大将军的，但他没有这样做，而是废除了大将军这一职务，由黄琬任太尉，杨彪任司徒，董卓本人任司空，恢复了三公执政的制度。

这就是董卓的过人之处，他这是以恢复三公共同执政的制度来安定人心呢。

董卓在洛阳并没有任何政治基础，但他很善于做政治投机，认汉灵帝亲生母亲董太皇太后为姑，不但迅速安定了宫中上下人心，自己也摇身一变，成了个“外戚”！还顺带将董太皇太后的侄子董承收归帐下。这一手实在玩得漂亮!

此外，董卓还大力擢用群士，任吏部尚书汉阳周毖、侍中汝南伍琼、尚书郑公业、长史何颙等，以处士荀爽为司空，甚至曾是“党锢人士”的陈纪、韩融，都成了列卿，史称“幽滞之士，多所显拔”。

对于出逃的袁绍等人，董卓也既往不咎，大大方方地任命袁绍为渤海太守、封邟乡侯；任袁术为后将军、封阳翟侯；对于那些与袁绍关系密切的士大夫也都不拘一格予以提拔，尚书韩馥为冀州牧，侍中刘岱为兖州刺史，陈留孔伷为豫州刺史，颍川张咨为南阳太守。

董卓还为陈蕃、窦武及在“党锢之祸”中遇难的党人申冤，替他们平反，恢复官职和名誉，起用他们的子孙，其中陈蕃之子陈逸被提拔为官，后任鲁国相；窦武之孙窦辅，被桂阳郡举为孝廉。

而对于自己亲友，包括凉州（今甘肃武威市）军事集团的成员，以《后汉书·董卓传》里面的说法，那是“（董）卓所亲爱，并不处显职，但将校而已”。

细看董卓这些政治举措，就知道他能在混乱中顺利接到逃出宫外的汉少帝绝不是撞狗屎运了。

实际上，按照《后汉书·何进传》的记载，何进召来的外地部队，除了董卓以外，还有王匡、桥瑁、丁原等几支部队，都驻扎在洛阳周边。

董卓驻军于洛阳城西的上林苑，汉少帝一行出洛阳城后是朝着东北方向去往小平津。董卓遇上汉少帝，不是偶遇；而是董卓遍布了各种耳目机关、安置了大批情报人员，他是从情报人员的情报里分析出汉少帝所在位置的！

明摆着的，谁能在这个混乱的局势中夺回皇帝，谁就能取得左右政局发展的主动权。

但丁原、桥瑁、王匡等人后知后觉，白白让董卓捷足先登了。

董卓掌权之后，确实凶残庸愦，但不能否认他本身的才能。

纵观董卓的崛起之路，其人实不失为乱世中一大枭雄也。

## 关羽
## 能力被夸大？在这场大战中怎么看都是一尊战神！

千百年来，关羽一直都是人们崇拜的战神级人物。

老百姓对他的直观印象，就是个人战斗力爆表，在百万军中取上将首级如同探囊取物。

《三国志·关张马黄赵传》记关羽杀颜良事，简直是天神下凡，予取予求。

不但在两军对垒中，单枪匹马闯入敌阵，并把端坐于数万兵众拥簇之中敌军大将的脑袋砍下，还提着血淋淋的脑袋按原路杀回，无人能挡。

《三国志》作者陈寿因此称：“关羽、张飞皆称万人之敌，为世虎臣！”

三国以降，历朝历代，每有凶悍勇猛之士出现，人们都喜欢以关、张作为标杆来比较，如刘宋之薛安都、南齐之周盘龙、隋之史万岁、唐之尉迟恭等。

即便是宋之名将岳飞，早年也把关、张视为自己的偶像。

可见关羽的战神之名，还真不是《三国演义》的夸大和虚构。

但是，近年来，总有些人抱着怀疑的目光来审视历史，认为关羽根本就是个被《三国演义》神化的人物，历史上的关羽名不副实，是个十足的水货。

他们所持论点无非两个。

一、斩颜良属于偷袭，胜之不武，非英雄所为。

二、无战略目光，贸然发动襄樊大战，血本输光，白白赔上自己父子的性命不说，还葬送了蜀汉大好前程，丧失了兴复汉室的机会。

第一个论点毋庸多辩，只想说，就算颜良是泛泛之辈，就算颜良是在战场上打瞌睡被关羽偷袭了，但总不见得战场上颜良手下的成千上万名将士兵卒都是在打瞌睡吧？他们为什么阻拦不住关羽的冲杀？以至于关羽说来就来，说走就走，在千军万马之中来去自如，如出入无人之境。如果关羽真是个水货，不具备“万人敌”的能力，恐怕做不到这点吧？换其他人，恐怕完成不了这样惊艳的表演吧？

再重点说说第二点。

很多人喜欢以成败论英雄。

襄樊大战是以关羽的败亡降下帷幕的，要贬损关羽的人无疑会根据这一点大斥关羽的种种不是。

但是横看竖看，无论怎么看，即使这是一场败仗，也总不负关羽战神之名。

自古兵凶战危，战场上的情况转瞬万变，没有谁能预料下一秒会发生什么，也没有谁有百分之百的胜算。

我们先来说说，关羽该不该发起这场大战，他在这场大战之前有没有“庙算”，战胜的把握有多大，在战场上他的掌控力如何、执行力如何。

襄樊大战的爆发时间是建安二十四年（公元219年），此前一年，刘备发起汉中之战，不但占有了汉中之地，还阵斩了曹操大将夏侯渊。曹操被迫亲征，但刘备拒险而守，曹操寻找不到有利战机，不得已撤兵。

不过汉中战事虽然暂时停歇，但双方谁也不敢大意，各驻重兵对峙。

毕竟，刘备已经具备了出秦川的条件，曹操的大军就不能完全从关中撤回。

而蜀东孟达、李平（原名“李严”）的军队已从房陵进攻上庸，刘封则从汉中沿沔水顺流而下相夹击，迫降了上庸太守申耽。

关羽所驻守的荆州，襄、樊掌握在曹操手中，江夏、长沙、桂阳操控在东吴手里，关羽所据只有南郡、零陵和武陵，生存压力比较大。

最主要的是，当年诸葛亮在隆中给刘备及其集团策划好了战略大方向：曹操势力强劲、风头无两，暂时难于与之争锋；孙权积父兄三代功业割据有江东，可以以之为外援而不可以图谋，刘备集团能够经营的唯有荆、益二州。一旦跨有荆、益二州，制定、执行好内外政策，静观天下有变，派一员上将率领荆州军队挺进宛县、洛阳，刘备亲率益州大军出师秦川，雄图大业可成，汉室可复兴。

“隆中对”的战略思想犹如拨云见日，刘备在其后的行动中，严格按照这个战略规划执行。

而在刘备的心目中，关羽就是那个“率领荆州军队挺进宛县、洛阳”的最佳人选，否则也不会让关羽独领一军来镇守战略要地荆州。

建安二十四年这年，关羽已经年近六旬了，自然有一种时不我待的紧迫感。

刘备已经胜利夺取汉中，出师秦川的条件已经具备。上庸申耽已经投降，后顾之忧似乎已经解除。

另外，樊城守将曹仁虽然已经平定了宛城的侯音之乱，但宛城被屠，曹仁的后方不稳。

作为一个军人，关羽负起应有的责任感，他认为出宛、洛的条件已经成熟，于是选择了进击魏国驻守的樊城。

虽说蜀汉和孙吴在建安二十年（公元215年）达成了协议，荆州分属已定，但来自东吴的威胁，关羽也不是没有考虑过。

关羽在镇守荆州期间，一直着手修筑江陵城，建造烽火台预警系统，训练水军。

在关羽看来，一旦出击樊城（今湖北襄阳樊城区）顺利，东吴方面应该不敢搞什么小动作，而且有自己这套烽火台预警系统，足可解决一切问题。

再者，关羽如果不在这个时候进击樊城，一旦樊城的曹仁打过来，始终不忘收复荆州的东吴说不定会配合曹军做出什么事来。

主动出击，反而会占据先机。

于是，襄樊之战就打响了。

初期战事完全按照关羽的设想发展，进展顺利，水淹七军，擒于禁、斩庞德，威震华夏，中原震响。

曹操为避开关羽锋芒，一度考虑迁都。

梁、郏、陆浑等地反曹势力纷纷遥接关羽的印信和号令，形势大好。

但遗憾的是，关羽孤军北伐，没有得到有力的策应和援助，樊城守将曹仁以死坚守，曹操的援军源源不断地赶来，东吴忽然背后捅刀，糜芳、傅士仁又不战而降，江陵城中将士的妻、子都做了俘虏，关羽的部众散尽，形势急转直下，最终关羽在临沮（今湖北远安县）兵败被杀。

关羽的兵败身死影响巨大，也最终构定了三国格局，使整个蜀汉国成了偏安一隅的小国。

但无论如何关羽是以一支偏师对抗孙、曹两大集团，虽败犹荣。

楚汉相争，项羽是在拥有绝对优势的情况下被刘邦一点点逆袭，最终在垓下做了逃兵，逃来逃去，在乌江自刎，尚且成为光照千古的大英雄。

和刘备、诸葛亮一样，关羽以兴复汉室为己任，审时度势，强挑横梁，可谓气吞山河，并且搅得中原天翻地覆，几乎就要成功，壮哉！

纵观整个三国时期的大规模战事，以一人挑大梁独唱主角的，仅此一出！

无怪于刘晔因称赞：“蜀，小国耳，名将唯羽。”

襄樊大战不是关羽个人历史的污点，反倒是其绚丽夺目的亮点，是跻身名将之列的最有力凭证。

多少年来，人们都把失败的原因归咎于关羽的骄傲和粗疏。

这其实是不对的。

关羽的失败，归根到底在于诸葛亮的“隆中对”的战略思想。

一代伟人曾对“隆中对”分兵作战的错误思想做过论述，在此不再展开。

只想总结一句：关羽以偏师北伐计划是失败了，而如果换蜀国其他任何一个人来做这件事情，情况绝不会比关羽好，只会比关羽更差。

## 为什么打个樊城就能威震华夏？

关羽威震华夏可不只是“打个樊城，降个于禁，杀个庞德”这么简单。

当然，能“降个于禁，杀个庞德”就已经很了不起了。

要知道，于禁可是曹操手下的“五子良将”之一，而庞德又是威名远扬、可以独当一面的大将。

最厉害的是，关羽独领一军北伐，自江陵突进五六百里，围困襄阳，再把曹仁锁死樊城，不但“降个于禁，杀个庞德”，还将樊城外于禁的七军以及庞德军尽数淹没，并将樊城城墙淹没至只剩下几尺。

在此前曹操与刘备争汉中刚刚败还，于禁所率领的七军有三万多人，其实是他在紧急情况下所能征集到士兵数量的极限。

为了救援曹仁，曹操甚至已经发动了在合肥一带防御东吴的张辽以及徐州、兖州等地的部队。在于禁兵败之后，曹操调派的徐晃部，也不过是几千新招的兵。

徐晃也因此不敢轻动，焦急地等待着与张辽会合。

曹操可谓窘迫到了极点。

还有关羽从南而来，却派小股游军北进联络义军，策应了许都西面的郏县、许都东北面的梁国、许都西北面陆浑，从东、南、西、北四面对曹操的老巢许都形成包围之势。

曹操的心脏已经承受不了如此强大的压力，一个劲地盘算着迁都。

满宠极力劝阻。

满宠说："今若遁去，洪河以南，非复国家有也；君宜待之。"

曹操因此决心死撑，除了派徐晃救援樊城外，又再搜刮出三批人马往救樊城。

曹操为解樊城之围，加上于禁、庞德率领的七军和徐晃率领的新兵，前后一共派出五批援军。

第三批是徐商、吕建的部队；第四批是殷署、朱盖的十二营；第五批是张辽的部队。

看，为了对付关公一人，曹操已经调动了满宠、于禁、庞德、徐晃、赵俨、徐商、吕建、殷署、朱盖、张辽、裴潜、吕贡等一系列文臣武将。

即使这样，樊城之困仍是未解。

如果不是孙吴方面从背后捅刀子，关羽很可能会拿下襄樊，将战线推进，从而汉中与荆州的北部通道相连，从容攻入许都，汉室可望兴复。

东吴那边的偷袭，也是出动了最华丽阵容，孙权作为总策划，吕蒙为总指挥，陆逊、韩当、蒋钦、朱然、潘璋、周泰、徐盛、丁奉等众多一流战将倾巢出动。

难道这还不是威震华夏吗?

壮哉！魏、吴两方已经启动了倾国之力来应付这场战争，但蜀汉一方，自始至终，只是关羽孤军奋战，纵观整个三国，以一人挑大梁独唱主角的，就只有关公一人而已。

虽然最后的结局关公兵败身死了，但关公以一偏师搅得中原天翻地覆之举，气吞山河，虽败犹荣，真不愧武圣之称！

## 庞德

## “陇西有将军庙，世传奉祀李广”，专家纠错

话说位于甘肃陇西县城东赤山顶上，有一个“白马将军庙”，人们都说庙中奉祀的神祇是西汉名将李广。

本来嘛，“飞将军”李广是陇西成纪人，而且名气巨大，为“武成王庙六十四将”之一，也是“宋武庙七十二将”之一，即陇西人建庙奉祀李广，不奇怪。

但是有专家考证，认为“白马将军庙”所奉祀的神祇不是李广，而是关公手下败将庞德！

为什么这么说呢?

一、李广名气虽大，但他号称的是“飞将军”而不是“白马将军”，而且史书也没有他专门骑白马的记录，也没有任何书籍提及过有人称他为“白马将军”。

二、《三国志·庞德传》有“时德常乘白马，羽军谓之白马将军，皆惮之”的记录，而遍考陇右古代所出武将，也仅庞德一人荣膺“白马将军”称

号，别无第二人。

三、赤山是当年曹魏南安郡与陇西郡的界山，其南面十多里王家新庄即是南安郡治狟道城所在，而庞德就是南安郡狟道县人。

专家以上三方面推断无懈可击。

但庞德不过是关公手下的一员败将，名气不扬，值得民间立庙奉祀吗？

专家的回答是：值得。

首先，庞德是一员勇冠三军的武将，当年跟随马腾进击反叛的羌、氐等外族，屡建奇功；降曹操后，领兵抗关公，虽然战败身死，但抗击过程可圈可点。

的确，论及庞德的武勇，在猛将如雨的三国时代，绝对可以位居前列。

可援引几例说明一下。

一、建安七年（公元202年），袁尚遣郭援、高干等引军略取河东，司隶校尉钟繇率关中诸将于平阳进行抵御。《魏略》记：“（庞）德手斩一级，不知是（郭）援。战罢之后，众人皆言援死而不得其首。援，钟繇之甥。德晚后于鞬中出一头，繇见之而哭。德谢繇，繇曰：‘援虽我甥，乃国贼也。卿何谢之？’”这里说的是，一番大战过后，钟繇取得了最终的胜利，但打扫战场时，尽管大家都言之凿凿地说郭援已死于战场，但是找不到首级。庞德突然想起自己曾斩下过一颗敌方军官的首级，装入了用来装弓箭的箭鞬中，赶紧拿出来看。郭援是钟繇的外甥，钟繇一下子便认出了，忍不住号啕大哭。庞德慌忙向钟繇道歉。钟繇收泪说：“郭援虽然是我的外甥，同时也是国贼，卿何须道歉！”即庞德实有万军取上将首级的本事，武勇一流。

二、《三国志·庞德传》有记：“后张白骑叛于弘农，（庞）德复随（马）腾征之，破白骑于两肴间。每战，常陷陈却敌，勇冠腾军。”这“张白骑”是指张晟，因为他和庞德一样好骑白马，所以称张白骑，他原是黑山军的一员，改与袁绍合作。庞德跟随马腾前往征战，冲锋陷阵，骁勇异常。

三、曹操定汉中后，庞德降曹。曹操素闻庞德骁勇，二话不说，“拜立义将军，封关门亭侯，邑三百户”。建安二十四年（公元219年），关公以偏师北伐，威震华夏。侯音、卫开等在宛城举兵响应。这时的关羽威望达到顶点，曹军诸将都非常忌惮，不敢去轻撩其虎须。庞德大呼：“我受国恩，义在效死。我欲身自击羽。今年我不杀羽，羽当杀我。”抬棺出征，与关公决一死战。开战之初，按《三国志·庞德传》的记载，庞德是着占据上风的，他“亲与羽交战，射羽中额”，即亲自与关羽搦战，引箭射中关羽前额，使得关羽的军队“皆惮之”。

而庞德的死，也非常壮烈。

《三国志·庞德传》写道：“（庞德）为羽所得，立而不跪。羽谓曰：‘卿兄在汉中，我欲以卿为将，不早降何为？’德骂羽曰：‘竖子，何谓降也！魏王带甲百万，威振天下。汝刘备庸才耳，岂能敌邪！我宁为国家鬼，不为贼将也。’遂为羽所杀。”

庞德坚拒关羽招降，从容就死，深得后世褒扬。

如曹丕就称其“式昭果毅，蹈难成名，声溢当时，义高在昔”。

陈寿撰《三国志》也赞曰：“庞德授命叱敌，有周苛之节。”

著作《三字经》的宋代大儒王应麟寄赞语说：“之人也，英风劲气，如严霜烈日，千载如生。”

在《三国演义》里，尊刘抑曹的罗贯中原本是把庞德当成一个反面人物来刻画的，但对庞德“威武不能屈，节操不能改”的高尚气节，也忍不住赋诗称赞：“烈烈大丈夫，垂名昭千载。南安庞令明，日月竞光彩。”

明朝思想家李贽对关公招降、庞德请死事，是这样评价的：“云长欲降庞德，庞德不降。两两丈夫，俱堪敬服。”

庞德，实为世间罕有的奇男子、伟丈夫，只因后世贬斥曹魏，致使原本奉祀他的“白马将军庙”被讹传成了“李广庙”，可叹。

## 张士贵

## 正史上的张士贵是怎么样的一个人呢？

张士贵是很早就从龙的那一批人。

李渊在太原刚起兵，他就急吼吼地从家乡虢州卢氏县领了上千义兵来投，比秦叔宝、程咬金、尉迟敬德这些人早得多，不算开国元勋功臣，也算元老级人物了。

据出土墓志铭记载，大唐平四方、削群雄等大事迹，他全都参与了，灭薛举、薛仁杲；讨宋金刚、王世充、窦建德、刘黑闼和徐圆朗，几乎是无役不与。但很奇怪，读《资治通鉴》，根本没有张士贵这个人存在！在相当长的时间里，他在正史中充当的基本上属打酱油的角色。在《旧唐书》《新唐书》的个人传记里，他可堪称道的功绩也只有两件。

一是在贞观七年（公元633年）统兵平息了西南仡佬族的一次暴乱；二是贞观十五年（公元641年）领兵抗击薛延陀，会同其他四路大军取得大胜，迫使薛延陀遣使求和。因为这两件功绩，张士贵在《旧唐书》得以与郭孝恪、张俭、苏定方、薛仁贵等名将并列一传。但不难想象，他之所以能在后期崭露头角，那是因为秦叔宝、程咬金、尉迟敬德等牛人已经相继退出了历史舞台。蜀中无大将，廖化当先锋嘛。

贞观十九年（公元645年），张士贵随李世民东征高句丽，白袍小将薛仁贵横空出世，李世民两眼放光，一个劲地对薛仁贵说："朕诸将皆老，思得新进骁勇者将之。无如卿者。朕不喜得辽东，喜得卿尔。"显然，李世民说这话，已经把站在一旁的张士贵列入"老不中用"一列了。不过，彼时张士贵是薛仁贵的顶头上司，在薛仁贵建功得到提拔的同时，他也水涨船高，升为了官拜右屯卫大将军，并且得以在《旧唐书》与薛仁贵并列一传。

张士贵以老黄牛的精神，勤勤恳恳，跟随了李世民半辈子，而根据《旧唐书·太宗本纪》记载，他也参加了举世震惊的“玄武门事变”，但并不在凌烟阁二十四功臣之列，可见他与那二十四位大佬还是有很大差距的。

话说回来，张士贵虽然与大佬存在差距，但他也不是庸才。他在唐高祖李渊朝就得授为上柱国、新野县开国公；在太宗李世民手下，先是在玄武门兵变后得授为太子府内率，官阶正四品，执掌太子府警卫，后来从警卫太子府调任警卫皇宫，授“玄武门长上”，执掌禁卫军，后来官右屯卫大将军、左领军大将军，封虢国公、勋国公，死后又得唐高宗赠辅国大将军，谥号“襄”，陪葬太宗于昭陵，可知并不是泛泛之辈，只是没有墓志铭夸张得那么牛罢了。

最后说一下，张士贵为什么会在《薛仁贵征东》中被黑得那么厉害呢？

“阴谋论者”可能会认为《薛仁贵征东》作者的祖先跟张士贵有仇？有人因为《水浒传》里出现了潘金莲、潘巧云两个淫妇，就认为作者施耐庵是和姓潘的人有仇。这根本就是毫无根据的瞎猜嘛。

要我说，《薛仁贵征东》作者的祖先不见得跟张士贵有仇，但评书戏曲讲究套路，有文臣就要有武将，有忠良就要有奸佞。必须这样，才能制造矛盾制造冲突。

毕竟，最是深情留不住，从来套路得人心。

《说岳全传》里，有忠贯日月的岳武穆，也有如假包换的大奸贼秦桧；《杨家将演义》里，有满门忠烈的杨门子弟，也有阴险狠毒的奸臣潘仁美……忠奸相斗，煞是精彩好看，扣人心弦。

初唐朝廷之上，根本就不存在那种祸国殃民的奸臣，要编薛仁贵故事，就只能生编硬拽出一个奸臣来了。薛仁贵刚出道投军时，不是投在张士贵手下吗？好吧，就把张士贵扭曲成一个嫉贤妒能、心如蛇蝎的大坏蛋吧。

而当张士贵被歪曲成了大坏蛋，精彩戏份果真就出来了。

张士贵真冤哪。

## 张巡
## 到底是千古名将还是衣冠禽兽呢？

张巡既是千古名将，也是个衣冠禽兽，二者之间并不冲突。

其实，类似张巡这样的人，历史上并不少。

俗话说，慈不掌兵。

能成名将者，大多是心狠手辣的。

白起、项羽都有坑杀数十万战俘的劣迹。

东汉吴汉、耿弇也有过屠城的记载。

窦宪是个乱间魔君，祸害朝野，但也有燕然勒铭的大功绩……

张巡的功罪性质和以上人等并无差别，要说最大的不同，就是他把屠刀挥向自己人，包括自己的妻儿老小。最骇人听闻的，就是他不但杀人，还做出了反人类的行为：吃人肉，他不仅自己吃，还要求全部将士一同吃。

老实说，这已经是灭绝人性做法的极限了。

张巡守睢阳（今河南商丘市）的奇迹，很多人都知道了：以不足万人之众，守城10个月，前后大小400余战，抵挡了叛军十几万人的进攻，且斩杀敌将300人、毙敌12万人，创造出中国古代战争史上以寡敌众、以弱制强的经典战例。

从战略意义上说，“蔽遮江淮，沮敌势，天下不亡，其功也”。

这么大的功绩，至德二年（公元757年），唐肃宗李亨在册封平叛期间立功之臣时，没有忘记已经死去的张巡。

但满朝文武对张巡杀人吃人之事议论纷纷，莫衷一是。

最后，是李瀚先呈《进张巡中丞传表》，韩愈复以李瀚的传表为引子作《张中丞传后序》，认为张巡功大于过，这才平息群议。

李瀚的《进张巡中丞传表》提到只是一味强调吃人不是张巡本意，但这并不能消除张巡的罪恶；韩愈的《张中丞传后序》故意略过张巡吃人之事不提，其结果也只能欲盖弥彰；以后的《新唐书·张巡传》以及《资治通鉴》只侧重于张巡杀妾食妾，而不提食尽城中妇孺，以为妾是私人财物，可以自由处置，张巡将之杀死并贡献出来，是以私奉公，愈加伟大。殊不知这样一来，更是大错特错。此一点，如果不严加评析，后世某些好名的“名将”，难免不以之为效仿对象，故意买卖一些奴婢充当自己的妻妾，杀了烹煮以飨将士，流祸无穷，罪大恶极。

孟子说：“行一不义，杀一不辜而得天下，皆不为也。”

王若虚也说：“守城之事小，食人之事大。”

王夫之更说：“无论城之存亡也，无论身之生死也，所必不可者，人相食也。”

一句话，不得以任何高尚的名义来践踏别人的生命。

明朝的张巡粉为了粉饰张巡，作戏剧《双忠记》，不写张巡杀妾，而改成小妾自杀献身。

这一改，漏洞是巨大的：张巡和将士吃的不仅仅是张巡一个小妾，而包括城中数万男女老少。难道这数万男女老少具备如此崇高的风格，个个争相自杀，以献身果将士之腹不成？

最后再强调一句：张巡的一面是天使，另一面是魔鬼，他就是千古名将与衣冠禽兽的结合体。

## 王继勋
## 这个吃人恶魔，仗着是赵匡胤的小舅子逍遥法外

王继勋是赵匡胤第二任皇后孝明皇后的同母弟弟，是赵匡胤的小舅子，妥

妥的皇亲国戚。

他身出将门，父亲是彰德节度使王饶，本人打仗很有勇力，《宋史·卷二百七十四·列传第三十三》记载：“继勋有武勇，在军阵，常用铁鞭、铁槊、铁檛，军中目为‘王三铁’。”

就因为能打仗，又是自己的小舅子，所以赵匡胤特别宠爱他。

王继勋也因此恃宠而骄，胡作非为。

建隆四年（公元963年）秋，赵匡胤准备发兵讨伐西蜀，命令时任彭州防御使的王继勋领本部兵马前来集结。

当时，另一个大将马仁瑀也参与出征。

大军在誓师待发时，王继勋与马仁瑀有宿怨，竟然暗中安置杀手，打算刺杀马仁瑀。

按说，这种罪行根本不能容忍。

但是赵匡胤事先知道了，却采取息事宁人的措施，支开马仁瑀，不让他参与这次军事行动，另派到密州工作。回头，作为补偿，又升王继勋为保宁军节度观察留后、虎捷左右厢都虞候、权侍卫步军司事。

唉！

可以说，王继勋就是皇权保护下滋生出来的怪胎、恶魔。

还有，王继勋在某次军事行动中新招募了一千多士兵，赵匡胤可怜这些士兵多数没成家，就说了句：“他们中有愿意成家的，遇上了好人家的女儿，不需准备聘礼，只准备酒肉，其余的就由朝廷来支付。”

得，有了这句话，王继勋故意歪曲原意，纵兵大掠良家民女，弄得鸡飞狗跳。

赵匡胤得知，大惊失色，派人捕获并斩了其中的一百多人，事件才算平息。

因为孝明皇后已去世，赵匡胤念及皇后，没治王继勋的罪。

当然，王继勋所做的最伤天害理的事，就是吃人。

在中国古代，吃人事件时有发生，但出现这种现象，绝大多数是遇上了饥荒，吃人者被饿疯、饿急、饿没办法了，才食人肉充饥的。

而像王继勋这种，生活无忧，享尽富贵，锦衣玉食，却偏偏要吃人肉的，只能说是个变态恶魔。

也就是说，王继勋吃人肉，并非为了充饥，而是当成了美食来享受。

这种人，实在是枪毙一百遍都不为过。

王继勋吃人肉一说是怎么来的呢？

他购买大批漂亮的奴婢，关押在家，养着，“脔割为乐”，每天从她们身上割几片肉，清蒸或煎炒，伴上两壶小酒，小口小口品尝。

王继勋吃人的秘密开始也是捂得死死的，外人谁也无从得知。后因下雨墙被毁坏，关在里面等死的奴婢逃了出来，“守国门诉冤”，才闹得举国震惊。

但就是如此轰动的大事件，赵匡胤也只是下诏削夺他的官爵，发配他到登州（今山东蓬莱市）而已。

这样的惩罚和“罚酒三杯”又有什么区别呢？

而且王继勋人还没到登州，赵匡胤竟又改任他为右监门率府副率了。

唉！

这个赵匡胤！

实际上，赵匡胤本人出身于行伍，对武将非常有感情，只要武将交出兵权，不危害到自己的统治，他就任由他们为所欲为，鱼肉百姓。

只要稍查一下史书，就可以发现，在赵匡胤的姑息和纵容下，很多武将都是恶行累累之徒。

如石守信“累任节镇，专务聚敛，积财巨万”；又如王全斌“破蜀日，夺民家子女玉帛”，再如王仁赡“纳李廷珪妓女，开丰德库取金宝”……

现在很多人拿宋太祖赵匡胤的“仁慈”和明太祖朱元璋的“狠毒”做对比，大赞赵匡胤，大斥朱元璋。

但细析一下，我们觉得，赵匡胤的“仁慈”其实就是一种罪恶；反倒朱元璋用铁腕手段惩治贪污腐败的开国元勋却是一种良善。都说朱元璋杀功臣太狠，但很多功臣被杀，本来就是死有余辜。

王继勋后来掌管西京，变本加厉，更加残暴，他强买百姓的子女供他使唤，稍不如意，就把他们杀了吃掉，骨头扔到野外，让人触目惊心。

直到赵匡胤挂了，王继勋的罪恶才被清算。

宋太宗赵光义即位后，命令户部员外郎、知杂事雷德骧乘驿车前去拘捕王继勋。

经过审问，王继勋承认，单单从开宝六年（公元973年）四月到太平兴国二年（公元977年）二月，他亲手杀死和吃掉的婢女就有一百多名。

赵光义忍无可忍，下令在洛阳市将之斩杀。

补一句，长寿寺和尚广惠也经常和王继勋一起吃人肉，也一同被斩了。

洛阳百姓拍手称快。

赵光义算是做了一件大好事。

最后，王继勋的后代住在西京洛阳（今河南洛阳市），他的孙子王惟德沦落成了乞丐。宋真宗心生隐恻，竟然授予他汝州司士参军的官职。

唉！

## 潘仁美
## 真是迫害杨家将的奸贼吗?

话说湖南怀化境内有一个名叫荆坪的村落，村里有一个庞大的建筑，远看像一个巨大的牌坊，近看其实是一个宗祠。

据说，这个宗祠已经有四百多年历史了。

与宗祠相连的，是一个同样古老的建筑——古戏台。戏台前的大厅、天井和地面全是用青石板铺成的，可容纳千余人同时听戏。

这里绝大部分的村民都姓潘，宗祠即为潘氏宗祠，共占地一千六百平方米。这些姓潘村民声称自己是北宋名将潘美的后裔，古戏台数百年来禁演《杨家将》戏。

为什么禁演《杨家将》戏？

村民认为，《杨家将》戏中恶名昭彰的大反派潘仁美就是以自己的祖宗潘美为原型写的。

村民一致否认祖宗没有害杨家将。

《杨家将》里面的大反派潘仁美本来是个虚构人物，但绝大多数人，甚至包括所谓潘美后人，都认为潘仁美就是潘美。

下面就认真说一说潘美迫害杨家将第一代领军人物杨业老令公的经过。

没错，确实潘美就是迫害杨家将的元凶。

杨业原是北汉大将，在辽汉交战中，曾多次大败辽军，被辽人称为“杨无敌”，非常厉害。

北汉政权后来投降了宋朝，杨业也随之入宋成了宋将。

宋太宗降服了北汉，挟得胜余威，转攻辽国。

一开始，辽军没有防备，被宋军打到了幽州（今北京市）。后来反应过来了，在高梁河（今北京市城西）大败宋军，还用弓箭射中了宋太宗。

可以说，宋军败得很惨，大军败归，转攻势为守势，不断收缩防线。

本来，杨业身为一名降将，是不可能得到重用的。

但杨业是辽人忌惮的对象啊，面对辽军咄咄逼人的攻势，宋太宗派他上场，任命他为左领军卫大将军，郑州防御使，知代州兼三交驻泊兵马部署，驻守于代州。

不过，宋太宗也不可能完全对杨业放心，另派检校太师、忠武军节度使、云应路行营都潘美去管着他。

潘美是宋太祖赵匡胤的老人，参加过平定李重进叛乱，也参与了平南唐、灭北汉等行动，甚至还担任过攻灭南汉主师，非常值得信赖。

俗话说，行家一出手，便知有没有。

太平兴国五年（公元980年），辽国十万大军席卷而来，猛扑雁门关。

杨业的官名叫“左领军卫大将军，郑州防御使，知代州兼三交驻泊兵马部署”一大堆，很威风，很吓人，但他手下不过几千人马而已。

杨业艺高胆大，他把大部分人马留在代州（今山西忻州市代县），自己仅带几百名骑兵抄小路绕到雁门关北面敌人后方，与潘美的部队前后夹击辽军。

战斗中，杨业杀死辽国节度使驸马侍中萧咄李，生擒马步军都指挥使李重诲，缴获很多兵甲战马，史称“雁门关大捷”。

宋太宗于战后加封杨业云州观察使。

经过这一仗，辽人老实了，不怎么敢南侵了。

日子一过就是六年。

到了雍熙三年（公元986年），辽景宗耶律贤死去，少不更事的辽圣宗耶律隆绪即位，由其母亲萧太后执政。宋太宗认为寡母孤儿好欺负，命曹彬、田重进、潘美率领三路大军北伐。

杨业在潘美的西路军做副将，一路势如破竹，接连夺取了辽国的寰、朔、云、应四州。（《宋太宗实录》《长编》等书未明确指出收复四州的是杨业，但《辽史》中的《耶律斜轸传》《耶律奚底传》《萧挞凛传》均详细记述了四城均为杨业所陷。）

如果曹彬的东路军和田重进的中路军也有这样的表现，那么宋太宗收复燕云十六州就不是什么难事了。

但曹彬的东路军因粮草接济不上停止了前进，而田重进的中路军吃了败仗。

于是，西路军就成了孤军。

没奈何，宋太宗命令三路大军全部班师。

曹彬的东路军和田重进的中路军空手而来、空手而回，退得非常轻松。

杨业的西路军既然收复了寰、朔、云、应四州，则在撤退时就要掩护四个州的百姓撤退，所以行动非常缓慢。

好不容易退到狼牙村，探马却报辽军已经追至寰州（今山西朔州市朔城区），且来势凶猛。

针对这种情况，杨业建议，可以发兵佯攻，以吸引住辽军主力，另外派精兵埋伏在退路的要道，掩护军民后撤。

监军蔚州刺史王侁却主张正面截击，要杨业率先出击。

杨业历经战阵、沙场百战，知辽军势众气盛，正面截击只能是以卵击石，摇头说：“敌人势大，这样做必败无疑。”

王侁不悦，出语胁迫：“君侯素称无敌，今见敌逗挠不战，得有他志乎？”

王侁这一句话非常有杀伤力，杨业身为降将，是容不得别人怀疑他另有异志的。

杨业无可推托，悲愤地说：“业非避死，盖时有未利，徒令杀伤士卒而功不立。今君责业以不死，当为诸公先。”

潘美作为全军主帅，支持了王侁的主张。

杨业出发前，流着眼泪对潘美说：“此行必不利。”因指着前面的陈家谷口（今山西忻州市宁武县），恳求潘美在谷口两侧埋伏好步兵强弩，分左右翼为援，否则自己定会全军覆没，“无遗类矣”。

潘美满口答应。

杨业在明知必败的情况下，迎击辽军。

潘美和王侁最初是按杨业的请求把人马埋伏在陈家谷的，但埋伏了大半天，都没收到杨业的消息。

王侁认为杨业号称无敌，就一定是无敌于天下了，认为杨业已经打败了辽兵了，眼热杨业抢了头功，催促潘美撤掉伏兵，杀出陈家谷。

但撤出埋伏前行没多远，就收到了杨业兵败的消息。

杨业兵败，辽军精骑气势汹汹地追来，自己的步兵又没列好阵型，这仗可没法打。

这么想着，王侁和潘美就带兵从另外一条小道溜了。

潘美和王侁这一溜走，就等于是把杨业等人卖给辽军了。

杨业苦战了一天，部队减员严重，弓矢用尽，无法支撑，且走且战，把辽军引向陈家谷。

杨业以为，辽军到了陈家谷，入了埋伏圈，自己就可以反败为胜了。

但到了陈家谷，潘美等人已经人去谷空。

没有办法，他只好转身与辽人殊死搏斗。

战斗非常惨烈，杨业身受几十重创，筋疲力尽，被辽将耶律邪缜一箭射落马下，为辽军生擒。

杨业之子杨延玉，以及部将王贵、贺怀浦全都力战而死。

杨业被擒不屈，绝食三日而死。

原本，辽军来势凶猛，杨业等人的任务主要是迁移民众，没有必要与敌人决战。是潘美和监军王侁胁迫杨业出战的，杨业最终全军覆没，其人以身殉国。

则潘美害杨业之罪恶无可原谅。

现在很多人想为潘美洗白，包括上面提到的湖南怀化荆坪潘姓村的村民，他们一口咬定害死杨业的是王侁。

没有错，从宋史记载来看，反对杨业扰敌计划、语激杨业出战、指使潘美撤离陈家谷口大军的人是王侁，但大家千万不要忘了，潘美才是整支大军的统帅，最有话语权的话事人啊！

也有人说，宋忌武将，武将潘美没法反对文臣王侁。

但这种说法并不成立。

宋代虽然重文轻武，真要在战场上，军队作战的指挥权还是由主将掌握的，哪个统治者愿意让一个外行来指挥内行？

举个例子。

乾德元年（公元963年）正月，山南东道节度使兼侍中慕容延钊领十州兵讨伐湖南张文表，当时是枢密副使李处耘任都监。在进军过程中，主将慕容延钊与监军李处耘意见得不到统一，朝廷最后的处理结果是留用慕容延钊，谪李处耘为淄州刺史。

所以，杨业之死，负主要责任的人应该是统帅潘美！

想想看，王侁在军事上是个门外汉，他对战斗态势的分析和战斗部署即使有什么错误也是可以理解和原谅的。但潘美作为一个名宿老将，他在杨业和王侁在战斗部署上发生分歧时，谁对谁错，他是非常清楚的，但他选择站在王侁一边，摆明了就是要让杨业去送死嘛。

另外，他又在杨业苦战时不援，战败后不救，更加证实了其要置杨业于死地的险恶用心。

那潘美害死杨业的动机是什么呢？

《长编》卷二一记："业自雁门之捷，契丹畏之，每望见业旗即引去。主将戍边者多嫉之，或潜上谤书，斥言其短。"

潘美是杨业取得"雁门关大捷"时的主将，"主将戍边者多嫉之"，就是说潘美嫉妒杨业的战功呗。

杨业取得"雁门关大捷"的战功时，就已让潘美视为眼中钉了，而在这次北伐中，杨业又有了收复寰、朔、云、应的四州之功，更成了潘美的肉中刺。

潘美不愿副将的功劳盖过主帅的功劳，必欲除杨业而后快啊！

实际上，潘美要除掉杨业之心，宋朝人都是知道的。

苏辙在《栾城集》卷十六《过杨无敌庙》诗中就曾写道：

"我欲比君周子隐，诛彤聊足慰忠魂。"

苏辙把杨业比喻成西晋周处，把潘美比喻成陷害周处的梁王司马彤，直言必须杀了潘美才能聊以慰藉杨业的忠魂。

毋庸置疑，潘美就是迫害杨业致死的罪魁祸首。

## 杨家将
## 在历史上是真实存在的吗？他们分别叫什么名字？

杨家将在历史上是真实存在的。

杨家将的成员都有谁呢？

主要是三个人：杨令公、杨六郎、杨文广。

这三个人是爷孙三代人，英雄事迹各有千秋。

下面分别说一下。

先说杨令公。

杨令公的名字有些复杂。

他本名叫杨重贵，并州太原（今山西太原市）人，父亲杨弘信曾为后汉的麟州（今陕西神木市）刺史，后周代汉的时候，麟州自立，后归附后周。

由于在后汉时代，杨弘信为结交河东节度使的刘崇，曾派年少的杨重贵到太原为刘崇效力。

后汉灭，刘崇继位，史称“北汉”。

杨重贵得到了刘崇的重用，先担任保卫指挥使，后以战功升迁到建雄军节度使。

刘崇收杨重贵为养孙，给他改名为刘继业。

刘崇死，先是其子刘钧继位；刘钧无子，刘钧死后，由其外甥同时也是其养子的刘继恩继位；刘继恩死，刘钧的另一个养子刘继元继位。

因刘继恩和刘继元都是皇帝，都有“继”字。所以，刘继业（即杨重贵）为避讳，就拿掉了中间的“继”字，再一次改名为刘业。

北宋灭北汉，刘业跟随刘继元降宋，又恢复了本姓“杨”，最后改名为“杨业”。

当然，也有很多评书演义仍称呼他为“杨继业”，甚至无视其曾经改名易姓的经过，把他从出生开始的名字就称为“杨继业”。

再补一句，因为杨业归宋了，他父亲的名字“杨弘信”为避赵匡胤之父赵弘殷之讳，在史书中被改成了“杨信”。

杨业归宋后，任三交驻泊兵马都部署，镇守代州（今山西忻州市代县），曾击溃从雁门大举进攻的辽军，杀死辽国节度使驸马侍中萧咄李、生擒马步军都指挥使李重诲，缴获很多兵甲战马，因功升云州观察使。

杨业威名大振，此后，辽国望见杨业的旌旗，不战而走，称之为“杨无敌”。

“杨无敌”死于雍熙北伐。

雍熙三年（公元986年），宋三路大军征讨辽国，其中潘美为西路军主将，杨业为副将。

杨业表现神勇，一路过关斩将，夺取了辽国的寰、朔、云、应四州，但主力军中路曹彬失利。

宋太宗只好下令各路人马班师，后又命潘美等率领大军将收复四州的民众迁移到内地。

辽国十余万大军展开反击，攻破了寰州。

潘美留杨业拒敌，承诺自己在陈家谷部署步兵强弩接应。

杨业信以为真，力战尽日，但转战到陈家谷时，才发现自己被潘美放了鸽子，悲愤莫名，死力再战，长子杨延玉，以及部将王贵、贺怀浦全都力战而死，杨业力尽被擒，宁死不屈，绝食三日而终。

杨业有多个儿子，但到底是六个还是七个，各种版本的史书记载不一，名字不同，次序也很乱。

这里取《宋史》中的记载，共是六个儿子，长子杨延玉，次子杨延朗、三子杨延浦、四子杨延训、五子杨延瓌、六子杨延贵和七子杨延彬。

长子杨延玉在陈家谷口战斗中牺牲，其余六子俱因此而升迁。

其中次子杨延朗为崇仪副使；三子杨延浦和四子杨延训并为供奉官；五子杨延瓌、六子杨延贵和七子杨延彬并为殿直。

杨延朗就是杨六郎，明明排行老二，为什么被冠以“六郎”之名呢?

杨延朗镇守边防二十几年，辽国对他害怕到了极点。

辽人迷信，相信天上北斗七星中，第六颗星是专克辽国的，他们认为杨延朗是那第六颗星转世，敬称杨延朗为“杨六郎”。

杨六郎英雄一世，但死后也得不到“安宁”。

因为宋真宗封财神爷赵玄朗即赵公明为其圣祖，所以杨六郎的名字“杨延朗”为避讳被改成了“杨延昭”。

按照唐宋八大家之一的曾巩记载：杨延昭有三子，长子杨传永，次子杨德政，三子杨文广。此三子中，只有杨文广大器晚成，名垂青史。

特别要说明的是，在评书和演义中，杨文广是杨宗保与穆桂英之子，但杨宗保与穆桂英都是虚构人物，并不存在。

杨文广以班行讨贼张海有功，授予殿直。

后来又随狄青南征讨侬智高，调任为广西钤辖，后又升任为宣州知州、邕州知州及左藏库使。

在对西夏的防御作战中，杨文广先后担任过成州团练使、龙神卫四厢都指挥使、迁兴州防御使、秦凤路副总管等，死后被追赠为同州观察使。

欧阳修曾在《供备库副使杨君墓志铭》中写道：“父子皆为名将，其智勇号称无敌，至今天下之士，至于里儿野竖，皆能道之。”

# 金兀术
## 留遗书要立宋钦宗为傀儡皇帝?

读过《说岳全传》的人都知道，金国四太子金兀术是岳飞的死对头，是书中的第一大反派。

事实也是如此。

金兀术是金太祖完颜阿骨打第四子，本名斡啜，又作兀术、乌珠、斡出、晃斡出，其正式汉名为完颜宗弼。

兀术是个好战分子，一贯主张尽力灭宋。

天眷元年（公元1138年），金国朝中领三省事完颜宗磐、完颜宗隽在朝廷专权，外结左副元帅完颜昌，力主与宋朝议和，将河南、陕西地割还宋朝。

兀术坚决反对，联系朝内的完颜宗干等人发起抗争。

天眷二年（公元1139年），金熙宗以谋反罪，诛完颜宗磐、完颜宗隽，解除完颜昌兵权，拜兀术为都元帅，封越国王。

兀术还不肯罢休，于天眷三年（公元1140年）诛杀完颜昌，尔后出兵夺回原交还宋朝的河南、陕西之地。

但随着顺昌、郾城、颍昌大败，兀术的思想开始了转变，有意和宋朝议和，与宋划淮为界。

《呻吟语》记载："兀术犹骄横，所向无敌，自韩世忠败之黄天荡，吴璘败之和尚原，岳少保败之颍昌，锐气渐消。"

到了皇统元年（公元1141年）二月，兀术与宋军再战于柘皋镇，战败之后，议和之意更浓。

宋高宗不明就里，只知金兵渡淮，下泗、濠等地，心中震恐慌，遣使表示愿意接受议和条件。

这样，金皇统二年（即宋绍兴十二年，公元1142年）二月，双方正式签约，史称“绍兴和议”，议定东以淮水，西以大散关为界，南宋向金称臣，输纳岁币银、绢二十五万两、匹。

随后，兀术还朝，兼监修国史，以功拜进太傅。

和议之后，兀术仍坚持“南北和好”政策，主张待时机成熟后再一举灭宋。

但不知什么时候起，突然杜撰出一封所谓的“武穆遗书”，说兀术在临终前留下“遗言”，分析了宋金形势，认为南宋军力很强，其一旦自我觉醒，收复失地易如反掌，所以谆谆告诫当政者，一定要小心谨慎，做好防范。末了，还留下制宋策略，即如果金国抵挡不住宋军的进攻，就赶紧回撤，并把掳走的宋钦宗请出来，重新在汴京（今河南开封市）执政，制造出南北两个宋朝相对立的局面，让宋钦宗与宋高宗两兄弟斗。

这其实是张冠李戴！

这段“遗言”收录在《三朝北盟会编》卷二一五，出自金人李大谅（伪齐李成之子）写的《征蒙记》。

查《征蒙记》可知，留下这段“遗言”的人并不是兀术，而是金国皇叔、都元帅、辽国王完颜杲。

公元1138年，完颜杲“危笃，亲笔遗四行府帅”，即患病在咽气之前，亲自写了遗书留下给四位行府元帅，所以又称《临终遗行府四帅书》。

兀术最先阅读了这封遗书，后来转述给了南北行府的三位元帅。

《临终遗行府四帅书》中的确谈到：“宋若败盟，任贤用众，大举北来，乘势撼中原人心，复故土如反掌，不为难矣。吾分付汝等，切宜谨守，勿忘吾戒。如宋兵势盛敌强，择用兵马破之；若制御所不能，向与国朝计议，择用为辅，遣天水郡公桓（即宋钦宗）安坐汴京，其礼无有弟与兄争，如尚悖心，可辅天水郡王，并力破敌。”

但这段话上面也有谈到“吾大虑者，南宋近年军势雄锐，有心争战，闻韩、张、岳、杨，列有不协，国朝之幸”。

完颜杲是金太祖完颜阿骨打的同母弟弟，于靖康元年（公元1126年）任都元帅，指挥完颜宗翰、完颜宗望分路进兵，掳掠了北宋徽、钦二帝。

完颜杲死于金太宗天会八年（公元1130年），而兀术死于金熙宗皇统八年（公元1148年）。

显而易见，完颜杲死时，岳飞尚在世上，是金国的头号敌人，和韩世忠等人一同活跃在抗金前线，令金兵闻风丧胆，所以完颜杲才会有此一说。而兀术死时，岳飞已经含冤枉死了八年，又何来“闻韩、张、岳、杨，列有不协，国朝之幸”之说？

即所谓的“兀术遗言”，其实只是兀术转述完颜杲的话。许多人读书不细，讹传成了兀术的遗言，才闹出了乌龙。

通过读《征蒙记》可知，在绍兴十一年（公元1141年）初淮西战事以后，兀术带兵在淮上的景况其实是很惨的。

由于原文是文言文，不方便阅读，下面改用现代文表述——还是兀术对南北行府的三位元帅叙述的话，叙述的内容，全是他带兵在淮上的经过。

兀术说：“我因为国内有叛臣勾结南方宋国，不得不亲自率军吊民伐罪，讨伐宋国。大军行进到了亳州，我思虑淮河没有桥梁道路，车辆马匹无法通过，惶惑不安。忽有淮南两位进士来献上《平宋国策》，指明了进军路线，因此挺进到盱眙境内，在盱眙、龟山造桥，顺利渡过了淮水，控制了淮河两岸。

“接着，我细细察探宋室新近在淮河岸边设立的龟山城寨，发现它依山而建，形势险要。如果宋军在其里面囤积粮草屯聚兵力把守，我是不敢轻举妄动的，但它只是一座空寨而已。

“从两位进士进献的图策看：由盱眙到楚州这一带，道路狭窄难行，左边是淮河，右面也挨着河流，粮道遥远。有经邵伯到山阳的人马回来，沿路收集到了一些菱角、鸡头米和莲子。听到各军都在不避严寒，踩着泥砸着冰去挖掘池塘，掘藕拾菱，寻鱼摸蚌。又宰杀了一些骡马，拿来掺和起来用来充饥。各军饥苦的消息让人不忍去听。

“不久，有将士跟我说：‘吃的东西已经全没了，有人已经在吃起了随军的奴婢。’又有将士说，南人的实力派好像要回到淮上。但我料定，南方的宋国，既然连在盱眙修起的这么个依山面水、地势大为有利的城寨，尚且没有安排军队把守，他们怎么会有智谋来跟我为敌？他们绝对不会渡江的。

“我和平章萧毅经过商议，决定以强硬的语气给宋国写了檄书，由萧平章带过去威吓他们：‘如果答应这些条件，就来我的军营具体协商；如果敢不答应，我就水陆并进、打过长江去。’

“在等候萧平章回来的日子里，我天天都在巡视各部，将士们饿得苦不堪言，有的甚至忘掉了是否吃过饭是否睡过觉。阿鲁保等人都跟我说：‘如果南宋能接受我们的条件，我军还能够有一半的部队可以回去；如果他们不接受，我军用不着他们打，自己就先崩溃了。’我知道他们说的是实情。

“我一边期盼着西边能有吃的东西送来，一边向南打探萧平章的消息，度日如年。萧平章终于带着南宋的使者回来了。听到驰报，我不由惊喜地感叹，真是神佛保佑！经过协商，宋金双方约定以淮河为界，并且盟誓遵守这个约定。

“南人使者一回去，我也撤军回到了汴京。经过清点：骡马大概只剩了十分之四，奴婢十成中也少了六七成。

“真是侥幸呀，在我们如此困难的情况下，宋人都没有决定动兵。如果他们用兵，我军势必没有一个人一匹马能够回得来！因此，我私下里想：只此一封檄书送往宋国，就不战而胜，真乃万世不传之上策也！”

可见，绍兴十一年（公元1141年），兀术扬言渡江，不过是外强中干、虚声恫吓。

宋高宗赵构却不经吓，自弃中原，冤杀岳飞，签订下屈辱的和约，遗臭千年。

## 一辈子几乎都在打败仗，为何还被称为名将？

之所以认为“金兀术一辈子几乎都在打败仗”，是因为对金兀术的认识只停留在演义、小说、评书、戏曲和影视文艺作品上。

以清代小说《说岳全传》为例，书中的金兀术就是一个很可笑的形象。

小说一开头就说：“金兀术身穿大红织锦绣花袍，外罩黄金嵌就龙鳞甲；坐一匹四蹄点雪火龙驹，手拿着螭尾凤头金雀斧。好像开山力士，浑如混世魔王。有千斤之力，曾在北国六国三川八十一寨大比武中力举铁龙，夺得元帅之位。”

似乎，他是一个神一般的存在。

但随着情节的展开，我们渐渐发现，金兀术其实是专供各路大神、各级玩家刷分练技能的小妖怪。

书中每写一个英雄人物，基本都要找金兀术来刷一下分，以证明其是一个英雄人物。

先是岳飞上来虐了金兀术一番。

然后是高宠，只一枪就挑掉了金兀术的头盔！

后来是岳云、何元庆、严成方、狄雷、关铃、杨再兴等，挨个来打金兀术以给自己长脸。

最可笑的是，金兀术最后竟然被牛皋骑在胯下活活气死了。

金兀术的一生真可谓生得窝囊，死得屈辱。

但我们翻看史料，金兀术可不简单。

早在天辅六年（公元1122年）正月，金军与辽军交战时，金兀术率百骑追击辽军，其刀折矢尽，空手夺辽兵长枪，独杀八人，生擒五人，真勇猛过人，英雄了得。

在带兵打仗方面，金兀术最有名的军事行动是对宋高宗展开千里奔袭的

"斩首行动"，其独领一支孤军，如风如电，连克濮州、开德、大名等地，一骑绝尘，杀入宋淮南西路，所过州县，一击即破，直打到长江北岸，由建康府西南的马家渡过江，取宋广德军路、湖州、临安府、明州，搜山检海，把宋高宗逐下大海，浮国海上，差点喂鱼。

在南宋初年，宋金双方投入兵力最多的富平会战中，宋军马步兵十八万，把金兀术统率的金军团团围住，自晨至夕，恶战不已。

金兀术实在凶悍，他挥军力战不却，死死牵制了宋军的主力，最终反败为胜，取得了大战的胜利。

不得不说，金兀术有文韬，有武略，赫然女真族史上的一名卓越的军事统帅。

《金史》这样评定金兀术："时无宗弼（金兀术汉名），金之国势亦曰殆哉。"

金兀术在女真人心目中的英雄地位，是远远超过所有金国君主和将相的。

但由于金兀术所策动的是侵略战，是不义之战，所以各种演义、小说、评书、戏曲和影视文艺作品都故意对他进行人身贬损，这才让人产生了"金兀术是个百战百败的名将"的错觉。

## 岳飞
## 也有惨戴"绿帽子"的经历，来看看他是怎么处理的！

南宋绍兴五年（公元1135年），宋高宗下令更改五支屯驻大兵的军号，统一称为行营护军。

张俊军称行营中护军，韩世忠军称行营前护军，岳飞军称行营后护军，刘光世军称行营左护军，吴玠军称行营右护军。

岳飞作为后起之秀，一跃而起，与张、韩、刘、吴并列为“中兴五大将”。

张俊和刘光世是个投机者，与岳飞道不同不相为谋。韩世忠和吴阶都是一心为国的忠臣义士，和岳飞惺惺相惜，互致书信通好。

岳飞平定了杨么之乱后，将缴获的楼船分送张、韩、刘、吴四人，每人一座，上面的兵将和战守的器械全套毕备。

给韩世忠送船的使者叫王忠臣。王忠臣完成了任务准备告辞，韩世忠叫住了他，悄悄地披露了一个小秘密：“你回去报告岳宣抚，他的前妻刘氏现在就在我的军营中，嫁给了一个小队长，如果岳宣抚不忘旧情，可以派人来接她回去。”

原来，岳飞早年曾在父母作主下娶了刘氏，并生下了岳云、岳雷二子。

可是，金兵入侵，中原大乱，岳飞留下了妻子在家服侍老母，毅然投军，报效国家。

哪料刘氏独守空房，不堪寂寞，与人私奔了。

岳飞功成名就后，派人回汤阴接家眷，知道了刘氏红杏出墙的丑事，落泪叹息不已。

由于一直寻访不到刘氏的消息，最后经人介绍，岳飞娶了目不识丁、相貌平平、年长自己两岁的寡妇李娃。

王忠臣回来转告了韩世忠的话。

老实说，以岳飞这时的身份，他要想采取点什么过激行为来一泄当年戴绿帽子之愤，比如说处死刘氏或和刘氏生活的小队长，那是轻而易举。

但他没有这么做，而是让王忠臣再回韩世忠处，找到了那个小队长，送上了五百贯巨资，以资其家用。（那时五百贯相当于现在的二十三四万人民币）

什么叫襟怀云水？

这就叫襟怀云水。

俗话说，一日夫妻百日恩。

杀人不过头点地，即使爱已远去，为了曾经的拥有，还是给彼此一条生路为好。

岳飞馈赠巨资的事传出，世人无不竖起大拇指赞：“好汉子！真英雄！”

就连宋高宗也为这事钦佩不已，专门下书就这事询问岳飞：“你既然这么在乎她，为什么不接她回来？”

岳飞坦然奏对道：“臣当初踏冰渡黄河之时，留下妻子在家侍奉老母亲，没承想她竟然一嫁再嫁，前后两次改嫁他人，我恨之入骨，已派人送了五百贯钱给她补家用，现在圣上提起，岳飞直言相告，只担心天下人不知其中原由，骂我为负心汉子也。”

## 蓝玉
## 死得冤不冤？

蓝玉于洪武二十一年（公元1388年）任征虏大将军统军北征，班师途中，私吞了“驼马珍宝无算”，强娶北元嗣君脱古思帖木儿的妃子，返至喜峰关，时值半夜，没得到守关官吏及时开门，便纵兵猛攻，破关门而入，斩杀守关将士千百计。

单此几条，只要是法制社会，都可以让蓝玉吃不了兜着走。

特别是最后攻打大明边关这一条，已经是形同造反了。

另外，蓝玉蓄养了数千家奴、义子，势力庞大，鱼肉百姓，称王称霸。

蓝玉有家奴强占东昌民田，被御史查问，蓝玉勃然大怒，将御史捆绑起来痛打。

蓝玉的家奴还依仗蓝玉的权势霸占了云南大量官盐。

蓝玉操军中大权，掌握军中将校的升降进退以及人事调动。

蓝玉越礼犯分，“床帐、护膝皆饰金龙，又铸金爵以为饮器”，“马坊、廊房采用九五间数”，怎么看都真有谋反之志和谋反之迹。

谋反事泄后，他本人亲口招供，说把“举大事”的日子定在洪武二十六年（公元1393年）二月十五日。

为什么是这一日呢?

一来，在上一年，朱元璋因皇太子朱标病死，饱受打击，萎然病倒，难理朝政。

蓝玉自己在供词中供认不讳，说他认为“如今上位病缠在身，殿下年纪又小，天下军马都是我总着”。

二来，朱元璋会在洪武二十六年二月十五日这天外出南郊躬耕籍田。

蓝玉暗中联络景川侯曹震、鹤庆侯张翼、舳舻侯朱寿、东莞伯何荣、后军都督府同知祝哲、中军都督府同知汪信等人，以及他过去的老部下，对他们说：“我想二月十五日上位出正阳门外劝农时，是一个好机会。”

蓝玉于洪武二十六年二月初一对担任谋反主力的府军前卫步军百户李成下达命令：“我计算你一卫里有五千在上人马，我和景川侯两家收拾伴当家人，有二三百贴身好汉，早晚又有几个头目来，将带些伴当，都是能厮杀的人也有二三百，这些人马尽够用了。你众官人好生在意，休要走漏了消息。定在这一日下手。”

总算上天佑明，蓝玉的密谋被锦衣卫察觉，其集团被一网打尽。

所以，蓝玉以“谋反”罪被处死，一点都不冤。

不过，朱元璋神经过敏，不断株蔓牵连，扩大“蓝玉党案”，以至“族诛者万五千人”，实在太狠、太毒、太惨无人道了。

# 被“剥皮实草”了吗？

鲁迅先生说，世上本无路，走的人多了，便也成了路。

同样的逻辑，世上本无此事，说的人多了，子虚乌有的事也就成了人们认定的真事。

鲁迅先生早年读《蜀碧》一类关于张献忠屠蜀的书，深恶张献忠“嗜杀”，大批痛批张献忠灭绝人性，最后恨恨地说了一句：“明朝自剥皮始，自剥皮终。”

说明朝“自剥皮终”好理解，《蜀碧》写张献忠嗜杀，详详细细地写了张献忠各种惨无人道的杀人手法，其中特别写了“剥皮法”——鲁迅先生把这种剥人皮而置人于死地的方法称为中国剥皮史上的一式——“张献忠式”，说是可以与朱元璋的“剥皮实草”式并列。

这“张献忠式”剥皮是怎么个剥法呢？

《蜀碧》中写道：“剥皮者，从头至尻，一缕裂之，张于前，如鸟展翅，率逾日始绝。有即毙者，行刑之人坐死。”

这个描述很具体，很恐怖。

剥皮的操作手法对刽子手要求很高，剥的时候由脊椎下刀，一刀把背部皮肤分成两半，从这里撕开，慢慢用刀分开皮肤跟肌肉，然后张开形状如飞鸟展翅。

当然，最恐怖的还是最后那一句“有即毙者，行刑之人坐死”，刽子手必须在人死前剥下整张皮，否则自己就要被杀。

同一时期诞生的《滟滪囊》《蜀警录》也记载有这一剥皮规矩。

《滟滪囊》记：“立剥皮惨刑，剥人未竟而气先绝，执刀者死。”

《蜀警录》则记：“（张献忠）又自创为小剥皮法，将人两背膊皮自背沟分剥，揭至两肩，反披于肩头上，不许亲戚人等与饭食，赶出郊外，严禁民间藏留。多有栖古墓，月余而后气绝者。”

与《蜀碧》对比，一个说“逾日气绝”，一个说“月余气绝”，令人毛骨悚然。

“张献忠式”剥皮是这样的可怖，再来说说朱元璋的“剥皮实草式”剥皮。

朱元璋的“剥皮实草式”剥皮是怎么回事呢?

叶子奇《草木子》记，朱元璋对各地官员责治甚严，若官员贪污暴虐，贪污数额在六十两白银以上的，就要处以死刑，砍头后还要枭首示众，并且剥下他的皮，皮里填上草，把这“人皮草袋”置于衙门里官座旁边，让后任官员触目惊心，起警诫作用。

但这只是《草木子》的记载，《明史》《明实录类纂》却没能找得到这样的规定和制度。

这里，不得不说说叶子奇其人其事。

叶子奇是个非常有学问的学者，在元末与宋濂、刘基齐名。大明开国后，于明洪武八年（公元1375年）任岳州巴陵县（今湖南岳阳市）主簿，但在洪武十年（公元1377年）就出事了。该年春，有司祭城隍神，叶子奇和群吏在祭前窃饮猪脑酒，被县学生员揭发，被捕入狱，仕途生涯从此画上了句号。

想想看，这么有才学的人，却因为偷吃祭酒就终结了仕途，换谁都接受不了。

叶子奇因此在狱中悲情著述《草木子》，自称：“幽忧于狱，恐一旦身先朝露，与草木同腐，实切悲之。因思虞卿以穷愁而著书，左丘以失明厥有《国语》，马迁以腐刑厥有《史记》，是皆因愤难以抒其思志，庶几托空言存名于天地之间也。”

人是情感动物，大明朝对叶子奇这么“不公平”，那叶子奇能对大明朝有好感吗？

除了叶子奇的《草木子》记载有朱元璋“剥皮实草”法，上面提到的《蜀警录》居然也有这方面的记载。

其记载：“初，献贼（指张献忠）入蜀王府，见端礼门楼上奉一像，公侯品服，金装，人皮质，头与手足俱肉身。讯内监云：明初凉国公蓝玉，蜀妃父也，为疑忌，坐以谋反，剥其皮，传示各省。自滇回蜀，王奏留之。”

即张献忠占据了成都，入蜀王府，发现端礼门楼上奉一尊神像，身着公侯品服，金装，人皮质，头与手足俱肉身，就询蜀王府太监。太监回答说，该人皮和头、手足肉身都是凉国公蓝玉的。凉国公蓝玉为蜀献王朱椿（朱元璋第十一子）妃子蓝氏之父，因被明太祖猜忌，以谋反罪被杀，并剥皮实草，送到各省巡展，最后由云南传到四川。因蓝妃的缘故，蜀献王奏请朱元璋将人皮留在四川，请来工匠，将人皮装成肉身，供奉在这门楼里，已经有二百五十多年了。

《蜀警录》写这个，本意是想写张献忠看了蓝玉神像，由此照方抓药，大兴剥皮之风。

但《蜀警录》这则材料与叶子奇《草木子》所记的“人皮草袋”遥相呼应，从此世间兴起了朱元璋把蓝玉剥皮的传说，沸沸扬扬，渐渐坐实，到了近世，已成定论。

其实朱元璋杀蓝玉事不假，但根本就没有剥皮！

关于蓝玉的死亡，《明史·蓝玉传》只记：“二十六年二月，锦衣卫指挥蒋瓛告玉谋反，下吏鞫讯。狱具，族诛之。”

就算真是剥皮，动脑子想一想，头、手足和肉身就不说了，就算是人皮，如果没有特制的药水浸泡，就这样制作成神像，能保存二百五十年吗？

说这种话，分明就是危言耸听。

顺便再提一下，朱元璋杀蓝玉，尽管没有剥皮，但有没有杀错呢？

蓝玉是常遇春的内弟，打仗很有几把刷子，于洪武二十一年（公元1388年）统兵十五万讨伐蒙古，一直打到捕鱼儿海（今贝加尔湖），把蒙古人打得七荤八素，元气久久不能恢复，蓝玉也因此得封凉国公。

原本朱元璋是想封蓝玉为梁国公的，鉴于蓝玉劣迹斑斑，改为凉国公。

蓝玉都有哪些劣迹呢？

蓝玉北征元军回来时，半夜敲击喜峰关关门，关吏没有及时开门接纳，蓝玉大发雷霆，指挥军队破关而入。

朱元璋得知此事，震惊无比。

蓝玉在北征过程中，贪污缴获了大量珍宝，还把元朝的皇妃据为己有。

朱元璋勃然大怒，说："蓝玉如此无礼，怎么配得上大将军的称号？"

那个元朝皇妃后来在暴虐和惊恐中自尽了。

蓝玉还朝，朱元璋当面严厉责备，要他今后加强道德修养，痛改前非。

然而，蓝玉依然我行我素。他无视皇帝的威权，恣意骄纵。皇帝召见，赐座交谈，或随侍宴饮，他一言一行总是傲慢而粗鲁，一点没有"人臣之礼"。带兵在外，常常超越权限，在军中擅自罢免和提拔军官，独断专行，不向朝廷请示报告。

为了显示自己的威权，任意对军士施加黥刑——在脸上刺字，以此来挟制部下，使军队成为自己的私家武装。仗着得到朱元璋的赏识宠信，他骄横恣意，无法无天，做出许多伤天害理的事情。他家蓄养有奴仆、义子数千。这批人狗仗人势，横行乡里，霸占民田。东昌的一大片民田被霸占了，御史查究追问此事。蓝玉出面，替奴仆、义子撑腰，明火执仗赶走了御史。

西征回来，皇帝赏赐给他"太子太傅"的头衔，蓝玉对位居宋、颍两公之下不满，大发牢骚："难道我还不配当'太师'吗？"

看到蓝玉是这样蹬鼻子上脸的主儿，朱元璋对之渐感失望。

蓝玉上朝奏事，没有一件能够获准，但他还不知收敛，当着朱元璋的面，常常出言不逊；背后又时不时嘀咕朱元璋的坏话。

终于，锦衣卫指挥蒋瓛告发蓝玉谋反。

朱元璋将蓝玉交给狱吏审讯。

案件审理结束，“族诛之”。

在封建王朝，帝王的权威不容挑衅。如果蓝玉遇到的是汉献帝、唐昭宗之类的君主，其绝对就是董卓、朱温之类的权臣。偏偏朱元璋是一代雄主，岂能容蓝玉如此张扬跋扈地存在？！

## 常茂
## 在“蓝玉案”发生前一年以“诈死计”避祸？

话说广西壮族自治区桂林市恭城瑶族自治县栗木镇有一个常家村，该村共有村民926人，其中常姓占该村的70%约650人，其他杂居的还有林、黄、王、周、左、刘、宋等姓氏。

这些常姓村民，都自称是大明开国功臣开平王常遇春的后人，先祖是常遇春长子常茂。

这多少会让人觉得奇怪。

常遇春是安徽怀远县常家坟永平岗人，他因战功得到赏赐的土地、家产既有在怀远的，也有在南京的，还有在扬州和滁州的。

相对而言，广西恭城地处偏远，不要说在明初时期，到现在为止，也还是比较落后的地方。常遇春长子常茂怎么会跑到这个地方生活发展呢？

而且《明史·常遇春》是有详细交代常遇春长子常茂的下落的。

上面是这样说的：常遇春共二子，常茂、常升。

常茂以常遇春大功，封郑国公，食禄二千石，并得授可供世代享受特权的铁券。

可惜常茂骄稚不通事理。

洪武二十年（公元1387年），明太祖命常茂跟从大将军冯胜前往金山征讨纳哈出。

冯胜，乃是常茂岳父。

常茂却目无尊长，经常不遵从冯胜的约束，冯胜责之越切，常茂应之越慢。

如此一来，冯胜常常是火上浇油，却隐忍不发。

纳哈出眼见明大军来讨，主动前来请降。

谈判在右副将军蓝玉营中进行。

酒席中，双方谈不拢。

纳哈出取酒浇地，回顾其手下叽里呱啦说了一通。

常茂在座中作陪，手下的赵指挥通晓蒙古语，暗中告诉常茂："纳哈出将遁矣。"

常茂马上跳起，直前搏之。

纳哈出大惊，挣脱出营寻马。

常茂拔刀相随，砍其臂伤。

纳哈出所部惊溃四散。

冯胜因此怒斥常茂，并添油加醋夸大此事，上报给明太祖，说常茂激起事变，并命人将常茂囚解返京。

到了京城，恼羞成怒的常茂也抖搂出了岳父冯胜的许多不法事。

俗话说，狗咬狗，一嘴毛。

这下好了，明太祖收缴了冯胜的总兵印，而将常茂安置于广西龙州（今广西龙州县），算是每人各打五十大板。

常茂被安置到龙州，本来是没有任何官职的。但瘦死的骆驼比马大，常茂还是堂堂的郑国公哪，架子端得很正，到了龙州，很快就得到了龙州土司赵贴坚的款待和尊崇。

龙州土司赵贴坚没有儿子，妻子黄氏生有一女，赵贴坚得知常茂已经和他的岳父闹掰，就将女儿慷慨相赠给常茂做妾。

赵贴坚人虽好，却短寿，不久就死了。

按照土司制度，赵贴坚本人无子，土司之职当由其侄子宗寿袭承。但常茂独揽龙州事务，根本不让宗寿插手。

常茂性格强横，宗寿不敢与之争。

直到四年之后，即洪武二十四年（公元1391年），常茂挂了，宗寿才开始向贴坚的妻子黄氏索要州印。

黄氏在短短四年内，先死丈夫、后死女婿，害怕往后无依无靠，死活不肯交出。

宗寿看她不肯交就实施强夺。

黄氏遭到强夺，就向明太祖告状。

黄氏向明太祖告状，宗寿也向明太祖告状，两人轮流告状。

一时间，那是公说公有理，婆说婆有理，弄得远在千里之外的明太祖难以定夺。

这种情况下，有人向明太祖告密，说常茂其实并未死，宗寿是知道内情的，却不如实反映。

明太祖勃然大怒，一方面责令宗寿献出常茂以自赎，另一方面命杨文、韩观出师讨伐龙州。

杨文、韩观到了龙州，才知道常茂的确已经死了，而宗寿也愿意到京师认罪。

至此，“龙州州印之争”宣告结束。

由于常茂无子，明太祖就改封其弟常升为开国公，后加太子太保。

按照《明史》的说法，常茂是死在龙州且没有儿子。

但正史的说法也不一定全面，比如：

根据《明宋文宪公濂奉敕撰开平王神道碑并序》中所说：“妻定远蓝氏，封开平王夫人。子男三人，曰茂、曰升、曰森，皆上所赐名。女三人，长许为皇太子妃，余皆幼。”

即常遇春并非只有两个儿子，而是三个：长子常茂、次子常升、三子常森，还有一女，许配皇太子朱标为皇太子妃。

现在的常家村人，也都说《明史》的记载是有很多缺漏的地方的。

他们的说法是：洪武二十年（公元1387年），常茂被明太祖安置往龙州途中，在太平府之太平州（今安徽当涂县），得到了土司李甚的青睐，李甚以女妾之。龙州州印之争，是赵贴坚的妻子黄氏不对，她在老公死后，欲擅州事，就以爱女予常茂为妾，以威慑宗寿。宗寿虽怕，心却不甘，递状于京师。明太祖于是命杨文、韩观出师讨龙州。由此，常茂不得不实施“诈死计”，偷偷携小妾李氏暗逃广西恭城五排瑶深山密隐。

据常家村头面人物常金帮考证：常茂与李氏夫人于洪武二十四年到二十七年间，逃到广西五排瑶（今广西壮族自治区恭城县观音乡白竹铺村），以打柴割草，开荒种地为生。以后到了竹兜寨，再后来到了大立村（今恭城县栗木镇常家村），传说常茂卒后葬于大立村北约六华里的大合村猫儿滚槽岭。常茂与李氏夫人生四子，名曰智、慧、贤、良，字仲余、仲霖、仲豪、仲颜。另外，冯胜的女儿冯夫人也并非没有生育，而是生有三子，传说其母子四人是流落到了泗城府（今广西壮族自治区凌云县）。

常金帮等人的说法，应该是有点道理的。

因为常茂“诈死”前一年，李善长受“胡惟庸案”牵连，其妻女弟侄七十余人被杀。

李善长是开国第一文臣，淮西首领，家族中拥有三块免死铁券。

常茂之前说话大大咧咧，做事吊儿郎当，不把朱元璋之外的任何人放在眼里，就是凭着手中有一块可供世代享受免死特权的铁券。

当看到李善长的免死铁券根本不管用，则贬置龙州的他自然就胆战心惊了。

为了避祸，常茂在李善长出事后的第二年实施诈死，偷偷携小妾李氏暗逃他方。

常茂这一走，就引发了龙州州印之争。

虽然有人发现了常茂是诈死，但宗寿无法向朱元璋交人，他只能帮助常茂把“诈死”伪造成“实死”。

但按照常家村头面人物常金帮的说法：常茂的正妻——冯胜的女儿冯夫人，也生育有三子，为什么朱元璋在洪武二十五年封常升为开国公时，会在圣旨中说“惟惜殁后无嗣，承袭仍须有人。兹遵兄终及弟之例制，封尔升为开国公”呢？

对此，常金帮也有合理的解释：常茂“诈死”隐居之后，常茂的母亲——凉国公蓝玉之妹蓝氏夫人还在世，且当时蓝玉还在位，已暗中安排了冯夫人所生三个儿子们去了山西从军，朱元璋并不知晓。一年后，“蓝玉案发”，不但蓝玉本人被诛，还株连了一万五千人之多。由此一来，冯夫人所生三个儿子不敢再出头露面，从此消失在茫茫人海中了。

常金帮说，洪武三年（公元1370年）十一月，朱元璋封常茂为郑国公时，所颁《封常茂郑国公制》上称：“尔之年虽未冠，既膺封爵，当念尔父宣忠奋勇于数万之前，功在社稷，名垂永久，其慎勉焉。”常茂受封这年尚未弱冠，估计是十九岁，而《恭城县志》记常茂卒于永乐十八年（公元1420年），那么，其享年应该是七十岁左右。《县志》还记：“常茂墓在北乡大合村，已有白石为记，地名猫儿滚槽，其穴奇巧，不封不植，墓前数步有一小池，其水周年溢不涸。其管辖丈尺，凭墓丈量，前四丈止，左四丈止，右大路止。”

对于这座传说中的常茂墓，1989年夏，广西壮族自治区恭城瑶族自治县文物管理所在全县文物普查中，在大灌村猫儿滚槽岭上，的的确确找到了！

该年，广西壮族自治区恭城县文物管理所发布通知：“规定常茂墓周围十五米，不得开垦种植其他作物或果树，更不准毁墓。请栗木镇政府与大灌、大合村联合共同协助，保护我县文物古墓。”

由此可见，正史的记载，有时不一定准确，而民间的传说，有时可能是真正的史实。

## 邵荣
## 位居徐达、常遇春之前，因反叛战功被雪藏

说起朱元璋座下得力大将，人们谈论最多的就是徐达和常遇春。

这两位的确是天生名将，不但多谋善断，而且能征惯战，在朱元璋荡平天下一统江山的过程中百战沙场，建下赫赫战功。

事实上，徐、常之外，朱元璋手下还有一个更加能打、更加生猛的大将，其早期战功更大，威名更扬，只因反叛被诛，致使战功被掩，名字不大为后世所知。

这个人，就是蚌埠人邵荣。

邵荣原先的威名有多响呢？

举一个例子。

至正二十二年（公元1362年）三月，处州（今浙江丽水市）苗军降将听闻金华叛乱后，也响应发动叛乱。张士诚部趁机攻打诸暨，镇守诸暨的谢再兴向李文忠求援。这时的李文忠刚镇压完金华叛乱无法分身，只好派胡德济前往救

援。谢再兴嫌援兵太少，再请李文忠。李文忠只好打着邵荣旗号虚张声势，到处贴告示说邵荣的大军马上就到。谢再兴部由此军心大振，而张士诚部一下子就慌了，上下将士都收拾行装准备撤走。当晚，谢再兴、胡德济实施劫营，得以大胜。不久，邵荣果然领兵前来征讨，张士诚部已撤得干干净净，邵荣于是轻而易举地平定了处州叛乱。

看！邵荣的旗号打出，张士诚部就军心恐慌，不战自乱，足见邵荣威名之隆。

可惜的是，《明实录》对邵荣着墨极少，也只在邵荣平定处州叛乱时略书了一笔。

而宋濂在提及处州之役，记安南翼总管季汶“勒部驻白岩，出其不意攻之。已而中书平章政事邵某亦引兵至，左右夹击”。竟不提邵荣的名字，而称为“邵某”，足见小心翼翼。

不过，从“邵某”的官职为中书平章政事上看，他当时的地位是很高的了。

“中书平章政事”的全称应该是“江南等处行中书省平章政事”。这个官职，是至正十六年（公元1356年）朱元璋攻取应天后接受小明王册封的官职。由于至正十九年（公元1359年）五月，朱元璋被小明王升为仪同三司、江南等处行中书省左丞相，而平章一职则就由邵荣接替。

也就是说，在朱元璋集团中，第一号人物是朱元璋，第二号人物就是邵荣。

《明史》对邵荣着墨更少，但在《明史·常遇春》里却有这么一句：“先是，太祖所任将帅最著者，平章邵荣、右丞徐达与遇春为三。而荣尤宿将善战，至是骄蹇有异志，与参政赵继祖谋伏兵为变。”

即论资历、战功、地位，邵荣在徐达、常遇春二人之上。

也由此可知，在很长一段时间内，邵荣都是以第一统帅身份领军南征北战的。

这段时间有多长呢?

可以从至正十六年（公元1356年）算起，到至正二十年（公元1360年）止。

至正二十年的龙湾大战之后，朱元璋改制枢密院为大都督府，任朱文正为大都督，总中外诸军事。从此，邵荣就再也没有以第一统帅的身份带兵出征。

关于邵荣的来历，《明实录》只说“荣，粗勇善战，与上同起兵濠梁”，可知邵荣并不是投奔或投降朱元璋的，情形应该与汤和类似，一开始是加入郭子兴义军，后来在郭系集团消失后才成为朱元璋部下的。

邵荣在《明实录》中的第一次亮相，是红巾军于至正十五年（公元1355年）渡江谋求攻克集庆路（今江苏南京市）：“上率徐达、冯国用、邵荣、汤和、李善长、常遇春、邓愈、耿君用、毛广、廖永安各引舟渡江。”

必须指出的是，这段记载是有问题的。

因为在红巾军进攻集庆路之前，这支红巾军中，郭子兴长子郭天叙为濠州都元帅，张天祐、朱元璋分任左右副元帅。

此外，大将中级别最高的是邵肆、邵荣以及前来投奔的巢湖水军统帅廖永安。

《明实录》的这段记载，没有郭天叙、张天祐、邵肆等人的名字，又把邵荣的名字排在徐达、冯国用之后，廖永安更是被排在最末，显然别有用心。

至正十六年（公元1356年）年初，郭天叙以及张天祐在攻打应天过程中，被降将陈埜先杀害，而邵肆不久阵亡，廖永安于至正十八年（公元1358年）年底不慎被张士诚俘获。

则原先地位最高的六人，剩下了朱元璋和邵荣。

至正二十年（1360年）闰五月，陈友谅攻克门户太平府后挥军直逼应天府。

《明实录》载道：“上派杨璟驻大胜港，常遇春和冯国胜帅五翼军屯石灰山，张德胜，朱虎帅水师在龙江关外，徐达驻南门外，上亲总军于卢龙山。”没有出现邵荣的名字。

俞本《纪事录》的记载却和《明实录》完全不同，俞本《纪事录》是这样说的：“上调常遇春拒长张于龙湾，邵荣拒五王于石灰山，徐达居中应援，上于石头城山上督战，数战不利，上调邵荣沿江西截战，友谅兵首尾不能相顾，遂大败。”

按照俞本《纪事录》的记载，在场大战中，邵荣起到了决定性的作用。

可是，至正二十一年（公元1361年）年初，朱元璋得小明王封吴国公后，就任命邵荣为中书省平章政事，徐达为行中书省右丞，常遇春为参知政事。该年三月，又调邵荣、徐达、常遇春等人到中书省，而将军事机构枢密院改为大都督府，任命朱文正为大都督，把全军最高军事统帅交给了朱文正。

此举对此前一直独立统军的邵荣来说，那是明升暗降。

大事未成，朱元璋为什么就开始打压得力干将了呢？估计是受了陈友谅弑主事件的刺激。

陈友谅和邵荣的经历有几分相似，都是威名赫赫独立带兵打仗的主将，而在龙湾大战之前，陈友谅野心勃发，挥刀杀了主子而自立为帝。

而在龙湾之战后，朱元璋考虑到邵荣执掌兵权，会对自己构成威胁，于是玩了这么一手。

邵荣自然因此不满。

《明实录》记载：“（邵荣）自平处州还，益骄蹇，有觊觎心，常愤愤出怨言。部将有欲告之者，荣惧不自安，与赵继祖俟间作乱。”

邵荣和赵继祖等人打算趁当年八月朱元璋阅兵之时发动叛变，哪料，事泄，被捕。

《国初事迹》记载：“上命武士执荣与赵某连锁，置酒待之，问曰：‘吾等同起濠梁，本想事业有成，同享富贵，不失为一代君臣，尔等如何要谋背我？’荣曰：‘吾等周年在外取讨城池，多受劳苦，不得与妻子相守同乐，所以举此谋。’不饮酒，只是追悔而涕，太祖亦泪下。赵某呼邵荣曰：‘若早为之，不至做床下狗死，事已至此，涕何宜？惟痛饮而醉！’”

《明实录》记：“上不欲即诛，系于别室，召诸将曰：‘吾不负邵荣，而荣所为如此，将何以处之？’常遇春曰：‘荣等凶悖，一旦忘恩义，谋为乱逆，不利于主公，将害及我等。纵主公不忍杀之，我等义不与之俱生。’上不得已，命具酒食饮食之，涕泣与诀，皆就诛。”

## 张士德是谁擒获的？

元末乱世，群雄并起，互争雄长，逐鹿天下。

朱元璋与张士诚相争过程中，张士诚之弟张士德被擒，是此消彼长的一大转折点。

张士德，小字九六，“善战有谋，能得士心，浙西地皆所略定”。可以这样说，张士诚能挣下偌大霸业，主要仗赖于张士德的能谋善战。

但是，关于张士德如何被擒，《明太祖实录》的记载却有些混乱。

按照《明太祖实录》的记载：“七月辛巳（至正十六年七月初三，即公元1356年7月30日），（徐）达帅师攻常州，进薄其垒，士诚遣其弟张九六以数万众来援。达曰：‘张九六狡而善斗，使其胜，势不可当。吾当以计取之。’乃去城十八里，设伏以待。仍命总管王均用率铁骑为奇兵。达亲督师与九六战，锋既交，均用铁骑横冲其阵，阵乱。九六退走，遇伏马蹶，为先锋刁国宝、王虎子所获，并禽其将张、汤二将军。九六即士德，鸷枭有谋。士诚陷诸郡，士德力为多。既被禽，士诚气沮。”

即至正十六年七月，徐达、汤和、张彪带兵进围常州，张士诚担心常州守军抵挡不住，派张士德率军往援，结果张士德中了徐达的埋伏，“先锋刁国宝、王虎子所获”。

但是，徐达既然立了这么大的功劳，《明太祖实录》没记载有朱元璋对徐达有任何表彰；反而，徐达在七月活捉的张士德，到了八月庚午（该年八月二十二日），“元帅自徐达以下俱降一秩”，徐达本人及其手下所有军官都被降了一级官级，理由是久攻常州不下，“老师无功”。

按说一码归一码，徐达及其军团将官久攻常州不下，受到降职处分是正常的，但擒捉张士德，为什么不予以表彰？

还有《明史》卷一二三《张士诚传》、《明史》卷一二五《徐达传》、《国史考异》卷一、《明通鉴》前编卷一、《国初群雄事略》卷六《周张士诚》等书，在记载徐达“围城打援”的这一段：只是说张士诚派几万军队增援常州，中了徐达设在离城十八里的埋伏，惨遭失败，部下张、汤二将当了俘虏。这和前面《明太祖实录》所记“并禽其将张、汤二将军”是一致的，但都没有提到张士德被擒。

最诡异的是：同卷《明太祖实录》又记载：“十月戊申（至正十六年十月初二，公元1356年10月25日），张士诚兵既败于常州，又以其弟九六被禽，士诚惧，遣其下孙君寿奉书，来请和。”

在请和过程中，张士诚开出的条件是：“岁输粮二十万石、黄金五百两、白金（白银）三百斤。”朱元璋则要他归还曾派去交好的使者和俘去的詹李二将，并岁输粮五十万石。朱元璋在信中提道：“尔获我詹李二将不过小校，无关战局，我捉尔张汤二将，尔之左右手也。”这里，只说捉到了张汤二将，没有张士德。

由此可见，张士德的被擒不应该是在这段时间。

其实，《元史》有记：“丙申（指至正十六年）七月，士诚兵陷杭州，杨完者击败之。”而陶九成《辍耕录》在记载杭州之战时有提到“士德与王与敬偕往”。

即张士德在至正十六年七月参与了攻打杭州，八月回到平江，是不可能会在常州被擒的。

说过《元史》，再来说说《明史》。

《明史》卷一百三十三《赵德胜传》里明确记载："（赵德胜）复从遇春攻常州，解牛塘围，复广德、宁国。取江阴，攻常熟，擒张士德。"即擒捉张士德的人是赵德胜。

在常熟虞山西北湖桥立有一块《梁国赵武桓公神道碑》，碑是为纪念大将赵德胜（其于洪武六年即公元1373年，追谥"武桓"）立的，碑文为明初大学士宋濂所写，收录在《銮坡后集》中。文中明确记载了擒捉张士德的时间："丁酉六月戊辰，取江阴。秋七月丙子，攻常熟，张士德出挑战，公麾兵而进，士德就缚。士德，士诚之弟也。遂征望亭、甘露、无锡诸寨。"

丁酉年为至正十七年（公元1357年），即擒捉张士德的时间是至正十七年七月，与《明太祖实录》上的记载整整相差了一年。且碑文记载擒捉张士德的地点和《明史·赵德胜传》的记载相同，都是常熟，不是常州。

实际上，擒捉张士德的地点应该就在立碑处——常熟虞山湖桥。

因为张士德被擒后，在张士诚幕中授内史之职、寻迁学士院学士的吴中诗人陈基，曾在虞山湖桥写过一首怀念张士德的诗《舟中看虞山有感》，该诗后收录于《夷白斋稿》，诗云：

一望虞山一怅然，楚公曾此将楼船。

间关百战捐躯地，慷慨孤忠骂寇年。

填海欲衔精卫石，驱狼愿假祖龙鞭。

至今父老犹垂泪，花落春城泣杜鹃。

另外，《天潢玉牒》有记："丁酉六月取江阴州，攻尝熟，获张士诚弟士德以归。"

同样，《皇明本纪》有记："丁酉年，复破其兵于宜兴湖桥，擒其弟张九六，并获其战船马匹。”

上面说了，丁酉年为至正十七年，从这两书可以确认擒捉张士德的时间是至正十七年七月。

还有《元史》的《顺帝纪》《达识帖睦迩传》均有记：至正十七年，张士诚为书请降，达识帖睦迩承制令周伯琦前往抚谕，诏以张士诚为太尉，张士德为淮南行省平章政事。

如果张士德已在至正十六年被徐达所擒，则距离张士诚于至正十七年向元廷纳款已有一年多，怎么还会授予张士德平章政事之职？

再看《明太祖实录》中徐达打常州后的经历。

1.“三月壬午（至正十七年三月初八，公元1357年3月18日），克常州。初，常州兵虽少而粮足，故坚拒不下。及诱叛军入城，军众粮少，不能自存，达等攻之益急，吕珍宵遁，遂克之。”

2.“三月己丑（至正十七年三月十五日，公元1357年4月4日），徐达，常遇春，桑世杰率兵取马驮沙，克之。”

马驮沙即今天的靖江市，与常州相距一百二十里左右。徐达于三月初八拿下了常州，于三月十五日攻下了马驮沙，这前后时间仅仅用了七日。

3.“四月丁卯（至正十七年四月二十三日，公元1357年5月12日），克宁国路。先是徐达，遇春取宁国路，长枪元帅谢国玺弃城走，守臣别不华、杨仲英等闭城拒守，城小而坚，攻之，久不下。遇春中流矢，裹创而战。上乃亲往督师，既至登高，望曰：‘如斗之城，敢抗吾师！’乃命造飞车，前编竹为重蔽，数道并进，攻之，仲英等不能支，开门请降。”

从拿下马驮沙的三月十五日算起，到四月二十三日拿下宁国路，满打满算，用三十八天；而且考虑到徐达军队要先从常州到马驮沙，再从马驮沙折往宁国路途上消耗的时间，即用“久不下”的说法实在有些牵强。

但是，转换一下思路，如果徐达在三月十五日打下了常州后，没有攻取马驮沙，而是直接攻打宁国，那么前后花了四十五天时间，“久不下”之说大概可以说得过去。

可见，打下马驮沙的人应该不是徐达，而是另有其人。

此人是谁呢？

《明太祖实录》又记：“六月乙未（至正十七年六月十六日，公元1357年7月5日），命长春院枢密院判官赵继祖，元帅郭天禄，总管吴良取江阴。”

注意，至正十六年都元帅郭天叙、左元帅张天佑率军队从句容出发攻打集庆，却被诈降的陈埜先残忍杀害，当时作为郭、张部将的赵继祖在乱军中杀出，逃回了句容。

另外，《明史·赵德胜传》有赵德胜攻打芜湖后，再攻句容的记载。

即赵继祖和赵德胜曾一度在句容合兵。

在至正十七年六七月间，赵继祖出现在江阴——江阴与马驮沙隔江相望，距离近在咫尺；赵德胜又出现在常熟。

这说明，攻打马驮沙的人，应该是赵继祖和赵德胜等人。

那么问题来了：《明太祖实录》为什么要把赵继祖和赵德胜等人打下马驮沙的功劳记在徐达的头上？是为了塑造徐达“战神”形象的需要吗？

肯定不是。

《明史·常遇春传》里说：“先是，太祖所任将帅最著者，平章邵荣、右丞徐达与遇春为三。而荣尤宿将善战，至是骄蹇有异志，与参政赵继祖谋伏兵为变。”即邵荣是当时位居徐达、常遇春之前的第一大将，结合邵荣后来与赵继祖“谋伏兵为变”等情况看，赵继祖和赵德胜当时应该都是在邵荣的麾下。

这么一来，问题的答案已经呼之欲出了：把赵继祖和赵德胜等人打下马驮沙的功劳记在徐达的头上，非为塑造徐达“战神”形象，而是要抹杀邵荣的战功！毕竟，邵荣是都元帅郭天叙、左元帅张天佑死后，地位堪与朱元璋相抗衡的郭子兴旧派系势力的大将。

《明实录》移花接木之举，实在是煞费苦心！

风头曾经盖过徐达、常遇春的邵荣，也在《明实录》的别有用心下，成了一个打酱油的历史小人物。

可惜了！

## 徐达
## 一场会战因为徐达的失常表现而流产

如果要给明初名将排一个高低名次，毫无疑问，中山王徐达必居榜首。

朱元璋对自己这位爱将的赞词是："破虏平蛮功贯古今人第一；出将入相才兼文武世无双。"

明人郑观应在《储将才论》中也将之与古名将相提并论，称："古之所谓将才者，曰儒将、曰大将、曰才将、曰战将。韩信、冯异、王猛、贺若弼、李靖、郭子仪、曹彬、徐达等，大将也。"

《明史》的评价是："中山持重有谋，功高不伐，自古名世之佐无以过之。"

但徐达毕竟是人而不是神，是人就有犯错的时候。

很多人以为，徐达在对敌作战中所犯的错，仅仅是洪武五年（公元1372年）前往漠北草原追剿元顺帝之子必力克图汗那一次。

那一次，徐达犯了轻敌冒进的兵家大忌，与李文忠、冯胜共率十万大军分头北征，他本人率中路军挺进到杭爱岭北，遭到扩廓帖木儿的伏击，"死者万余人"（王世贞《弇州史料》前集卷十九《徐中山世家》）。李文忠所率的东路军也损失惨重，只有冯胜所率的西路军攻至兰州，全师而还。

其实除了这一次，在元末群雄争锋中，徐达还犯过一次比较严重的错。不过，该次战略方案的制订者是朱元璋本人，由徐达和邵荣分头执行。

邵荣是原濠州元帅郭子兴的嫡系将领，是郭子兴之子郭天叙与郭子兴妻弟张天佑死后，唯一堪与朱元璋分庭抗礼的濠州红巾军方面军首领。大明开国后，因为政治上的需要，朱元璋刻意抹黑和淡化邵荣，徐达所犯下的错误也随之被删减，由此不被后人所觉察了。

根据之前史料，可以肯定：擒捉张士德的人，不是徐达的先锋刁国宝、王虎子，而是赵德胜；擒捉张士德的时间，不在至正十六年七月，而是在至正十七年七月；擒捉张士德的地点，不是在常州，而是在常熟。

但清朝编修《明史》的人受《明实录》所迷惑，还是坚持把擒捉张士德的这笔战功和徐达联系在一起。

《明史·徐达传》记道：“（徐达）遂请益兵以围常州。士诚遣将来援。达以敌狡而锐，未易力取，乃离城设二伏以待，别遣将王均用为奇兵，而自督军战。敌退走遇伏，大败之，获其张、汤二将，进围常州。明年克之。进佥枢密院事。继克宁国，徇宜兴，使前锋赵德胜下常熟，擒士诚弟士德。明年复攻宜兴，克之。”

显然，《明史》编修者考证过《梁国赵武桓公神道碑》《天潢玉牒》《皇明本纪》等书，把擒捉“张、汤二将”的时间、地点，与擒捉张士德的时间、地点区分开来了，并把“赵德胜下常熟，擒士诚弟士德”说成是徐达的安排。

但这不是事实。

《明太祖实录》记：“五月丙申（至正十七年五月二十二，公元1357年6月10日），枢密院判俞通海、赵觎以舟师略太湖马迹山，降张士诚将钮津等，遂径东洞庭山。”

俞通海也差不多在这个时候出现在了洞庭山，而洞庭山离平江也很近，可说是近在咫尺。

说到这儿，赵继祖、赵德胜、俞通海等人的最终攻击目标，已经很明显了，就是平江。

查《明史·俞通海传》可知，俞通海参与了徐达攻打常州、宁国路的战斗，即此前他是一直是跟随着徐达的。

由此可以推知，朱元璋在下一盘大棋：邵荣部打下江阴，沿太湖东岸下常熟，进逼平江北。徐达部从宁国的水阳江顺流下长江进太湖，打下宜兴，沿太湖，经洞庭山进逼平江东。

但是平江陷落，张士诚被擒杀的时间是在十年之后的至正二十七年秋。

也就是说，朱元璋于至正十七年（公元1357年）秋会攻平江的战役流产，被《明实录》刻意淡化掉了。

因为这场会战，邵荣部一路顺风顺水、高歌猛进；而徐达部并没有达到战前预定目标——徐达在攻宜兴时，犯了些战术错误，以至于屡攻不下。朱元璋看着东线的邵荣部已经打过了常熟，只好留徐达继续打宜兴，另派俞通海沿太湖，经洞庭山进逼平江东。

徐达部分兵，战斗力减半，一方面攻宜兴不下；另一方面俞通海孤军深入，遭到了张士诚手下猛将吕珍的迎头痛击，惨败而还。

东线邵荣部知道了徐达部的情况，自然不敢贸然再进，很快撤军。

可以说，是徐达的失常表现而使这一次攻取平江成了一场虎头蛇尾的会战。

## 傅友德

## “手杀二子，横剑自尽”的故事可能是假的

张岱《石匮书》记载有一件朱元璋杀人的恶心事。

洪武二十七年（公元1394年）十一月二十九日，朱元璋举行冬宴，大家战

战兢兢地赴宴。

菜馔还没上完，傅友德就起身告辞。

朱元璋责怪傅友德不敬，恶狠狠地说："去把你的两个儿子叫来！"

傅友德共有四个儿子，长子傅惟忠被朱元璋招为驸马，娶寿春公主；二儿子傅惟春过继给了别人；三儿子傅惟为皇宫卫队军官；幼子傅惟忧战死在沙场。

傅友德对剩下的两个儿子视若珍宝、爱逾心肝，听了朱元璋的吩咐，脸色苍白，不发一言，扭头而出。

顷刻，傅友德浑身血迹，一只手拎一颗血淋淋的人头阔步而来。

这正是他两个儿子的人头！

朱元璋瞠目结舌、触目惊心，结结巴巴地说："你怎么突然这么残忍呢？"

傅友德冷笑说道："你不就是想要我父子的人头吗？！"说完他从袖里抽取一柄匕首，当场自刎而死。

傅友德的行为激怒了朱元璋，当即下令抄傅友德的家，将傅友德全家老小分别发配流放到云南贵州和辽东边地去了。

看！一言不合，就要人家死，逼迫人家亲手杀死两个儿子！畜生啊，禽兽啊，天理难容啊！和《草木子》《龙兴慈记》之类的野史奇闻不同，《石匮书》是一部什么书？这可是一部充斥了正义的良心之作啊！

明末清初之绍兴才子张岱本着为天地立心，为生民立命，为往圣继绝学的理想，花了近三十年时间，皓首穷经，这才写出的明代历史——因为写得太正义，太直白，书成之后，甚至不敢公之于众，而把它藏在石室里，因此取名《石匮书》。邵廷采因此说："沉淫于有明一代纪传，名曰《石匮书》。以拟郑思肖之铁函心史也。至于兴废存亡之际，孤臣贞士之操，未尝不感慨流连陨涕，三致意也。"

但张岱再有良心，他是明末人写明初事，可靠吗？他的资料来源于哪儿？

是什么书的记载或是出自何人何地的传闻，并没有交代，会不会是他本人的捏造？有可能。

傅友德的死亡过程，《明史》与《明通鉴》都没有详细记载，只说“洪武二十七年（公元1394年）冬十一月，颍国公傅友德坐事诛”。至于其死因，并不是什么功高震主、威胁到明朝统治地位，而是“求良田、侵民利”。

## 左良玉
## 称得上是忠臣吗？

在崇祯十五年（公元1642年）的朱仙镇大战中，左良玉惨败于李自成，精锐的兵力所剩无几，不得已退避襄阳。

在李自成围攻开封时，左良玉已无力再战，仅据襄阳自守。

当李自成前往襄阳，他不得不退避三舍，先退往武昌，再退往九江。

由于他在武昌挥军公开劫掠，包括劫掠漕粮盐舶，有了立足的资本，到九江后才重新纠合起二十万乌合之众，大败张献忠，收复汉阳，并在张献忠入蜀后，出兵收复武昌。

就是因为左良玉手下有这二十万之众，风雨飘摇的大明王朝将他视为救命稻草，崇祯帝于崇祯十七年（公元1644年）三月下诏封他为宁南伯，给他的儿子左梦庚平贼将军的大印，并许诺平贼大功告成以后就让他们父子世代把守武昌。

崇祯对左良玉很够意思。

当然，左良玉也很对得起崇祯皇帝。

左良玉是个孤儿，自小由叔叔养大，长大后投军，在辽东战场效力，立过很多战功，比较有名的是：跟随曹文诏在洪桥、大堑山、遵化等地与清军激战；代替总兵官尤世威到松山、杏山下与清兵作战。后来陕西的农民起义军闹大，他和曹文诏等人一起调回关内，充当了救火队员。当时明军军中都说：军中有一曹，流贼闻之心胆凉。次左良玉、汤九州。

在相当长的一段时间内，左良玉揍张献忠就像揍自己的儿子一样——想怎么揍就怎么揍，怎么揍就怎么有理。

崇祯十一年（公元1638年）正月，张献忠差点就死在左良玉之手。

彼时，书呆子熊文灿不听左良玉的劝告，接受了张献忠的假投降。

这个张献忠，趁着左良玉前往郧西（今湖北郧西县）镇压农民军，就以明廷的名义袭击南阳，驻扎在南关。左良玉从郧西得胜归来，觉察有异，召张献忠前来问话。张献忠做贼心虚，转身就走。左良玉策马追赶，连射两箭，射中张的肩膀，又挥刀猛砍，张献忠被砍得头破血流，幸好自己的部下赶来援救才躲过一劫。

崇祯十三年（公元1640年），左良玉在玛瑙山大战张献忠时，眼看就要大功造成。杨嗣昌却把许给他的平贼将军印转授贺人龙。左良玉勃然大怒，放生了张献忠。杨嗣昌因此气出病来，不久身亡。

再说回崇祯十七年的事儿。崇祯十七年三月，崇祯帝下诏封他为宁南伯，并赐给他的儿子左梦庚平贼将军的大印。左良玉非常感恩，他立刻按年月拟订了一份出兵计划，让人带回京城上呈崇祯帝。哪知形势变化太快了，崇祯帝还没看到他的奏疏，就被李自成逼死了。

噩耗传到武昌，左良玉放声痛哭。

当然，左良玉最受后人诟病的地方就是后来他在李自成大军的摧压下，以讨伐马士英为号，放弃武昌，顺江东下，压迫南明小朝廷。

左良玉在大明帝都陷落后，不断收拾各支游兵散勇，军队已经达到八十万了。

但这八十万士兵的作战力很水。

左良玉也年近迟暮，雄心已泯，无力约束。

他到了九江，听了总督袁继咸一番劝后，又值九江大火，恨急攻心，吐血身亡。

## 代善
## 为何放弃皇位之争？

努尔哈赤在万历四十三年（公元1615年）将长子褚英处死后，立了褚英的同母亲弟代善为汗位继承人。

但只是汗位继承人而已——不是皇位。

汗位和皇位差远了。

也就是说，大汗和皇帝差远了。

“大汗”就是部落首领，酋长，而“皇帝”是上天之子，天下的共主。

努尔哈赤的年号为“天命”，史称“天命汗”；皇太极最初的年号叫“天聪”，史称“天聪汗”。

想当年，天聪汗皇太极私下和袁崇焕议和，曾想偷天换日，把“大金国汗”翻译为“大金国皇帝”写在信上。袁崇焕看了，立刻回信指责他不能这么干。

从那时开始，皇太极就有了把“汗”升级为“帝”的想法。

又经过八九年的连续征战，最终，才在崇祯九年（公元1636年）四月十一日举行隆重典礼，宣布即皇帝位，正式改国号为“大清”，改年号“天聪”为“崇德”。

从严格意义上来说，皇太极才是清朝的第一任皇帝，努尔哈赤不算。

所以，即使代善曾与汗位失之交臂，也不存在“放弃皇位”之说。

那代善被定为汗位继承人之后，又是怎么失去了这个继承人身份的呢？

主要是他自己作死。

《满文老档》第三函第十四册天命五年三月十日后记载有一件事：说努尔哈赤的大福晋（原书没交代姓名，史家猜测是努尔哈赤第四位大妃乌拉纳喇氏阿巴亥）被查出“一日二三次差人至大贝勒（即代善）家”，并且“自身深夜外出亦已二三次之多”。一个妇道人家，深夜外出，非奸即盗！努尔哈赤气疯了，下令严查。严查的结果是：大福晋常以金珠妆身，献媚于大贝勒。诸贝勒大臣也已尽知，只是惧怕大贝勒、大福晋，不敢多说什么而已。

努尔哈赤气炸了肺，但本着“家丑不宜外扬”的心理，只是宣布废除了大福晋，还没怎么样代善。

天命五年（公元1620年）四月，后金国将都城从界藩城（今辽宁抚顺市铁背山）迁居萨尔浒城（今辽宁抚顺县马镇竖碑村）。

努尔哈赤早已给各贝勒指定划分好兴建府邸的宅地。

代善嫌自己的宅地风水不好，使性子胡闹，最后阴差阳错，竟闹出了乌龙，在努尔哈赤的宅地上盖了他自己的宅院，让努尔哈赤悻悻不乐。

而最让努尔哈赤闹心的是，代善对长子岳托、次子硕托都不好，受小老婆唆使，竟然要亲手杀了硕托。

所谓虎毒不食子，代善这种丧失人伦、灭绝人性的做法，让努尔哈赤非常寒心，大骂：“你连亲生儿子都忍心杀害，若你以后做了国君，又将如何对待其他兄弟？”

努尔哈赤正式宣布，“现废除太子，将使其专主之僚友、部众，尽行夺取”。

代善由此失去了继承汗位的机会。

## 阿敏

## 被皇太极幽禁至死的深层原因是什么？

皇太极要整死阿敏，所谓守城或弃城，只是一个借口，内中的深层原因不仔细分析史料是不知道的。

当年，努尔哈赤在赫图阿拉（今辽宁新宾满族自治县）登基为汗时，曾设了四个贝勒，即大贝勒代善、二贝勒阿敏、三贝勒莽古尔泰、四贝勒皇太极。

看到这四大贝勒的名单，可能有人会感到奇怪。

咦？怎么没有努尔哈赤长子褚英的名字呢？

其实，褚英已早早被努尔哈赤定为太子了。

不过，褚英虽然英武，情商却低，不懂得交好努尔哈赤所倚重的五大臣额亦都、费英东、扈尔汉、何和里、安费扬古，与诸兄弟关系也不好，最终弄得太子之位被废，惨遭软禁。

软禁期间，又焚香诅咒汗父、四兄弟及五大臣，终于招致杀身之祸，于万历四十三年（公元1615年）被处死。

褚英死，他的同母亲弟代善随后被立为汗位继承人。

但代善也同样没比褚英高明到哪儿去，在当储君期间，先后发生过了与努尔哈赤大福晋多次深夜来往之事，在都城从界藩城迁居萨尔浒城时，又有过与努尔哈赤争宅地的阴行，还虐待亲生儿子岳托、硕托。努尔哈赤忍无可忍，将他废黜。

这之后，努尔哈赤不再册封太子，精心构建四大贝勒“共议国政，各置官属”的治国模式。

不过，努尔哈赤死后，皇太极还是凭借实力继承了大汗位置。

皇太极登位后，当然不再愿意四大贝勒共同佐政的模式存在。

代善是个被废黜过的人，不会形成什么威胁，皇太极要除去的就剩下二贝勒阿敏、三贝勒莽古尔泰。

阿敏比莽古尔泰精明，早早就觉察到了皇太极的杀心。

所以在天聪元年（公元1627年），他与代善的儿子岳托等人东征朝鲜时，就抱定了灭亡朝鲜自己坐朝鲜王之位不再回来。

由于皮岛毛文龙的掣肘，阿敏只是攻克定州、安州、平壤，迟迟未能平灭朝鲜。

皇太极比阿敏更精明，也看出了阿敏的用心，接受了朝鲜国王李倧的求和，订“江都之盟”，全线撤军。

改年，阿敏跟随皇太极入寇关内，劫掠了无数财宝和民众。

皇太极班师时，故意留下阿敏守关内永平、滦州、迁安等四城。

后金大军已撤出关外，仅留下阿敏带一支偏师守四座孤城，这根本就守不住啊！

这是想找借口杀阿敏啊。

阿敏不干，等明军反击，他早早弃四城逃出关外。

皇太极因此召诸贝勒共议阿敏之罪，罪状除了这次弃四城之外，还有揭发了他心怀异志，欲于朝鲜谋求自立等罪，将之幽禁至死。

收拾完了阿敏，皇太极回头又出手修理五哥莽古尔泰。

为了整倒莽古尔泰，皇太极不惜给他扣上了一顶谋反的大罪行，而为了让这项大罪行坐实，又牵连上了莽古尔泰的同母弟德格类、同母妹莽古济。

莽古尔泰和德格类最终都是“暴病身死”。

莽古济公主却死得很惨，被凌迟处决，生剐了三千六百刀。

在血腥清洗的震慑下，代善主动提出不再同汗并坐，由汗面南独坐，以体现汗权的至高无上。

皇太极遂如愿以偿实现了“乾纲独断，君主集权”。

## 袁崇焕

# 两场彪炳史册的大捷，成就了袁崇焕的敢战之名，过程却扑朔迷离

明清战争初期，努尔哈赤先取沈阳、辽阳，再取广宁，因考虑到女真人口少，尚不足以消化辽西，遂弃广宁不要，抢掠一番，兴尽而还。

于是就有了孙承宗修筑“关宁防线”，从山海关前八里铺一直修到锦州的“四十七城堡”，数百座“台”，“收复”失地数百里的“壮举”。

不过柳河战败，孙承宗的牛皮吹破，灰溜溜下台。

也因为孙承宗对柳河东岸耀州城的挑衅，打破了明清双方之间暂时的平衡；另外，孙承宗大兴土木修建起来的宁远坚城更引起了努尔哈赤的警觉。

天启六年（公元1626年）正月，努尔哈赤起倾国之兵，气势汹汹地扑向宁远。

接替孙承宗出任辽东经略的高第要求坐据宁远的袁崇焕把锦州、右屯一带屯种的军民、钱粮安全转移入城。

袁崇焕不以为然地说：“兵法有进无退，锦、右一带既安设兵将、藏卸粮料、部署厅官，安有不守而撤之？万万无是理。”又说，“兵若后撤则示敌以弱，非但后金轻视中国，西边的蒙古人也会看不起中国，之前柳河失败，就因为你和孙承宗之流贪功者自己送死，我若执行了你的命令，则锦、右动摇，宁前震惊，关门失障，这是人干的事吗？”

袁崇焕还有恃无恐地说：“今只择能守之人分守大凌河、右屯，更令一员猛将守锦州，三城屹立，死守不移，且守且前，恢复必可。”

然而，当努尔哈赤终于来了，袁崇焕所说的在锦、右一带安设的兵将一哄而散，军民呼天喊地，四处奔亡，出现了“委弃米粟十余万，而死亡载途，哭

声震野，民怨而军益不振”的惨象。

没奈何，袁崇焕硬起头皮应战，召集大将满桂、副将左辅、朱梅，参将祖大寿、何可纲等，“刺血为书，激以忠义”，决心与城共存亡，血战到底。

现在，很多人都把袁崇焕奉为杰出的军事家。

其实，袁崇焕除了胆子忒大外，军事上的见解很简单：“凭坚城，用大炮。”

在冷兵器时代，对城池内外的攻防双方来说，攻方属主动方，机动灵活，操控战争的主动权；守方属于被动防守，一旦被围困成孤城，心理上就得承受巨大的压力。而在实际的交战过程中，攻方却是处于绝对的劣势，只要守城方缩入城池凭城坚守不出，即令“孙吴白韩卫霍李岳”（孙子、吴起、白起、韩信、卫青、霍去病、李靖、岳飞）再生，也只能望城空叹。守方高据城头，当缩头乌龟，好整以暇，推倒对方架起的云梯，截断对方挖穿的城道，足可以以一敌十。

所以从春秋战国到明清时期，只有守城名将、野战名将，没有攻城名将。

君不见，以足智多谋著称的诸葛武侯遇上了深壕壁垒司马懿，最终只得哀叹：“悠悠苍天，曷此其极！”

平时人们所说的“攻城必克”“摧城拔寨”，多是以大军压境，兵威恫吓，逼使守城主将出逃或出降，或施诡计诱引守军以在城外歼灭。遇上了意志坚决、油盐不进的守将，那就只有围困一途，围到城中弹尽粮绝，意志崩溃为止。

所以说，唐太宗李世民仅用三千五百骑兵就能打垮窦建德十万大军，但要取坚城洛阳，只能采用围困断粮的笨办法逼迫王世充出城投降。

袁崇焕显然属于“意志坚决，油盐不进”那一类守将，努尔哈赤猛攻了三天，最终还是灰溜溜地撤军了。

撤军的原因，《满文老档》的记载是“时因城墙冻，掘之未堕，是以班师”。

努尔哈赤撤军之前，血屠了觉华岛，将岛上的粮食、房屋、船只付之一炬。

可以说，宁远之战袁崇焕虽然守城成功，并取得了“捷功奴夷首级二百六十九颗，活夷一名，降夷十七名”的战绩，但明军损失巨大。

饶是如此，明廷考虑到连年来在和后金的对峙上都是节节败退，现在宁远有幸不失，为了鼓励辽东将士的士气，将这场战斗定性为一场大捷。袁崇焕先升为都察院右佥都御史，接着又加辽东巡抚、兵部右侍郎，子孙世荫锦衣千户。

如果这算一场大捷，则军功章里应该有东江镇总兵毛文龙的一半。

因为努尔哈赤在宁远城下的突然撤军，其实是担心毛文龙从东江偷袭自己的老巢沈阳。

民间传说，袁崇焕此战炮轰努尔哈赤，致使努尔哈赤重伤不愈，于八个月后死亡。

实际上这八个月中，努尔哈赤大部分时间都活蹦乱跳，期间曾准备绕过义州、宁远长驱直攻山海关，还曾打算西征蒙古喀尔喀部（即漠北蒙古、外蒙古）。

努尔哈赤患背疽死去后，继承汗位的是他的第八子皇太极。

袁崇焕以吊唁之机，向皇太极和议。

其实，袁崇焕并无资格决定对后金的议和，他这么做不过是想趁双方和谈之机修建宁远之战毁坏的城墙以及各项防御工事，有可能的话，再发几万民工到锦州打造一座拱护宁远的坚城。

而皇太极也想借议和之机稳住宁远一线的明军，以放手剿灭腹背之患的毛文龙。

在虚情假意的你来我往和谈中，双方基本都达到了自己的目标。

皇太极发八旗精锐长袭东江，重创毛文龙，打趴朝鲜。袁崇焕则抓紧时机，手脚麻利地修筑起锦州、大凌河、小凌河三城。

毛文龙主力被后金歼杀得奄奄一息之际，曾频频通过朝廷向袁崇焕呼救。

袁崇焕坐视不顾，强词夺理说："锦州三城若成，有进无退，全辽即在目中。"又说"三城成，战守又在关门四百里外"。

虽说他最终也派出了一支由数千人的军队水陆并进到了三岔河，却是出工不出力，匆匆走过场，就收兵回营了。

明南京兵部尚书王在晋在《三朝辽事实录》中慨叹道："辽抚援鲜，布置极其可观。乃官兵望河而止，此真为纸上之兵也。辽兵果可用耶？"

一直以来，人们都认为袁崇焕训练的辽兵敢战、能战，故尊之为"关宁铁骑"，但王在晋一语以斥之，视为鱼腩部队。

皇太极攻打朝鲜、毛文龙的目的已经达到，再无后顾之忧，兴师西来准备通过围困锦州，围城打援，最大可能地消灭明朝军队的有生力量。

袁崇焕在豪砸银子修挖城池时，有人问，这些都是孤城，如果后金派大军围困，该如何应对？

袁崇焕大手一挥，昂然答道："逐步而前，更迭进取。战则一城援一城；守则一节顶一节。步步活掉，处处坚牢。守关与复地不得分作两截功夫。"

但话说得好听，皇太极大军如风雷而至，"明之大凌河及小凌河驻兵，弃城遁走"，逃得干干净净。

袁崇焕以牺牲东江和朝鲜为代价所修筑起来"三城"，眨眼间就丢失了"两城"。

锦州城内守将来不及撤退，被后金兵四面合围。

锦州城内主要负责人有平辽总兵赵率教、副总兵左辅、副总兵朱梅，以及镇守太监纪用。这些人相顾失色，相商之下，决定遣官往皇太极大营议和，拖延时间，以待援兵。

皇太极只接受投降，不接受议和，派遣使者到城下说降。

赵率教站立城上，对城下的后金使者说：“城可攻，不可说也！”

在缺乏攻城大炮的前提下，皇太极不愿利用原始的云梯来面对明军的火炮，发书赵率教，激之出城野战，书云：“若尔果勇猛，何不出城决战，乃如野獾入穴，藏匿首尾，狂嗥自得，以为莫能谁何！不知猎人锹镢一加，如探囊中物耳。想尔闻有援兵之信，故出此矜夸之言。夫援兵之来，岂惟尔等知之，我亦闻之矣。我今驻军于此，岂仅为围此一城？正欲俟尔国救援兵众齐集，我可聚而歼之，不烦再举耳！今与尔约，尔出千人，我以十人敌之，我与尔凭轼而观，孰胜孰负，须臾可决。尔若自审力不能支，则当弃城而去，城内人民，我悉纵还，不戮一人；不然，则悉出所有金币、牲畜，饷我军士，我即敛兵以退。”

皇太极此信，可以总结为一句话：“你赵率教有本事就出城与我决战！”

赵率教的回答既无奈又狡猾：“你皇太极有本事就攻进城来！”

皇太极重于野战，不愿攻坚，收缩对锦州城的包围，聚兵于城西二里处结营，玩起了围城打援的招数。

赵率教惶恐之下，迅速向袁崇焕呼救。

袁崇焕重在守城，不敢野战，哪敢发兵救援？却屡屡派人送书信给纪用、赵率教，书信中谎称“调集水师援兵六七万，将至山海关，蓟州、宣府兵亦至前屯，沙河、中后所兵俱至宁远。各处蒙古兵，已至台楼山”云云。

这些书信，有的被后金兵截获，有的被赵率教收到。

书信中所写，全是胡吹大气的不实之词，用意无非两个：一，故意给后金兵截获，希冀信中所说的兵马数量可以将之吓退；二，书信传入了锦州，可以安定城中军心。

皇太极并不为袁崇焕这些不着边际的大话所动，留下一部分人马围住锦州，率大队人马西进“打草谷”。此时辽西走廊小麦成熟，大片大片的麦田成了后金的战利品。

赵率教发觉袁崇焕在玩虚的，不由又急又气，直接写信向驻守在山海关的蓟辽总督阎鸣泰求救。

袁崇焕被阎鸣泰催促得急了，不得不发长篇大论进行解释："贼奴围锦州甚为严密，关宁精兵已被贼军拦断两处，贼奴有累胜之势，而我在积弱之余，十年以来战栗畏敌，如今仅能办一'守'字。责之赴战，力所未能。而宁远、松山、杏山、塔山四城为山海关之藩篱，如若宁远有失，则山海关必定震荡，可谓天下安危所系，故臣不敢以四城之兵而远救锦州。"

阎鸣泰看袁崇焕并不像事先说好的"战则一城援一城；守则一节顶一节"，也来气了，严斥他不应该置锦州生死于不顾。

袁崇焕心乱如麻，反复强调："且宁远四城，为山海藩篱，若宁远不固，则山海必震，此天下安危所系，故不敢撤四城之守卒而远救。"随后又脑洞大开，奇思妙想频现，一会儿说"募死士二百人，令其直冲夷营，如杨素用寡法"，一会儿又说"募川浙死卒带铳炮夜警其营"，一会儿又说派"师东出而抄其后"，一会儿又要遣蒙古部落"从北入援，无所不用其力"，并美其名曰："发奇兵逼之。"

这些东西，不过说说而已，可操作性不大。

袁崇焕不肯动窝，阎鸣泰只好改令山海总兵满桂带领尤世禄、祖大寿等悍将，统兵一万，驰援锦州。

袁崇焕于天启六年（公元1626年）升任辽东巡抚后，就把原宁远城驻将之一的满桂赶回了山海关，原因是满桂在宁远之战中不肯龟缩在城中，而要乘城出战。

满桂不计前嫌，救人如救火，过连山，到笊篱山，同后金护卫运粮的偏师相遇。

虽说所遇只是后金护卫运粮的偏师，但战斗力也非常强，将明军围在笊篱山。

满桂、尤世禄奋勇而前，拼力冲杀，终于突破包围，奔入宁远。

皇太极听说明军方面有人敢与后金兵野战，便向西移师，往攻宁远。

袁崇焕安排总兵孙祖寿、副将许定国率军在宁远城边西面濠内侧安营；再令满桂、副将祖大寿、尤世威等率军在宁远城边东面濠内侧安营；自己坐镇城头，居高临下，居中指挥。

以袁崇焕自己的话来说，那是“统辖各将，分派信地，相机战守”。

皇太极自东而来，看见明军果然敢在城外筑营列兵相守，不由大喜过望，转头对大贝勒代善、二贝勒阿敏、三贝勒莽古尔泰等人说：“昔皇考太祖攻宁远，不克；今我攻锦州，又未克。似此野战之兵，尚不能胜，其何以张我国威耶！”鼓励贝勒阿济格及诸将、侍卫、护军等，向明军驰疾进击。

诸贝勒一齐呼喝，悍然冲车阵，攻步卒。

满桂率军迎战，一时间，矢镞纷飞，短兵相接，马颈相交。

袁崇焕则亲临城堞指挥，“凭堞大呼”，激励将士。

满桂身中数箭，坐骑被创，尤世威的坐骑也被射伤；后金贝勒济尔哈朗、萨哈廉及瓦克达俱受伤。两军士卒，各有死伤。

后金档案对此战的记载是：“瞬间攻破其（指明军）营阵，而尽杀之。”

明太监监军刘应坤的奏报则称：“打死贼夷，约有数千，尸横满地。”

袁崇焕在奏报中无限傲娇地称：“十年来，尽天下之兵，未尝敢与奴战，合马交锋。今始一刀一枪拼命，不知有夷之凶狠骠悍。职复凭堞大呼，分路进追，诸军忿恨此贼，一战挫之，满镇（指满桂）之力居多。”

王在晋不是说辽兵不堪用吗？袁崇焕此语算得上对王在晋的回应。

这一场激战发生在五月二十八日，第二天，后金兵就全部退回锦州了。

按照总兵赵率教的疏报，皇太极曾发兵攻锦州城，他们奋起抗击，致使后金兵伤亡“不下二三千”。

镇守太监纪用的奏报则是：“初四日，奴贼数万，蜂拥以战。我兵用火炮、火罐与矢石，打死奴贼数千，中伤数千，败回贼营，大放悲声。”

的确，皇太极是在六月初四日退兵的，不过，《满文老档》上的记载是："初四日，攻锦城南隅。本欲卯刻进兵，辰刻攻城。因城壕深涧，时值酷暑，战则难以聚拔。乃于巳刻退兵。"

《清太宗实录》记载："攻锦州城南隅，因城濠深阔，难以骤拔。时值溽暑，天气炎蒸，上悯念士卒，乃引军还。"

和努尔哈赤在宁远的退兵理由（"时因城墙冻，掘之未堕，是以班师"）相似，"酷暑云云"只是托辞，其真实原因，是劫后余生的毛文龙尽出精锐袭击昌城、辽阳。

皇太极退去，袁崇焕长舒一口气，于六月初六日上《锦州报捷疏》称："仰仗天威，我军胜利退敌解围，顺利消除掉圣上所忧虑的事。准总兵官赵率教飞报前事，切照五月十一日，锦州四面被围，大战三次三捷；小战二十五日，无日不战，且每战必克。六月初四日，敌人又增兵攻城，动用了西洋巨石炮、火炮、火弹与矢石，损伤城外士卒无算。但是，该夜五鼓，匆匆撤兵东行。敌人尚在小凌河扎营，留精兵收后。太府纪用与卑职发精兵防哨外。此役，若非仰仗皇上天威，司礼太监庙谟令内镇纪用与卑职扼守锦州要地，安可以出奇制胜！如今果然解围挫锋，获此奇捷，诚数十年未有之武功也！"

毫无疑问，如《锦州报捷疏》所说，这应该是一场大捷。

可惜的是，战后统计战果，如同宁远一样，斩获后金兵的首级仍然只有两三百。

对此，袁崇焕的解释是后金方面把后金兵的死尸焚烧殆尽了。

不管如何，朝廷还是把这场胜利定性为"宁锦大捷"，以鼓舞天下民心士气。

宁远、宁锦两场"大捷"，也成就了袁崇焕的敢战之名，并被后世奉为中国古代名将之一。

# 满桂

## 被误认为蒙古人，为国捐躯死法壮烈

说起明末悍将，就不能不提死后得明朝著名科学家徐光启致祭，被崇祯帝追赠为少师的名将满桂。

关于满桂的出身，《明史》上是这样说的："满桂，蒙古人，幼入中国，家宣府。稍长，便骑射。每从征，多斩馘。军令，获敌首一，予一官，否则赉白金五十。桂屡得金，不受职。"

即满桂是蒙古人，家住明朝九边重镇之一的宣府（今张家口宣化区），后搬迁入内地，同化成了汉人。

不独《明史》在满桂死后咬定满桂是蒙古人，即使在满桂生前，明朝朝野臣民也多认为满桂是蒙古人。

为此，满桂曾专门上过一道奏疏为自己的身世辩白，云："宁远总兵满桂，桂具疏辩言云：'从谓臣西裔孽种，冒建高牙，臣原籍山东兖州府峄县，以祖职世居宣府前卫。'"

此疏收录于《崇祯长编》卷四，"天启七年十二月乙卯日条"。

由于当时有一些人背后议论满桂是蒙古人，属于"西裔孽种，冒建高牙"，表示不应把总兵要职相授，满桂于是上疏表明自己祖籍在山东兖州府峄县，只不过祖上参军来到了宣府前卫，之后把家安在了宣府，即宣府不过是自己的卫籍而已。

有意思的是，这份奏疏并非满桂身世的孤证，《罪惟录》上也记载称："满桂者，其先山东泽人，以军功隶宣府卫。"

也就是说，满桂其实并不是什么蒙古人，而是地地道道的汉族人。

当然，让人们误认为他是蒙古人，除了生长于宣府的原因，其姓氏"满"

也带有很大的迷惑性。

其实，在汉族人里面，“满”源出于妫姓（中国上古八大姓氏之一）。

帝舜有后代叫妫满，周朝初年封建土地，其就封于陈国。妫满的子孙中有以其名字为姓者，称为满氏。满氏的望族居住在山阳（今陕西商洛市）和河东（今河南开封市）。

由此可见，满桂很可能就是妫满后裔，亦即是帝舜后裔。

满桂在宣府长大，自小便骑得劣马拽得硬弓，参军后每次出塞对蒙古人作战，都能斩获敌人首级回来。军中有制度，每斩获敌人首级一具，即可授任官职，或者赏给白银五十两。满桂拿赏金拿到手软，却迟迟没能得到一官半职。

萨尔浒大战中明军的总指挥杨镐是大明王朝的千古罪人，但却是满桂的命中贵人。

他在四路败师的情况下，有机缘认识了满桂，爱其生猛敢战，着意提拔。由此，满桂的命运有了转机，先后得到了王象乾、孙承宗等人的青睐，最终出任宁远总兵，和袁崇焕一同修筑宁远城墙，将之打造为辽东的一个重镇。

袁崇焕在历史上的名气无疑要比满桂高许多，后世也多把袁崇焕奉为伟大的军事家。

袁崇焕饱读诗书，为万历四十七年（公元1619年）己未科第三甲第四十名进士，他的作战思路无非两点“凭坚城，用大炮”。

很长一段时间，关宁辽兵就是被袁崇焕这“兵不利野战，只有‘凭坚城，用大炮’一策”的战术思想所影响，对野战有巨大的心理阴影，轻易不敢出战，龟缩在高大坚固的城池里，一任后金骑兵来回纵横，追杀无辜平民、劫掠粮草、烧毁各种设施，甚至从容收割辽西走廊的麦田，气也不敢吭，只有等后金兵来攻城，才施放大炮以自保。

满桂只是一个粗人，读书少，没有什么花哨的军事理论，他只认准一条死理：“兵来将挡，水来土掩。”

你要来追杀无辜平民，你要来劫掠粮草，你要来烧毁各种设施……统统不许，格杀勿论！兄弟们，抄家伙，跟我上！

在满桂的脑海里，只有靠一刀一枪与敌人搏杀，才能对得起自己军人的称号。

袁崇焕和满桂对战争的认识是如此迥然不同，这就注定了他们在一起相处不会太愉快。

天启六年（公元1626年）正月，努尔哈赤率八旗精锐风雷而至，要猛攻宁远。

满桂看不得敌人耍横，要出城迎击，却被袁崇焕硬生生地制止住。

战后的结果表明，似乎袁崇焕是对的。

虽说满桂同为守城有功之臣，得到了天启帝的盛情称赞和一赏再赏，先封都督同知，再加级为左都督，荫子副千户，世袭。但袁崇焕已对满桂大为不满，上书指责他狂妄、冲动，说他迟早会耽误边疆的大事，强烈请求把他调到别的兵镇。

天启帝明熹宗于是把满桂召了回来。

督师王之臣认为人才难得，安排满桂在山海关任职。

袁崇焕强烈提出抗议，要挟朝廷，必须把满桂调往他镇，不得插手辽东边事。

天启帝诏令满桂以原职在中军府办理佥书的事务。

而在王之臣的坚持下，满桂最终挂印移镇山海关大门兼统领关外四路及燕河、建昌等地的驻军。

天启七年（公元1627年）五月，皇太极兵围锦州。

袁崇焕之前大力贯彻孙承宗的战略思想，豪砸银子修筑锦州、大凌河、小凌河三城。

阎鸣泰完全了解袁崇焕能守不能战的特点，自己又不能置锦州生死于不顾，遂派遣敢战、能战的满桂、尤世禄出马。

此战，满桂身中数箭，坐骑被创，尤世威的坐骑也被射伤，最终皇太极引军退去。

天启帝由此给满桂加官为太子太师，世荫锦衣佥事。

不过，袁崇焕在“宁锦大战”表现出来的临阵怯敌、谋略失当、守土无方，也受到了许多大臣的弹劾。

阎鸣泰对宁锦大战的评价是：“虽幸无事，然亦岌岌乎殆矣。”

河南道御史李应荐说：“袁崇焕假吊修款，设策太奇，项因狡虏东西交讧，不急援锦州，此似不可为该抚。”

袁崇焕悻悻然引咎辞职。

天启批复：“袁崇焕暮气难鼓，物议滋至，已准其引疾求去。”

袁崇焕离职后，王之臣复任督师，重用满桂。

时值蒙古炒花等部落分崩离析，满桂与王之臣召来很多蒙古人安置在自己帐下。

这么做，其实是很危险的。

往年袁应泰守辽阳、王化贞守广宁，都是因为招徕蒙古人，从而夹混了不少后金奸细、间谍入城，这些人，在后金攻城时，放火开门，致使坚城失陷。

新即位的崇祯帝由此下诏告诫王之臣对此必须谨慎又谨慎，并批评满桂不应该迎合王之臣。

不久，王之臣被罢了官，满桂被改任大同总兵。

大同长期以来战备松弛，经常遭到蒙古插部的侵扰。

满桂到了任上，遍阅八路七十二城堡，边备大修，军民恃以无恐。

崇祯二年（公元1629年）六月，出任蓟辽督师的袁崇焕蹈海岛擅斩东江总兵毛文龙。皇太极欢欣鼓舞，自感腹背之患已除，于该年十月振旅西征，揭开了风云激荡的“己巳之变”序幕。

皇太极知道袁崇焕为修建锦州已抽调蓟门精锐到宁锦，于是将入塞地点定为蓟门，于十一月，打进京师郊区。

远在山西大同的满桂闻警起兵，亲率五千骑兵千里勤王，在顺义与后金兵干了一仗，兵寡不能胜，改奔北京城下，与宣府总兵侯世禄一起驻扎在德胜门。

从耳闻消息由山西而至北京城下，前后时间不过十天，满桂的驰援可谓神速。

满桂随后在德胜门前与后金兵的恶战可谓惊天动地。

该战，满桂一马当先，冲锋在前，奋力搏杀。

说来令人遗憾，京城楼堞上的守城士兵在发大炮配合作战时，误伤了不少满桂的士卒，满桂本人也挂了彩。

不久，崇祯在平台召见满桂、袁崇焕。赐给满桂酒食，而将袁崇焕下狱。

袁崇焕的遭遇令其副将祖大寿惶恐不安，率领近万关宁辽兵向东逃跑。

崇祯由此加封满桂为武经略，统领所有勤王部队，赐给他尚方宝剑，催促他出兵作战。

满桂深知“敌劲援寡，未可轻战”，但为解君父之忧，毅然带黑云龙、麻登云、孙祖寿等大将与敌正面厮杀。

最终，满桂和孙祖寿阵亡，黑云龙、麻登云被俘。

崇祯帝伤心无限，赐予祭葬，追赠其为少师，荫封他的子孙为世袭锦衣佥事，每一代递升三级。

## 毛文龙

## 明朝属国对毛文龙的评价前后竟有天渊之别

中国古代朝堂上有多对有意思的生死冤家，如岳飞与秦桧、徐阶与严嵩、袁崇焕和毛文龙、纪晓岚和和珅等。

这里重点说说毛文龙。

毛文龙实为世上罕见的奇男子。

他是浙江杭州府钱塘县（今浙江杭州市上城区）人，少年便怀有班超域外建功大志，及年长，便离开暖风可熏游人醉的杭州脂粉地，只身北上，参加了辽东的武举考试，“列名第六”，被任命为安山百户，在晚明第一名将李成梁帐下效力，开始了在辽东漫长而艰苦的军事生涯。

天启元年（公元1621年）五月，明辽东半岛失守，毛文龙受命于败军之际，奉命于危难之时，率一百九十七人从海路出发，绕过辽东半岛，航程两千余里，在朝鲜登陆上岸，突袭位于后金和朝鲜交界处——鸭绿江西岸的镇江堡（今辽宁丹东附近），取得了“镇江大捷”。随后以这一百九十七人为班底，扩军至四千多人，连续发起突袭战，一口气攻下了宽甸、长甸、永甸、叆阳、凤凰城等多个后金城堡，杀敌五千多人。

其孤军长途奔袭两千里，奇袭敌人后方，战果辉煌，的确堪与班超媲美！

此后，毛文龙退守皮岛。

皮岛又叫椵岛、东江，位于西朝鲜湾北部，靠近鸭绿江口，距朝鲜铁山府二十三公里，东西约十五里，南北约十里，不生长草木，远离海岸，但北岸与后金界只相隔八十里的海面。

毛文龙以皮岛为核心设立大本营，招募辽东难民，在朝鲜从铁山、义州到宽甸这一带进行屯田，号称“东江镇”，辐射范围包括辽东半岛南部沿海和黄海海域中云从、须弥、獐子、石城、长山、广鹿诸岛等大大小小二十多个岛屿，易守难攻，直接威胁金复海盖四卫，史称其“北通朝鲜，南连登莱，东抗辽沈，众至四十万，保障海门”，牢牢掌控着东北亚海域的制海权，起到牵制敌人的作用。

当然，这也看得出毛文龙极具战略眼光。

东江镇兵众在毛文龙的领导下，不断袭扰后金后方，设伏出奇，打乱了敌方阵脚，取得了“董骨寨大捷”“牛毛寨大捷”“乌鸡关大捷”等胜利，开辟了第二条战线。

最重要的是，后金八旗兵多是渔猎出身，本身就不会种地，征战疆场后，农业生产任务全部推给了俘虏的汉人与朝鲜人。毛文龙占据海岛，不断派遣间谍及其他侦查人员深入后金腹地，刺探情报，同时大举招降辽民。

一时间，“归顺之民，绳绳而来”“数年之间，辽民之归者，以万计”。

后金因此人口流失严重，农业生产大为削弱，对后金的稳定造成巨大影响。

毛文龙因此得到明廷的倚重，被授予平辽总兵，加封左都督，赐尚方宝剑，后又封“辽东伯”，天启皇帝朱由校不称其名而直呼为毛帅，俨然是明朝在海上的一员封疆大吏。

由于东江地近朝鲜，毛文龙除了是明廷所倚重的海上长城外，也肩负着联朝抗金的重要任务。

朝鲜半岛国家和我国唇齿相依，洪武二十五年（公元1392年），朝鲜王朝太祖大王李成桂称王，明太祖朱元璋赐予其“朝鲜”国号，中朝两国正式建立了宗藩关系。

万历二十年（公元1592年），日本侵略朝鲜，朝鲜面临亡国灭种之灾。关键时刻，万历皇帝发天朝大军援助，于万历二十六年（公元1598年）彻底击败日军，把朝鲜从死亡线上拉了回来。

一句话，明朝对朝鲜有“再造之恩”。但朝鲜国王光海君对待明朝和后金的态度却非常模糊。

萨尔浒之战前，明辽东巡抚李维藩要求朝鲜出兵助明。

朝鲜群臣都赞成出兵相助，光海君却说：“我国三边防备自守不暇，举单弱不教之卒，入援天朝，有何所益？”对李维藩的要求百般推搪。

当万历皇帝明确要求朝鲜出兵后，他才磨磨蹭蹭地征发一万五千余人参与了萨尔浒之战。

明军在萨尔浒之战中大败，光海君因此坚定了推行“中立外交”的想法，一面多方委婉拒绝或拖延明朝要求联结抗金的请求，一面对后金虚与委蛇，不示媚，不刺激，与之进行国书往来。

可以想象，光海君对毛文龙的态度肯定好不了。

毛文龙发动镇江之役后，后金展开疯狂报复，不仅重新攻占镇江，并发大军追杀毛文龙，跨过鸭绿江，越境追击至朝鲜。

光海君生怕引火烧身，暗中指使义州府尹郑遵配合后金合围毛文龙于林畔。

《光海君日记》是这样解释的：“初辽阴即陷，辽阴民多走入我境者。天朝遣都司毛文龙浮海入龙川以据之。文龙即至，率辽民之为假鞑者数千，径入镇江，杀数十，仍走龙川。乃以捷闻，得升副总。贼谲知之，怵我索文龙，且以万余骑兵渡鸭绿江，一日夜驰七息程，直入龙川，文龙未及成列，贼已登城。仅以身脱，得达安州，及贼退，乃复招集剃汉，以为城守之计。朝廷以为许多假鞑，真伪难知，恐有日后之患，言其利害于毛将，使卷入海岛。”

朝鲜从自身利益出发，视毛文龙为瘟神，“言其利害于毛将，使卷入海岛”，要求毛文龙远居海岛。

光海君视毛文龙为瘟神还有一个重要原因，即毛文龙远离大明本土，所需给养主要靠朝鲜接济。

光海君老大不情愿，犹如青蛙捏尿，好不容易挤出一点，却又一天到晚哭穷。

毛文龙只好安慰他，“师兴十万，费已不赀。悉皆取于内帑，非泉井也；望急于外藩，非长计也。于时效充国之屯湟中，孔明之屯渭滨，韩范诸君子俱用是以济师老。而坐困凶奴耳，固国本以靖封疆，尤在于贵国之相为掎角，呼吸相应，灭此朝食”。

毛文龙称自己会仿效汉魏故事，屯田自给，但根本不现实。

东江镇控制的海岛面积狭小，土壤贫瘠，大部分都是不毛之地，根本无法开垦，即便有一二垦荒之地，收成也很难自给自足。

没办法，毛文龙的粮饷来源只能暂时取自朝鲜。

幸好，光海君为人在朝鲜也很不得人心。

天启三年（公元1623年）三月十二日夜，朝鲜发生政变，光海君的侄子李倧废其王位，自立为新国王。

宗主国明朝对这场政变定性为篡位活动，不予册封。

毛文龙却从这场政变中寻找到了契机，极力从中帮李倧讲好话。

天启四年（公元1624年）四月二十日，明廷从“联鲜制奴”的战略考虑出发，正式册封李倧为朝鲜国王。

李倧在国内的合法性得以确立和巩固，也因此对毛文龙感恩戴德，大肆张扬，在安州刻石颂功，称毛文龙“其发如骤雨，其散如飘风，使虏莫测其端倪，擒斩相继，威声远扬”，赞扬说“盖公之精忠将略，卓越千古，而尤长于知人善任，此前世良将之所未能及也，观其幕佐诸将，才智勇力皆足为万夫之特，非公之明签，不能用诸将之贤才，非诸将之贤才，不能效力于公”。

一时间，毛文龙与朝鲜交结，进入了鱼水欢娱状态。

为此，袁可立、熊廷弼和孙承宗都曾给予毛文龙高度评价，说他“以孤剑临豺狼之穴，飘泊于风涛波浪之中，力能结属国，总离人，且屯且战，以屡挫枭酋”，“有心机，有识见，有胆略，有作为”。

继承了努尔哈赤汗位的皇太极对毛文龙深以为患，决意要尽一切办法将之除去。

为了避免两面作战，皇太极故意向宁远的明辽东巡抚袁崇焕示好，表示出要议和的意向。

袁崇焕为了修筑大小凌河和锦州三城，一拍即合，堕入皇太极计中。

稳住了袁崇焕，皇太极即于登基以后三个月，即天启七年（公元1627年）正月初八，派阿敏、岳托、阿济格带领八万大军，杀气腾腾地扑向皮岛，径取毛文龙。

二贝勒阿敏以“明毛文龙，近彼海岛，倚恃披猖，纳我叛民”，“尔以容匿毛突龙之故，致我地人民，度被招诱”为由，逼迫朝鲜充当后金的向导。

这样，后金大军只用一天时间就从鸭绿江杀到了皮岛旁边的云从岛。

毛文龙措手不及，只得且战且退，撤退途中伤亡惨重。

由于是冬天，大海结冰，后金骑兵肆无忌惮，策马踏冰渡海。

毛文龙退到云从岛的关口，稳住了阵脚，用火器坚守，顶住了后金八万大军敌人的进攻。

毛文龙濒临生死边缘，袁崇焕却见死不救，置朝廷“以关宁之师直捣虎穴”的严令于不顾上疏抗辩：敌人有十万人劫掠朝鲜，十万人居守辽阳，我军出击，乃是正中敌人下怀。

其实，后金全部兵力不过十万人左右，哪还有十万人居守辽阳？！

所幸，与毛文龙作战的后金统帅阿敏，是努尔哈赤的弟弟舒尔哈齐的儿子，舒尔哈齐被努尔哈赤囚禁至死，阿敏表面不动声色，内心早生异志。他这次的主要任务是除掉毛文龙，附带灭亡朝鲜，但他却颠倒了主次，以灭亡朝鲜为主，阴谋占领朝鲜在朝鲜称王，进而脱离皇太极。

在云从岛苦战了四天，阿敏以损失太重为由，转攻朝鲜首都平壤去了。

朝鲜国王李倧吓得弃城逃跑，浮舟海上，不断遣使向明廷和毛文龙求救。

天启皇帝朱由校下诏给毛文龙，要毛文龙“相机应援，无怀宿嫌，致误大计”。

毛文龙忠肝义胆以德报怨，不顾自身兵微将寡、粮饷短缺，毅然率部进入朝鲜，进击后金大军。

由于天气逐渐转暖，河水、海水开始解冻，毛文龙依靠朝鲜境内的大小河流，将以骑兵为主的后金困住。在银杏江畔，毛文龙三次打败后金骑兵，并在千家庄、瓶山一带与后金主力展开决战，斩敌六千余级。

最终，阿敏悻悻然收起在朝鲜称王的念头，和朝鲜签署了一个宽松的和平条约，匆匆撤兵。

劫后余生的朝鲜国王李倧对毛文龙感激涕零，不惜说出了诸如“匪公是任，吾其左衽”的肉麻话。

然而，崇祯二年（公元1629年）袁崇焕赴海岛私斩了毛文龙，朝鲜人对毛文龙的评价顿时来了个一百八十度大转弯，对毛文龙大加挞伐，历数毛文龙祸害朝鲜的种种罪过，毫无顾忌。

他们说毛文龙“其人所为，无非瞒上国、构属藩之事，肝肺尽露”，大骂“文龙与禽兽无异”。

朝鲜大臣赵秀三说：“文龙本一亭障无赖，谄事权倖，拔之俘虏，界以阃钺。时辽左已非中朝有，而宁锦且朝夕也，使文龙开军门拥舟师镇中洋。声援于我，作掎角之势，图议后之举，则中朝之计，亦来尝失也。顾文龙非其人也，方其在岛中，日征求于我，飞挽不足而牛羊之，牛羊不足而财币之，财币不足而衣服之，饮食之，樵苏之，郡县萧然，国积哀痛，至夺赤子之吻，括妇女之簪珥以继之，而文龙益纵兵焚掠，斩我人首而上功。及至存癸亥之诬，则其心不夺不厌也。”

不难看出，朝鲜君臣如此诋毁毛文龙，主要还是心疼曾经给毛文龙提供的粮饷，以及抱怨毛文龙袭扰后金惹是生非，给自己招来许多麻烦。

另一个大臣黄景源更是对袁崇焕斩毛文龙拍手叫好：“崇焕为属国除残贼，何其神哉？”

有人说，历史是任人打扮的小姑娘。

有时候，要成就一个人很难，而要毁一个人却很容易。

不管怎么样，也不论别人怎么诋毁，只要想想，毛文龙偏居海岛一隅，军需供应困难，粮饷、武器奇缺，所面临的生存条件恶劣，战士经常食不果腹衣衫褴褛，却拿着残缺的兵器不屈不挠地与敌人做生死搏斗，单就这一点来说，就值得后人尊敬。

还是董其昌的评价比较客观：“毛文龙以二百人夺镇江，擒逆贼，献之阙下，不费国家一把铁、一束草、一斗粮。立此奇功，真奇侠绝伦，可以寄边事者！如此胆略，夫岂易得？”

清初文人钱谦益曾赋诗赞毛文龙，诗云：

鸭绿江头建鼓旂（同“旗”），间关百战壮军威。

青天自许孤忠在，赤手亲擒叛将归。

夜静举烽连鹿岛，月明传箭过鼍矶。

纷纷肉食皆臣子，绝域看君卧铁衣。

## 郑成功
## 海上王国的主宰

明末清初，英雄幻灭。

袁崇焕、孙传庭、卢象升、李自成、张献忠、史可法、何腾蛟、李定国等先后身死，清军的刀锋掠遍了中国大地，马蹄所到之处，无人可挡。

当清朝的势力已遍布中国三分之二以上的地盘并且拥兵百万，郑成功单凭一颗忠义之心和一腔浩然正气，仅凭散尽家资招募起来的数百人，充当起“孽子孤臣”的角色，打出了“杀父报国”的旗号，挑起兴复重任，与大清王朝殊死血战并且愈挫愈勇，可谓世间罕见之英雄。

郑成功以强人之姿态振翅翱翔，与清军分庭抗礼。

清军被迫采取下三烂的手段，倾举国之力，封锁由北而南数千公里长之海疆，企图把郑成功困死在区区几个小岛之上。

郑成功把目光投向海峡对岸的台湾宝岛，拟奋起武士之心，驱逐荷夷光复台湾。

可另一个与郑成功齐名的大英雄张煌言极力反对，他认为台湾距大陆太远，收台后大军孤悬海外，远离抗清前线，民心将再难收拾。

张煌言在《上延平王书》中慷慨激昂地申辩：“殿下诚能因将士之思归，乘士民之思乱，回旗北指，百万雄师可得，百十名城可下矣。又何必与红夷较雌雄于海外哉！况大明之倚重殿下者，以殿下之能雪耻复仇也。区区台湾，何预于神州赤县，而暴师半载，使壮士涂肝脑于火轮，宿将碎肢体于沙迹，生既非智，死亦非忠，亦大可惜矣。”

但郑成功志大才雄，遇事独断于心，坚不为所动，谋定而后动，千帆直指，万舟奋进，终于成就了万古不朽之伟业。

张煌言也履行了自己宁死不退的誓言，在宁海县临门村招兵买马，慨然表示“入海仍精卫，还山尚蒯缑”。

郑成功大军赴台后，张煌言的势力日益单薄难有作为，最终为清兵俘获，从容受戮于杭州官巷口。

就义当日，他大英雄负手而立，遥望风景秀丽的凤凰山，悲叹道：“大好河山，竟使沾染腥膻！”

郑成功收台之后，麾下的兵员网罗了日本人、柬埔寨、欧洲人与非洲黑人，相当于拥有了一个国际纵队，成了东亚海洋上的无冕之王，以铁之手腕维系东亚之秩序。

意大利学者白蒂（Patrizia Carioti）在其著作《远东国际舞台上的风云人物——郑成功》中说："郑成功在海上贸易中不容置疑的权威地位，他所拥有的强大的武装力量，使得他成为一个健全完善的政治组织的领袖，一个没有边界的海上王国的主宰。就此而言，郑成功的雄心壮志是惊人的，是不可战胜的。与此同时，郑成功也受到远东诸国的敬畏。"

不过，在大航海的殖民地拓展时代，葡萄牙人、西班牙人、荷兰人、大英帝国先后展开海上竞赛，广袤的太平洋海域，也成了他们争霸的舞台。

号称拥有天下无敌舰队的西班牙人于1556年远征马尼拉（菲律宾首都），将吕宋岛圈为自己的殖民地，并改名为菲律宾。

其实，西班牙人的野心非止于菲律宾群岛，他们还妄想征服强大的中国。

占据了菲律宾的西班牙殖民者雷克尔向西班牙国王上书说：如果陛下乐意调度，只要不到六十名优良的西班牙士兵，就能够征服和镇压他们（指中国人）。

当时的中国海盗之王、潮州府饶平人林凤与西班牙人展开反复的较量，终因被明朝万历政府当成倭寇，倒在了西班牙人与明朝军队的联合绞杀中。

林凤虽然失败，却给西班牙人留下了浓重的心理阴影。

从此，西班牙的菲律宾殖民政府将中国人当成了最有力的竞争对手，处处防范中国人，甚至时不时兴起屠杀菲律宾华人热。

郑成功收复台湾这一年，菲律宾华人再度遭到屠杀，西班牙人甚至动用了大炮轰击华人居住区，死者多达五千人。

志在四海的郑成功并没有以夺取台湾为满足，他的目光是整个南洋。

西班牙这年屡遭大英帝国皇家舰队打击实力大损，实力也远损于新崛起的"海上马车夫"荷兰。

郑成功的舰队既可以如狂风扫落叶一般摧毁荷兰人，又如何会把西班牙人放在眼里？

而且南洋各地，包括菲律宾，生活着大批的中国侨民，有这些侨民的拥护，郑成功要席卷整个南洋殖民地诚非难事。

听说西班牙殖民者大批屠杀在菲律宾的华侨华商，郑成功先礼后兵，委派罗马神父李科罗使到菲律宾向西班牙总督递交国书，谴责其杀戮掠夺华侨的罪行，严令其改邪归正俯首纳贡，同时集结军队筹备军械、粮饷，准备挥师征讨，驱除西班牙人，征服菲律宾。

可惜，天不假人，郑成功尚未出兵，就暴病身亡了，时年才三十九岁。

郑成功的后继者缺乏他的雄心大志，只是困守孤岛，不敢像西方殖民者那样去征服更多领土，而清朝政府在收复台湾后，同样不具备放眼远洋的思想和魄力，甚至提出了放弃台湾的方案。也就是说，清朝政府收复台湾并不是它对海洋的战略价值有什么认识，而只是为了消灭明朝的最后一个基地。收复台湾后，清朝统治者的目光局限于大陆，闭关锁国。中国再也没有称雄世界的海军舰队，从而失去了占据南洋、建立殖民帝国的机会。

# 参考文献


[1]（汉）司马迁撰，（刘宋）裴骃注. 司马贞注. 张守节注. 史记[M]. 北京：中华书局，1959.

[2]（东汉）班固撰，班昭续，（唐）颜师古注. 汉书[M]. 北京：中华书局，1962.

[3]（南朝宋）范晔撰，（唐）李贤注. 后汉书[M]. 北京：中华书局，1965.

[4]（北宋）司马光撰，（元）胡三省注，顾颉刚等点校. 资治通鉴[M]. 北京：中华书局，1956.

[5]（唐）杜佑撰，王文锦等点校. 通典[M]. 北京：中华书局，1988.

[6]（北宋）李昉，李穆等编. 太平御览[M]. 北京：中华书局，1985.

[7] 钱穆. 国史大纲[M]. 北京：商务印书馆，2005.

[8] 翦伯赞. 秦汉史[M]. 北京：北京大学出版社，1983.

[9] 祝总斌. 两汉魏晋南北朝宰相制度研究[M]. 北京：中国社会科学出版社，1998.

[10] 张泽咸. 汉晋唐时期农业[M]. 北京：中国社会科学出版社，2003.

[11] 吕思勉. 先秦史[M]. 马东峰等编. 北京：北京理工大学出版社，2018.

[12] 吕思勉. 秦汉史[M]. 马东峰等编. 北京：北京理工大学出版社，2018.

[13] 吕思勉. 两晋南北朝史（上下）[M]. 马东峰等编. 北京：北京理工大学出版社，2018.

[14] 吕思勉. 隋唐五代史（上下）[M]. 马东峰等编. 北京：北京理工大学出

版社，2018.

[15] 邓之诚. 宋辽金夏元史[M]. 马东峰等编. 北京：北京理工大学出版社，2018.

[16] 孟森. 明史讲义[M]. 马东峰等编. 北京：北京理工大学出版社，2018.

[17] 孟森. 清史讲义[M]. 马东峰等编. 北京：北京理工大学出版社，2018.

[18] 蒋廷黻. 中国近代史[M]. 马东峰等编. 北京：北京理工大学出版社，2018.